# 世界遺產旅遊概論

主 編　郭凌、周榮華、陶長江

崧燁文化

# Preface 前言

　　《世界遺產旅遊概論》遵循科學性、知識性、實用性和規範性4項原則，一改以往教材「重遺產、輕旅遊」「重理論、輕實踐」的思維習慣，以世界遺產與旅遊為主線，通過豐富的案例和詳實的資料，較為系統地闡述了世界遺產與旅遊的關係。本書還包括世界遺產旅遊發展過程中涉及的世界文化遺產、世界自然遺產、世界非物質文化遺產等遺產類別，以及如何實現世界遺產保護與遺產旅遊可持續發展等方面的基本理論和基本知識。全書共分10章，每章都包含學習目標、重點難點、思考和練習題、案例和實訓等板塊。《世界遺產旅遊概論》可作為高等院校旅遊專業本科生以及高職高專學生的學習用書，還可作為旅遊行業各級各部門舉辦的培訓班、社會行業證書考試和自學考試的教材使用。

# Contents 目錄

## 第一篇　世界遺產與旅遊

### 第一章　世界遺產概述　　3

第一節　世界遺產的由來與概念　　3
第二節　世界遺產的類型及標準　　10
第三節　與世界遺產相關的機構及組織　　16
第四節　世界遺產的申報、遴選和評定　　25

### 第二章　世界遺產的旅遊價值　　29

第一節　世界遺產與旅遊　　29
第二節　世界自然遺產的旅遊價值　　34
第三節　世界文化遺產的旅遊價值　　37
第四節　世界雙遺產的旅遊價值　　40

## 第二篇　世界文化遺產

### 第三章　亞洲、歐洲地區世界文化遺產　　47

第一節　歷史文化名城　　47
第二節　歷史建築與人文環境　　51
第三節　主要宗教建築　　65

| 第四節　人類遺址與地下寶藏 | 70 |

## 第四章　非洲、美洲及大洋洲地區世界文化遺產　88

| 第一節　歷史文化名城 | 88 |
| 第二節　歷史建築與人文環境 | 92 |
| 第三節　宗教建築 | 104 |
| 第四節　人類遺址與地下寶藏 | 107 |

# 第三篇　世界自然遺產及自然與文化雙遺產

## 第五章　世界自然遺產與人類社會　125

| 第一節　自然遺產與人類生存 | 127 |
| 第二節　地球演變 | 135 |
| 第三節　生物進化 | 142 |
| 第四節　景觀秀麗 | 145 |
| 第五節　生物多樣 | 149 |

## 第六章　世界自然與文化雙遺產　162

| 第一節　世界自然與文化雙遺產的概念和內涵 | 162 |
| 第二節　全球範圍內的世界自然與文化雙遺產 | 163 |
| 第三節　中國的世界自然與文化雙遺產 | 165 |

# 第四篇　世界遺產的新類別

## 第七章　世界非物質文化遺產　175

| 第一節　世界非物質文化遺產的由來 | 175 |

| 第二節 | 世界非物質文化遺產的申報與管理 | 182 |
| 第三節 | 世界非物質文化遺產的項目類別 | 186 |
| 第四節 | 世界非物質文化遺產的旅遊價值 | 190 |

## 第八章　中國的世界非物質文化遺產　　195

| 第一節 | 口頭傳統及其表現形式 | 196 |
| 第二節 | 表演藝術 | 202 |
| 第三節 | 社會風俗、禮儀、節慶 | 206 |
| 第四節 | 有關自然界和宇宙的知識和實踐 | 210 |
| 第五節 | 傳統的手工藝技能 | 213 |

## 第九章　世界非物質文化遺產的保護與傳承　　220

| 第一節 | 世界非物質文化遺產保護體系 | 221 |
| 第二節 | 世界非物質文化遺產的保護與傳承 | 227 |

# 第五篇　世界遺產保護與遺產旅遊可持續發展

## 第十章　世界遺產保護　　237

| 第一節 | 世界遺產的保護緣由 | 237 |
| 第二節 | 世界遺產保護的原則與方式 | 239 |
| 第三節 | 中國在遺產保護中存在的問題 | 245 |
| 第四節 | 國外遺產保護經驗及其對中國的啟示 | 252 |
| 第五節 | 遺產旅遊與遺產保護 | 264 |

## 第十一章　世界遺產旅遊可持續發展　　272

| 第一節 | 世界遺產旅遊可持續發展的內涵 | 273 |

| 第二節 | 影響世界遺產旅遊可持續發展的關鍵問題 | 277 |
| 第三節 | 中國的世界遺產旅遊可持續發展 | 284 |
| 第四節 | 實現中國的世界遺產旅遊可持續發展的途徑與方法 | 291 |

# 第一篇
# 世界遺產與旅遊

# 第一章 世界遺產概述

**學習目標**

瞭解世界非物質文化遺產的立法情況；
認識中國對非物質文化遺產的保護狀況；
瞭解中國急需保護的非物質文化遺產；
掌握世界非物質文化遺產保護與傳承的原則和方法。

**重點難題**

掌握世界非物質文化遺產保護與傳承的原則和方法；
正確處理世界非物質文化遺產保護與旅遊發展的關係。

**本章內容**

## 第一節 世界遺產的由來與概念

### 一、世界遺產的由來

埃及是歷史悠久的文明古國。分佈於尼羅河谷、地中海沿岸以及西部沙漠等

地的大量埃及古代文明的遺跡，帶給了埃及「世界名勝古跡博物館」的美譽。努比亞遺址位於尼羅河上游，擁有埃及南部最宏偉壯觀的遺跡群，如阿布辛貝的拉美西斯二世神廟及菲萊島上的伊西斯聖地。1959年，埃及政府計劃修建阿斯旺大壩，大壩一旦建成，包括努比亞遺址在內的尼羅河谷裡的珍貴古跡將完全被大水淹沒，阿布辛貝神廟等遺跡群將不復存在。為了保護遺跡群，1960年聯合國教科文組織發起了「努比亞行動計劃」，爭取到50個國家的支持，共募集了8,000萬美元的資金。「努比亞行動計劃」持續了20餘年，最終阿布辛貝神廟和菲萊神廟等古跡被仔細地分解，然後運到高地，再一塊塊地重新組裝起來。這次行動非常成功，充分體現了國際合作共同保護世界文化遺產的重要性。看似偶然的阿斯旺大壩事件，其實是現代經濟增長方式對自然及人類文化遺產產生破壞的典型事例之一。「努比亞行動計劃」之後，許多國家開始向聯合國教科文組織尋求幫助，希望以國際社會經濟上和政治上的支持來保護本國的遺產。這不僅表明了國際合作共同保護世界文化遺產的重要性，同時也說明了只有在源頭上進行制止，這類問題才可能得到解決。

作為對「努比亞行動計劃」的反思，1965年美國倡議將文化和自然聯合起來進行保護。世界自然保護聯盟在1968年也提出了類似的建議，並於1972年在瑞典首都斯德哥爾摩提交聯合國人類環境會議討論。1972年10月17日至11月21日，聯合國教科文組織第17屆大會在巴黎舉行。大會指出，文化遺產和自然遺產因年久腐變、社會和經濟條件變化致使情況惡化等多方原因，受到越來越多的威脅，由此造成了難以挽回的損害及破壞；而遺產所在國大多不具備充足的經濟、科學和技術力量，導致投入有限，保護這類遺產的工作往往不是很完善。考慮到任何文化或自然遺產的損壞或丟失都有可能使全世界遺產枯竭，整個國際社會有責任通過提供集體性援助來參與保護具有突出的普遍價值的文化和自然遺產；而採用公約形式能夠為集體保護具有突出的普遍價值的文化和自然遺產建立一個根據現代科學方法制定的永久性的有效制度。

1972年11月16日，聯合國教科文組織第17屆大會正式通過《保護世界文化和自然遺產公約》。公約共計38條，主要規定了文化遺產和自然遺產的定義、文化和自然遺產的國家保護和國際保護措施等條款。公約規定了文化與自然遺產的申報程序，各締約國可自行確定本國領土內的文化和自然遺產，並向世界遺產委員會遞交其遺產清單，由世界遺產大會審核和批准。公約明確了文化與自然遺產的保護義務，凡是被列入世界文化和自然遺產的地點，都由其所在國家依法嚴格予以保護。1976年11月，在聯合國教育、科學及文化組織內，建立了文化遺產和自然遺產的政府間委員會（即世界遺產委員會）。世界遺產委員會建立了《世界遺產名錄》專門負責世界遺產的管理工作。

## 拓展閱讀

### 努比亞遺址及旅遊發展[1]

努比亞遺址位於埃及東南部。這一古代建築群繼承和體現了古埃及數千年宗教建築藝術的特點；在古埃及法老時期，這裡就建造了城市、宮殿和寺廟；這裡是埃及古文明的見證。努比亞地區最著名的建築是阿布辛貝神廟、王後寺廟及菲萊神廟。整個寺院都是在尼羅河西岸的懸崖峭壁上鑿出的。

阿布辛貝神廟又稱大廟，是公元前8世紀在岩石上鑿出的。大廟高33米、寬38米、縱深60米，正面是四尊高達20米的拉美西斯二世的巨大雕像，廟內的浮雕工藝十分精湛。在四尊雕像小腿之間，有拉美西斯二世一家的雕像。寺內石壁上刻滿圖畫和文字，描述拉美西斯二世當政期間的生活情景，與赫梯人為爭奪敘利亞地區統治權而會戰於卡迭石城的戰況（約公元前1312年）。

王後寺廟又稱小阿布辛貝廟，也是公元前8世紀在懸崖上鑿出的，是拉美西斯二世為愛妻妮菲泰麗王後建造的。這座廟的規模略小，廟裡有許多妮菲泰麗的塑像。這些塑像美豔無比，非常逼真，雖歷經3,000多年歷史的洗禮，色彩依然保存得非常鮮豔。

菲萊神廟，是現在保存最好的三座古埃及托勒密王朝廟宇之一，是為古埃及神話中司掌生育和繁衍的女神艾希斯而建。神廟原位於阿斯旺大壩南面的尼羅河中的小島上。1962年建設阿斯旺大壩時，菲萊島被淹沒。1980年，埃及政府決定資源將島上的古跡轉移到菲萊島以北500米的艾格里卡島上，在艾格里卡島上進行重建，還其原來面目。

目前，努比亞已經成為埃及最為重要的旅遊目的地之一，每年以其豐富的世界文化遺產，吸引著世界各地遊客前往遊覽。旅遊業也成為努比亞的支柱性產業，為努比亞地方經濟的發展提供重要支撐。

---

[1] 資料來源：http://baike.baidu.com/link?url=9n0E8As61yGBYStCZj25cyzHeAyHDb6sdWPwnvV7U0qWnRE58XmoVVw7UDE5zrHz_N__uB2xo81LtgiWxjj3ZAofVsyZFyZ_2awIxxHDQpY_4g45wbsbl8mSt9BcJmffXsdEfKyjaqp712tVjAa57q.

## 拓展閱讀

### 聯合國教科文組織[1]

聯合國教科文組織即聯合國教育、科學及文化組織（United Nations Educational, Scientific and Cultural Organization），是聯合國（UN）旗下專門機構之一，簡稱聯合國教科文組織（UNESCO）。該組織於1946年11月4日成立，總部設在法國巴黎。聯合國教科文組織的宗旨在於通過教育、科學及文化來促進各國之間的合作，對和平與安全做出貢獻，以增進《聯合國憲章》所確認的不分種族、性別、語言及宗教對正義、法治、人權與基本自由的普遍尊重。

聯合國教科文組織主要設大會、執行局和秘書處三大部門。大會為最高機構，由會員國的代表組成，一般每2年舉行一次大會；執行局負責監督該組織各項計劃的實施，每年至少舉行2次會議；秘書處是日常工作機構，分成若幹部門，分別實施教育、自然科學、社會科學、文化和交流等領域的業務活動，或進行行政和計劃工作。聯合國教科文組織設置了五大職能：①前瞻性研究，即研究明天的世界需要什麽樣的教育、科學、文化和傳播機制；②知識的發展、傳播與交流，主要依靠研究、培訓和教學；③制定準則，即起草和通過國際文件和法律建議；④將知識和技術以「技術合作」的形式提供給會員國，以供其制定發展政策；⑤專門化信息的交流。

中國是聯合國教科文組織的創始國之一，自1971年10月29日該組織確認中華人民共和國的合法地位以來，中國在該組織的各項活動中均發揮了積極的作用。北京時間2013年11月5日22時30分，中國教育部副部長、中國聯合國教科文組織全國委員會主任郝平作為大會唯一候選人正式當選聯合國教科文組織第37屆大會主席，任期2年。這是聯合國教科文組織成立68年來，中國代表首次當選「掌門人」。

## 二、世界遺產的概念與意義

遺產是指傳承於前人的財富。1972年11月16日，聯合國教科文組織第17屆大會上正式通過的《保護世界文化和自然遺產公約》指出，世界遺產既包括現代人繼承古人的珍貴財富，還包括大自然對人類的饋贈。因此，根據《保護世界文化和自然遺產公約》，世界遺產是指被聯合國教科文組織和世界遺產委員會確認

---

[1] 資料來源：http://baike.baidu.com/item/聯合國教育、科學及文化組織?fromtitle=聯合國教科文組織&fromid=265071。

的、人類罕見的、目前無法替代的財富，是全人類公認的具有突出意義和普遍價值的文物古跡及自然景觀，包括億萬年地球史上、人類發展過程中遺留下來的不可再生的自然資源、人造工程、人與自然的聯合工程，以及考古遺跡等。

世界遺產對民族、國家與世界有著重大意義。世界遺產是每一個民族在人類歷史中的足跡，是民族的身分證。屬於一個民族的世界遺產，是本民族區別於其他民族的特殊價值所在。

## 拓展閱讀

### 世界遺產——西藏布達拉宮、大昭寺與羅布林卡[1]

西藏布達拉宮，坐落在拉薩河谷中心海拔3,700米的紅色山峰之上，是集宗教、政治事務於一體的綜合性建築。它由白宮和紅宮及其附屬建築組成。布達拉宮自公元7世紀起就成為達賴喇嘛的冬宮，象徵著西藏佛教和歷代行政統治的中心。布達拉宮規模龐大，氣勢宏偉，依山勢而建，占地面積36萬餘平方米，主建築共13層，高117米。它是著名的藏式宮堡式建築，也是藏族古代建築和中國古代建築藝術的傑出代表，享有「世界屋脊上的明珠」的美譽。根據世界文化遺產遴選標準C（I）（IV）（VI），1994年12月布達拉宮入選《世界遺產名錄》。

大昭寺是一組極具特色的佛教建築群，主要建築為經堂大殿。大殿有4層，建築構件為漢式風格，柱頭和屋檐的裝飾則為典型的藏式風格。大殿的一層供奉有唐代文成公主帶入西藏的釋迦牟尼金像。二層供奉鬆贊干布、文成公主和赤尊公主的塑像。三層為一天井，是一層殿堂的屋頂和天窗。四層正中為4座金頂。大殿內外和四周的回廊繪滿壁畫，面積達2,600餘平方米，題材包括佛教、歷史人物和故事。大昭寺是西藏現存最輝煌的吐蕃時期的建築，也是西藏現存最古老的土木結構建築，開創了藏式平川式的寺廟佈局規式。大昭寺融合了吐蕃、唐朝、古代尼泊爾、古代印度的建築風格，成為藏式宗教建築的典範。此外，寺內還保存了大量珍貴文物，寺前矗立的「唐蕃會盟碑」，更是漢藏兩族人民友好交往的歷史見證。根據世界文化遺產遴選標準C（I）（IV）（VI），2000年11月大昭寺入選《世界遺產名錄》。

羅布林卡由格桑頗章、措吉頗章、金色頗章、達旦明久頗章等幾組宮殿建築組成，每組建築又包括宮區、宮前區和林區三個主要部分。以格桑頗章為主體的建築群位於第二重圍牆內南院的東南部。以措吉頗章（湖心亭）為主體的建築群位於格桑頗章西北約120米處，是羅布林卡中最美麗的景區。以金色頗章為主體的建築群

---

[1] 資料來源：http://baike.baidu.com/item/%E6%8B%89%E8%90%A8%E5%B8%83%E8%BE%BE%E6%8B%89%E5%AE%AB%E5%8E%86%E5%8F%B2%E5%BB%BA%E7%AD%91%E7%BE%A4/7413719。

位於羅布林卡西部。各組建築均以木、石為主要材料建成，規劃整齊，具有明顯的藏式建築風格。主要殿堂內的牆壁上均繪有精美的壁畫。此外，羅布林卡內還珍藏有大量的文物和典籍。根據世界文化遺產遴選標準 C（I）（IV）（VI），2001 年 12 月羅布林卡入選《世界遺產名錄》。

世界遺產委員會在描述西藏布達拉宮、大昭寺與羅布林卡的文化遺產價值時，提到了這樣兩點：第一，高度的建築藝術成就，是藏傳佛教寺廟與宮殿建築相結合的例證；第二，其有著重大的歷史和宗教意義。

世界遺產具有民族認同與國家認同相統一的意義。根據《保護世界文化和自然遺產公約》，民族國家是世界遺產的實質性擁有者。多民族國家中的少數民族的自然與文化遺產以所在國國家遺產的名義進入《世界遺產名錄》，從根本上說這就是將多元民族文化融合到民族國家的文化符號之中的結果（馬翀煒，2010）。

## 拓展閱讀

### 世界遺產——元上都[①]

元上都是中國元代都城遺址，位於內蒙古自治區錫林郭勒盟正藍旗旗政府所在地東北約 20 千米處、閃電河北岸。由中國北方騎馬民族創建的這座草原都城，被認定是中原農耕文化與草原遊牧文化奇妙結合的產物。史學家稱它可與義大利古城龐貝媲美。2012 年 6 月 29 日，第 36 屆世界遺產委員會會議討論並通過將中國元上都遺址列入《世界遺產名錄》。元上都地理位置特殊，「控引西北，東際遼海，南面而臨制天下，形勢尤重於大都」[②]。元上都入選世界遺產的重要原因在於其歷史地位重要，歷史影響突出。第一，歷史地位重要。元上都遺址距原蒙古汗國的政治、軍事中心和林較近，是溝通南北東西的重要樞紐，能聯絡、控製擁有強大勢力的漠北蒙古宗親貴族，在政治、軍事上均佔有舉足輕重的地位。第二，歷史影響突出。元上都在中外外交史上具有重要影響。元代中外交往頻繁，上都常有波斯、突厥等國商人往來。義大利威尼斯商人尼古剌兄弟帶著馬可·波羅到中國，在元上都得到極高的禮遇。著名的《馬可·波羅行記》詳細記述了元上都的宮殿、寺院、宮廷禮儀、民情風俗，第一次向世界介紹了元上都。元上都也由此成為世界瞭解中國的重要窗口。

世界遺產是聯合全人類的一根黃金紐帶。締結《保護世界文化和自然遺產公約》的各個國家達成了共識，將超出本國國寶價值的、具有世界普遍意義的優秀文化遺產與自然環境，推薦給《世界遺產名錄》，並依靠國際協作加以保護，使之

---

① 資料來源：http://baike.baidu.com/item/%E5%85%83%E4%B8%8A%E9%83%BD/449568。
② 該句出自元人虞集的《賀承相墓志銘》。

留傳下去，交給子孫，交給未來（趙鑫珊，2003）。並且，很多世界遺產本身就跨越了民族、國家的界限，是鑒證民族、國家活動及對外交往的歷史記憶。

## 拓展閱讀

### 世界遺產——馬拉柯什的阿拉伯人聚居區[①]

馬拉柯什的阿拉伯人聚居區入選《世界遺產目錄》，與其歷史發展中的多民族交往、交融有著深刻的關係。以侵略擴張著稱的穆拉比兌人於1071—1073年建立了馬拉柯什阿拉伯人聚居區。1147年，莫哈底斯人從穆拉比兌人手中奪走了馬拉柯什。他們摧毀了馬拉柯什的阿拉伯人聚居區，把它發展成了一個享有盛譽的都城。1269年，柏柏爾人的另一部落馬里尼茲人從高原下遷，徵服了馬拉柯什。在馬里尼茲人占領的這段時間內，馬拉柯什雖然又有所發展，但阿拉伯人聚居區幾近消失。1510—1659年，馬拉柯什處在薩阿迪王朝（薩阿迪王朝信奉伊斯蘭教）的統治下。在這一時期，馬拉柯什再度成為都城，重新繁榮發展起來，直到1659年馬拉柯什被另一個民族占領。根據世界文化遺產遴選標準C（I）（II）（IV）（V），1985年12月馬拉柯什的阿拉伯人聚居區入選《世界遺產名錄》。世界遺產委員會對其評價如下：「馬拉柯什擁有大量的建築和藝術杰作」「莫哈底斯人和馬里尼茲人的都城在中世紀城市規劃史上佔有重要地位」「馬拉柯什是西方世界穆斯林城市的教科書」「這一古代居民區，由於居民民族的更替而難以穩定，但它是人類歷史上曾有輝煌歷史的古城的傑出典範。」

2013年6月舉行第37屆世界遺產大會後，世界上共有世界遺產981項，其中文化遺產為759項，自然遺產為193項，文化與自然雙重遺產為29項。190個世界遺產公約締約國中的160國擁有世界遺產。世界遺產委員會將這些遺產劃分入五個地區：非洲、阿拉伯國家、亞洲和太平洋地區、歐洲和北美洲，以及拉丁美洲和加勒比地區（見表1.1）。

表1.1　　　　截至2013年7月各地區世界遺產數　　　　單位：項

| 區域 | 文化 | 自然 | 雙重 | 合計 |
|---|---|---|---|---|
| 非洲 | 48 | 36 | 4 | 88 |
| 阿拉伯國家 | 68 | 4 | 2 | 74 |
| 亞洲和太平洋地區 | 153 | 57 | 10 | 220[註1] |
| 歐洲和北美洲 | 400 | 60 | 10 | 470[註2] |

---

[①] 資料來源：http://baike.baidu.com/item/馬拉柯什的阿拉伯人聚居區.

表1.1(續)

| 區域 | 文化 | 自然 | 雙重 | 合計 |
|---|---|---|---|---|
| 拉丁美洲和加勒比地區 | 90 | 36 | 3 | 129 |
| 合計 | 759 | 193 | 29 | 981 |

註1：俄羅斯及高加索國家的世界遺產被計入歐洲的遺產數量中。

註2：烏布蘇湖（Uvs Nuur）為蒙古和俄羅斯共有的自然遺產，被分別計入亞洲和歐洲的遺產數量中。

## 第二節　世界遺產的類型及標準

根據1972年11月16日聯合國教科文組織通過的《保護世界文化和自然遺產公約》，世界遺產依照「遺產項目所具有的真實性與完整性」與「由相關管理機構，制定法律規章還有經費」兩大分類前提，分為「世界文化遺產」「世界自然遺產」「世界文化與自然遺產」和「文化景觀」四類。此外，為了保護不是以物質形態存在的人類遺產，2003年10月17日，聯合國教科文組織通過了《保護非物質文化遺產公約》，將「非物質文化遺產」作為世界遺產的重要組成部分。

### 一、世界自然遺產的類型及標準

根據《保護世界文化和自然遺產公約》第二條對世界遺產的定義，世界自然遺產是指具有科學、美學或者保護價值的自然面貌、瀕危動植物生態區、天然名勝區等。

世界自然遺產包括三類：第一，從美學或科學角度看，具有突出、普遍價值的由地質和生物結構或這類結構群組成的自然面貌。第二，從科學或保護角度看，具有突出、普遍價值的地質和自然地理結構以及明確規定的瀕危動植物物種生境區。第三，從科學、保護或自然美角度看，具有突出、普遍價值的天然名勝或明確劃定的自然地帶。

判定自然遺產的標準有四點。滿足下列各類內容之一者，可列為自然遺產：

（1）構成代表地球現代化史中重要階段的突出例證。

（2）構成代表進行中的重要地質過程、生物演化過程以及人類與自然環境相互關係的突出例證。

（3）獨特、稀少或絕妙的自然現象、地貌或具有罕見自然美的地帶。

（4）珍稀或瀕危動植物物種的棲息地。

## 拓展閱讀

### 世界自然遺產——澳大利亞大堡礁[①]

澳大利亞大堡礁是世界上最大最長的珊瑚礁群，位於南太平洋的澳大利亞東北海岸。它縱貫於澳大利亞東北昆士蘭州外的珊瑚海，北至托雷斯海峽，南到南迴歸線以南（約南緯10°至南緯24°），綿延伸展共有2,600千米左右，最寬處有161千米，約有2,900個獨立礁石以及900個大小島嶼，分佈在約344,400平方千米的範圍內。大堡礁自然景觀非常特殊，在落潮時，部分珊瑚礁露出水面形成珊瑚島。在礁群與海岸之間是一條極方便的交通海路。風平浪靜時，遊船在此間通過，船下連綿不斷的多彩、多形的珊瑚景色，就成為吸引世界各地遊客來獵奇觀賞的最佳海底奇觀。大堡礁是由數十億只微小的珊瑚蟲建構成的，是生物所建造的最大物體。因其造就了豐富的生物多樣性，大堡礁於1981年被列入世界自然遺產名錄。

## 二、世界文化遺產的類型及標準

根據《保護世界文化和自然遺產公約》第一條對文化遺產的定義，世界文化遺產主要包括三類。

第一，文物，即從歷史、藝術或科學角度看，具有突出、普遍價值的建築物、雕刻和繪畫，具有考古意義的成分或結構，銘文、洞穴、居住區及各類文物的綜合體。

第二，建築群，即從歷史、藝術或科學角度看，因其建築的形式、同一性及其在景觀中的地位，具有突出、普遍價值的單獨或相互聯繫的建築群。

第三，遺址，即從歷史、美學、人種學或人類學角度看，具有突出、普遍價值的人造工程或人與自然的共同杰作以及考古遺址地帶。

判定世界文化遺產的標準有六點。滿足下列各類內容之一者，可列為文化遺產：

（1）代表一種獨特的藝術成就，一種創造性的天才杰作。

（2）在一定時期內或世界某一文化區域內，對建築藝術、紀念物藝術、城鎮規劃或景觀設計方面的發展產生過大的影響。

（3）能為一種已消逝的文明或文化傳統提供一種獨特的至少是特殊的見證。

---

① 資料來源：http://baike.baidu.com/item/澳大利亞世界遺產/20618171。

（4）可作為一種建築或建築群或景觀的傑出範例，展示出人類歷史上一個（或幾個）重要階段。

（5）可作為傳統的人類居住地或使用地的傑出範例，代表一種（或幾種）文化，尤其在不可逆轉之變化的影響下變得易於損壞。

（6）與具特殊普遍意義的事件或現行傳統或思想或信仰或文學藝術作品有直接或實質的聯繫。（註：只在特定情況下或該項標準與其他標準一起作用時，此款才能成為列入《世界遺產名錄》的理由）

而文化遺產按遺產的使用性質分類，大體分為九類：

（1）歷史文化名城，包括名城歷史中心、古城、伊斯蘭舊城等，如巴黎市中心塞納河兩岸、耶路撒冷舊城、義大利的威尼斯及其瀉湖、摩洛哥的菲斯舊城伊斯蘭區等。

（2）城堡與要塞，如英國與法國的中世紀貴族城堡、中國的長城和英國的哈德良長城。

（3）宮殿與園林，如法國的凡爾賽宮與庭園、莫斯科的克里姆林宮、中國的故宮和蘇州古典園林。

（4）基督教建築，包括大教堂、教堂、修道院和聖地，如英國的坎特伯雷大教堂、比薩主教堂。

（5）其他宗教建築，是指基督教以外各種宗教和地方信仰的建築，如尼泊爾藍毗尼的釋迦牟尼誕生地、孟加拉國的巴格哈特清真寺城、中國的敦煌莫高窟和武當山道教建築。

（6）陵墓與墓地，如埃及的金字塔、印度的泰姬陵、保加利亞的色雷斯墓地。

（7）遺址與岩畫，包括各個時期的遺址、露天岩畫和洞窟岩畫，如英國的斯通亨厄巨石文化遺址、義大利的龐貝古城、美國的印第安人遺址、法國的韋澤爾壁畫岩洞。

（8）特殊建築、工礦業及交通水利設施遺產設施與巨型雕塑，如中國曲阜的孔廟、孔林和孔府，奧地利的默靈古老鐵路，美國的自由女神像和智利復活節島的巨石人像等。

（9）鄉村田園景觀環境，如菲律賓伊甫高山間的水稻梯田和美國的印第安人村落。

## 拓展閱讀

### 世界文化遺產——日本琉球王國時期的遺跡[1]

琉球，即現在的沖繩群島，作為古代中國、朝鮮和東南亞國家和地區的貿易樞紐，在14世紀到16世紀興盛一時。國際貿易的繁榮帶動了琉球王國與鄰國在物質和文化兩方面的交流，創造了沖繩獨特的多樣化的文化。古代琉球獨特文化的象徵之一是石頭建築，在沖繩處處可見，在古建築遺址中尤為集中。世界遺產委員會認為日本琉球王國時期的遺跡展示了琉球王國500多年的歷史（12世紀至17世紀），雄偉的城堡遺址體現了那個時期琉球王國的社會結構；而島上的宗教聖地則講述著一種古代宗教延續到現代的變遷。在那500多年中，琉球王國廣泛地與外界進行著經濟和文化交流，從而造就了這一獨特的文化遺存。此遺跡群在2000年被聯合國教科文組織列入世界文化遺產名錄。

## 三、世界非物質文化遺產的類型及標準

根據聯合國教科文組織《保護非物質文化遺產公約》中的定義，非物質文化遺產是指被各群體、團體，有時為個人所視為其文化遺產的各種實踐、表演、表現形式、知識體系和技能及其有關的工具、實物、工藝品和文化場所。

世界非物質文化遺產包括六類：第一，口頭傳說和表述，包括作為非物質文化遺產媒介的語言；第二，表演藝術；第三，社會風俗、禮儀、節慶；第四，有關自然界和宇宙的知識及實踐；第五，手工藝品及製造這些手工藝品所運用的傳統的手工藝技能；第六，文化場所，即定期舉行傳統文化活動或集中展現傳統文化表現形式的場所，如歌圩、廟會、傳統節日慶典等。聯合國教科文組織認為非物質文化遺產是確定文化特性、激發創造力和保護文化多樣性的重要因素，在不同文化的協調中起著至關重要的作用，因而於1998年通過決議設立非物質文化遺產評選。

判定世界非物質文化遺產的標準有七點。同時滿足下列各類內容者，方可列為非物質文化遺產：

(1) 必須是高度集中的非物質文化遺產；
(2) 傳統文化表現形式必須具有突出的歷史、藝術、科學價值；

---

[1] 資料來源：http://baike.baidu.com/item/%E7%90%89%E7%90%83%E7%8E%8B%E5%9B%BD%E6%97%B6%E6%9C%9F%E7%9A%84%E9%81%97%E8%BF%B9/7793884.

（3）傳統文化的表現形式根植於當地社團；
（4）民間文化必須對本社團的文化特性起到重要作用；
（5）必須在技術和質量上都非常出色；
（6）具有反應現存文化傳統的價值；
（7）其生存受到某種程度上的威脅。

## 拓展閱讀

### 世界非物質文化遺產——中國中醫針灸[①]

中醫針灸，是針法和灸法的合稱，是通過針刺和艾灸等自然物理手段來治療疾病的傳統治療方法。針法是通過辨證選穴後把針具按技術操作要求應用於穴位，運用針刺手法來治療疾病的方法。灸法是通過辨證選穴後，用燃燒著的艾條等藥物按照技術操作要求熏灼穴位皮膚，利用熱的刺激和藥物作用通過腧穴來治療疾病的方法。針灸起源於遠古時代，距今有幾千年的歷史，在形成、應用和發展的過程中，具有鮮明的漢民族文化與地域特徵，是基於漢民族文化和醫學傳統產生的寶貴遺產。2010年11月16日，聯合國教科文組織保護非物質文化遺產政府間委員會第五次會議審議通過了中國申報的「中醫針灸」項目，將中醫針灸列入《人類非物質文化遺產代表作名錄》。

## 四、文化景觀遺產的類型及標準

文化景觀遺產是於1992年12月在美國聖菲召開的聯合國教科文組織世界遺產委員會第16屆會議時提出並納入《世界遺產名錄》中的。文化景觀遺產是人類活動所造成的景觀遺產。它反應文化體系的特徵和一個地區的地理特徵，代表了《保護世界文化和自然遺產公約》第一條所表述的「自然與人類的共同作品」。

文化景觀遺產包括三類：

第一，由人類有意設計和修建的景觀，包括出於美學原因建造的園林和公園景觀。它們經常（但並不總是）與宗教或其他紀念性建築物或建築群有聯繫。

第二，有機進化的景觀。它產生於最初始的一種社會、經濟、行政以及宗教需要，並通過與周圍自然環境相聯繫或相適應而發展到目前的形式。它又包括兩種類別：一是殘遺物（或化石）景觀，代表一種過去某段時間已經完結的進化過

---

① 資料來源：http://baike.baidu.com/item/%E4%B8%AD%E5%8C%BB%E9%92%88%E7%81%B8/8394575。

程，不管是突發的或是漸進的。它們之所以具有突出、普遍價值，還在於其顯著特點依然體現在實物上。二是持續性景觀。它在當今與傳統生活方式相聯繫的社會中，保持一種積極的社會作用，而且其自身演變過程仍在進行之中，同時又展示了歷史上其演變發展的物證。

第三，關聯性文化景觀。這類景觀被列入《世界遺產名錄》，以與自然因素、強烈的宗教、藝術或文化相聯繫為特徵，而不是以文化物證為特徵。

文化景觀遺產的評定採用文化遺產的標準，同時參考自然遺產的標準。為區分和規範文化景觀遺產、文化遺產、文化與自然混合遺產的評選，2008年1月實施的《實施保護世界文化與自然遺產公約的操作指南》對文化景觀的原則進行了規定，判定文化景觀的標準有兩點。同時滿足下列各類內容者，可列為文化景觀遺產：

（1）見證進化及時間的變遷。文化景觀能夠說明人類社會在其自身制約下、在自然環境提供的條件下以及在內外社會經濟文化力量的推動下發生的進化及時間的變遷。

（2）具有文化區域性。文化景觀必須同時以其突出的普遍價值和在明確的地理文化區域內具有代表性為基礎，能反應該區域本色的、獨特的文化內涵。

## 拓展閱讀

### 世界文化遺產——中國紅河哈尼梯田[1]

紅河哈尼梯田文化景觀位於中國雲南省紅河哈尼族彝族自治州元陽縣。申報的遺產區面積為16,603公頃（1公頃＝10,000平方米），緩衝區面積為29,501公頃，包括了最具代表性的集中連片分佈的水稻梯田及其所依存的水源林、灌溉系統、民族村寨。紅河哈尼梯田是亞熱帶季風氣候下、崇山峻嶺環境中人類生態系統的傑出範例，以「四素同構」為特色和架構的生產生活方式，反應了人與自然的完美和諧，展現了人類在極限自然條件下頑強的生存能力、偉大的創造力和樂觀精神。2013年6月22日，在柬埔寨首都金邊召開的第37屆世界遺產委員會會議一致審議通過中國的紅河哈尼梯田文化景觀列入《世界遺產名錄》。世界遺產委員會認為，紅河哈尼梯田文化景觀所體現的森林、水系、梯田和村寨「四素同構」系統符合世界遺產標準C（Ⅲ）（Ⅴ）。其完美反應的精密複雜的農業、林業和水分配系統，通過長期以來形成的獨特社會經濟宗教體系得以加強，彰顯了人與環境

---

[1] 資料來源：http://baike.baidu.com/item/%E7%BA%A2%E6%B2%B3%E5%93%88%E5%B0%BC%E6%A2%AF%E7%94%B0%E6%96%87%E5%8C%96%E6%99%AF%E8%A7%82/6638582。

互動的一種重要模式。

### 五、世界文化與自然遺產

世界文化與自然遺產是文化遺產與自然遺產的融合。世界文化與自然遺產並不是文化遺產與自然遺產的簡單疊加，而有著深層的寓意，是人類從認識自然、改造自然到與自然和諧相處的杰作。世界上許多文明古國，雖然擁有大量文化遺產，但擁有文化與自然雙重遺產的卻不多。《保護世界文化和自然遺產公約》並未對文化與自然雙重遺產另立標準，而是分別採用文化遺產標準和自然遺產標準。

## ●第三節　與世界遺產相關的機構及組織

### 一、國際組織與機構

#### （一）聯合國教科文組織世界遺產委員會

聯合國教科文組織世界遺產委員會（UNESCO，World Heritage Committe），成立於1976年11月，由21名成員組成，負責《保護世界文化和自然遺產公約》的實施。委員會每年召開一次會議，主要決定哪些遺產可以錄入《世界遺產名錄》，並對已列入名錄的世界遺產的保護工作進行監督指導。由7名成員構成世界遺產委員會主席團，主席團每年舉行兩次會議，籌備委員會的工作。

2013年11月19日—20日，《保護世界文化和自然遺產公約》締約方大會在教科文組織巴黎總部舉行。會議首日選舉產生了世界遺產委員會的12個新成員，任期4年。新選出的12個世界遺產委員會成員分別是克羅地亞、芬蘭、牙買加、哈薩克斯坦、黎巴嫩、秘魯、菲律賓、波蘭、葡萄牙、韓國、土耳其和越南。它們將和任期持續至2015年的阿爾及利亞、哥倫比亞、德國、印度、日本、馬來西亞、卡塔爾、塞內加爾和塞爾維亞一同組成新一屆世界遺產委員會。

聯合國教科文組織世界遺產委員會的主要工作任務包括三方面內容：

第一，審議確定由締約國申報要求列入《世界遺產名錄》的項目，並提交締約國代表會議通過並公布。

第二，管理世界遺產基金，審定各締約國提出的財政和技術援助的申請項目。這筆資金主要來自締約國固定繳納的款項，即其向聯合國教科文組織所繳納會費的1%，和締約國以及其他機構和個人的資源捐獻。

第三，對已經列入《世界遺產名錄》的文化、自然項目的保護和管理情況進

行檢測，以促進其保護與管理水平的改善和提高。

## 拓展閱讀

### 世界遺產標誌[1]

在世界遺產委員會第二屆大會上（華盛頓，1978年），採用了由米歇爾·奧利夫（Michel Olyff，比利時著名圖像設計師）設計的世界遺產標誌。這個標誌表現了文化與自然遺產之間的相互依存關係：代表大自然的圓形與人類創造的方形緊密相連。標誌是圓形的，代表世界的形狀，同時也是保護的象徵。該標誌象徵《保護世界文化和自然遺產公約》（下稱《公約》），體現締約國共同遵守《公約》的意願，同時也代表列入《世界遺產名錄》中的遺產。它與公眾對《公約》的瞭解相互關聯，是對《公約》可信度和威望的認可。

委員會決定，該標誌可採用任何顏色或尺寸，主要取決於具體用途、技術許可和藝術考慮。標誌上必須印有「World Heritage」（英語「世界遺產」）、「Patrimoine Mondial」（法語「世界遺產」）、「Patrimonio Mundial」（西班牙語「世界遺產」）的字樣。但各國在使用該標誌時，可用自己本國的語言來代替「Patrimonio Mundial」（西班牙語「世界遺產」）字樣，英語、法語保持原樣。

為了保證該標誌盡可能地引人注目，同時避免誤用，委員會在第22屆大會（日本京都，1998年）上通過了《世界遺產標誌使用指南和原則》。儘管《公約》並未提到該標誌，但是自1978年該標誌正式通過以來，委員會一直推廣採用該標誌用以標示受《公約》保護並列入《世界遺產名錄》的遺產。世界遺產委員會負責決定世界遺產標誌的使用，同時負責制定如何使用標誌的政策規定。

### （二）國際文物保護與修復研究中心

國際文物保護與修復研究中心（又稱「國際羅馬文物保護修復研究中心」，International Centre for the Study of the Preservation and Restoration of Cultural

---

[1] 資料來源：http://baike.baidu.com/item/世界遺產標誌。

Property，縮寫為 ICCROM），成立於 1956 年，是聯合國教科文組織創設的一個獨立的國際科學機構。研究中心的全體大會每兩年召開一次，除全體大會或理事會特殊安排，原則上都在羅馬召開。各成員國派一名代表出席，其身分須為文物保護研究機構的代表和高級專家、技術人員。理事會由大會選舉產生的理事和特邀人員組成。

國際文物保護與修復研究中心的基本宗旨是保護古代建築、歷史遺跡和世界藝術珍品，以及為此而進行的專業隊伍的培訓和修復工作的改進。主要工作任務包括以下內容：

第一，情報資料的收集、研究和交流工作：中心除積極購置圖書、交換資料外，還大力開展資料複印工作，向會員國和有關專家提供不易看到的圖書資料，為文物保護工作做出貢獻。

第二，出版工作：中心除與出版社合作出版文物保護的書籍外，還與其他國際文物保護機構合作，設立「為合作出版文物保護資料的國際委員會」，進一步開展資料翻譯工作。中心已出版了《博物館科學技術研究室及修復所名冊》《各國壁畫保護概況》等圖書。

第三，培訓工作：中心每年招收建築、壁畫保護的留學生，並與羅馬大學合辦「建築保護課程」，與羅馬中央修復研究所合辦「壁畫保護課程」，與書籍病理學研究所合辦「紙張與書籍保護課程」，與比利時國立文物研究所合辦「文物的研究與保護課程」，等等。

第四，促進研究工作：中心提出專題後組織研究機構和專家從事研究，或者對共同關心的專題提供資助，有時提請研究機構向專家們提供研究的方便。

第五，派遣專家和提供特殊援助：會員國有權向中心提出優先的援助，而中心不可限制會員國的要求。中心設立的基金供緊急情況下派遣專家時使用，因此，在遇到突發災害時可迅速應急。

## （三）國際古跡遺址理事會

國際古跡遺址理事會又譯為國際文化紀念物與歷史場所委員會（International Council on Monuments and Sites，縮寫為 ICOMOS），於 1965 年在波蘭華沙成立，是世界遺產委員會的專業諮詢機構。它由世界各國文化遺產專業人士組成，是古跡遺址保護和修復領域唯一的國際非政府組織，在審定世界各國提名的世界文化遺產申報名單方面起著重要作用。

國際古跡遺址理事會的組織機構包括全體大會、執行委員會、諮詢委員會與國際秘書處。ICOMOS 全體成員組成的最高管理機構每三年召開一次全體大會，選舉執行委員會並制訂下一個三年的戰略計劃和綱領。執行委員會是 ICOMOS 的

管理機構，由主席、5位副主席、秘書長、司庫（構成辦公處）及12位執行委員組成。他們代表了世界上的主要地區。執行委員會制定規劃和預算，並監督執行情況。它批准建立新的國家委員會和國際學術委員會。諮詢委員會由各國家委員會主席及國際學術委員會主席組成。它的職責是向執行委員會提出建議和指導，並舉薦優先項目。國際秘書處實施上述各委員會的決議和計劃，負責協調和管理ICOMOS日常工作。其職責包括：為各委員會、會員和公眾提供信息和服務，組織各種會議和研討會，並負責與其他組織的聯絡工作。

中國於1993年加入ICOMOS，並成立了國際古跡遺址理事會中國委員會（ICOMOS China），即中國古跡遺址保護協會。

**（四）世界自然保護聯盟**

世界自然保護聯盟（International Union for Conservation of Nature，縮寫為IUCN），簡稱自保聯盟是一個國際組織，專職世界的自然環境保護。該聯盟於1948年在瑞士格蘭德成立。世界自然保護聯盟是個獨特的世界性聯盟，是政府及非政府機構都能參與合作的少數幾個國際組織之一。世界自然保護聯盟有國家的、政府機構的以及非政府組織的會員共915個，遍及133個國家；聯盟的6個專家委員會及其他志願者網路的各成員都以個人名義加入聯盟，目前的總人數已超過10,000名。

## 拓展閱讀

### 4·18國際古跡遺址日[①]

1982年4月18日，國際古跡遺址理事會（ICOMOS）在突尼斯舉辦科學研討會。同期在哈馬馬特召開的執行局會議上，有代表首次提出建立國際古跡遺址日，並在每年的這一天舉辦全球性的慶祝活動。這一建議經執行委員會討論後通過，並在於次年11月召開的聯合國教科文組織第22屆大會上得到批准。大會在一項決議中號召各成員國倡導並推行「4·18國際古跡遺址日」。從2001年開始，國際古跡遺址理事會每年都要為4月18日確定一個活動主題，各會員國根據這一主題自行選擇活動內容與形式，如舉行圓桌會議、科學研討會，開辦展覽、講座，向公眾免費開放博物館和遺產地，等等。之後各國將有關報告、論文、海報、新聞報導等文字和圖片資料送交國際古跡遺址理事會秘書處備案。2013年國際古跡

---

① 資料來源：http://baike.baidu.com/item/%E5%9B%BD%E9%99%85%E5%8F%A4%E8%BF%B9%E9%81%97%E5%9D%80%E6%97%A5? fromtitle=4%C2%B718%E5%9B%BD%E9%99%85%E5%8F%A4%E8%BF%B9%E9%81%97%E5%9D%80%E6%97%A5&fromid=11318660.

遺址日的主題是「教育的遺產」。該主題旨在體現不同地理文化背景下的學校、大學、圖書館、學術機構等的教育遺產。各成員國國家委員會圍繞此主題開展豐富多彩的活動。

### (五) 世界遺產城市組織

世界遺產城市組織（Organization of World Heritage Cities，縮寫為OWHC），是聯合國教科文組織的一個下屬組織機構，是一個非營利性的、非政府的國際組織，於1993年9月8日在摩洛哥的非斯成立，總部設在加拿大的魁北克市。該組織的宗旨是負責溝通和執行世界遺產委員會會議的各項公約和決議，借鑑各遺產城市在文化遺產保護和管理方面的先進經驗，進一步促進各遺產城市的保護工作。世界遺產城市的性質類似於中國的「國家歷史文化名城」，可以說是世界級的歷史文化名城。

## 拓展閱讀

### 中國的世界遺產城市①

中國的世界遺產城市共有五座：

中國蘇州：擁有世界文化遺產——蘇州古典園林（共9座，包括拙政園、留園、網師園、環秀山莊、滄浪亭、獅子林、耦園、藝圃和退思園）；人類口述和非物質遺產代表作——昆曲、古琴藝術（虞山派）、宋錦、緙絲、蘇州端午習俗、蘇州香山幫傳統建築營造技藝。

中國承德：擁有世界文化遺產——承德避暑山莊和外八廟。

中國麗江：擁有世界文化遺產——麗江古城。

中國澳門：擁有世界文化遺產——澳門歷史城區。

中國平遙：擁有世界文化遺產——平遙古城。

## 二、各國家與地區組織與機構

### (一) 澳大利亞的聯邦遺產管理組織與機構

澳大利亞的遺產管理開始於20世紀70年代，主要是源於經濟的發展和政府

---

① 資料來源：http://baike.baidu.com/item/%E4%B8%AD%E5%9B%BD%E4%B8%96%E7%95%8C%E9%81%97%E4%BA%A7/2508489。

倡導的澳洲土著和非土著的融合政策。遺產管理實施 40 多年來，澳大利亞已經形成了一套成熟的遺產管理體系。

聯邦級政府管理機構包括澳大利亞的遺產管理處、澳大利亞遺產委員會、環境保護和遺產委員會、土著政策協調辦公室、澳大利亞土著和托雷斯島民研究所。

澳大利亞的遺產管理處隸屬於澳大利亞可持續發展、環境、水資源、人口和社區部，主要執行和管理環境及遺產法案，幫助認定和保護澳大利亞自然和文化遺產遺物，管理澳大利亞政府的主要環境和遺產項目（包括 30 億元的國家遺產信託基金）。澳大利亞遺產委員會是一個獨立的遺產專家諮詢機構，是澳大利亞政府在遺產事務方面的主要諮詢機構，由委員會主席、6 個委員和最多 2 個列席委員構成。他們均由部長任命。澳大利亞遺產委員會在評估、建議、政策制定和主要遺產項目的推薦上起重要作用，負責澳大利亞遺產名錄和聯邦遺產名錄的提名和評估，為澳大利亞可持續發展、環境、水資源、人口和社區部部長就各種遺產事務提供建議。環境保護和遺產委員會主要工作是保護環境和自然、歷史和土著遺產，參與國家遺產政策制定，並發起設立了澳大利亞世界遺產顧問委員會，為聯邦、州或地區就影響澳大利亞世界遺產的事務提供諮詢。

聯邦級非政府管理機構包括澳大利亞國家信託基金委員會、澳大利亞皇家建築研究所、澳大利亞工程遺產、澳大利亞 ICOMOS、澳大利亞歷史考古學會、澳大利亞歷史協會聯盟、澳大利亞海洋考古研究所、澳大利亞物質文化保護研究所、澳大利亞保護基金會、澳大利亞規劃研究所、澳大利亞和新西蘭遺產辦公室等。這些機構為澳大利亞的古跡遺址管理和保護提供理論、方法、歷史、建築、工程等方面的諮詢和幫助，並推廣澳大利亞的遺產保護工作。其中，澳大利亞國家信託基金委員會還負責全國 300 個古跡遺址、大約 7,000 名志願者和全國大約 350 名服務人員的管理。

(二) 亞太地區非物質文化遺產國際培訓中心

亞太地區非物質文化遺產國際培訓中心是由聯合國教科文組織支持，以中國非物質文化遺產保護國家級專業機構——中國藝術研究院、中國非物質文化遺產保護中心為依託的亞太地區非物質文化遺產國際培訓中心，是中國在非物質文化遺產領域積極開展地區和國際性合作的重要平臺，於 2010 年 5 月 18 日在北京揭牌。

早在 2007 年 9 月，中國文化部便正式致函時任教科文組織總干事鬆浦晃一郎，表達了在中國建立由教科文組織支持的亞太地區非物質文化遺產中心的願望。此後，日本也提出在其本國建立亞太中心的意願，而韓國早在 2005 年即已提出相同意願。經過協商，2008 年中、日、韓三方就三個中心的重點職能達成共識並簽

署諒解備忘錄，即中國亞太中心以培訓為主，韓國亞太中心以信息和網路建設為主，日本亞太中心以研究為主。2009年10月，聯合國教科文組織第35屆大會審議通過在中國建立亞太地區非物質文化遺產國際培訓中心（以下簡稱「亞太非遺國際培訓中心」）的申請報告。

亞太非遺國際培訓中心由管理委員會、執行委員會、諮詢委員會、秘書處等機構組成。中心成立以來，致力於宣傳和推廣《保護非物質文化遺產公約》，組織地區性和國際性非物質文化遺產保護培訓活動，提高教科文組織亞太地區會員國在非遺保護方面的能力，為亞太地區和世界非遺保護工作做出了應有的貢獻。

### (三) 法國文化遺產管理的組織與機構

法國通過中央與地方兩級管理機構實現對文化遺產的保護。在中央層面，文化部是文化遺產保護的最高決策機構。該部下設文化遺產司，專門負責文化遺產的保護。由於這項工具有一定的專業性，所以該司既有行政管理人員，也有專職科研人員。此外，文化部文化遺產司還負責法國國立古跡建築博物館、古跡信託及若干所文化遺產保護研究教學及信息收集機構的管理。

在地方層面，在每個行政區的政府內部都設置有文化事務部專門負責各行政區域內文化遺產的保護及管理工作。這些機構包括專責區域文化遺產管理局、專責區域遺址管理局、專責區域文化遺產登記管理局、專責區域人類學遺產管理局四個局級單位。它們也是法國文化遺產保護工作的具體執行單位。

此外，諮詢機構、社團組織、科研機構等在法國的文化遺產管理中發揮著重要作用。文化遺產保護委員會是負責文化遺產保護、開發、運營與諮詢業務的組織機構。18,000餘個民間社團組織接受政府託管具體開展文化遺產的保護工作。以文化遺產保護學院為代表的文化遺產教學機構為法國提供了大量文化遺產保護與管理的專業人才，以古跡保護與歷史研究高等研究中心為代表的文化遺產研究機構則專門負責文化遺產的調查、研究、教學及資料收集等方面的工作。

### (四) 墨西哥國家人類學和歷史局

墨西哥國家人類學和歷史局成立於1938年，是墨西哥國家文物保護工作的最高、也是唯一的領導和管理機關。目前該機構負責管理全國11萬個歷史建築、2.9萬個考古遺跡和120多個博物館。該機構在全國31個州有下設機構，負責監督和檢視當地的文化遺產保護工作，發放相關的修護、擴建或改造許可證，每個下設機構都有專業建築師任職。國家人類學和歷史局還擁有卓越的教育機構，如下設的墨西哥全國人類學和歷史學院、墨西哥全國文物保護修復和博物館學院等院校。墨西哥全國文物保護修復和博物館學院始建於1968年，是世界上第一所授予文物古跡修復學士學位的大學。學校除了教授文化遺產保護和修復的理論課程

外，還注重加強文物修復的技能訓練。

## 拓展閱讀

### 巴西、秘魯、阿根廷保護文化遺產建設公共文化服務體系[1]

巴西、秘魯、阿根廷與中國同屬發展中國家，經濟社會處於類似的發展階段，在保護民族文化遺產、保障公民基本文化權益等方面，都面臨一些共同或相似的問題。三國雖然經濟社會發展水平還不高，但都比較重視文化遺產保護和公共文化服務體系建設，並注意緊密結合本國國情，在實踐中探索、創造了一些成功的做法。

（一）注重發揮政府的主導作用，維護和保障公民的基本文化權益。一是把文化遺產保護和公共文化服務供給作為政府的職責，各級財政給予文化單位一定的經費保障。如阿根廷文化國務秘書處所屬52個非營利文化單位均為國有，90%的運營經費由聯邦財政撥付。二是設立專門基金保護印第安文化。巴西現有75萬印第安土著，分成225個部落，其中40個部落與外界沒有任何聯繫。為了保護印第安土著文化，巴西於2004年設立全國印第安文化基金會，運用多種形式，發動全社會重視土著文化的保護，並深入印第安村落發放普查登記表，進行錄音錄像。三是努力滿足低收入居民的基本文化需求。阿根廷正在實施一項為低收入居民免費送書的計劃，擬給全國每戶低收入居民贈送50本圖書和1個書架，其中18本圖書由國家文化部門選送，包括《阿根廷憲法》《百科全書》《醫學急救》《法律救助》《家用器械修復》《就業指南》《嬰幼兒營養》《兒童詩選》《科幻小說》《民歌歌詞》等各1本，其餘由各地文化教育部門配送。

（二）引導社會參與，廣泛調動各方面的積極性。一是鼓勵社會捐贈。巴西成立了國有企業贊助委員會和私人企業贊助委員會，頒布了文化贊助法，制定了免稅優惠政策。只要進行文化贊助，且贊助的項目符合巴西文化部的要求，都可以對所得稅進行減免。二是動員社區居民參與。阿根廷在文化遺產保護方面，一般先由社區居民投票推選出需要保護的文化遺產名單，再由專家進行論證、認定，然後提交地方議會討論通過後頒布實施。由於聽取了當地居民的意見，人們參與文化活動的積極性大幅增強。三是積極發展志願者隊伍。秘魯是個文物資源大國，文化遺存豐富，而在全國2,400多萬人口中，從事文物工作的專業人員只有2,000人。近年來，秘魯成立了文物保護志願者協會，參加文物保護志願者協會的已達

---

[1] 資料來源：http://www.huaxia.com/zhwh/whgc/2007/07/94405.html.

2,000餘人。

（三）採取合同的形式進行項目運作、項目考核，提高資金的使用效益。例如巴西比較注重通過項目合同的形式來養項目，而不養機構，提高文化遺產保護和公共文化服務的效能。2004年，巴西政府發布公告，擬於2010年前在全國扶持1萬個文化點，只要是基於民眾需求開展文化活動的任何機構都可以申請全國文化基金。成為政府支持的文化點，可獲得8萬美元的項目資助。如申請對象在土著、黑人居住區和城鄉接合部，在同等條件下可優先獲得批准。根據合同的有關規定，巴西文化部每半年檢查一次文化點的情況，並組織專家對項目的落實情況進行階段性評估。評估合格的文化點，政府才繼續給予項目資助。兩年半合同期滿後，該機構如想繼續得到政府的支持，必須重新申報。

（四）利用人們日常比較喜愛的社交場所為載體，以共同關注的話題為主題，開展系列主題教育活動。咖啡館是阿根廷人喜愛和聚集的社交場所，那裡的氣氛輕鬆、融洽，也適宜開展公共文化活動。為了醫治軍政府時期給人們心靈造成的創傷，2006年，阿根廷在全國精選出100個咖啡館，發起了一場名為「咖啡·文化與國家」的系列主題教育活動。阿根廷文化部門每周邀請、安排一些文化名人在這些咖啡館做專題演講，發揮文化名人在繼承傳統文化、撫慰人們心靈、振奮國民精神、增進社會共識方面的作用，受到民眾廣泛認同，社會反響強烈。隨後，不少學校、監獄和軍營也紛紛舉辦「咖啡·文化與國家」主題教育活動，邀請文化名人與師生、囚犯和士兵等開展座談，深受廣大師生、囚犯和士兵的歡迎。「咖啡·文化與國家」主題教育活動對人們的心靈世界、精神風貌和行為規範潛移默化的作用正日益凸顯。

（五）加強文化遺產歷史原貌的保護，嚴禁破壞周邊環境和歷史氛圍。巴西、秘魯、阿根廷均對重要文化遺產實行嚴格保護，嚴禁改變重點文物保護單位和重要文化遺產的歷史原貌。秘魯的馬丘比丘是印加帝國初期的重要行宮，也是印第安人祭祀太陽神的重要場所，被印第安人視為心目中的歷史聖地。馬丘比丘雖然常年遊人如織，但沒有動土興建一條索道、一座公廁，一家飯店；既看不到一個遊商小販，也見不到一家商店或地攤。為了防止外地遊客對當地文物和生態環境的破壞，秘魯文物、旅遊部門規定，進入馬丘比丘參觀的遊客，必須有當地導遊陪伴，接受當地導遊的監督，嚴禁觸摸珍貴文物，嚴禁吸菸，嚴禁亂扔垃圾。在那裡，人們將強烈感受到歷史文化遺產的本來面貌。

## 第四節　世界遺產的申報、遴選和評定

### 一、世界遺產的申報

世界遺產是特指被聯合國教科文組織和世界遺產委員會確認的人類罕見的目前無法替代的財富，是全世界公認的具有突出意義和普遍價值的文物古蹟和自然景觀，主要包括文化、自然和文化與自然雙重遺產三類，另外又增加了「人類口述和非物質遺產代表作」。

1972年11月16日，聯合國教科文組織大會第17屆會議在巴黎通過《保護世界文化和自然遺產公約》（以下簡稱《公約》）。其宗旨是：建立一個依據現代科學方法制定的永久性的有效制度，共同保護具有突出的普遍價值的文化和自然遺產。聯合國教科文組織根據《公約》編制世界遺產特別是不動產遺產清單，又稱《世界遺產名錄》。世界遺產享有全球知名度、接受國際援助、免受戰爭或人為破壞等。世界遺產的登記工作並不是一種學術活動，而是一項具有司法性、技術性和實用性的國際任務，其目的是動員人們團結一致，積極保護文化和自然遺產。

**(一) 世界遺產的申報條件**

提名的遺產必須具有「突出的普遍價值」以及至少滿足以下十項基本標準之一：

(1) 表現人類創造力的經典之作。

(2) 在某個期間或某種文化圈裡對建築、技術、紀念性藝術、城鎮規劃、景觀設計的發展有巨大影響，促進人類價值交流。

(3) 呈現有關現存或者已經消失的文化傳統、文明的獨特或稀有的證據。

(4) 呈現人類歷史重要階段的建築類型，或者建築及技術的組合，或者景觀上的卓越典範。

(5) 代表某一個或數個文化的人類傳統聚落或土地使用，提供出色的典範，特別是因為難以抗拒的歷史潮流而面臨消滅危機的場所。

(6) 與具有顯著的普遍價值的時間、活的傳統、理念、信仰、藝術及文學作品有直接或實質的聯結（世界遺產委員會認為該基準最好與其他基準共同使用）。

(7) 包含出色的自然美景與美學重要性的自然現象或地區。

(8) 代表生命精華的記錄、重要且持續的地質發展過程、具有意義的地形學或地文學特色等的地球歷史主要發展階段的顯著例子。

(9) 在陸上、淡水、沿海及海洋生態系統及動植物群的演化與發展上，代表

持續進行中的生態學及生物學過程的顯著例子。

（10）擁有最重要及顯著的多元性生物自然生態栖息地，包含從保育或科學的角度來看符合普遍價值的瀕臨絕種動物。

### （二）世界遺產的申報程序

各締約國應將本國今後 5～10 年擬申報為世界遺產的項目列入《世界遺產預備清單》，通報世界遺產中心備案；然後，於每年的 7 月 1 日前，按照統一規定的嚴格格式和內容將本國自認為條件已經完全成熟的預備項目正式申報文本（包括文字、圖紙、幻燈、照片、錄像或光盤等）送達世界遺產中心。世界遺產中心將有關材料轉送至國際專業諮詢機構。相關專業諮詢機構從當年年底至下一年的三、四月份進行考察和論證，並向世界遺產委員會提交評估報告。世界遺產委員會於每年的 6 月底至 7 月初召開主席團（7 個成員國）會議，初步審議新的世界遺產申報項目等；11 月底至 12 月初召開主席團特別會議，補充審議第一次主席團會議未盡事宜，然後將包括審定新的世界遺產申報項目在內的相關大事提交給緊隨此次主席團會後召開的世界遺產委員會全會通過。至此，一輪申報工作完成。也就是說，申報一項新的世界遺產，至少需要兩年。

根據 UNESCO 文件，世界遺產申報需要完成以下步驟：

（1）一個國家首先要簽署《保護世界文化和自然遺產公約》，並保證保護該國的文化和自然遺產，成為締約國。

（2）締約國要把本土具有突出普遍價值的文化和自然遺產列入一個預備名單。

（3）從預備名單中篩選要列入《世界遺產名錄》的遺產。

（4）把填好的提名表格寄給 UNESCO 世界遺產中心。

（5）UNESCO 世界遺產中心檢查提名是否完全，並送交世界自然保護聯盟和國際古跡遺址理事會評審。

（6）專家到現場評估遺產的保護和管理情況。按照自然與文化遺產的標準，世界自然保護聯盟和國際古跡遺址理事會對上交的提名進行評審。

（7）世界自然保護聯盟和國際古跡遺址理事會提交評估報告。

（8）世界遺產委員會主席團委員會提交推薦名單。

（9）由 21 名成員組成的世界遺產委員會最終決定入選、推遲入選或淘汰的名單。

## 二、世界遺產的遴選與評定

世界遺產的評定標準是聯合國教科文組織依據《保護世界文化和自然遺產公約》，對申報遺產項目是否被列入《世界遺產名錄》成為世界遺產進行考核的標

準。該標準的考核審批過程非常嚴格。

每年一度的世界遺產委員會會議將對申請列入名單的遺產項目進行審批，其主要依據是該委員會此前委託有關專家對各國提名的遺產遺址進行實地考察而提出的評價報告。世界遺產可分為自然遺產、文化遺產和文化與自然雙重遺產。文化景觀作為一個特殊的類別，有其相應的評定準則。按照列入名錄時所依據的標準，大部分文化景觀屬於文化遺產，也有一些是雙重遺產。

## （一）自然遺產

《保護世界文化和自然遺產公約》規定，從美學或科學角度，科學或保護角度，科學、保護或自然美角度，符合公約規定的各類內容之一者，可列為自然遺產。

## （二）文化遺產

《保護世界文化和自然遺產公約》規定，屬於公約規定範圍內的文物、建築物、遺址，可列為文化遺產。

## （三）文化與自然雙遺產

文化與自然雙遺產又稱為文化遺產與自然遺產混合體，必須分別符合前文關於文化遺產和自然遺產的評定標準中的一項或幾項。

## （四）文化景觀及其他

文化景觀的選擇應基於它們自身的突出、普遍的價值，包括明確劃定的地理-文化區域的代表性及體現此類區域的基本而獨特文化因素的能力。它通常體現持久的土地使用的現代化技術及保持或提高景觀的自然價值。保護文化景觀有助於保護生物多樣性。文化景觀主要包括三種：由人類有意設計和修建的景觀、有機進化的景觀和關聯性文化景觀。

## 思考和練習題

中國的世界非物質文化遺產項目有哪些？

## 案例和實訓

### 熊貓基地變人類基地[1]

大熊貓是人見人愛的珍稀動物，是世界生物多樣性保護的標誌，亦是和平友

---

[1] 資料來源：http://news.ifeng.com/a/20161002/50057402_0.shtml。

好的象徵。成都大熊貓繁育研究基地，是一個專門從事瀕危野生動物研究、繁育、保護教育和教育旅遊的非營利性機構。成都大熊貓繁育研究基地位於成都北郊斧頭山山側的淺丘上，建成了科研大樓、開放研究實驗室、獸醫院、獸舍和熊貓活動場、天鵝湖、大熊貓博物館、大熊貓醫院、大熊貓廚房等，形成竹木蒼翠、鳥語花香的生態環境，集自然山野風光和優美人工景觀為一體，適宜大熊貓及多種珍稀野生動物生息繁衍。大熊貓繁育研究基地以造園手法模擬大熊貓野外生態環境，綠化覆蓋率達96%。這裡常年養著80餘只大熊貓以及小熊貓、黑頸鶴、白鶴等珍稀動物。2016年10月2日正值國慶黃金周，前來成都大熊貓繁育研究基地的遊客絡繹不絕。熊貓基地出於對大熊貓生活環境保護的考慮，採取了分時段售票措施，以使遊客分散「進宮」，動態控製遊客數量。許多遊客為了一睹大熊貓的風采頭頂烈日，在景區門口排起了長隊，有媒體戲稱「熊貓基地已變人類基地」。大多數遊客對排隊表示理解，但是也有一些遊客抱怨「既然是景區，就應當首先滿足遊客旅遊需求」；部分進入景區的遊客也給基地提出「景區內售賣飲品、小吃的服務點太少」「景區內為什麼沒有為小朋友提供服務的遊樂設施」等意見。

　　請結合案例中成都大熊貓繁育研究基地的設立目的，評述基地對遊客開放的意義以及談談對上述遊客意見的回覆。

# 第二章 世界遺產的旅遊價值

**學習目標**

瞭解世界遺產與旅遊的關係；
掌握世界自然遺產的旅遊價值；
掌握世界文化遺產的旅遊價值；
掌握世界自然與文化雙遺產的旅遊價值。

**重點難題**

不同遺產類型的旅遊價值的區別和聯繫。

**本章內容**

## 第一節 世界遺產與旅遊

隨著聯合國世界遺產委員會多項文件的頒布以及各類關於推崇世界遺產保護的書籍的正式出版，「世界遺產與旅遊」的提法出現得越來越多，且眾多旅遊學家撰文將遺產地列為新的旅遊潛力資源。由此可見，旅遊與世界遺產之間有著密切

聯繫。通過旅遊，世界遺產可以更好地展現其突出的普遍價值，使旅遊者在輕鬆的氛圍中感受到歷史的價值以及不同文化相融合的巧妙之處。因此將旅遊作為傳承世界遺產的載體是保護世界遺產與學習相關知識的一個有效方式。

## 一、遺產旅遊的相關概念

### （一）遺產

遺產通常指祖先遺留下來的東西，往往指物質的、可供懷舊的紀念物、人類遺址、歷史遺跡等。

雖然遺產自古就有，但遺產這個詞的出現則比較晚，約產生於20世紀70年代的歐洲。其含義與繼承緊密相連，特指從祖先那裡繼承的東西。在20世紀80年代晚期，一些民間藝術、民族建築風格也被納入遺產的範疇。隨著遺產概念的不斷延伸，對於遺產的分類也越來越細化。20世紀70年代，愛爾蘭將遺產分為科學遺產（Scientific Heritage）、歷史藝術遺產（Historic and Artistic Heritage）、文化遺產（Cultural Heritage）和風景遺產（Landscape Heritage）。隨著遺產概念的大眾化，遺產的種類越來越多，普林蒂斯在《旅遊與遺產吸引物》中就將遺產或遺產吸引物做了23個分類。

### （二）遺產旅遊

目前，對於遺產旅遊的定義還沒有統一定論，但普遍認可的較早的遺產旅遊的定義是Yale（1991）給出的。他認為，遺產旅遊是「關注我們所繼承的一切能夠反應這種繼承的物質與現象，從歷史建築到藝術工藝、優美的風景等的一種旅遊活動」（Yale，1991）。

隨著人們對遺產旅遊的進一步研究討論，遺產旅遊也有了多種定義。例如，遺產旅遊是旅遊的一種形式，旅遊者的主要動機是其所認知的目的地遺產屬性（Yaniv Poria，2001）。另外，Brian Garrod提出遺產旅遊能從歷史建築物、藝術品、美麗風景中得到任何意義（Brian Garrod，2001）。在中國，學者們對於遺產旅遊一直沒有給出完整的定義。吳必虎在《區域旅遊規劃原理》一書中將遺產旅遊作為文化旅遊的一種類型單獨做了介紹，並在書中指出「遺產旅遊被視為文化旅遊的核心內容」。《中國「世界遺產」的可持續發展研究》也涉及遺產旅遊概念，認為遺產旅遊作為一種旅遊的現象，是人類求取與外部世界和諧的最有效形式之一，但也僅僅是提到遺產旅遊，並未對其做出界定。

綜上所述，傳統意義上的遺產旅遊主要是指以文物、古跡等人類精神文明和物質文明的遺存作為主體旅遊吸引物的旅遊形式（彭順生，2008）。

### （三）世界遺產旅遊

世界遺產旅遊特指以被列入《世界遺產名錄》的文化遺產、自然遺產、文化

與自然雙遺產等作為旅遊吸引物的旅遊形式。

世界遺產旅遊與遺產旅遊並不等同，遺產旅遊的範圍更大，因此在分類上是要做區別的。

在旅遊業蓬勃發展的今天，遺產旅遊和世界遺產旅遊已被大眾廣泛接受和認可，並逐步成為新的旅遊熱點。

## 二、遺產旅遊對遺產地的影響

旅遊會對旅遊地造成雙重影響，既有正面積極影響，也會產生相應的負面影響。而旅遊作為遺產保護與開發的重要手段之一，也無可避免地會對遺產地產生多重影響。

### (一) 遺產旅遊對經濟的影響

旅遊作為第三產業中的新興產業，正以其絕對的發展潛力被越來越多的國家、地區和城市所推崇。而遺產旅遊也正在被大力發展，究其原因，是遺產旅遊作為效益最佳的旅遊形式之一，會帶來巨大的經濟效益。

如果某項遺產被錄入《世界遺產名錄》，僅從援助上講，其能獲得世界遺產基金提供的巨額資金援助及遺產保護技術人才等支援。此外，還能帶動遺產地經濟發展。2000年11月，青城山-都江堰被列入世界文化遺產，在此後的十幾年間，這一殊榮給都江堰的經濟帶來巨大推動作用。都江堰直接經濟實力進一步增強，招商引資步伐加快，旅遊經濟快速發展，僅申遺後的第三年，接待遊客便達340萬人次，實現門票收入6,400萬元、旅遊綜合收入8.3億元。這與申遺效應有著密切關係。

### (二) 遺產旅遊對環境的影響

正如旅遊活動對環境會帶來巨大影響一樣，遺產旅遊對環境的影響也是巨大的。

遺產旅遊對環境既有積極促進作用，也有消極阻礙作用。從積極作用來看，遺產旅遊可以通過旅遊的方式來傳遞祖先們想要傳達的思想，使人們以遺址遺跡為載體與前人對話，達到普及知識的目的；也可在一定程度上改善當地的基礎設施配置，提高環境衛生標準；還能在一定程度上喚起人們對於歷史的認同感和保護意識；等等。從消極作用來看，將遺產作為吸引物來發展旅遊，由於遊客的數量及素質的不確定性，也會給遺產的保護及修復工作帶來很大困難。這也是發展遺產旅遊最具挑戰性的一方面。此外，發展遺產旅遊也會給遺產地帶來不同程度的生態環境污染。

### (三) 遺產旅遊對社會文化的影響

社會文化是與基層廣大群眾生產和生活實際緊密相連的，由基層群眾創造，

具有地域、民族或群體特徵，並對社會群體產生廣泛影響的各種文化現象和文化活動的總稱。

　　發展遺產旅遊，對於社會文化的影響是顯而易見的，內容會涉及遺產價值認同、遺產的真實性與完整性及文化認同感和歸屬感等多方面。隨著遺產旅遊的深入發展，遺產旅遊會對原本遺產地的社會文化結構造成衝擊，甚至可能形成或產生一種新的社會文化模式。

　　總之，遺產旅遊帶來的影響是多方面的，但從整體而言，人們更關注正面影響。這也是遺產旅遊的發展越來越興旺的原因。

### 三、世界遺產旅遊發展的國際經驗

　　遺產旅遊最先是在一些發達國家和地區得到發展並推廣的，如北美、歐洲、日本、澳大利亞等，大多數開發較好的遺產旅遊產品也是出自這些地方。因此，他們的很多經驗和模式都是值得學習和借鑑的。

　　西方主要採用的遺產旅遊管理模式有三種：以中央集權為主，自上而下實行垂直領導並輔以其他部門合作和社會力量協作的垂直管理模式；以綜合管理為主，兼具中央集權和地方自治兩種管理，同時營利性與非營利性社會力量也普遍參與的綜合管理模式；地方政府掌握事權，中央政府只行使立法權與出抬相關政策的屬地管理模式。由此可見，西方發達國家通常採用的是政府為主、分級負責、社會參與的體制，但也由於各遺產旅遊地的政治經濟體制及文化歷史背景的不同而各具特色。

## 拓展閱讀

### 美國黃石公園[①]

　　黃石公園地處號稱「美洲脊梁」的落基山脈，總面積為8,987平方千米。公園自然景觀有以石灰石臺階為主的熱臺階、大峽谷、瀑布、湖光山色、間歇噴泉與溫泉等。黃石公園還是一個野生動物的樂園，園內棲息著60種哺乳動物、12種魚、6種爬行動物、4種兩棲類動物，以及100多種蝴蝶和300多種鳥。其中屬於世界珍稀動物的有：北美野牛、灰狼、棕熊、駝鹿、麋鹿、巨角岩羊、羚羊等。美國的黃石公園是世界上國家公園管理的典範。它在資源與環境保護、科學研究、宣傳教育、員工招募、資金運作等方面為中國的資源保護型旅遊景區的管理提供了許多有益的借鑑。

---

① 資料來源：https://wenku.baidu.com/view/08c44a4bfe4733687e21aae5.html。

一、黃石國家公園的管理目標為保護大自然的美景。黃石公園制定了如下的戰略目標，作為公園可持續發展的行動指南。首先是保護公園資源。黃石公園的自然、文化及相關價值在良好的環境中得到保護、修復和維護，並且在廣義上的生態系統和文化氛圍中得到很好的經營。另外，黃石公園在獲取自然、文化資源及相關價值的知識方面做出巨大貢獻，關於資源和遊客的管理決策是基於充分的科學信息的前提下做出的。其次，黃石公園也成為可以向公眾提供娛樂和遊客體驗的場所，遊客能安全地遊覽，並對可進入性、可獲得性、多樣性以及公園設施、服務的質量和娛樂機會感到滿意。黃石公園的遊客、所有美國人、幾乎全世界人民都能夠理解並且讚賞為了當代以及子孫後代而對黃石公園的資源進行保護。最後，黃石公園能確保機構的高效率，運用正確且高效的管理實踐、管理系統和管理技術以實現其使命。黃石公園通過吸引合作夥伴、採取主動以及從其他機構、組織和個人獲得支持來增強其管理能力。

二、公園管理的首要使命有：資源保護；野生動物的保護和狩獵限制；本地植物的保護；地質資源的保護；社會功能的開發與利用，如教育與科研基地。在教育方面，對遊客進行關於公園的自然和文化特點的教育是為遊客提供愉快的旅遊經歷的重要組成部分；在科學研究方面，1871年就在黃石公園開展了正規的科學調查。首批勘察項目的重點是公園的水生態系統，對涉及公園特色的其他方面也做了文獻記錄，包括考古、植物區系、動物區系等。此外，公園還開展會議培訓以及提供印刷材料來為科研服務。

三、黃石公園的旅遊與休閒功能。由於公園具有大自然所饋贈的異常豐富的旅遊資源、長達100多年的旅遊歷史以及眾多特許經營商的加盟，黃石公園正在接納越來越多的旅遊者。如今，黃石公園已成為旅遊者的天堂，其旅遊活動可以說是包羅萬象、豐富多彩，適合不同品位的形形色色的旅遊者。根據活動組織者的不同，黃石公園內的旅遊活動可分為：具有官方性質的活動、由公園守護者組織的活動、由特許經營者組織的活動、自助旅行等。根據在公園內旅行所採用的交通方式的不同，旅遊活動可分為：乘坐公園大巴旅行、自駕車遊覽、騎自行車旅行、騎馬、划船、冬季雪上項目、徒步旅行等。根據地質特徵和生態景觀的不同，旅遊活動可分為：溫泉旅遊、峽谷瀑布旅遊區、黃石湖區旅遊、間歇噴泉區（包括間歇噴泉、溫泉、熱水潭、泥地和噴氣孔）旅遊等。根據旅遊活動的內容不同，旅遊活動可分為：參觀景點、講解和討論、觀賞野生動物、參與帶有學術性質的旅遊活動、探險、野營和篝火、垂釣、柯達攝影展示以及其他旅遊活動等。黃石公園最具代表性的旅遊項目有：初級守護者（Junior Ranger Program），是黃石公園針對5~12歲的孩子開展的官方項目，其目的是向孩子們介紹大自然賦予黃石公園的神奇以及孩子們在保護這一人類寶貴財富時所扮演的角色；野生動物教育－探險（Wildlife Ed-Venture）；寄宿和學習；現場研討會；徒步探險

（Hiking）；野營和野餐（Camping & Picnicking）。

四、保障機制方面，黃石公園的守護者有正式雇員、志願者、合作夥伴、黃石公園合作協會、黃石公園的贊助商以及黃石公園基金會。在資金運作方面，黃石公園的資金大部分是經國會批准，從稅收中劃撥的。其他的資金，比如門票收入，也是資金來源的重要組成部分，但這些資金一般用於特別項目而並不用於諸如雇員薪水和設施設備這樣的固定支出。由於需要更多的設備和專家，以及培訓更多的人員從事新的工作，公園就需要更多的資金。除了上述支出以外，黃石公園還增加了其他一些方面的成本。其中包括：電器設備和水處理設備的成本、一些新的研究項目、遊客人數增加而導致增加的運營成本等。因此，黃石公園的資金來源構成包括基本資金和特殊項目酬金、項目的撥款和私人捐贈，以及展示項目的酬金、建設項目等。

## 第二節　世界自然遺產的旅遊價值

### 一、世界自然遺產的概念

自然遺產是指具有地質、自然地理、生物結構、生態、天然名勝和自然美學價值的自然區域，包括自然生態區、自然風景名勝區和化石遺址等。而《保護世界文化和自然遺產公約》將自然遺產定義為：從美學和科學的角度看，具有突出、普遍價值的，由地質和生物結構或這類結構群組成的自然面貌；從科學或保護的角度看，具有突出、普遍價值的地質和自然地理結構以及明確劃定的瀕危動植物物種生態區；從科學、保護或自然美的角度看，具有突出、普遍價值的天然名勝或明確劃定的自然地帶。

2005年2月2日聯合國教科文組織世界遺產委員會發布了新的《執行世界遺產公約的操作準則》。其對自然遺產的界定是：最顯著的自然現象或特殊的自然美景和具美學價值的地區；代表地球演化史中重要階段的突出範例，包括生命記錄、地形發展過程中所進行的重要地質過程或重要的地貌或自然地理特徵；代表進化過程中所進行的重要生態和生物過程，陸地、淡水、沿海和海洋生態系統以及植物和動物群落的發展的突出範例；在生物多樣性保護方面具有最重要意義的生物棲息地，從科學和保護方面的觀點來看，包括那些含有突出普遍價值的瀕危物種的棲息地。

從聯合國教科文組織世界遺產委員會的相關文件可以看出，自然遺產需符合以上一項或多項條件才會被批准列入《世界遺產名錄》。

## 二、世界自然遺產的旅遊價值

儘管世界自然遺產最重要的功能是科普教育和科學研究，但其也因為獨特性、稀有性而具有重要的旅遊價值。

### (一) 美學價值

世界自然遺產最鮮明的特徵之一就是「具有罕見的自然美」。這種自然美主要體現在以下幾方面：

1. 形象美

形象美是指自然遺產景觀總體形態呈現出來的景觀表現形式，包含人們對各類自然景觀的心理和生理感受。形象美是自然遺產景觀中最為顯著的特徵。我們感官直接感受到的秀、險、奇等都是對自然景觀形象美的評價。比如，我們常會欣賞的黃山的奇、秀、險。

2. 色彩美

色彩美是人們對於自然遺產景觀美的眼觀感受，色彩的獨特搭配給自然遺產景觀增添更多美的籌碼。例如，九寨溝秋日水色斑斕，因此有「九寨歸來不看水」的美稱；乞力馬扎羅山的白雪皚皚與山麓的綠色林海形成天然自然帶的美麗分層，美不勝收。

3. 動態美與靜態美

在哲學中，動和靜是相對應而生的，在自然遺產中，動態美和靜態美也是自然遺產中的重要元素。例如中國的九寨溝景區，它的美除了斑斕的顏色，更在於它沿著山體奔瀉而下的瀑布，也在於它靜若處子的高山海子。

感受自然美景是誘發人們產生旅遊動機的重要因素。自然遺產正是因其所蘊含的超乎尋常的美，才引得遊客紛至。

### (二) 獨特性

世界自然遺產的評定標準之一是參評地要具有獨特性，因此，自然遺產地作為旅遊吸引物自然也以其獨特性呈現在世人面前。以美國黃石公園為例，這裡不僅擁有各種森林、草原、湖泊、峽谷、瀑布等自然景觀，大量的熱泉、間歇泉等地熱資源也構成了其享譽世界的獨特地熱奇觀。世界自然遺產正因為這種獨特性，多年來才一直吸引著眾多遊客前往。

### (三) 稀有性

很多世界自然遺產地具有稀有性的特徵，正所謂物以稀為貴。例如澳大利亞東北角的大堡礁，它是世界上最大最長的珊瑚礁群，有 2,900 個大小珊瑚礁島，自然景觀非常特殊和稀有；風平浪靜時，遊船在此間通過，船下連綿不斷的多彩的珊瑚景色，成為吸引世界各地遊客前來獵奇觀賞的最佳海底奇觀。然而在過去

的30年裡，大堡礁逝去了近50%的珊瑚，並正以越來越快的速度不斷衰亡。聯合國教科文組織已將其列為世界遺產保護「危險」名錄。

## 拓展閱讀

### 世界遺產旅遊應體現獨特價值[1]

世界遺產旅遊並非去遺產地旅遊那麼簡單。相對於普通意義上的旅遊，世界遺產旅遊的獨特價值體現在何處，又如何體現呢？這要從和平發展世界遺產的法律價值觀出發，自始至終貫徹《世界遺產公約》（以下簡稱《公約》）所倡導的基本精神。其大致可歸納為兩點：

其一，不可替代的唯一性。一座迪士尼樂園，可以在東京、巴黎、香港、上海及更多的城市同質化地加以複製，使遊客享受同樣的品質。然而，每一項世界遺產卻是獨一無二的，具有不可替代、不可複製、不可再生的特質，並標示遺產在文化多樣性、生物多樣性方面的最高價值。遺產一旦被複製，價值全無；遺產一旦消失，即是永別。其二，公共財富的均衡共享性。根據《公約》的基本精神，具有突出的普遍價值的世界遺產，均依照法定標準和程序而進行遴選，因此其有著人類共同遺產的共享性質。這體現在旅遊的權利上，就是人人共享。重要的是，這些屬於世界遺產旅遊的獨特價值，應在實際的旅遊行為當中得以滲透，並使之顯性地體現出來。這需要在理論和實踐兩方面均做到位。理論層面上，面對世界遺產旅遊這一新概念、新事物，須有一個基本的理念，並以一種規則上的共識將其加以確認。國際社會的相關機構與研究者近年來對此非常重視，並已經得出了較為豐富的支撐性的理論成果。在歐洲、美洲、亞太地區，均建有一定規模的國際性研究機構。如跨越歐美的世界遺產旅遊研究戰線，已經具備了較大的影響力。相關主題的國際會議也不斷召開，就範疇、目的及產品設計方法等問題進行探討。這些研究、討論均對世界遺產旅遊做出了必要的界定和詮釋，有益於世界遺產旅遊理念的建立、推廣和普及。

目前，國際上關於世界遺產旅遊研究的前沿話題，主要集中在一些熱點上：世界遺產旅遊的管理、世界遺產旅遊產品的設計思路、怎樣促進世界遺產旅遊的正確發展、當地性與全球性的平衡對世界遺產旅遊的影響、如何使外來者更好地理解當地文化、對生態與文明負責任的旅遊等。

在實踐層面上，要將理念以及想法付諸實施，關鍵點當然在於旅遊產品的形成。旅遊產品的設計者、提供者，應將世界遺產內容準確充足的線路系統建立起

---

[1] 劉紅嬰. 世界遺產旅遊應體現獨特價值［N］. 中國旅遊報，2012-06-07（3）.

來，方法上應有利於順暢操作，使旅遊者能夠接受關於世界遺產的知識，感知世界遺產的基本價值和精神內涵。

就內在品質而言，世界遺產旅遊看似體現於末端的旅遊線路，但其成功與否則決於整體設計的準確性與周密性。根據世界遺產本身的類型、特徵及所屬地域的分佈特點，需考慮其主題的連貫銜接、遺產地之間交通的合理順暢，甚至是旅遊者可吸收內容的多寡、訪問節奏的張弛等問題。技術上，至少應有長線路與短線路，航空線路、火車或汽車線路與步行線路，文化線路、地質生態線路與混合型線路，等等，亦需做專業化的細緻工作。

例如，挪威政府推出的「果殼裡的挪威」的旅遊產品，設計精緻，操作成熟，可謂極具代表性。其中深受外國遊客歡迎的西挪威線路，包含了山地火車、汽車、遊輪、步行的方式，將挪威境內 7 項世界遺產中的 3 項（卑爾根的布呂根城區、西挪威峽灣、奧爾內斯木質教堂）囊括其中；一整天的行程，充實、合理而有效。身在果殼載體之中的旅遊者，追尋當地宗教文明、城市文明、商業文明的發展脈絡，感受挪威特有的地理風貌及生態文明，領會世界遺產在文化、自然方面的無可取代的最高價值。

由於有些世界遺產適合於實地觀察，一遺產地一遊亦不嘗為好的形式。這也是世界遺產的特點所決定的。如工業世界遺產，像英國的標誌大工業文明進程的塞文河谷的鐵橋峽、德國南部的費爾克林根鋼鐵廠；又如監獄世界遺產，像南非曼德拉服刑 18 年的羅賓島監獄、波蘭的奧斯維辛集中營，均屬此種情況。

隨著世界遺產旅遊的發展，當然會有無限多的延伸問題出現，需要適時加以解決。比如，有西方學者撰文質疑芬蘭的世界遺產芬蘭堡，為方便遊客而在芬蘭堡內建有兒童樂園和多個餐館，違背了世界遺產的基本原則。世界遺產有核心區和緩衝區之分，依照規則核心區內不得有商業設施。因而，這樣的質疑有理有據，也表明世界遺產旅遊不是一個簡單的命題。

## 第三節　世界文化遺產的旅遊價值

### 一、世界文化遺產的概念

文化遺產是指具有突出的歷史學、考古學、美學、科學、人類學、藝術價值的文物、建築物、遺址等。《保護世界文化和自然遺產公約》（以下簡稱《公約》）也對文化遺產的構成要素下了定義。《公約》規定屬於以下內容之一的可列為文化遺產：

文物：從歷史學、藝術或科學角度看，具有突出的普遍價值的建築物、雕刻

和繪畫，具有考古意義的成分或結構，銘文、洞穴、住區及各類文物的綜合體。

建築群：從歷史、藝術或科學角度看，在建築樣式、分佈均勻或環境景色結合方面，具有突出的普遍價值的單獨或相互聯繫的建築群。

遺址：從歷史、美學、人種學或人類學角度看，具有突出的普遍價值的人造工程或自然與人相結合的工程以及考古遺址地區。

當然，《公約》中對於文化遺產的界定太過寬泛，在實際的操作中對文化遺產的劃定也主要參照由世界遺產委員會制定的《執行世界遺產公約的操作準則》（以下簡稱《操作準則》）中對文化遺產規定的6項準則。《操作準則》規定，凡提名列入《世界遺產名錄》的文化遺產項目，必須符合下列一項或者幾項方可獲得批准：代表一種獨特的藝術成就，一種創造性的天才杰作；能在一定時期內或世界某一文化區域內，對建築藝術、紀念物藝術、城鎮規劃或景觀設計方面的發展產生重大影響；能為一種已消逝的文明或文化傳統提供一種獨特的至少是特殊的見證；可作為一種建築或建築群或景觀的傑出範例，展示出人類歷史上一個或幾個重要階段；可作為傳統的人類居住地或使用地的傑出範例，代表一種或幾種文化，尤其在不可逆轉之變化的影響下變得易於損壞；與具特殊普遍意義的事件或現行傳統或思想或信仰或文學藝術作品有直接或實質的聯繫（只有在某些特殊情況下或該項標準與其他標準一起使用時才能成立）。

## 二、世界文化遺產的旅遊價值

《保護世界文化和自然遺產公約》主要對文化遺產中的文物、建築群及遺址做了要求。本書也將從這三方面對世界文化遺產的旅遊價值做簡要歸納。

### （一）文物的旅遊價值

文物是世界文化遺產的重要組成部分，是世界文化遺產旅遊地的重要旅遊吸引物。文物旅遊已成為當今文化旅遊的重要組成部分，具有很大的旅遊價值。

文物是人類在歷史發展過程中遺留下來的遺物、遺跡，指具體的物質遺存，是過去一定時期內的歷史和文化的物質載體，是人們瞭解和學習過去歷史文化的重要媒介。例如中國傳統儒家文化影響深遠，透過對唐代儒家經典書籍的解讀，我們既讀到了唐朝盛世，也讀到了儒家文化的深邃；既可以感受到中國文化的燦爛與輝煌，也可以學到中國文化的兼容並包、海納百川。

透過對出土文物的研究，我們也可以看到文物古跡的超高觀賞價值。例如出土於甘肅省武威市的馬踏飛燕，從力學上分析，馬踏飛燕的飛燕找到了重心落點，造就了整個文物的穩定性。這種浪漫主義手法烘托了駿馬矯健的英姿和風馳電掣的神情，給人們以豐富的感染力。馬踏飛燕既有力的感覺，又有動的節奏，堪稱東漢藝術家的經典之作，是中國古代雕塑藝術的稀世之寶，在中國雕塑史上代表了東漢時

期的最高藝術成就。馬踏飛燕也因其超高的美學價值被確定為中國旅遊標誌。

### (二) 歷史建築群的旅遊價值

歷史建築是指經市、縣人民政府確定公布的古代人們利用自然界的建築材料經過一定的建築技術和藝術，建成的供人類生產生活或其他活動使用的房屋或場所，能反應歷史風貌和地方特色，具有一定保護價值的建築物或構築物。

觀賞建築群也是文化遺產旅遊的重要活動內容。人們通過觀賞建築，能直觀地感受前人的智慧和審美。

1. 藝術性

歷史建築的藝術性是其主要特徵之一，古人的智慧和對建築藝術的審美讓人驚嘆。例如蘇州園林，其最大的看點便是借景與對景在中式園林設計中的應用，對景物的安排和觀賞的位置都有很巧妙的設計，在有限的內部空間裡完美地再現外部世界的空間和結構。人們在拙政園的倚虹亭中能看到園外的北寺塔；在滄浪亭的花窗中，能欣賞到屋外的竹林。這都是常用的借景手法，在蘇州園林中盡顯建築美學。

2. 文化性

歷史建築的文化性也是其重要特性。梁思成曾說：「一個東方老國的城市，在建築上，如果完全失掉自己的藝術特性，在文化表現及觀瞻方面都是大可痛心的。」而恰巧歷史建築所承載的文化內涵是貫穿於整個歷史建築的始終的。凡被列入《世界遺產名錄》的建築物，我們都能從中尋到文化的蹤跡。在中國，歷朝歷代的統治方式及治國思想都不盡相同，然而在宮殿的建築上，卻無一例外地都包含了「前朝後寢」「三朝五門」「左祖右社」和「中軸對稱」的思想。

3. 歷史性

作為歷史建築，歷史性必然是其基本特質。歷史建築物作為歷史的見證，是對歷史的積澱，是我們對古代生活、文化等的瞭解和學習的最佳媒介。我們透過對歷史建築的解讀，感受古人的智慧，為他們的聰明才智感嘆。

總而言之，能被列入《世界遺產名錄》的建築，無論是單體建築還是建築群，都有著令人驚嘆的美。歷史建築這種集歷史、繪畫、雕塑等於一身的綜合文化魅力自然有著無可比擬的吸引力。

### (三) 歷史遺址的旅遊價值

遺址是指從歷史學、美學、人種學或人類學角度看具有突出的普遍價值的人類工程或自然與人相結合的工程以及考古地址等地方。因此，被列入《世界遺產名錄》的遺址也一定具有相當高的旅遊價值。

歷史遺址是古代人民智慧的見證。歷史上有很多的偉大工程，許多的生產工具和儀器，都體現了相當的技藝水平，甚至超越現代人所能達到的水平，以至於成為未解之謎。以著名的世界文化遺產埃及金字塔為例，其中最大的金字塔是胡

夫金字塔。這座金字塔除了以其巨大的規模而令人驚嘆以外，還以其高度的建築技巧而得名。塔身的石塊之間，沒有任何水泥之類的粘著物，而是一塊石頭疊在另一塊石頭上面。每塊石頭都磨得很平，至今已歷時數千年，就算這樣，人們也很難用一把鋒利的刀刃插入石塊之間的縫隙，所以其能歷數千年而不倒。這不能不說是建築史上的奇跡，讓人們嘆為觀止。另外，在大金字塔身的北側離地面13米高處有一個用4塊巨石砌成的三角形出入口。這個三角形用得很巧妙，因為如果不用三角形而用四邊形，那麼一百多米高的金字塔本身的巨大壓力將會把這個出入口壓塌。而用三角形，就使那巨大的壓力均勻地分散開了。在四千多年前，人們對力學原理有這樣的理解和運用，能有這樣的構造，確實是十分了不起的。

歷史遺址是一個時代的文明的縮影。歷史遺址是曾經出現的文明的歷史積澱，是這個民族的文化精華。人類因活動而留下來的歷史遺址，對遊客而言具有永久的魅力。例如古羅馬鬥獸場，它不僅見證了羅馬帝國的興衰，也反應了古羅馬文化的輝煌，是古羅馬文明的歷史縮影，吸引著無數人鐘情於此，流連忘返。

## ● 第四節　世界雙遺產的旅遊價值

### 一、世界雙遺產的概念

「世界雙遺產」指世界文化與自然雙重遺產，又名複合遺產，是同時具備自然遺產與文化遺產兩種條件的遺產。當然它並不是自然遺產與文化遺產的簡單相加，而是重點指在歷史、藝術、科學及審美、人種學、人類學方面有著世界意義的紀念文物、建築物、遺跡等文化遺產，與在審美、科學、保存形態上特別具有世界價值的地形或生物（包括景觀等內容）的自然遺產融合起來，同時含有文化與自然兩方面的因素和內容的遺產。早期複合遺產的登錄名單當中，有先被登錄為自然遺產或文化遺產，之後也被評價為另一種遺產，因而成為複合遺產的。例如東格里羅國家公園（新西蘭）及阿比賽歐河國家公園（秘魯）最開始是被登錄為自然遺產的，之後又被登錄為文化遺產，結果就成了複合遺產。

從旅遊學的角度來看，被列入《世界遺產名錄》的文化與自然雙遺產既有文化遺產的特點，又包含自然遺產的內容，因此，雙遺產具有較高的旅遊價值。

### 二、雙重遺產的旅遊價值

1. 兼具較高藝術與美學欣賞價值

一般而言，列入《世界遺產名錄》的雙遺產往往具有較高的藝術和美學價值，

而恰巧這些具有審美價值的遺產，成了遺產地的主要旅遊吸引物。

例如，泰山之所以被列入世界雙重遺產，除了其本身具有獨特的風景以外，還在於泰山擁有極具審美價值的藝術品——壁畫和石刻。世界遺產委員會曾對泰山給予高度評價，認為它「在中國歷史上文學藝術的鼎盛時期（16世紀中葉）曾受到廣泛的讚譽，以『震旦國中第一奇山』而聞名」。

2. 古老而悠久的歷史沉澱

被列入《世界遺產名錄》的雙遺產往往是古老而悠久的。它們不僅是自然歷史的沉澱，更是人類文明歷史的沉澱。這些遺產所蘊含的古老而豐富的文化對遊客有著巨大吸引力。

例如中國的雙遺產黃山，除了有「黃山天下秀」的美麗自然風景外，文化底蘊也相當深厚。相傳中華民族始祖軒轅黃帝曾於此修煉後得道升天，黃山也因此得名，無數文人墨客也留下對黃山的讚美之文。

3. 獨特的自然環境與人類智慧的巧妙融合

人生於自然，又在自然中留下了自己的足跡。很多雙遺產能夠很好地展現出「天人合一」的情懷、人與自然的交響，常常給旅遊者強烈的感官震撼和心靈衝擊。最典型的要數希臘的曼代奧拉。

## 拓展閱讀

### 曼代奧拉[①]

曼代奧拉位於希臘的特里卡拉色州。曼代奧拉在希臘語中的意思是「懸在半空」。它處於品都斯山脈的邊緣，地質環境非常特別。幾百萬年以前，此處是一片汪洋，後來由於地殼的運動和海水的衝擊，逐漸變為一片石林。神祕的谷地、高原、山脈，錯落有致地出現在一個平面內。裸露的岩石、奇偉的山峰、幽深的山谷、疊翠的山巒，使人仿佛置身於一個空靈的世界。這裡的山岩形狀奇特多變，千姿百態。更為神奇的是在萬丈懸崖上卻豎立著許多修道院。

從11世紀起，在幾乎是砂岩峰的地區，修士們選定了這些「天空之柱」。在15世紀隱士思想大復興的時代，修士們修建了24座隱修院，儘管有著令人難以置信的困難。16世紀的濕壁畫藝術是早期拜占庭繪畫發展的一個基礎階段。

曼代奧拉，位於希臘東北部的帕薩里亞地區。平陶斯的崇山峻嶺如同屏障將之同西面的伊庇魯斯分隔開。這裡因眾神曾經居住過的奧林匹斯山和令人嘆為觀止的曼代奧拉修道院而聞名於世。矗立在峻峭岩石上的修道院中的修道士們雖生

---

① 資料來源：http://baike.baidu.com/link?url=vAveVi9c5O5r460-XMDfv89nsIZPOdR64owy3PC7V6WBjJSohB7SDhHiljwTx2PEmKVnJw8zGU-cSOrDx_KZDRFGVPYdehnzkABMrcJwU26ljleQ-gfv6ak3ziqxl1Dt.

活清苦，卻不受外界的打擾。那神祕的谷地，高原和山脈的景色令人激動不已。曼代奧拉的意思是「懸在半空」，非常形象地形容了這一地區的文化景觀。曼代奧拉是希臘教會修士尋求與上帝溝通的一個途徑，是在品斯都山脈的陡壁上修建的建築。曼代奧拉於1988年作為自然和文化遺產列入《世界遺產名錄》。

## 思考和練習題

1. 世界自然遺產、文化遺產和雙遺產遺產地的旅遊價值體現在哪些方面？
2. 請選取你熟悉的一處世界遺產旅遊地，並簡述此遺產地的旅遊價值。
3. 請選取你熟悉的一處世界文化與自然雙遺產旅遊地，並簡述此遺產地的旅遊價值。

## 案例和實訓

### 世界文化遺產——青城山-都江堰[①]

青城山位於中國西部四川省都江堰市西南15千米處。因為山上樹木茂盛，四季常青，故青城山歷來享有「青城天下幽」的美譽。

青城山是中國道教的重要發祥地。全山的道教宮觀以天師洞為核心，包括建福宮、上清宮、祖師殿、圓明宮、老君閣、玉清宮、朝陽洞等10餘座宮觀。建福宮建於唐開元十八年（730年），現存建築為清代光緒十四年（1888年）重建。現有大殿三重，分別奉祀道教名人和諸神，殿內柱上的394字的對聯，被讚為「青城一絕」。天然圖畫坊位於龍居山牌坊崗的山脊上，是一座十角重檐式的亭閣，建於清光緒年間（1875—1908年）。這裡風景優美，遊人到此彷彿置身畫中，故將其稱為「天然圖畫」。

這些建築充分體現了道家追求自然的思想，一般採用按中軸線對稱展開的傳統手法，並依據地形地貌，巧妙地構建各種建築。建築裝飾上也反應了道教追求吉祥、長壽和升仙的思想。對於人們深入研究中國古代的道教哲學思想，有著重要的歷史和藝術價值。

青城山因其秀麗的自然風光和眾多道教建築而成為天下名山，自古就是遊覽勝地和隱居修煉之處。文人墨客們留下的珍貴「墨寶」，為這座名山增添了豐富的人文景觀。特別是為數眾多的楹聯，不但讚美了青城山的美麗，還頌揚了道教思想、道教經典，表達出對中華民族的人文初祖由衷的敬意，以及對國家興衰、民

---

[①] 資料來源：http://www.huaxia.com/zt/zhwh/16-014/4874967.html。

生榮辱的關注。

都江堰是著名的古代水利工程，位於四川省成都平原西部的岷江上，今都江堰市城西。它處於岷江從山區瀉入成都平原的地方。在都江堰建成以前，岷江江水常泛濫成災。公元前256年，秦國蜀郡太守李冰和他的兒子，吸取前人的治水經驗，率領當地人民興建水利工程。都江堰建成後，成都平原沃野千里，成為「天府之國」。這項工程直到今天還在發揮著作用，被稱為「活的水利博物館」。

都江堰工程包括魚嘴、飛沙堰和寶瓶口三個主要組成部分。魚嘴是在岷江江心修築的分水堤壩，形似大魚臥伏江中。它把岷江分為內江和外江，內江用於灌溉，外江用於排洪。飛沙堰是在分水堤壩中段修建的泄洪道，洪水期不僅泄洪水，還利用水漫過飛沙堰流入外江水流的漩渦作用，有效地減少了泥沙在寶瓶口前後的淤積。寶瓶口是內江的進水口，形似瓶頸。其除了引水，還有控製進水流量的作用。

此外，都江堰一帶還有二王廟、伏龍觀、安瀾索橋等名勝古跡。

二王廟位於岷江右岸的山坡上，前臨都江堰，原為紀念蜀王的望帝祠。齊建武年間（494—497年）改祀李冰父子，更名為「崇德祠」。宋代（960—1279年）以後，李冰父子相繼被皇帝敕封為王，故而後人稱之為「二王廟」。廟內主殿分別供有李冰父子的塑像，並珍藏有治水名言、詩人碑刻等。

伏龍觀位於離堆公園內。傳說李冰治水時曾在這裡降服惡龍，現存殿宇三重，前殿正中立有東漢時期（25—220年）所雕的李冰石像。殿內還有東漢堰工石像、唐代金仙和玉真公主在青城山修道時的遺物——飛龍鼎。

安瀾索橋又名安瀾橋、夫妻橋，始建於宋代以前，位於都江堰魚嘴之上，被譽為「中國古代五大橋樑」，是都江堰最具特色的景觀。索橋以木排石墩承托，用粗竹纜橫掛江面，上舖木板為橋面，兩旁以竹索為欄，全長約500米，明末（17世紀）毀於戰火。現在的橋為鋼索混凝土樁。

都江堰水利工程以獨特的水利建築藝術創造了與自然和諧共存的水利形式。它創造了成都平原的水環境，由此孕育了蜀文化繁榮發展的沃土。都江堰不但是世界上唯一具有2,000多年歷史且至今尚在發揮重要作用的古代水利工程，同時還是集政治、宗教和建築精華於一體的珍貴文化遺產。

讀完材料後，請思考：

青城山-都江堰風景名勝區的旅遊價值體現在哪些方面？請結合所學知識，評述青城山-都江堰風景名勝區的旅遊價值。

# 第二篇
# 世界文化遺產

# 第三章 亞洲、歐洲地區世界文化遺產

**學習目標**

瞭解亞洲、歐洲歷史文化名城的數量、種類及其形成；
掌握自然社會環境與亞洲、歐洲歷史文化名城之間的關係；
瞭解亞洲、歐洲各國歷史文化名城中的宗教建築；
掌握亞洲、歐洲歷史文化名城的考古價值。

**重點難題**

掌握亞洲、歐洲不同歷史文化名城的形成原因及其考古價值。

**本章內容**

## 第一節 歷史文化名城

城市是一個地區政治、經濟和文化的中心。在城市發展過程中，政治是對社會秩序的管理，經濟是物質財富的積聚，而文化則是人類心靈的支撐和社會發展的引領。文化遺產作為所在城市的獨特文化，其中每一處都是一部史書、一卷檔

案，記錄著城市的滄桑歲月，綿延著城市的歷史文化，從而使這座城市永遠散發著悠久的魅力和文化的光彩。

當今世界上，許多著名城市在現代化建設中，都採取嚴格措施保護歷史文化遺產，從而使城市的現代化建設與歷史文化遺產渾然一體、交相輝映，既顯示現代文明的嶄新風貌，又保留歷史文化的奇光異彩。被列入世界遺產名錄的世界歷史名城就有100多座。在歐洲，許多城市都有新城和舊城之分，目的是保護舊城的歷史文物、名勝古跡和原有風貌。歐洲和美洲的很多歷史文化名城都有歷史中心，原因在於歐美國家近代在城市發展規劃方面，既重視社會經濟發展，同時也重視保持城市在各個歷史時期的面貌。

**以色列管轄：耶路撒冷舊城及城牆**

耶路撒冷舊城及城牆，位於中東地區的地中海東岸的猶地亞山區之巔。1981年聯合國教科文組織將耶路撒冷舊城及城牆作為文化遺產。

世界遺產委員會評價：耶路撒冷作為猶太教、基督教和伊斯蘭教三大宗教的聖城，具有極高的象徵意義。在它220多處具有歷史意義的建築物中，有建於7世紀的著名岩石圓頂寺，其外牆裝飾有許多美麗的幾何圖案和植物圖案。三大宗教都認為耶路撒冷是亞伯拉罕的殉難地。哭牆分隔出代表三種不同宗教的部分，聖墓大教堂的復活大殿裡庇護著耶穌的墓地。

耶路撒冷位於地中海東岸，耶路撒冷舊城是猶太教、基督教和伊斯蘭教的聖地，是世界上唯一享有此殊榮的城市。如今的耶路撒冷可分為新舊兩個城區。舊城區由一道14米高的城牆圍住，耶路撒冷的主要宗教勝跡大多集中在這裡。舊城內被一條南北走向和一條東西走向的大街分為4個部分。東北是穆斯林居住區，西北是基督教居民區，西南是亞美尼亞居民區，東南是猶太居民區。其中穆斯林居民區最大，亞美尼亞居民區最小。

耶路撒冷舊城是不規則的四邊形，海拔720～790米。現今的城牆是400年前土耳其蘇丹蘇萊曼統治時，由一個名叫索里曼·埃爾·馬尼菲科的蘇丹人主持興建的。城內的街道至今大都保持著當年的羅馬式佈局。最古老的街道是有頂棚的商業街，街道上的集市在14世紀建成。整個耶路撒冷面積為627平方千米，舊城位於東部，面積僅1平方千米。舊城現存主要遺跡有：

### 猶太教希律聖殿的西牆（哭牆）

猶太教把耶路撒冷作為聖地源於公元前10世紀。當時所羅門在位，他在都城耶路撒冷建造了希伯來人的神廟——所羅門聖殿。公元前586年，新巴比倫王國攻占耶路撒冷時，聖殿毀於戰火；之後雖然重修，但在1世紀時又毀於羅馬人手中。此後，由於絕大部分猶太人被迫移居他鄉，聖殿始終未能恢復。出於懷舊、崇古的心理，猶太人在第二聖殿廢墟上，用大石頭壘起一道長481米、高18.3米

的石牆。猶太人認為砌牆的石頭取自所羅門聖殿，因而石牆就是猶太王國的遺址。這就是猶太人敬仰和團結的象徵——哭牆。每逢星期五都有猶太教徒來此哀悼和祈禱。更為有趣的是，這處寄托著猶太人2,000年大流散哀思的哭牆，在穆斯林的傳說中，又是先知穆罕默德「夜行登天」前拴馬的地方，穆斯林因之而稱它為「飛馬牆」。

### 基督教聖墓大教堂

聖墓大教堂又稱復活教堂，是在耶穌被釘在十字架上遇害並復活的地方建起的教堂，因此也是世界基督教徒心目中最神聖的參拜地之一。326年，東羅馬帝國皇帝君士坦丁一世的母親希倫娜巡遊聖地耶路撒冷時，維納斯神廟的主教告訴她，耶穌殉難和復活的地方即在這一處所的下面。希倫娜回去後將這一發現通告君士坦丁一世，君士坦丁一世遂下令將維納斯神廟拆除，在此地修建了一個長方形教堂，即聖墓大教堂。

### 耶穌受難之路

受難之路又稱多洛羅薩路，據說耶穌當年就是沿著這條路走向刑場的。據《聖經新約全書》記載，耶穌30歲時開始在巴勒斯坦一帶廣收門徒，傳播新教義。這一活動受到羅馬帝國統治者和猶太教上層的反對和打擊。經過巧妙的周旋，耶穌終於在公元30年帶領門徒沿著橄欖山進入耶路撒冷。不久，由於門徒猶大的出賣，耶穌在耶路撒冷郊外的客西馬尼園被捕。受難之路共有14站，每站都有標記，或建有教堂，其中最後5站集中在聖墓大教堂。

### 伊斯蘭教聖岩清真寺

聖岩清真寺又稱為薩赫萊清真寺。636年，信奉伊斯蘭教的阿拉伯人徵服了耶路撒冷。687—691年，阿拉伯倭馬亞王朝的一位哈里發主持建造了這座可以充分展示阿拉伯建築藝術的優美杰作。其最外是一層八角形牆體，全用石塊砌成，外牆用花瓷磚貼面，鑲嵌有穆罕默德神奇夜行時留下的那篇未完成的《古蘭經》。聖岩清真寺修建的地方，傳說有一塊巨石。這塊巨石的神奇傳說使它和穆斯林、猶太人的宗教信仰都有緊密聯繫。相傳，穆罕默德由天使陪同乘天馬從麥加到耶路撒冷，後來就是踩著這塊巨石升天、去聆聽安拉的啟示的。據說這塊石頭至今還有穆罕默德升天時留下的腳印。圍繞著這塊巨石還有另一種傳說。猶太人說他們的始祖亞伯拉罕將自己的兒子以撒捆綁放在這塊石頭上，準備做燔祭，獻給耶和華。因此猶太人也把這塊大石頭看作聖石。

### 艾格薩清真寺

艾格薩清真寺是耶路撒冷最大的清真寺，朝向穆斯林的第一聖地麥加。它的長條銀色頂高20米，與聖岩清真寺的金色圓頂交相輝映，形成了聖殿山的獨特情調和景觀。

**奧斯曼帝國舊城城牆**

1517年後奧斯曼帝國統治耶路撒冷，土耳其蘇丹蘇萊曼時期重修了城牆，長約5千米，一直保存到現在。

### 法國：巴黎塞納河河西勒橋到耶納橋兩岸市區

在巴黎市中心塞納河中的西岱島及塞納河沿岸上，最著名的建築有巴黎聖母院、盧浮宮博物館、星形廣場凱旋門和埃菲爾鐵塔，以及貫穿其間的香榭麗舍大道。這裡展現了巴黎幾百年來的發展，體現了城市的發展與傳統保護的極佳結合。1991年聯合國教科文組織將其作為文化遺產列入《世界遺產名錄》。

世界遺產委員會評價：從盧浮宮到埃菲爾鐵塔，從協和廣場到大小王宮，巴黎的歷史變遷從塞納河可見一斑。巴黎聖母院和聖禮拜堂堪稱建築杰作，而寬闊的廣場和林蔭道則影響著19世紀末和20世紀全世界的城市規劃。

塞納河是法國河流中流程很短但極負盛名的一條河。這條流經法國北部的河流，全程僅776千米。她發源於東部海拔471米的朗格勒高原，從西向北流過巴黎市區，在市區內的流程約達13千米。她的水流曲折宛轉，向西伸展，穿過巴黎盆地，經魯昂最後在勒阿弗爾港附近注入英吉利海峽。塞納河流域面積為7.8萬平方千米。該河有540千米的河段可供通航，貨運量居全國之首。沿岸地區為法國經濟中心，有運河與萊茵河、盧瓦爾河等相通。

巴黎的塞納河沿岸，景色秀美，優雅別致，構成一幅美麗的自然畫卷。古老的塞納河孕育了不可勝數的名勝古跡。著名的國際性都市巴黎在兩千年前只是塞納河上的漁村，後來逐漸擴大，到3世紀開始出現巴黎這個名字，其得名於兩千多年前曾居於此地的高盧族的巴黎部落。

從12世紀起，巴黎的城市規劃和建設就十分重視和珍惜傳統文化，同時也積極適應經濟和社會生活發展的需要，力求保持城市面貌的統一與和諧。最早建成並保存到現在的是西岱島上的巴黎聖母院。17—18世紀的波旁王朝時期，城市建設有較大發展，其修建了塞納河右岸著名的香榭麗舍大道和其他幾條干線大街；同時建造了幾座紀念性建築物，如盧浮宮東院和盧森堡宮；另外還建造了4個封閉式廣場。到了19世紀，拿破侖一世建成了凱旋門和星形廣場，也就是現在的戴高樂廣場。後來在拿破侖三世時期，巴黎的城市建設有了更大的發展，其建成了以香榭麗舍大道為東西向干線、以塞瓦斯托波爾大街為南北向干線、以盧浮宮為中心的大十字街道，還修建了兩圈環路；此外又新建了一批廣場和各種建築物，把盧浮宮繼續向西延伸，擴展到現在的規模。拿破侖三世還把盧浮宮和凱旋門之間的道路、廣場、綠地、水面、林蔭帶和大型紀念建築物改造組建成完整的統一體。

19世紀末至20世紀初，在巴黎舉行的幾次世界博覽會又為塞納河畔增添不少

新建築，有埃菲爾鐵塔（1889年）、大宮和小宮（1900年），以及夏約宮。從20世紀60年代起，巴黎再次大規模建造城市建築，但是並沒有在市中心拆除舊建築，而是沿著香榭麗舍大道向西北方向延伸和擴展，新建了完全現代化的德方斯新市區。

## 第二節　歷史建築與人文環境

### 一、城堡與要塞

#### 巴基斯坦：拉合爾城堡及夏利瑪爾公園

拉合爾古堡位於巴基斯坦東部文化名城拉合爾，以其斑斕璀璨的莫臥兒建築藝術神韻而被譽為「巴基斯坦的心靈」。這是莫臥兒王朝的建築瑰寶。這座古堡的前身是泥築的堡壘，始建於1021年，當時只是一座用泥土築成的軍事要塞。1981年其被聯合國教科文組織列入《世界遺產名錄》。

世界遺產委員會評價：輝煌的莫臥兒文化中有兩個典範在沙‧賈汗國王統治時期達到頂峰——建有宮殿的要塞、用馬賽克和鍍金飾品裝飾起來的清真寺。拉合爾城附近的園林都建在三層平臺上，帶小屋、瀑布和巨大的裝飾水池。這些園林的優雅和美麗簡直無與倫比。

1021年，當時的迦茲納維王朝為了防禦敵人的入侵，用泥土築成一座軍事要塞，成為拉合爾古堡最初的模型。1566年，莫臥兒王朝強盛時期的阿克巴大帝為了抵抗外敵入侵，在拆除舊城後，修建了高牆環繞的磚石結構堡壘。隨著拉合爾逐漸成為南亞次大陸上的商業中心和夏都，歷代莫臥兒王朝的皇帝不斷在古堡內增修、擴建了花園、噴泉和宮殿，使得原本只具有軍事功能的古堡成為一座金碧輝煌的皇家宮苑。數百年的歷史風雨侵蝕後，許多建築的輝煌舊貌已蕩然無存，但留存下來的遺跡仍然很有風韻。

拉合爾古堡城內共有21座建築物。城堡正中部位有一座由40根圓柱撐起的宮殿，被人們稱為「四十柱廳」，乃皇帝的「辦公室」兼「書房」。從這個皇帝辦公的中樞機關走出，便可登上一座至今保存完好的大理石朝觀臺。臺子前後兩端分別是一個小廣場和一個設於水池中間的小舞臺。

拉合爾古堡經過修建後，總體呈長方形，東西長480米，南北寬330米。這座古堡記述著一段浪漫而動人的愛情故事。故事的主角是沙‧賈汗皇帝和她的妃子阿姬曼‧芭奴。提起阿姬曼，世人不會陌生——位於阿格拉的泰姬陵就是她的芳家。但拉合爾古堡是她生活的地方，這裡留下了她生前的喜怒哀樂。古堡中最

負盛名的景點是東北角上的萬鏡之宮，是沙·賈汗國王為王後所建造的。宮殿外牆鑲嵌著約90萬塊各種顏色的玻璃鏡片，還砌有嵌著金銀線條的石塊。內牆則用白色軟玉打造，其拱形穹頂上鑲著無數寶石和玻璃珠，在下午的陽光照射下，發散著璀璨的光華。在匠人的精心構思下，寢宮用上乘的大理石造就。宮殿內側頂端有一個穹頂，四面牆壁上鑲嵌了各色珍貴寶石。穹頂和四壁粘貼著90萬片紅色、藍色和褐色的玻璃鏡片，只要在大殿的中央點燃一支蠟燭，各色鏡片便可交相輝映出一片浩瀚的星河，其情其景著實氣象萬千、美不可言。鏡宮由迎賓廳、會議廳、娛樂室、寢室、人工湖、噴水池和象房組成，宮殿的拱門和柱子上飾以繁縟的裝飾，建築的地面用磨得滑膩透亮的灰色大理石鋪就，下層全部註滿了水，行走在上面恍如神仙穿行在雲間。令人惋惜的是，萬鏡之宮於1631年完工，但阿姬曼於此前一年在生下第十四個孩子後撒手人寰，至死也未能住進國王為她精心打造的寢宮。據說痛失愛妃的沙·賈汗萬念俱灰、茶飯不思，甚至一夜白頭。

　　作為遺產不可分割的組成部分——夏利瑪公園，是世界上最罕見的花園之一，堪稱莫臥兒王朝強盛國力的完美體現。

　　「夏利瑪」意為「娛樂宮」或「喜樂宮」，夏利瑪公園是距今300多年前的莫臥兒王沙·賈汗皇帝於1642年下令修建的。該公園占地20萬平方米，採用波斯園林建築形式，呈長方形，周圍有高牆環繞；園內分高低三層，綴有大理石亭閣、噴水池、人工瀑布等。修建者將大自然的不同風貌完整地移植到園中，創造出一個典雅而富於魅力的自然環境。

## 英國：倫敦塔

　　倫敦塔位於倫敦泰晤士河北岸、倫敦塔橋附近。倫敦塔是英國不同時代智慧的結晶，因為經過兩代君主的擴建和整修，所以它也反應著英國不同時代的不同風格。倫敦塔最初是為控製整個倫敦城而建，占地約7.3公頃，曾作過堡壘、王宮、監獄、皇家鑄幣廠和倫敦檔案館。1988年，其作為文化遺產被列入《世界遺產名錄》。

　　世界遺產委員會評價：宏偉的白塔是諾曼底軍事建築的典型，對整個英國的建築風格產生了巨大影響。倫敦塔是威廉一世沿泰晤士河建造的，目的是保護倫敦。倫敦塔以白塔為中心，是一個具有悠久歷史的堡壘，也是王室權力的象徵。

　　倫敦塔是由威廉一世為鎮壓當地人和保衛倫敦城，於1087年開始動工興建的，歷時20年，堪稱英國中世紀的經典城堡。13世紀時，後人在其外圍增建了13座塔樓，形成一圈環拱的衛城，使倫敦塔既是一座堅固的兵營城堡，又是富麗堂皇的宮殿，裡面還有天文臺、監獄、教堂、刑場、動物園、小碼頭等小建築。倫敦塔在英國王宮中的意義非常重大，作為一個防衛森嚴的堡壘和宮殿，英國數代國王都在此居住，國王加冕前住進倫敦塔便成了一種慣例。倫敦塔還是一座著

名的監獄，英國歷史上不少王公貴族和政界名人都曾被關押在這裡。倫敦塔的歷史已近千年，它的作用卻不斷地在變化：城堡、王宮、寶庫、火藥庫、鑄幣廠、監獄、動物園直到現在的倫敦觀光區。

白塔：倫敦塔中最古老的建築，為諾曼底式三層建築，東西長 35.9 米，南北寬 32.6 米，高 27.4 米。其因亨利三世時被塗成白色，故名白塔。塔四角建有塔樓，除東北角塔樓為圓形外，其餘 3 個均呈方形。12—13 世紀其又進行擴建，以白塔為中心，四周建內外兩層城牆，設多座防禦性建築。內城牆有 13 座塔，建成於亨利三世時期，以威克菲塔、血塔、比徹姆塔最為著名。血塔建於 1225 年，原稱花園塔，因發生過悲慘事件，16 世紀末改稱血塔。外城牆有中塔、井塔、聖托馬斯塔等 6 座塔和兩座棱堡，完成於愛德華一世時期，大部分是圓筒形。最外層有護城壕。自 1140 年起該塔就成為英國國王的重要宮殿之一。17 世紀初詹姆士一世是最後一位住在該處的國王。白塔內的聖約翰教堂是倫敦現存最古老的教堂，也屬諾曼底式建築。

珍寶館：倫敦塔是不列顛群島最受歡迎的歷史景點，平均每年接待 250 萬參觀者。其中最有吸引力的是珍寶館，有全套的御用珍寶在那裡展出。1994 年 3 月，位於滑鐵盧區底層的一個全新的珍寶館由伊麗莎白女王二世宣布開放。珠寶陳列在一系列展室的明亮的玻璃櫃中，參觀者則在自動通道上緩緩通過。設於玻璃櫃上方的巨大的屏幕顯示出這些珠寶的歷史全景，以及它們在加冕典禮中的作用。

格林塔：白塔的左側是一片草地，稱格林塔。那裡按照維多利亞女王的命令立著一個標牌，指明斷頭臺的所在。那些覬覦王位的最高層人物在此被斬首，亨利國王兩個不幸的妻子就葬身於格林塔。

## 二、宮殿與園林

### 中國：明清皇宮

北京故宮又稱紫禁城，是中國明清兩代的皇宮。北京故宮是世界上現存規模最大最完整的古代木結構建築群，為中國現存最大最完整的古建築群。1987 年北京故宮作為文化遺產，被聯合國教科文組織列入《世界遺產名錄》。2004 年，瀋陽故宮作為北京故宮的擴展項目，也被列入《世界遺產名錄》。

世界遺產委員會評價：北京故宮和瀋陽故宮都已被列入《世界遺產名錄》，目前稱為明清故宮（北京故宮和瀋陽故宮）。瀋陽故宮共有 114 座建築，包括一個極為珍貴的藏書館。瀋陽故宮是統治中國的最後一個朝代在將權力擴大到全國中心、遷都北京之前，朝代建立的見證，後來成為北京故宮的附屬皇宮建築。這座雄偉的建築為清朝歷史以及滿族和中國北方其他部族的文化傳統提供了重要的歷史

見證。

北京故宮是世界上最龐大的皇家宮殿群，原名為紫禁城，是明清兩代的皇宮。辛亥革命推翻清王朝統治後將北京的明清皇宮稱為故宮，後更名為故宮博物院，位於北京市城區中心。瀋陽故宮建於1625—1783年，後來成為北京故宮的附屬皇宮建築。從故宮建成到封建帝制結束的近500年間，共有兩代24位皇帝在故宮登基即位。故宮是世界上規模最大、保存最完整的古代宮殿建築群，也是世界上最大的歷史博物館。它集中反應了中國的傳統禮制思想與文化，其建築的佈局、形式、裝飾等無不體現著中國的傳統特色，成為東方建築史上的典範，同時也是研究中國政治經濟、社會歷史與哲學思想的文化寶庫和世界文化遺產中一座絕無僅有的豐碑。

**北京故宮**

北京故宮，又名紫禁城。它坐落於北京市中心，為明、清兩代的皇宮，是明代皇帝朱棣，以南京宮殿為藍本，從大江南北徵調能工巧匠和役使百萬夫役，歷經14年（1407—1420年）時間建成的。北京故宮平面呈長方形，南北長961米，東西寬753米，占地面積72萬多平方米。城外有一條寬52米、長3,800米的護城河環繞，構成完整的防衛系統。宮城闢有四門，南面有午門，為故宮正門，北有神武門（玄武門），東面有東華門，西面有西華門。

在1420—1911年這491年間，從明成祖朱棣到清末代皇帝溥儀，共有24位皇帝（明代有14位，清代有10位）先後居住在這座宮殿內，對全國實行封建統治。宮內有各類殿宇9,000餘間，都是木結構、黃琉璃瓦頂、青白石底座飾以金碧輝煌的彩畫，建築總面積達15萬平方米。故宮由外朝與內廷兩部分組成。外朝以太和殿（金鑾殿）、中和殿、保和殿三大殿為中心，東西以文華殿、武英殿為兩翼，是皇帝處理政事、舉行重大慶典的地方。內廷以乾清宮（皇帝臥室）、交泰殿、坤寧殿（皇帝結婚新房）為中心，東西兩翼有東六宮、西六宮，輔以養心殿、奉先殿、齋宮、毓慶宮、寧壽宮、慈寧宮以及御花園等，是皇帝平日處理政務及皇帝、皇后、皇太後、妃嬪、皇子、公主居住、禮佛、讀書和遊玩的地方。總體佈局為中軸對稱，前三殿、後三宮坐落於全城中軸線上，氣勢雄偉，豪華壯觀，是具有中國古典風格和東方格調的建築物和世界上最大的皇宮。1911年辛亥革命推翻了清朝統治，結束了兩千多年的封建王朝，但溥儀退位後仍居住在故宮後半部分。1912年民國政府將外朝闢為「古物陳列所」。1924年11月5日馮玉祥部將鹿鐘麟把溥儀驅逐出宮。1925年10月10日成立故宮博物院。1948年將古物陳列所並入故宮博物院。1949年以後，政府對這座古代建築和文物進行了大規模修整，並整理展出大批文物，使其成為一座舉世聞名的古文化藝術博物院，並在西華門內成立第一檔案館，專門整理政府和宮廷檔案。

**沈陽故宮**

　　沈陽故宮始建於1625年，是清朝入關前清太祖努爾哈赤、清太宗皇太極創建的皇宮，又稱盛京皇宮。清朝入主中原後改其為陪都宮殿和皇帝東巡行宮。沈陽故宮經過多次大規模的修繕，現已闢為沈陽故宮博物院。沈陽老城內的大街呈「井」字形，故宮就設在「井」字形大街的中心，占地6萬平方米，現有古建築114座。沈陽故宮按照建築佈局和建造先後，可以分為三個部分：東路為努爾哈赤時期建造的大政殿與十王亭；中路為皇太極時期續建的大中闕，包括大清門、崇政殿、鳳凰樓以及清寧宮、關雎宮、衍慶宮、啓福宮等；西路則是乾隆時期增建的文溯閣等。整座皇宮樓閣林立，殿宇巍峨，雕梁畫棟，富麗堂皇。

**法國：凡爾賽宮及其園林**

　　凡爾賽宮位於法國巴黎西南郊外伊夫林省省會凡爾賽鎮，作為法蘭西宮廷長達107年（1682—1789年），是世界五大宮之一。凡爾賽宮的園林在宮殿西側，從南到北分為三部分，南北兩部分是花壇，中部是水池。跑馬道、噴泉、水池、河流與假山、花壇、亭臺樓閣一起，使凡爾賽宮的園林成為歐洲古典主義園林藝術的杰作。1979年，凡爾賽宮及其園林作為文化遺產列入《世界遺產名錄》。

　　世界遺產委員會評價：凡爾賽宮是路易十四至路易十六時期法國國王的居所。經過數代建築師、雕刻家、裝飾家、園林建築師的不斷改造潤色，一個多世紀以來，凡爾賽宮一直是歐洲王室官邸的典範。

　　凡爾賽宮的前身是法國國王路易十三的狩獵城堡，後來由他的兒子路易十四，傾盡人力、物力，在原本是沼澤的地上將狩獵城堡改造擴建為王宮，並將政府遷移到這裡辦公。工程始於1662年，結束於1710年，到工程最後完工，用了近50年的時間。在完工後的凡爾賽宮，法國名流貴族徹夜飲酒作樂、喧囂不止。這是路易十四從政治上、經濟上抽掉反對王室的封建貴族們的基礎的陰險謀略，但同時它也最終導致了法國大革命的爆發，使波旁王朝走向覆滅。

　　凡爾賽宮是法國封建統治歷史時期的一座華麗的紀念碑。從內容上講不僅是法蘭西宮廷，而且是國家的行政中心，也是當時法國社會政治觀點、生活方式的具體體現。它是歐洲自古羅馬帝國以來，第一次表現出能夠集中巨大的人力、物力、財力的力量。當時，路易十四為了建造它，共動用了三萬餘名工人和建築師、工程師、技師，除了要解決建造大規模建築群所產生的複雜技術問題外，還要解決引水、道路等各方面的問題。可見，凡爾賽宮的成功，有力地體現了當時法國經濟和技術的進步和勞動人民的智慧。從藝術上講，凡爾賽宮宏偉狀麗的外觀和嚴格規則化的園林設計是法國封建專制統治鼎盛時期文化上的古典主義思想所產生的結果。幾百年來歐洲皇家園林幾乎都遵循了它的設計思想。凡爾賽宮的建築風格引起俄國、奧地利等國君主的羨慕和仿效。彼得一世在聖彼得堡郊外修建的

夏宮、瑪麗亞‧特蕾西亞在維也納修建的美泉宮、腓特烈二世和腓特烈‧威廉二世在波茨坦修建的無憂宮，以及巴伐利亞國王路德維希二世修建的海倫希姆湖宮都仿照了凡爾賽宮的宮殿和花園。

　　凡爾賽宮宏偉、壯觀，它的內部陳設和裝潢富於藝術魅力。五百多間大殿小廳處處金碧輝煌，豪華非凡。內部裝飾，以雕刻、巨幅油畫及掛毯為主，配有17、18世紀造型超絕、工藝精湛的家具。宮內還陳放著來自世界各地的珍貴藝術品，其中有遠涉重洋的中國古代瓷器。由皇家大畫家、裝潢家勒勃蘭和大建築師孟沙爾合作建造的鏡廊是凡爾賽宮內的一大名勝。它全長72米，寬10米，高13米，聯結兩個大廳。長廊的一面是17扇朝花園開的巨大的拱形窗門，另一面鑲嵌著與拱形窗對稱的17面鏡子，這些鏡子由400多塊鏡片組成。鏡廊的拱形天花板上是勒勃蘭的巨幅油畫，揮灑淋漓，氣勢橫溢，展現出一幅幅風起雲湧的歷史畫面。漫步在鏡廊內，碧澄的天空、靜謐的園景映照在鏡牆上，滿目蒼翠，仿佛置身在芳草如茵、佳木蔥蘢的園林中。

　　凡爾賽宮所屬的園林風景區主要由兩部分組成：翠安農宮和專門為王后修建的遊樂村。凡爾賽宮園林大概是世界上最大的宮廷園林，其奢華幾可與凡爾賽宮相媲美，由法國造園家和路易十四的首席園林師安德烈‧勒諾特爾設計。花園占地6.7公頃，縱軸長3千米。園內道路、樹木、水池、亭臺、花圃、噴泉等均呈幾何圖形，有統一的主軸、次軸、對景，構築物整齊劃一，透溢出濃厚的人工修鑿的痕跡，亦體現出路易十四對君主政權和秩序的追求。園中道路寬敞，綠樹成蔭，草坪樹木都修剪得整整齊齊。花園內有1,400個噴泉，還有一條長1.6千米的十字形人工運河。路易十四時期曾在運河上安排帆船進行海戰表演，或布置貢多拉和船夫，模仿威尼斯運河風光。凡爾賽宮的花園還收藏大量的雕塑作品，別緻的雕塑到處可見，在花壇旁、在噴泉邊、在茵茵綠草地上。南北花壇絢麗光彩，兩個水壇有象徵法國河流的四尊臥式雕像和八尊美女兒童雕像與之相配。透明的噴泉水柱在音樂的伴奏下時高時低地舞蹈著，整座花園給人留下的是既華麗又浪漫的印象。花園裡有兩座著名的水池：拉多娜池和阿波羅池。據說水池的設計和雕塑者從神話故事《變形》中得到靈感，向人們敘述了一個傳說。神話傳說拉多娜是太陽神阿波羅和月神迪安娜之母，因被朱庇特之妻詛咒，在精疲力竭的漂泊途中停留於里西的池塘邊。但農人們不僅不讓她飲水解渴，還把水污染了。拉多娜一氣之下把他們變成了青蛙。1670年建造的拉多娜像站在一塊岩石上，面對宮殿，周圍是六隻變成青蛙的里西農人。1687—1689年間進行了重新設計。水池裡，一座五層同心圓疊羅漢似地托起扶兒攜女的拉多娜像，里西農人變成的青蛙匍匐腳下，灑在人們身上的水會使褻瀆神靈的人變形，有的變成野獸，有的變成昆蟲。

## 三、特殊建築與雕塑

### 中國：山東曲阜孔廟孔林及孔府

　　曲阜孔廟、孔府、孔林位於山東省曲阜市，是中國歷代紀念孔子、推崇儒學的表徵。1994年，聯合國教科文組織將曲阜孔廟、孔林、孔府作為文化遺產，列入《世界遺產名錄》。

　　世界遺產委員會評價：孔子是公元前6世紀至公元前5世紀最偉大的哲學家、政治家和教育家。孔子的廟宇、墓地和府邸位於山東省的曲阜。孔廟是公元前478年為紀念孔子而興建的，千百年來屢毀屢建，到今天已經發展成超過100座殿堂的建築群。孔林裡不僅容納了孔子的墳墓，而且他的後裔有超過10萬人也葬在這裡。當初小小的孔宅如今已經擴建成一個龐大顯赫的府邸，整個宅院包括了152座殿堂。曲阜的古建築群之所以具有獨特的藝術和歷史特色，應歸功於兩千多年來中國歷代帝王對孔子的大力推崇。

　　孔廟是中國歷代封建王朝祭祀春秋時期思想家、政治家、教育家孔子的廟宇。孔子去世後第二年（公元前478年），魯哀公將孔子故宅改建為廟。曲阜孔廟是祭祀孔子的本廟，是分佈在中國、朝鮮、日本、越南、印度尼西亞、新加坡、美國等國家2,000多座孔子廟的範本。孔府是孔子子孫後人的居所。孔林是孔子和他的家族墓地，也是目前世界上延時最久、面積最大的氏族墓地。從子貢為孔子廬墓植樹起，孔林內古樹已達萬餘株。自漢代以後，歷代統治者對孔林重修、增修過13次。孔林總面積約2平方千米，周圍林牆長5.6千米，牆高3米多，厚1米。

　　孔子所創立的儒家學說在封建社會裡一直被奉為正統思想，並曾影響了朝鮮、日本、越南等許多國家。為表達對孔子的尊崇和對儒學的推崇，歷史上曾有12位皇帝親臨曲阜致祭，並將孔門弟子和歷代儒學大師172人配祀孔廟。兩千多年來，歷代帝王不斷加封孔子，擴建廟宇。到清代，雍正帝下令大修，擴建成現代規模。孔廟南北長約1,000多米，東西寬150多米，佔地140,000平方米，以南北為中軸，分左、中、右三路佈局。九進院落貫穿於一條中軸線上，左右對稱排列有殿、廡、閣、堂、亭、門、坊等建築共466間，門坊54座，古樹名木1,250株，碑碣1,000餘幢。孔廟內保存漢代以來的歷代碑刻1,044塊，有封建皇帝追謚、加封、祭祀孔子和修建孔廟的記錄，也有帝王將相、文人學士謁廟的詩文題記，文字有漢文、蒙文、八思巴文、滿文，書體有真、草、隸、篆等，是研究封建社會政治、經濟、文化、藝術的珍貴史料。碑刻中有漢碑和漢代刻字二十餘塊，是中國保存漢代碑刻最多的地方，有中國第二碑林之稱。

　　孔廟的核心是大成殿，這也是孔廟的正殿。唐代時稱文宣王殿，共有五間。

宋天禧五年（1021年）大修時，移至今址並擴為七間。宋崇寧三年（1104年）徽宗趙佶取《孟子》「孔子之謂集大成」語義，下詔更名為「大成殿」。清雍正二年（1724年）重建大成殿，九脊重檐，黃瓦覆頂，雕梁畫棟，八門藻井飾以金龍和璽彩圖，雙重飛檐正中豎匾上刻清雍正皇帝御書「大成殿」三個貼金大字。殿高24.8米、長45.69米、寬24.85米，坐落在2.1米高的殿基上，為全廟最高建築，也是中國三大古殿之一。杏壇位於大成殿前甬道正中，傳為孔子講學之處，壇旁有一株古檜，稱「先師手植檜」。

　　孔府又稱衍聖公府，位於孔廟的東側。孔府是孔子嫡系子孫居住的地方。漢元帝封孔子十三代孫孔霸為「關內侯，食邑八百戶，賜金二百斤，宅一區」。這是封建帝王賜孔子後裔府第的最早記載。宋至和二年（1055年）封孔子四十六代孫孔宗願為「衍聖公」，宋徽宗時封為世襲「衍聖公」，孔府也就稱「衍聖公府」。現在的孔府基本上是明、清兩代的建築，包括廳、堂、樓、軒等463間，共九進院落，是一座典型的中國貴族門戶之家，有號稱「天下第一人家」的說法。是孔子嫡系長期居住的府邸，也是中國封建社會官衙與內宅合一的典型建築。孔子死後，子孫後代世代居廟旁守廟看管孔子遺物，到北宋末期，孔氏後裔住宅已擴大到數十間，到金代，孔子後裔一直是在孔廟東邊。隨著孔子後世官位的升遷和爵封的提高，孔府建築不斷擴大，至宋、明、清達到現在規模。現在孔府占地約7.4公頃，有古建築480間，分前後九進院落，中、東、西三路佈局。孔府有前廳、中居和後園之分。前廳為官衙，分大堂、二堂和三堂，是衍聖公處理公務的場所。中居即內宅和後花園，是衍聖公及其眷屬活動的地方。最後一進是花園，又名鐵山園。園內假山、魚池、花塢、竹林以及各種花卉盆景等一應俱全。

　　孔府收藏大批歷史文物，最著名的是「商周十器」，亦稱「十供」，形制古雅，紋飾精美，原為宮廷所藏青銅禮器，清朝乾隆帝賞賜孔府。孔府還收藏金石、陶瓷、竹木、牙雕、玉雕、珍珠、瑪瑙、珊瑚以及元、明、清各代各式衣冠、劍履、袍笏、器皿，另有歷代名人字畫，其中元代七梁冠為國內僅有。孔府並存有明嘉靖十三年（1534年）至1948年的檔案，內容豐富，從不同角度反應了中國古代政治、經濟、思想、文化的側面，具有重要歷史價值。現已整理出9,000多卷。孔府檔案是世界上持續年代最久、範圍最廣、保存最完整的私家檔案。

　　孔林又稱「至聖林」，在曲阜城北1千米處，占地200餘公頃，是孔子及其家族的專用墓地，已有2,500多年歷史，也是目前世界上面積最大的氏族墓地。它是中國規模最大、持續年代最長、保存最完整的氏族墓葬群和人工園林。孔子墓前東側有三亭，是宋真宗、清聖祖和清高宗來此祭孔時停留之處，叫作「駐蹕亭」。孔林中除孔子墓外，氣派較大、墓飾規格也高的，要數第七十二代孫孔憲培妻子的墓——於氏坊。墓前高大的木制牌坊上書「鸞音褒德」。這位於氏夫人原來是乾隆皇帝的女兒，因當時滿漢不通婚，皇帝便將女兒過繼給一品大臣於敏中，

又以於女名義下嫁給衍聖公，故稱於氏坊。

### 波蘭：奧斯維辛集中營

奧斯維辛-比克瑙集中營是納粹德國在第二次世界大戰期間修建的1,000多座集中營中最大的一座。由於有上百萬人在這裡被德國法西斯殺害，它又被稱為「死亡工廠」。該集中營距波蘭首都華沙300多千米，是波蘭南部奧斯維辛附近40多座集中營的總稱。該集中營是納粹德國黨衛軍全國領袖海因里希·希姆萊1940年4月27日下令建造的。1979年，作為文化遺產列入《世界遺產名錄》。

世界遺產委員會評價：這裡壁壘森嚴，四周電網密布，設有哨所看臺、絞形架、毒氣殺人室和焚屍爐，展現了納粹德國在原奧斯維辛-比克瑙集中營即第三帝國最大的滅絕營中執行種族滅絕政策的狀況。歷史調查顯示，有150萬人（其中絕大部分是猶太人）在此被餓死、慘遭嚴刑拷打和殺戮。奧斯維辛是20世紀人類對同類進行殘酷虐殺的見證。

奧斯維辛-比克瑙是最大的納粹集中營和滅絕營，位於克拉科夫以西約60千米的波蘭小鎮奧斯奧斯維辛。在納粹謀殺的所有猶太人中，有六分之一在奧斯維辛被毒氣殺害。在第二次世界大戰之初，奧斯維辛屬於被德國並吞的那部分波蘭。1940年4月，黨衛軍首領海因里希·希姆萊下令，在奧斯維辛建造一座新集中營。首批波蘭政治犯於1940年6月運抵奧斯維辛。到1941年3月，那裡已有10,900名囚徒，其中大部分是波蘭人。奧斯維辛很快就以最殘暴的納粹集中營著稱。

1941年3月，希姆萊下令在離營地原址3千米開外再建造一個大得多的第二分部。這裡將被用作滅絕營，得名比克瑙，或稱奧斯維辛二號。比克瑙最終關押了奧斯維辛營區的大部分囚徒，包括猶太人、波蘭人、德國人和吉卜賽人。此外，這裡還擁有最可恥、最慘無人道的種種設施，其中就有毒氣室和焚屍爐。猶太囚徒抵達比克瑙站臺後，就被趕出車廂，不許攜帶財物，並被強行排成男女兩列。黨衛軍軍官，包括臭名昭著的約瑟夫門格勒醫生會進行挑選，將大部分受害者送到一邊，也就是將他們判入毒氣室受死。少數人送到另一邊，去幹苦役。被判死刑的人當天就被殺害，屍體在焚屍爐裡火化。沒有送往毒氣室的人則被帶到檢疫區，在那裡削掉頭髮、領取條狀囚服並進行登記。囚徒個人的登記號碼被紋在左臂上。然後，大部分囚徒被送往奧斯維辛一號、三號、子營或其它集中營幹苦役，他們在那裡的壽命通常只有幾個月。留在檢疫區的囚徒，壽命只有幾星期。

囚徒在營裡有很多日常任務。每天的作息包括：黎明醒來，整理床鋪，早上點名，出營工作，長時間幹苦力，為一頓可憐的飯排隊，返回營地，牢房檢查，晚上點名。點名期間，無論天氣如何，衣衫極其單薄的囚徒必須紋絲不動，靜靜站上幾個小時。不管是誰，只要跌倒甚至失一下足，就會遭到殺害。囚徒不得不打起全副精神，僅僅為了熬過一天的折磨。納粹在奧斯維辛營區的毒氣室中使用

了規模最大、效率最高的滅絕方式。比克瑙有四間毒氣室供使用，每間每天可殺死6,000人。為了迷惑受害者，毒氣室建造得如同浴室。新人抵達比克瑙後，會得知要被送去勞動，但先要淋浴和消毒。他們被帶到形同浴室的毒氣室，很快就被劇毒的齊克隆B毒氣當場毒死。德國法西斯在集中營內設立了用活人進行醫學實驗的專門「病房」和實驗室。殘忍的醫學實驗把某些囚徒如雙胞胎和侏儒當作實驗對象。例如，為了測試耐力而讓他們經受諸如極熱和極冷這類駭人的環境，或者對他們實施絕育。

1947年7月2日，波蘭政府把奧斯維辛集中營改為殉難者紀念館，展出納粹在集中營犯下種種罪行的物證和圖片。包括從囚徒身上掠奪的財物，以及囚徒們在集中營進行地下鬥爭的各種實物和資料。只有奧斯維辛一號和奧斯維辛二號（比克瑙）的部分保留了下來供遊人免費參觀，其許多殺人證據被納粹銷毀，人們根據當年的原貌又重建起來。1979年，聯合國教科文組織將奧斯維辛集中營列入《世界遺產名錄》，以警示世界「要和平，不要戰爭」。為了見證這段歷史，每年有數十萬來自世界各國的各界人士前往奧斯維辛集中營遺址參觀，憑吊那些被德國納粹分子迫害致死的無辜者。2005年1月24日，第59屆聯合國大會舉行特別會議，紀念波蘭奧斯維辛納粹集中營解放60周年。這是聯大首次就這一事件舉行特別會議。

## 四、工礦業及交通水利設施

### 中國：大運河

大運河是中國第46個世界遺產項目，是中國古代勞動人民在中國東部平原上創造的一項偉大的水利工程，是世界上最長的運河，也是世界上開鑿最早、規模最大的運河。在2014年獲準列入《世界遺產名錄》。

世界遺產委員會對中國大運河的評價是：大運河是世界上最長的、最古老的人工水道，也是工業革命前規模最大、範圍最廣的土木工程項目。它促進了中國南北物資的交流和領土的統一管轄，反應出中國人民高超的智慧、決心和勇氣，以及東方文明在水利技術和管理能力方面的傑出成就。歷經兩千餘年的持續發展與演變，大運河直到今天仍發揮著重要的交通、運輸、行洪、灌溉、輸水等作用，是大運河沿線地區不可缺少的重要交通運輸方式，從古至今在保障中國經濟繁榮和社會穩定方面發揮了重要的作用。

中國大運河是隋唐大運河、京杭運河、浙東大運河的總稱，是中國古代勞動人民在中國東部平原上創造的一項偉大的水利工程，是世界上最長的運河，也是世界上開鑿最早、規模最大的運河。大運河全長2,700千米，跨越地球10多個緯

度，縱貫在中國最富饒的華北大平原與江南水鄉上，自北向南通達海河、黃河、淮河、長江、錢塘江五大水系。中國大運河包括京杭大運河、浙東大運河和隋唐大運河沿線河道遺產27段，以及運河水工遺存、運河附屬遺存、運河相關遺產共計58處遺產，現存河道總長度為1,011千米。自清末改漕運為海運，大運河才不再是國家經濟的大動脈。大運河是一處超大規模的線性文化遺產，見證了中國古代傑出的水利技術，促進了古代經濟文化發展和社會進步，對於中華民族的發展具有不可替代的重要作用。

京杭大運河始建於春秋時期。春秋戰國時期開鑿運河基本都是為徵服他國的軍事行動服務的。例如，吳王夫差命人開鑿邗溝的直接目的是運送軍隊北伐齊國，公元前360年魏惠王開鑿的鴻溝也是為了徵服他國。

浙東運河的開鑿據考證約在春秋晚期，至今已有2,400多年歷史。浙江省東部寧紹平原上的主幹航道西段——蕭紹運河（舊稱西興運河）系古代人工疏浚、開鑿而成，東段利用了餘姚江天然水道。餘姚江發源於餘姚市，江寬可達150~250米，水深約4~5米，至寧波市匯入甬江。因運河穿越的錢塘江、曹娥江、甬江的水位高低不一，歷史上只能分段航運。1966年興建15~30噸級升船機多座，1979年又按40噸級標準浚治航道，1983年全線通航。第二期運河改造工程航道標準提高為100噸級，錢塘江溝通運河工程實施後可直達杭州，與京杭運河聯結。

隋唐大運河以洛陽為中心，南起餘杭（今杭州），北至涿郡（今北京）。605年，隋煬帝下令開鑿大運河，「發河南諸郡男女百餘萬，開通濟梁，自西苑引谷、洛水達於黃河，自板諸引河通於淮」，長1,000多千米。608年，隋煬帝沿洛陽東北方向開鑿永濟渠，溝通沁河、淇水、衛河，通航至天津；接著，溯永定河而上開鑿，通涿郡。610年，隋煬帝繼續開鑿江南運河，使得鎮江至杭州段通航。至此，以洛陽為中心，通過通濟渠、永濟渠兩大渠道，溝通了海河、黃河、淮河、長江、錢塘江五大水系，總長2,700千米的中國南北大運河全線貫通，並把洛陽、涿郡（今北京）、汴州（今開封）、宋州（今商丘）、楚州（今淮安）、江都（今揚州）、吳郡（今蘇州）、餘杭（今杭州）等通都大邑聯綴在一起，從而加強了各地區間的聯繫。隋王朝在天下統一後即做出了貫通南北運河的決定，其動機已超越了服務軍事行動的目的，因為此時天下已統一。隋朝開通運河有經濟方面的動機。中國古代很長時期內，經濟重心一直在黃河流域，北方的經濟比南方進步。但到魏晉南北朝時期，社會發生了深刻變化。400多年的混亂使北方經濟受到嚴重的衝擊；與此相對，南方經濟獲得迅猛發展。隋統一全國後，格外重視這個地區，但隋定都長安，其政治中心不能伴隨經濟重心的發展變化南移。因此，國家需要加強對南方的管理，長安需要與富庶經濟區聯繫，不論是中央朝廷還是官僚貴族或是北方邊境都需要南方的糧食、物資供應。同時，長時期的分裂阻斷社會南北經濟的交流，而隨著生產力水平的提高，經濟的發展到這一時期已迫切要求

南北經濟加強聯繫。隋以後的歷朝歷代，至清朝後期，無論是大一統時期的政權，還是分裂時期的政權，都注重運河的疏鑿與完善，其原因無外乎經濟、政治、軍事等方面需要充分利用運河漕運。以運河為基礎，建立龐大而複雜的漕運體系，將各地的物資源源不斷地輸往都城所在地，成了中華大地統治者主要措施之一。運河的修復改道，其緣由亦是現實中運河常常淤堵，以及不同政權的都城位置變化。元代時京杭大運河全線貫通南北，明、清兩代時京杭大運河成為南北水運干線。

## 德國：弗爾克林根鋼鐵廠

弗爾克林根鋼鐵廠是一座位於德國薩爾弗爾克林根、擁有超過百年歷史的煉鋼廠，從所有生鐵原料到煉鋼完成的各種狀態，在這裡都可以完全瞭解。直至今日，這座煉鋼廠仍是歐洲最重要的工業文化點，而且是歐洲工業文化路線的重要停泊點，1992年作為文化遺產列入《世界遺產名錄》。

世界遺產委員會評價：弗爾克林根鋼鐵廠占地6公頃，構成了弗爾克林根市的主體部分。儘管這個工廠已經停產，但它仍然是整個西歐和北美地區現存唯一一處保存完好的綜合性鋼鐵廠遺址，向人們展示著19世紀和20世紀時期的鋼鐵廠風貌。

弗爾克林根鋼鐵廠在19世紀和20世紀早期的科學技術史和工業文明史中具有獨特的地位，展現了歷史上一個大型鑄鐵生產廠的罕見的完整畫面，迄今為止人們還沒有發現其它全套高爐設備可以如此完整、準確地將過去的鑄鐵生產過程展現出來。弗爾克林根鋼鐵廠在歷史上的重要地位應首先歸功於19世紀重工業的迅猛發展，這使得先前的小城鎮一躍成為德國最重要的工業中心之一，而這個城鎮的歷史和命運也從此與工業時代休戚相關、密不可分。1986年，弗爾克林根鋼鐵廠高爐設備全線停止運營，自此弗爾克林根人就把它當作他們文化遺產的一部分，一直精心地保護著這個立下汗馬功勞的鋼鐵廠。

弗爾克林根周圍地區的工業化始於19世紀上半期許多玻璃工廠的相繼建立和煤礦的開採。1860年之後，日益發達的交通網使得該地區工業的進一步發展成為可能，鐵路、運河等便利的交通條件直接促成了1873年弗爾克林根鋼鐵廠的建立。尤利烏斯·布赫於1873年建造了弗爾克林根鋼鐵廠。該廠將盧森堡鐵礦的原料用來煉鐵，生產鐵梁和鐵路枕木，在這之後的100多年裡一直是德國最大的冶鋼鐵廠。隨著弗爾克林根鋼鐵廠的蓬勃發展，弗爾克林根地區的人們受益匪淺，手工業、製造業和貿易也因為遷移過來的工人和雇主迅速興起。人口的增多和基礎產業的變化使弗爾克林根中心地區由古老的農莊變成了交通樞紐和鋼鐵工業區。當然，濃菸、粉塵和噪音不可避免地成為弗爾克林根人生活的一部分，這種狀況一直持續到1986年。

弗爾克林根鋼鐵廠是世界上第一個大規模使用高爐煤氣來推動巨大的鼓風機為高爐提供動力的煉鐵廠。最初為雙引擎，後來增加至9個。第六高爐建於1903年，並於1911年構建新的裝載平臺，為焦炭和礦石提供電驅動懸掛輸送系統。這個系統在建立時是同類系統中最大的。弗爾克林根也是世界第一個氣體干燥淨化技術遠遠超出了實驗階段的煉鐵廠，並於1911年建立了氣體干燥淨化工廠。弗爾克林根複雜系統的最後一個主要部分是一個大型的礦燒結廠，在鋼包式燒結試驗後，在1928年至1930年，公司安裝了一個大型帶式系統。這個開創性的工廠成為世界各地的許多其他類似裝置的一個模型。1935年，焦化廠重建並擴大了規模。

到20世紀末，弗爾克林根已成為歐洲最有生產力的工廠和德國最大的鋼梁製造商之一。從第二次世界大戰結束到1986年生鐵生產停止，期間工廠於1935年重建，但原焦化廠的大部分都被保留了下來，特別是1898年建立的煤塔。六臺1905年和1914年之間建造的噴氣式發動機、1911年建造的懸掛輸送系統和氣體干燥淨化廠同時被保存下來。

20世紀70年代中期發生世界範圍的鋼鐵危機，那時候隨著世界經濟復甦，通脹預期逐步顯現，與鋼鐵生產相關的煤、電、油、水等資源、能源價格均呈上漲態勢，給鋼鐵生產帶來巨大的成本壓力。受產能過剩、供大於求的影響，1986年，冶煉工廠最後一座高爐的火熄滅了，這象徵著一個時代的結束。

## 五、鄉村田園文化景觀

### 中國：安徽皖南古村落

西遞、宏村古民居位於安徽省黟縣境內的黃山風景區，其街道的風格、古建築和裝飾物，以及供水系統完備的民居都是非常獨特的文化遺存。2000年聯合國教科文組織將西遞、宏村作為文化遺產列入《世界遺產名錄》。

世界遺產委員會評價：西遞、宏村這兩個傳統的古村落在很大程度上仍然保持著在20世紀已經消失或改變了的鄉村的面貌。其街道規劃、古建築和裝飾，以及供水系統完備的民居都是非常獨特的文化遺存。

西遞、宏村古民居位於中國東部安徽省黟縣境內的黃山風景區。西遞和宏村是安徽南部民居中最具有代表性的兩座古村落，它們以世外桃源般的田園風光、保存完好的村落形態、工藝精湛的徽派民居和豐富多彩的歷史文化內涵而聞名天下。

西遞村始建於北宋，迄今已有950年的歷史，為胡姓人家聚居之地。整個村落呈船形，四面環山，兩條溪流穿村而過。村中街巷沿溪而設，均用青石鋪地，整個村落空間自然流暢，動靜相宜。街巷兩旁的古建築淡雅樸素，錯落有致。西

遞村現存明、清古民居124幢，祠堂3幢，包括凌雲閣、剌史牌樓、瑞玉庭、桃李園、東園、西園、大夫第、敬愛堂、履福堂、青雲軒、膺福堂等，都堪稱徽派古民居建築藝術的典範。西遞村頭的三間青石牌坊建於明萬曆六年（1578年），四柱五樓，崢嶸巍峨，結構精巧，是胡氏家族顯赫地位的象徵；村中有座康熙年間建造的「履福堂」，陳設典雅，充滿書香氣息，廳堂題為「書詩經世文章，孝悌傳家根本」「讀書好營商好效好便好，創業難守成難知難不難」的對聯，顯示出「儒商」本色；村中另一古宅為「大夫第」，建於清康熙三十年（1691年）為臨街亭閣式建築，原用於觀景。門額下有「作退一步想」的題字，語意警醒，耐人咀嚼。西遞村中各家各戶的宅院都頗為富麗雅致：精巧的花園、黑色大理石製作的門框、漏窗、石雕的奇花異卉、飛禽走獸、磚雕的樓臺亭閣、人物戲文，及精美的木雕、絢麗的彩繪、壁畫，都體現了中國古代藝術的精華。其佈局之工、結構之巧、裝飾之美、營造之精、文化內涵之深，為國內古民居建築群所罕見，是徽派民居中的一顆明珠。

宏村始建於南宋紹熙年間（1190—1194年），原為汪姓聚居之地，綿延至今已有800餘年。它背倚黃山餘脈羊棧嶺、雷崗山等，地勢較高，經常雲蒸霞蔚，有時如濃墨重彩，有時似潑墨寫意。整個村莊似一幅徐徐展開的山水長卷，因此被譽為「中國畫裡的鄉村」。

古宏村人規劃、建造的牛形村落和人工水系，是當今「建築史上一大奇觀」：巍峨蒼翠的雷崗為牛首，參天古木是牛角，由東而西排列得錯落有致的民居群宛如龐大的牛軀。引清泉為「牛腸」，經村流入被稱為「牛胃」的月塘後，經過濾流向村外被稱作是「牛肚」的南湖。人們還在繞村的河溪上先後架起了四座橋樑，作為牛腿。這種別出心裁的科學的村落水系設計，不僅為村民解決了用水問題，而且調節了氣溫，為居民生產、生活用水提供了方便，創造了一種「浣汲未防溪路遠，家家門前有清泉」的良好環境。全村現保存完好的明清古民居有140餘幢，古樸典雅，意趣橫生。「承志堂」富麗堂皇，精雕細刻，可謂皖南古民居之最；南湖書院的亭臺樓閣與湖光山色交相輝映，深具傳統徽派建築風格；敬修堂、東賢堂、三立堂、敘仁堂，或氣度恢弘，或樸實端莊，再加上村中的參天古木、民居牆頭的青藤老樹，庭中的百年牡丹，真可謂是步步入景，處處堪畫，反應了村莊在悠久歷史中所留下的廣博深邃的文化底蘊。

### 瑞士：拉沃葡萄園梯田

拉沃葡萄園梯田位於瑞士沃州的茱蒙湖畔，因其集中反應了瑞士的葡萄種植和釀造文化，2007年作為文化遺產被列入《世界遺產名錄》。

世界遺產委員會評價：拉沃葡萄園梯田起於蒙特勒南部的西庸古堡，沿日內瓦湖北岸向南綿延約30千米，直至沃州中部的洛桑東郊，包括村舍與湖水之間的

山腰斜坡。儘管有證據顯示在羅馬時代就有葡萄生長，但現在的葡萄園卻要追溯到 11 世紀，當時這一地區由本篤會和西多會的修道士控製。葡萄園中留有大量的房屋、磨坊和堡壘遺跡，許多景觀都反應了釀酒方式在不同時期的演變。通過保存下來的景觀和建築物，以及對經久不衰的文化傳統和地區特色的傳承和發展，拉沃葡萄園的文化景觀清晰展現了當地文化千餘年來的演變和發展。此外從中也可以看出，幾個世紀以來，為優化當地資源，釀造對當地經濟具有重要價值的高品質葡萄酒，人類和環境之間持續進行著互動。當地社區一直採取保護措施，抵抗快速發展的城市住宅區擴張到當地，因為這會危及當地景觀。

拉沃葡萄園梯田位於瑞士西南部沃州。拉沃葡萄園處於洛桑至沃州之間的阿爾卑斯山上。面對日內瓦湖，充足的陽光和湖邊濕潤的氣候使這裡成為瑞士著名的葡萄酒產地，距今已有 800 年的歷史。

拉沃梯田葡萄園占地 890 多公頃，此地歷史可追溯到 11 世紀羅馬統治時期，即聖本篤修會與西妥會僧侶掌控該地區的時代。那古老的村莊、典型的老式小酒館和溫馨舒適的酒窖反應著十個世紀之久葡萄酒生產方式的變化。來自太陽本身以及日內瓦湖倒映和圍牆折射的陽光，讓拉沃地區的葡萄園享受到充足的日照，而這也是當地出產優質葡萄酒原材料的重要因素。

拉沃葡萄園不僅以其歷史悠久的梯田式葡萄種植、葡萄酒釀造傳統聞名於世，其旖旎的日內瓦湖風光和湖畔雄偉的阿爾卑斯景觀，與葡萄園田園風光交相輝映，使其成為世界旅遊勝地。在這裡，葡萄園依山而建，山勢陡峭，葡萄園被石塊圍成一塊塊小格子，遠遠望去，就像掛在山上的一幅風景畫。高速公路和鐵路線建在湖與山之間，車窗外的獨特風景不知讓多少人心馳神往，讚嘆大自然與人共同創造的奇跡。

幾十年前這片葡萄園差點成了別墅區。當時有人看上了這裡的獨特位置，想將其開發成一個高檔住宅區。在瑞士一些學者和政府的努力下，這片葡萄園終於得以保留下來。拉沃葡萄園的文化景觀展示了在人類與自然環境長達數世紀之久的互動下，把當地資源進行最有效的運用，進而生產高價值酒品的傑出例證。在面對快速成長的城市聚落可能產生的危害時，當地社區也探索出了許多保護文化遺產的途徑。

## ● 第三節　主要宗教建築

亞洲是世界的幾大主要宗教的發源地。按民族地域劃分，世界上共有宗教三百多種，亞洲所占的比例較大。發源於亞洲的宗教有：佛教、基督教、伊斯蘭教、道教、印度教、神道教、猶太教、錫克教。佛教主要分佈在東亞、東南亞、南亞；

道教主要分佈在中國；神道教主要分佈在日本；伊斯蘭教主要分佈在西亞、東南亞、南亞、中亞；基督教全亞洲都有分佈，東正教、天主教主要集中在西亞，猶太教分佈在西亞猶太人聚集區。

宗教也是歐洲人生活中的一個重要部分。因此教堂遍布歐洲城鄉各地，成為城市的重要組成部分。歐洲教堂的建築風格主要有羅馬式、拜占庭式和哥特式三種。

羅馬式教堂是基督教成為羅馬帝國的國教以後，一些大教堂普遍採用的建築式樣。它是仿照古羅馬長方形會堂式樣及早期基督教「巴西利卡」教堂形式的建築。巴西利卡是長方形的大廳，內有兩排柱子分隔的長廊，中廊較寬稱之為中廳，兩側窄稱之為側廊。大廳東西向，西端有一半圓形拱頂，下有半圓形聖壇，前為祭壇，是傳教士主持儀式的地方。後來，拱頂建在東端，教堂門開在西端。高聳的聖壇代表耶穌被釘上十字架時所在的骷髏地的山丘，放在東邊以免每次禱念耶穌受難時要重新改換方向。隨著宗教儀式日趨複雜，在祭壇前擴大了南北的橫向空間，其高度與寬度都與正廳對應，因此，就形成一個十字形平面，橫向短，豎向長，交點靠近東端。這叫作拉丁十字架，以象徵耶穌在十字架上犧牲，更加強了宗教的意義。

拜占庭式建築的主要成就與特徵是穹頂建立在方形的平面上，並把重量落在四個獨立的支柱上，這對歐洲建築發展是一大貢獻。聖索菲亞大教堂是典型的拜占庭式建築。其堂基與羅馬式教堂一樣，呈長方形，但是中央部分房頂由一巨大圓形穹窿和前後各一個半圓形穹窿組合而成。東正教教堂的特徵是堂基由長方形改為正方形，但在建築藝術上仍保留拜占庭式風格。東歐的教堂突出穹頂，提高鼓座，使穹頂更加飽滿。現在蘇聯紅場上的華西里·伯拉仁內教堂就是著名的拜占庭式教堂建築。其特點是中央一個大墩，周圍八個小墩排成方形，上面各有一個大小不一的穹頂。該建築是世界宗教建築中的珍品。

哥特式建築是從法國發展起來的。在 12—15 世紀，城市手工業和商業行會相當發達，城市內實行一定程度的民主政體，市民們以極高的熱情建造教堂，以此相互爭勝來表現自己的城市。另外，當時教堂已不再是純宗教性建築物，已成為城市公共生活的中心，成為市民大會堂、公共禮堂，甚至被用作市場和劇場。在宗教節日時，教堂往往成為熱鬧的賽會場地。哥特式建築的特點是尖塔高聳，在設計中利用十字拱、飛券、修長的立柱，以及新的框架結構以增加支撐頂部的力量，使整個建築以直升線條、雄偉的外觀和教堂內的空闊空間，再結合鑲著彩色玻璃的長窗，在教堂內產生一種濃厚的宗教氣氛。教堂的平面仍基本為拉丁十字形，但其西端門的兩側增加一對高塔。著名的哥特式建築有巴黎聖母院、義大利米蘭大教堂、德國科隆大教堂、英國威斯敏斯特大教堂。

新教的教堂，各派教會亦有差異。總的來說，教堂建築比較簡樸，大都為長

方形禮堂。內部由於重視講道，講臺一般置於顯著位置。新教加爾文派的教堂甚至沒有聖像、宗教畫、彩色玻璃和聖壇。近年來，歐美各國建築藝術呈現多樣化面貌，宗教建築也擺脫舊的傳統風格，出現了一些新的式樣。

中國：敦煌莫高窟

莫高窟，俗稱千佛洞，坐落在中國河西走廊西端的敦煌。始建於十六國的前秦時期，歷經十六國、北朝、隋、唐、五代、西夏、元等時期的興建，是世界上現存規模最大、內容最豐富的佛教藝術寶庫。1987年聯合國教科文組織將莫高窟作為文化遺產列入《世界遺產名錄》。

世界遺產委員會評價：莫高窟地處絲綢之路的一個戰略要點。它不僅是東西方貿易的中轉站，同時也是宗教、文化和知識的交匯處。莫高窟的492個小石窟和洞穴廟宇，以其雕像和壁畫聞名於世，展示了延續千年的佛教藝術。

莫高窟又名「千佛洞」，位於中國西部甘肅省敦煌市東南25千米處鳴沙山的崖壁上。這裡全年日照充足、乾燥少雨、四季分明，晝夜溫差較大。石窟南北長1,600餘米，上下共五層，最高處達50米。現存洞窟492個，壁畫45,000餘平方米，彩塑2,415身，飛天塑像4,000餘身。莫高窟規模宏大，內容豐富，歷史悠久，與山西雲岡石窟、河南龍門石窟並稱為中國「三大石窟藝術寶庫」。

莫高窟最初開鑿於前秦建元二年（366年），至元代開鑿基本結束。其間經過連續近千年的不斷開鑿，使莫高窟成為集各時期建築、石刻、壁畫、彩塑藝術為一體的，以及世界上規模最龐大、內容最豐富、歷史最悠久的佛教藝術寶庫。這些藝術珍品不僅反應了中國中古時期的宗教和社會生活情況，同時也表現出歷代勞動人民的傑出智慧和非凡成就。

1900年在莫高窟偶然發現了「藏經洞」，洞裡藏有從魏晉到北宋時期的經卷、文書、織繡和畫像等約5萬餘件。文書除漢文寫本外，粟特文、佉盧文、回鶻文、吐蕃文、梵文等各民族文字寫本約占六分之一。文書包括佛、道等教的宗教文書，文學作品、契約、帳冊、公文書函等世俗文書。敦煌的文物被發現後，名聞中外，對中國古代文獻的補遺和校勘有極為重要的研究價值。此後又由此發展出著名的「敦煌學」。敦煌學經過近百年的發展，不僅在學術、藝術、文化等方面取得了令人矚目的成果，同時也向世界展示了敦煌藝術之美、文化內蘊之豐富以及中國古代勞動人民的智慧。

彩塑為敦煌藝術的主體，有佛像、菩薩像、弟子像以及天王、金剛、力士、神等。彩塑形式豐富多彩，有圓塑、浮塑、影塑、善業塑等。最高的達34.5米，最小僅2厘米左右（善業泥木石像），題材之豐富和手藝之高超，堪稱佛教彩塑博物館。17窟唐代河西都僧統的肖像塑和塑像後繪有持杖近侍的壁畫等，把塑像與壁畫結合為一體，為中國最早的高僧寫實真像之一，具有很高的歷史和藝術價值。

石窟壁畫富麗多彩，包括各種各樣的佛經故事、山川景物、亭臺樓閣、花卉圖案、飛天以及當時勞動人民進行生產的各種場面等，是十六國至清代的1,500多年的民俗風貌和歷史變遷的藝術再現。在大量的壁畫藝術中還可發現，古代藝術家們在民族化的基礎上，吸取了伊朗、印度、希臘等國古代藝術之長。各朝代的壁畫表現出不同的繪畫風格，反應出中國封建社會不同時期的政治、經濟和文化狀況，是中國古代美術史的光輝篇章，為中國古代史研究提供了珍貴的形象史料。

## 德國：科隆大教堂

科隆大教堂是德國科隆市的標誌性建築物，集宏偉與細膩於一身，被譽為哥特式教堂建築中最完美的典範。1996年，科隆大教堂作為文化遺產被列入《世界遺產名錄》。

世界遺產委員會評價：哥特式科隆大教堂始建於1248年，歷經幾個階段的修建，直到1880年才建成。在修建科隆大教堂的600多年中，一代代建築師們秉承著相同的信念，做到了絕對忠實於最初的設計方案。除了其自身的重要價值和教堂內的藝術珍品以外，科隆大教堂還體現了歐洲基督教經久不衰的力量。

科隆大教堂全名為查格特·彼得·瑪麗亞大教堂。它是科隆的驕傲，也是科隆的標誌，與巴黎聖母院和羅馬聖彼得大教堂並稱為歐洲三大宗教建築。藝術史專家認為它完美地結合了所有中世紀哥特式建築和裝飾元素。

科隆大教堂始建於1248年，工程時斷時續，至1880年才由德皇威廉一世宣告完工，耗時超過600年，至今修繕工程仍不間斷。最初的工程是從1248年到1322年的唱詩堂封頂。前期工程耗資巨大，以當時的技術條件來看簡直難以想像。雙頂教堂高達44米，且直上直下，既要保證底座地基的穩固，又要體現哥特式建築所獨具的垂直線性的效果。據說當時的人們竟然是先修建直聳入雲的柱子，再在其上安裝木制起重機，最終實現「高空作業」。最艱鉅的任務便是封頂了，人們首先在地上澆鑄屋頂平臺，然後再將其吊至近60米的高空——為了減少重量和節省石料，木匠們和泥瓦匠們合作制成了木石結合的屋頂。儘管如此，人們還是擔心「纖細」的立柱是否能代替承重牆將屋頂托住。依照節省和美觀的原則，立柱上的許多石料被抽空，建成了玻璃隔屏。聰明的設計師們利用了羅馬式大教堂建築中的拱門設計，創造了有尖角的拱門、肋形拱頂和飛拱，幫助立柱共同支撐穹隆式吊頂——這便是哥特式建築的精髓之所在。在科隆大教堂裡，每一根主柱周圍都有相對應的拱牆，通常是五拱，也有三拱和七拱。在工程進展到了後期階段，由於經費緊張再加上地區主教之間爭權奪利，許多參與施工的人幾乎僅靠著一個堅定的信念去完成本職工作——他們篤信上帝，希望能造一座人間天堂請求上帝的賜福。1322年，地區主教海因里希·馮·維思伯格主持唱詩堂封頂儀式，

科隆大教堂工程正式告一段落。

1842年，德國著名建築家卡爾·腓特烈·辛格勒向市民呼籲重開大教堂工程，普魯士國王腓特烈·威廉四世響應這個呼籲並給予財政支持。1842年9月4日，在威廉四世的主持下，大教堂第二次奠基。19世紀60年代，普魯士王國進入強盛時期，財力雄厚，科隆大教堂未盡的工程又被提上議事日程。德國人極欲表現自己的強國地位，下定決心在原教堂基礎上建一座世界最高的教堂。早在此前，包括大文豪歌德在內的許多名人就提出重建大教堂的想法。從1864年科隆市發行彩票籌集資金，直到1880年教堂正式落成，科隆大教堂一層又一層地加高，一間又一間地加寬，形成了今日由兩座「高塔」為主門的建築群。1880年10月15日，這座當時榮膺世界最高建築物的科隆大教堂舉行了盛大的竣工典禮，成為建築史上最傑出的成就之一。

科隆大教堂內有10個禮拜堂。中央大禮拜堂穹頂高43米，中廳部跨度為15.5米，是目前尚存的最高的中廳。各堂排有整齊的木制席位5,700個，聖職人員的座位有104個，全用極厚木板制成。具中世紀晚期風格的唱詩臺是德國最大的，它的特別之處在於各有一個預留給教皇和皇帝的座位。教堂四壁窗戶總面積達1萬多方米，全裝有描繪聖經人物的彩色玻璃，被稱為法蘭西火焰式，使教堂顯得更為莊嚴。畫面如此漂亮，卻只用了4種顏色，而且很有講究：金色——代表人類共有一個天堂，寓意光明和永恆；紅色——代表愛；藍色——代表信仰；綠色——代表希望和未來。在陽光反射下，這些玻璃金光閃爍，絢麗多彩，是教堂的一道獨特的風景。教堂頂上一共安置了12口鐘。最早的是3.4噸重的三王鐘，鑄造於1418年，安裝於1437年（後來該鐘經歷了三次重新鑄造，最近一次於1880年）。教堂內目前最大的鐘是聖彼得鐘，重達24噸，直徑3.22米，安裝於1924年，被譽為「歐洲中世紀建築藝術的精粹」。每逢祈禱時，鐘聲洪亮，傳播得很遠。登上鐘樓，可眺望萊茵河的美麗風光和整個科隆市市容。

科隆大教堂裡收藏著許多珍貴的藝術品和文物，其中包括成千上萬張當時大教堂的設計圖紙。現在仍保存著第一位建築師哈德設計教堂時用的羊皮圖紙，為研究13世紀時的建築和裝飾藝術提供了重要資料。還有從東方去朝拜初生耶穌的「東方三聖王」的屍骨，被放在一個很大的金雕匣裡，安放在聖壇上。這裡還有最古老的巨型聖經、比真人還大的耶穌受難十字架以及教堂內外無數的精美石雕。一些珍貴文物現保存在一個金神龕內，此金神龕被認為是中世紀金飾藝術的代表作之一。在教堂祭壇內擺放有中世紀黃金匣，由黃金和寶石組成。教堂內還有一座11世紀德國奧托王朝時期的木雕《十字架上的基督》，成為哥特藝術的先導，對後世的雕刻藝術產生了重大的影響。在唱詩班回廊，保存著15世紀早期科隆畫派畫家斯蒂芬·洛赫納1440年為教堂創作的壁畫和法衣、雕像、福音書等文物。這些都是教堂的古老珍藏，具有很高的宗教和藝術價值。20世紀80年代考古發掘

教堂地基，發現了歷次修建時基礎工程的不同做法，十分珍貴。內部森然羅列的高大石柱、鮮豔繽紛的彩色玻璃顯得氣勢傲然，凌空升騰的雙塔使整座教堂顯得清奇冷峻，充滿力量。

## 第四節　人類遺址與地下寶藏

### 一、古人類遺址與史前遺址

#### 中國：周口店北京人遺址

周口店北京人遺址位於北京市西南房山區周口店鎮龍骨山北部，是世界上材料最豐富、最系統、最有價值的舊石器時代早期的人類遺址。1987年聯合國將周口店北京人遺址作為文化遺產，列入《世界遺產名錄》。

世界遺產委員會評價：周口店北京人遺址位於北京西南42千米處，遺址的科學考察工作仍在進行中。到目前為止，科學家已經發現了中國猿人屬北京人的遺跡，他們大約生活在中更新世時代。同時發現的還有各種各樣的生活物品，以及可以追溯到公元前18000年—公元前11000年的新人類的遺跡。周口店遺址不僅是有關遠古時期亞洲大陸人類社會的一個罕見的歷史證據，而且也闡明了人類進化的進程。

1918年，瑞典科學家安特生發現了周口店第六地點，這是遺址中最早發現的地點。1921年，安特生、美國古生物學家格蘭階和奧地利古生物學家斯丹斯基發現了周口店第一地點，同年發現了周口店第二地點。1927年瑞典古生物學家步達生將周口店發現的三枚人的牙齒正式命名為中國猿人北京種。這一年周口店猿人遺址開始正式發掘，中國地質學家李捷參加發掘工作，發現了周口店第三和第四地點。1929年中國古生物學家裴文中發現了第五、七、八地點，發現原始人類的牙齒、骨骼和一塊完整的頭蓋骨，並找到了北京人生活、狩獵及使用火的遺跡。該發現轟動了世界。

北京猿人化石共出土頭蓋骨6具、頭骨碎片12件、下頜骨15件、牙齒157枚及斷裂的股骨、脛骨等，分屬40多個男女老幼個體。同時發現了10萬件石器材料及用火的灰燼遺址和燒石、燒骨等。根據對文化沉積物的研究，北京人生活在70萬年至20萬年前，平均腦容量達1,088毫升（現代人腦容量為1,400毫升），據推算北京人身高為156厘米（男）、150厘米（女）。北京人的壽命較短，據統計，68.2%的北京人死於14歲前，超過50歲的不足4.5%。

北京人創造出了頗具特色的舊石器文化。製作石器使用了三種不同的打片方

法，主要用砸擊法，生產出長20~30毫米的小石片。工具分兩大類，第一類包括錘擊石錘、砸擊石錘和石鑽；第二類有刮削器、尖狀器、砍砸器、雕刻器、石錐和球形器。這些石器對中國華北地區舊石器文化的發展有著深遠的影響。北京人還是最早使用火的古人類，並能捕獵大型動物。在周口店第一地點發現的用火遺跡，把人類用火的歷史提前了幾十萬年。用火遺跡包括五個灰燼層、兩處保存很好的灰堆遺存，燒骨則見於有人類活動的各層。此外，還發現燒過的樸樹子、燒石和燒土塊，甚至個別石器有烤灼的痕跡。通過對用火遺跡的研究，可知北京人不僅懂得用火，而且有控製火和保存火種的能力。燒火的燃料主要是草本植物，也包括樹枝和鮮骨。

「七七事變」後，周口店被日軍占領，發掘人員被殺，裴文中和賈蘭坡的辦公室被搗毀，發掘工作終止。抗日戰爭時期，已發掘出的6個較完整的頭蓋骨存放於美國開辦的北京協和醫學院內。太平洋戰爭爆發前夕，中美雙方計劃將其轉運至美國，以防其落入日本手中。途中頭蓋骨失蹤，至今下落不明。

1930年，中國考古工作者在龍骨山頂部陸續發掘出生活於約3萬年前的古人類化石，即山頂洞人。1973年又發現介於二者年代之間的新洞人。這些發現表明了北京人的延續和發展。到目前為止，遺址的科學考察工作仍然在進行中。

北京人的發現，為人類進化理論提供了有利實證，是中國科學家為世界考古史做出的偉大貢獻。北京人及其文化的發現與研究，解決了19世紀爪哇人發現以來的關於「直立人是猿還是人」的爭論。事實證明，「直立人」是人類歷史的最早期，處於從猿到人進化過程最重要的環節，他們是「南猿」的後代，也是後來「智人」的祖先。北京人具有「直立人」的典型形態標準，而北京人對火的使用，更加完備了其作為人的特徵。山頂洞人化石和文化遺物的發現，更充分表明了北京人的發展和延續。北京人的發現，為中國古人類及其文化的研究奠定了基礎，是當之無愧的人類遠古文化寶庫。

## 英國：奧克尼的新石器時代遺址

奧克尼新石器時代遺址位於蘇格蘭的奧克尼群島，是五千年前蘇格蘭群島北部生活狀況的最有力寫照，1999年作為文化遺產被列入《世界遺產名錄》。

世界遺產委員會評價：奧克尼新石器時代遺址包括一個龐大的墓穴（梅韋古墓）和兩個舉行儀式的石圈（斯丹尼斯立石和布羅德蓋石圈）、一個居住區（史卡拉弧狀岩石）和許多未被挖掘出來的墓葬、儀式場所和定居點。它們形成了壯觀的文化遺址，展現了五千年前蘇格蘭群島北部一個偏僻島嶼上的生活狀況。

奧克尼的新石器時代遺址位於英國蘇格蘭的奧克尼群島。奧克尼群島簡稱奧克尼，位於英國蘇格蘭東北部，南距蘇格蘭本土僅16千米左右，是蘇格蘭32行政區之一。該群島由70個左右的島嶼組成，總面積達990平方千米，其中20個

左右島嶼有人居住。最大的島被稱為奧克尼主島，面積達523.25平方千米，首府柯克沃爾即位於主島上。

早在新石器時代，皮克特人就居住於奧克尼群島。875年，該群島被挪威占領。1468年，丹麥和挪威國王克里斯蒂安一世將女兒瑪格麗特嫁給蘇格蘭國王詹姆斯三世，由於無法拿出嫁妝，被迫將該群島作為擔保抵押給詹姆斯三世。之後該筆嫁妝一直未能得到償付，1472年2月20日，該群島被正式割讓予蘇格蘭。

奧克尼新石器時代遺址是由奧克尼群島的主島上四個新石器時代遺跡組成的。它們是：梅肖韋古墓、布羅德蓋石圈、斯丹尼斯立石、斯卡拉布雷新石器時代遺跡。

梅肖韋古墓為史前墓葬，內有墓室，位於蘇格蘭奧克尼群島梅恩蘭島上的斯特羅姆內斯東北。呈圓錐形，圓周91米，周圍挖有一條壕溝，深約27米。墓內石刻顯示，該墓於10世紀前後被北歐人盜過。

布羅德蓋石圈位於斯丹尼斯湖和哈瑞湖之間的一個海岬上。這是英國最北部的史前石圈遺跡，和埃夫伯里石陣（位於英格蘭西南部的一個新石器時代遺跡）的結構不一樣，這裡的石圈內部沒有那麼多石塊。這個遺跡目前還不能清晰地確定具體是什麼時候建立的，目前公認的說法是在公元前2500年—公元前2000年建立。這裡是新石器時代建立的最後一個遺跡。石圈直徑有104米，最初是由60塊石頭構成的，到20世紀末期至少保存了其中的27塊。最高的石塊位於石圈的南邊和西邊。石圈周圍還有一個環形的壕溝，深有3米，寬9米，周長有380米。這片區域還出土了一些燧石、箭頭、石杖，預計都是青銅時期的物品。目前，史前人類建立這個石圈的目的還不得而知，但是由於其靠近斯丹尼斯立石和梅肖韋古墓，可以確定其在史前人類中的重要性。

斯丹尼斯立石，現存的立石位於連接斯丹尼斯湖和哈瑞湖之間的海岬上。斯丹尼斯立石（Standing Stones of Stenness）名字中的「sten」來源於奧克尼人的方言，在古斯堪的納維亞語中的意思是「石岬」。布羅德蓋石圈位於其西北1.2千米的地方，梅肖韋古墓位於其東邊1.2千米的位置，島上其他幾處新石器時代遺跡也在這附近，意味著這塊區域是對考古來說很重要的一片區域。這些石頭呈片狀，厚度大約30厘米，其中4塊有5米高。最初這些石頭有12塊，而且組成一個環形。這個環形的直徑約有32米，周圍也是呈現環型，直徑為44米的壕溝。立石的入口正對著位於哈瑞湖旁的Barnhouse新石器時代人類定居點。在環形圈西北處有一塊獨立的石頭，高約5.6米，這塊石頭似乎是用來指示布羅德蓋石圈的位置。後來考古發現在立石周圍的壕溝裡存在木炭、陶器和動物骨骼的殘骸，這裡的陶瓷和斯卡拉布雷遺跡、梅肖韋古墓都有一定的聯繫。

斯卡拉布雷是一個新石器時代的人類定居點，位於蘇格蘭奧克尼群島中最大的一個島上的西海岸斯凱勒灣。斯卡拉布雷主要包括8所石砌房子。1970年碳放

射測定發現，這些村落建造於大約公元前 3180 年至公元前 2500 年。是歐洲最完整的新石器時代村落。

奧克尼新石器時代被明顯的分為早期和晚期兩個階段。區分的原則是那些原始材料表現出來的不同的文化形式。其中包括建築風格和制陶藝術的不同。新石器時代早期的確認標準由三部分構成：有凹陷進去的石堆、有小規模的定居點，包括在帕斯特雷島上的納普人以及那些使用獨特的圓底陶器的人們。新石器時代晚期的特徵是：有著巨大的紀念物，內部是石圈，墓地通道，還有村落，比如斯卡拉布雷和里恩尤，以及居民使用平底的有凹陷的陶器。因此，新石器時代整體清晰地被分為早期和晚期。早期有著分散的點綴在奧克尼山水之間的農場和建築物，也許還伴隨著他們各自帶房間的圓錐形石堆。晚期儘管村落數目明顯地少於早期，但是他們卻統治了這塊土地。晚期還有那宏偉的紀念遺跡，比如說梅紹墓地通道和壯觀的斯滕內斯和布羅德蓋的石圈。

## 二、歷史時期遺址

### 土耳其：特洛伊考古遺址

特洛伊考古遺址位於土耳其達尼爾海峽主要港口查納卡累以南 40 千米處的西薩爾立克，是世界上最著名的考古遺址之一，1998 年該遺址作為世界文化遺產被列入《世界遺產名錄》。

世界遺產委員會評價：特洛伊以其 4,000 多年的歷史成為世界上最著名的考古遺址之一。1870 年，著名的考古學家海因里希·施里曼（Heinrich Schliemann）對這個遺址進行了第一次挖掘。從科學的角度來說，它大量的遺存物是安納托利亞和地中海文明之間聯繫的最重要最實質的證明。特洛伊於公元前 12 世紀遭到來自希臘的斯巴達人和亞加亞人的圍攻。這一史實由荷馬寫進史詩而流傳千古，而且從那時起它便啟發了世界上眾多藝術家的創作靈感。

特洛伊是古希臘時代小亞細亞（今土耳其位置）西北部的城邦，其遺址發現於 1871 年。1871 年德國考古學家海因里希·施里曼發現特洛伊城遺址廢墟，其後於同址發現更多不同時代的城市遺址。其中被考古學家命名為「特洛伊Ⅶ」的遺址，被認為是荷馬史詩時期的特洛伊城，但至今仍有爭議。

特洛伊是公元前 16 世紀前後為古希臘人渡海所建的城市，公元前 13 世紀—前 12 世紀時頗為繁榮。此城毀滅於公元前 12 世紀。特洛伊城遺址的發掘，始於 19 世紀中期，延續到 20 世紀 30 年代。考古學家在深達 30 米的地層中發現了分屬 9 個時期、從公元前 3000 年—公元 400 年的特洛伊城遺跡，找到了公元 400 年羅馬帝國時期的雅典娜神廟以及議事廳、市場和劇場的廢墟等。這些建築雖已倒塌

敗落，但從殘存的牆垣、石柱來看，氣勢相當雄偉。這裡有公元前 2600 年—公元前 2300 年的城堡，直徑達 120 多米，城中有王宮及其他建築。在一座王家寶庫中，發現了許多金銀珠寶及青銅器，陶器以紅色和棕色為主。此外還出土有石器、骨器、陶紡輪等。特洛伊考古遺址是一座被燒毀的城市的遺址，它的石垣達 5 米，內有大量造型樸素、繪有幾何圖形的彩陶和其他生活用具。

### 希臘：奧林匹亞考古遺址

奧林匹亞考古遺址位於希臘，是一個體育運動和宗教儀式的混合體。奧林匹亞遺址東西長約 520 米，南北寬約 400 米，中心是阿爾提斯神域。這裡有運動員比賽、頒獎的地方，也有人們祈禱、祭祀的場所。神域內的主要建築是宙斯神廟和赫拉神廟，此外還有聖院、寶物庫、賓館及行政用房等。1989 年，該遺址作為文化遺產被列入《世界遺產名錄》。

世界遺產委員會評價：奧林匹亞遺址位於伯羅奔尼撒半島的山谷中，該地自史前時代以來就有人居住。公元前 10 世紀，奧林匹亞成了人們敬拜宙斯的一個中心。眾神之聖地——阿爾提斯（Altis），是希臘建築杰作最集中的地方。除了廟宇之外，這裡還保留著專供奧運會使用的各種體育設施。早在公元前 776 年，人們就每四年在奧林匹亞舉行一次運動會。

古代奧運會選擇在距今天的希臘首都雅典西南約 300 千米處的奧林匹亞舉行，正是因為在當時，那裡被認為是宙斯召集諸神召開代表大會的地方（宙斯的住所則在古希臘北部的奧林匹斯山），是一處「聖域」。奧林匹亞是奧林匹克運動的發源地，奧林匹克運動正是一種祭神的慶典活動。古希臘最早的奴隸制國家出現於距今 4,000 多年的克里特島。克里特人在古代東方文化的影響下創造了自己的文化，其中包括舞蹈、鬥牛、拳擊和摔跤等。城邦經濟文化的繁榮和城邦間的複雜競爭，帶來了古希臘體育的繁榮，戰車賽、站立式摔跤、拳鬥、賽跑、標槍、鐵餅、跳躍、格鬥、射箭等成了古希臘人最常見的運動形式。斯巴達和雅典先後成為繁榮時期希臘體育的代表。而也就在這一過程中，孕育、產生了許多地方性或全希臘的運動會，其中影響較大的就是誕生於奧林匹亞的奧林匹克競技會。這一競技會歷時 1,170 年，為人類留下了寶貴的文化遺產。但隨著競技會的消亡，古代希臘體育的輝煌慢慢地從人們的記憶中消失了，奧林匹亞也就成為愛好體育的人們最崇敬的聖地。

羅馬帝國統治時期，羅馬皇帝曾下令禁止異教徒舉行祭典，奧林匹亞競技會也被迫停辦。6 世紀的大地震使曾經盛極一時的奧林匹亞城變成了廢墟，漸漸隱沒在歷史的繁華背後。1776 年，英國學者錢德拉發掘了奧林匹亞，經過幾代人的挖掘，曾經輝煌的奧林匹亞聖地終於重現原貌。1894 年，現代奧林匹克運動之父、法國教育家顧拜旦倡議召開了恢復奧林匹克運動的代表大會，成立了國際奧

委會。1896年在雅典舉行了第一屆現代奧運會。從此，「和平、友誼、進步」就成為奧運會崇高的體育精神。奧林匹亞重現輝煌，再次盛裝走向歷史的舞臺。奧林匹亞是希臘的聖地，它把健康的理念納入文明，並被全人類接受和延續著。奧林匹亞這個詞成了競爭、體育、鬥志等重要概念的同義詞，成了世界精神文化的重要遺產，而古希臘文明正是由於有著力量、美、理性的三駕馬車，才得以在人類文明史上縱橫馳騁。

宙斯神廟：建於公元前457年的宙斯神廟如今也只剩下了吉光片羽，巨大而蒼老的石頭崢嶸地立於大地之上，任憑風雨的侵蝕，默默地訴說著神廟那永遠沉寂的歷史。高達13.5米的宙斯像被史學家認為是「世界七大奇觀之一」。這座裝飾華麗的雕像，是由希臘雕刻家斐迪亞斯用象牙雕刻而成的，坐落在臺階之上，用黃金做成袍飾。宙斯頭頂花冠，右手持勝利女神，左手持笏。宙斯神廟的藝術精華是東西山牆上的人物雕像。西山牆的雕像內容取材於希臘神話肯陶洛斯人搶婚的故事，故事大意是拉比泰人國王皮利托斯與美麗的希波達米婭舉行婚禮，國王請來的客人有半人半馬的肯陶洛斯人，肯陶洛斯人在婚宴上酒後亂性，企圖搶走新娘，因而引起一場廝殺。這組雕像有21個人物，其中肯陶洛斯人搶新娘的雕像，姿態極其生動，新娘被掠奪時的驚恐神態及掙扎的軀體十分逼真。這些雕像現收藏在奧林匹亞博物館。如今在殘垣斷壁間仍然蘊含著一種灰白的樸素和由高大而產生的崇高感。只有大規模的建築才能代表至高無上的尊嚴和威儀。與眾神之王相對應的就是這驚世的建築。

赫拉神廟：經過兩千多年的風吹雨打，希臘時代的古建築僅剩斷壁殘垣，只有一座祭祀天後的赫拉神廟留存了下來，這是奧林匹亞現存最古老的建築，始建於公元前600年左右。赫拉神廟也是聖地內最老的圍柱式神廟和希臘最早的多立克式神廟之一，這裡供奉著女神赫拉像，殿身狹長，四周有44根廊柱。儘管規模不大，但當今奧林匹克運動會的聖火採集儀式就在這裡舉行。1936年以來歷屆奧運會聖火點燃的地方，為什麼要選在希臘的奧林匹亞遺址？又為什麼單單選在赫拉神廟前呢？這其中是有文化淵源的。

在古代奧運會中，所謂聖火就是祭祀宙斯儀式中赫拉神廟祭壇上的長明聖火——它象徵了人類從宙斯處獲取自然神力的合法傳承性。為了與古代奧運會的精神相連，1936年現代奧運會也首次在赫拉神廟採集聖火。那之後，歷屆奧運會採集聖火的儀式都在赫拉神廟前廣場上的納姆菲翁神壇舉行。為保持奧運聖火的純潔性，在整個火炬接力中只能使用從奧林匹亞採集來的聖火進行傳遞，不能與具有任何象徵意義的火焰混合。現代奧運的聖火是由希臘大祭司（現由演員扮演）利用凹鏡設備，在奧林匹亞的陽光下引燃火炬而形成的，被稱為「和平之火」。

古奧林匹亞體育場：古奧林匹亞體育場四周有大片坡形看臺，西側設有運動員和裁判員入場口，場內跑道的長度為210米，寬32米。它與附近的演武場、司

祭人宿舍、賓館、會議大廳、聖火壇和其他用房等共同構成了競技會的龐大建築群。奧林匹亞考古遺址中的許多建築和設施，都是為體育比賽修建的。運動場舊址和周圍的許多建築因長期遭受泥土的堆積，現在都被埋藏於5~7米厚的泥土下面。運動場曾在公元前4世紀得到擴建。它坐落在長滿橄欖樹、柏樹、桂樹的丘陵地帶，長200米、寬175米。而現今仍保留完好的則是石制看臺的一側，這裡還能依稀看見原來由石灰石鋪成的起跑點，周圍建築物的石柱直徑都在2米開外。站在看臺高處往下看，只見層層石階，好似漣漪層層的水面。古希臘青年早在公元前1000年前後，就在這裡進行競技。

現遺址上建有奧林匹克考古學博物館，館內藏有發掘出土的文物，包括大量古代奧運會的比賽器材和古希臘武器甲冑等。古代奧運會期間，來到這裡參加比賽的運動員必須符合以下條件：男性、希臘人、自由人、婚生子、沒有任何犯罪記錄等。古奧林匹亞體育場毀於戰火與風雨，自18世紀始，一批又一批的學者接連不斷地來到奧林匹亞考察和尋找古代奧運會遺址。1936年第11屆奧運會後，因有部分餘款，國際奧委會決定用這筆款項繼續對奧林匹亞遺址進行發掘，發現並復原了體育場。

## 中國：安陽殷墟

殷墟位於河南省安陽市殷都區，是中國商代後期都城，也是中國歷史上第一個文獻可考、並為考古學和甲骨文所證實的都城遺址。遺址主要包括殷墟王陵遺址與殷墟宮殿宗廟遺址、洹北商城遺址等，大致分為宮殿區、王陵區、一般墓葬區、手工業作坊區、平民居住區和奴隸居住區。2006年，殷墟作為文化遺產被列入《世界遺產名錄》。

世界遺產委員會評價：殷墟考古遺址靠近安陽市，位於北京以南約500千米處，是商代晚期（公元前1300年—公元前1046年）的古代都城，代表了中國早期文化、工藝和科學的黃金時代。在殷墟遺址出土了大量王室陵墓、宮殿以及中國早期建築的原型。遺址中的宮殿宗廟區擁有80處房屋地基，還有唯一一座保存完好的商代王室成員大墓「婦好墓」。殷墟出土的大量工藝精美的陪葬品證明了商代手工業的先進水平。在殷墟發現了大量甲骨窖穴。甲骨上的文字對於研究中國古代信仰、社會體系以及漢字的發展有著不可估量的價值。

從20世紀初因盜掘甲骨被發現，到1928年正式開始考古發掘，殷墟的發現和發掘被評為20世紀中國「100項重大考古發現」之首。殷墟的發掘，確證了中國商王朝的存在，重新構建了中國古代早期歷史的框架，使傳統文獻記載的商代歷史成為信史。

殷墟古稱北蒙，甲骨卜辭中又稱為「商邑」「大邑商」。自公元前1300年盤庚遷殷到公元前1046年商朝滅亡，經歷了盤庚、小辛、小乙、武丁、祖庚、祖

甲、廩辛、康丁、武乙、文丁、帝乙、帝辛共 8 代 12 位國王 273 年的統治。據《竹書紀年》記載：「自盤庚遷殷，至紂之滅，二百七十三年更不徙都。」這裡一直是中國商代後期的政治、經濟、文化、軍事中心。古老的洹河水從城中緩緩流過，城市佈局嚴謹合理。從殷墟的規模、面積和宮殿的宏偉，出土文物的質量之精、之美、之奇和數量之巨，可充分證明它當時不僅是全國，而且是東方政治、經濟、文化中心。商滅亡後，這裡逐漸淪為廢墟。

殷墟王陵遺址與殷墟宮殿宗廟遺址、洹北商城遺址等共同組成了規模宏大、氣勢恢宏的殷墟遺址。殷墟宮殿區馳名中外，為世界文明古國中最著名的「古典城邦」之一。50 餘座建築遺址分「宮殿、宗廟、祭壇（甲、乙、丙）」三組，宏偉壯觀。另外還發現了鑄銅遺址等。宮殿區出土大量的甲骨文、青銅器、玉器、寶石器等珍貴文物。考古專家評價：從殷墟發掘出了一個典型的奴隸社會，具有都市、文字和青銅器三個要素，是一個燦爛的中國文明。

殷墟王陵遺址與宮殿宗廟遺址隔河相對，是商王的陵地和祭祀場所，也是中國已知最早的完整的王陵墓葬群，面積達 11.3 公頃。王陵遺址共發現有 12 座王陵大墓和 2,500 多座祭祀坑。王陵大墓多為「亞」「中」「甲」字形大墓，這些大墓墓室宏大，形制狀闊。面積最大者達 1,803 平方米，深達 15 米。墓內槨室、棺木極盡奢華，隨葬器物精美，殉葬者眾多，顯示出墓主人非凡的尊貴和威嚴。殷墟王陵的埋葬制度、分佈格局、隨葬方式、祭祀禮儀等，集中反應了商代晚期的社會組織、階級狀況、等級制度、親屬關係，代表了中國古代早期王陵建設的最高水平，並為以後中國歷代王朝所效仿，逐漸形成中國獨具特色的陵寢制度。

1999 年 1 月，安陽殷墟遺址東北部地下約 2 米深處新發現一座規模巨大的商代城址。該城址平面略呈方形，南北長 2,200 米，東西寬 2,150 米，總面積約 4.7 平方千米。方向北偏東 13 度。城址的南北中軸線南段，已確認分佈有宮殿宗廟建築群。地下文物表明，這座城址的年代略早於作為商王朝晚期都邑的傳統概念上的「殷墟」，分佈上與舊的「殷墟」範圍略有重疊，但整體在洹河北岸，學術界將其命名為「洹北商城」。洹北商城遺址的發現改變了殷墟的概念。時間上，延長了殷商的歷史時間，填補了以鄭州二里岡為代表的早期商文化和以傳統意義上的殷墟為代表的晚期商文化之間的時間缺環，完善了商王朝的編年框架。洹北商城遺址內發現的「甲骨」，可以證明其處於早商和晚商之間的中商文明時期。空間上，延伸了殷墟的範圍。洹北商城遺址位於原殷墟的東北部，城內分佈有規模巨大的建築基址，可以最大限度地復原。洹北商城還是古代城市中軸線佈局的例子之一，一號宮殿基址就是在南北中軸線南段發現的。一號宮殿基址的「四合院」式建築佈局將中國傳統建築形式「四合院」的歷史上溯到商朝。考古工作隊在發掘鑽探研究的基礎上，發現在洹北商城時期原殷墟宮殿遺址只是作為居民點，直到後來商王朝中心才由洹北商城逐漸轉移到原殷墟宮殿遺址。洹北商城遺址和宮

殿宗廟區遺址、王陵區遺址共同構成了殷墟申報遺址的範圍，真正體現了世界遺產大會原真性、完整性、價值性的要求。

### 希臘：薩摩斯島畢達哥利翁古城和赫拉神廟

薩摩斯島位於希臘愛琴海東南部南斯波拉澤斯群島，畢達哥利翁及赫拉神廟遺址建在薩摩斯島上。它是古希臘時代薩摩斯島的中心城市。赫拉神廟始建於公元前750年，是薩摩斯人祭祀赫拉的神廟。赫拉神廟遺址現在僅剩一根石柱。1992年該神廟作為文化遺產被列入《世界遺產名錄》。

世界遺產委員會評價：公元前3000年，這個靠近小亞細亞的愛琴海小島上就有了文明。畢達哥利翁是一個古老的要塞，有著希臘和羅馬建築以及壯觀的隧道和高架渠。赫拉神廟則是薩摩斯人祭祀赫拉的神廟。它們的遺址至今可見。

畢達哥利翁及赫拉神廟位於薩摩斯島上的東北海岸。薩摩斯島，是希臘第9大島嶼，該島面積478平方千米，島上人口現在達33,814人，首府瓦瑟，為主要港口城市。約公元前11世紀，愛奧尼亞人到達此地。公元前7世紀該島已成為希臘主要商業中心之一，與黑海沿岸、埃及、昔蘭尼、科林斯和哈爾基斯有貿易往來。曾先後被波斯、雅典、拜占庭、土耳其人統治。中世紀至近代，薩摩斯島曾由拜占庭帝國和奧斯曼帝國統治。1912年，薩摩斯島隨著巴爾干戰爭爆發而脫離奧斯曼統治，重新成為希臘的一部分。

薩摩斯島，哲學和數學家畢達哥拉斯在此出生。相傳，希羅多德曾在薩摩斯島居住了一段時間，據說他的著作《歷史》也是在島上完成的。薩摩斯島的奢侈品為著名的葡萄酒和薩摩斯紅色陶器（羅馬稱之為「薩摩斯瓷器」）。薩摩斯島大部分覆蓋著葡萄園，葡萄酒曾多次獲得國際和國內大獎，享有特別高的聲譽。

畢達哥利翁古城是建造於古典時期的城牆壁壘。考古學家們通過考古挖掘工作，進一步考察了古城的街道佈局情況。這裡有許多公共建築物、一架水陸橋、幾間羅馬浴室、下水道系統、神殿和廟宇、一個市場、幾間居民房和一個體育健身室。其中，一個長1,040米、被稱為尤帕里內奧的隧道是遺址中最著名的東西之一。這條隧道是從山坡穿過的，最初修建這條隧道是為了將附近地區的水向該城市輸入，它是一條輸水隧道。尤帕里內奧隧道所展現出來的精湛的技藝使其成為後來許多工程設計及各種公共設施建築的模型。

遺址中還包括赫拉神廟。相傳宙斯的妻子赫拉便出生在薩摩斯島上，為此人們在島上建造了赫拉神廟以示尊敬。赫拉神廟是薩摩斯英雄的庇護地，被視為是更深入地瞭解古典時期的建築風格的重要基石。這座廟宇經過數次重修，而幾乎每次進行的修建工作都顯示出了截然不同的創新風格，也代表了不同的修建者對這座廟宇所寄予的雄心狀志。遺址建築群包括祭壇、較小的廟宇、有頂的柱廊以及雕刻底板，所有的這些都位於神廟之內，此外，神廟內還有一個建於5世紀的

長方形基督大教堂的遺跡。

## 泰國：阿育他亞（大城）歷史名城及相關城鎮

阿育他亞（又名大城）是泰國故都，位於泰國中部、首都曼谷以北100千米的湄南河畔。阿育他亞擁有眾多宏偉的古建築，1991年作為文化遺產被列入《世界遺產名錄》。

世界遺產委員會評價：阿育他亞（大城）是繼素可泰（Sukhothai）之後的第二任暹羅首府，大約建於1350年，18世紀被緬甸人摧毀。它的遺跡聖骨塔和大清真寺至今還依稀顯露出其昔日的輝煌。

大城位於湄南河東岸，占地2,557平方千米，距離曼谷北方約100千米。在素可泰王朝之後，泰國進入了阿育他亞時代，阿育他亞王朝的都城就是今天的阿育他亞，當地華人又將它稱之為大城。素可泰王朝衰落後，烏通王遷至該府建立新都，開創了大城王國時代（1350—1767年），歷417年，共有33位君主。

大城作為泰國首都時，其繁榮程度在整個東南亞地區首屈一指。在17世紀大城的全盛時期，遠東地區甚至世界各地的船只都相繼駛入湄南河進行貿易活動。當時人口超過100萬，可謂民生富裕，盛況空前。在此期間，佛教精髓也在大城達到了巔峰，並深植於泰國文化之中，當地的寺廟、皇宮及佛像的鏤刻莊嚴典雅，無不表現出大城歷史上的輝煌。因此，大城鼎盛階段的藝術品，是當之無愧的經典名作，當時繁榮的景象，均被許多文獻記載並譽為「人間的天堂」。而也正是在這段黃金時期，西方的文明開始接觸泰國。大城作為當時主要的貿易中心，不少國家的人都來此定居，市區內散布的葡萄牙村、荷蘭村與日本村都是這一歷史的見證。

1767年，緬甸軍隊攻陷了大城，阿育他亞王國滅亡。後來的泰王鄭信重建了王國，並將首都南遷至吞武裡（也就是今天曼谷附近）。原來的王城遺址，現為阿育他亞歷史公園。

由於大城的33位統治者吸取了柬埔寨天授神權的觀念，並結合婆羅門教的儀式，因此興建了許多狀麗美觀的宮殿和雄偉萬千的佛寺。如今可以見到的大部分遺跡，就是大城王國時代興建的。大城的歷史名勝眾多，崖差蒙空寺、帕楠稱寺、帕蘭寺、帕席桑碧寺、拉嘉布拉那寺等寺廟都極具代表性。

大城裡幾乎都是古跡，其中最著名的就是位於大城南方約20千米處的邦芭茵夏宮。這座宮殿建在湄南河中的一個小島上，曾經是泰國皇室著名的避暑夏宮。17世紀時，大城歷代君主都會在炎炎夏日來此避暑。後來到了19—20世紀，由拉瑪五世及六世繼續修建，才呈現出今日美麗的風貌。湖畔美麗的宮殿大多屬於義大利和維多利亞混合式的風格。宮殿內的湖心小島上，有一座艾沙旺提帕雅阿斯娜亭閣，至今仍被公認為是泰式建築的最佳典範。目前宮殿裡唯一對外開放的王

室住所，是採用中國式建築的天明殿。

## 希臘：雅典衛城

雅典衛城（Akropoli），是希臘最傑出的古建築群，也是綜合性的公共建築，為宗教政治活動場所。1987年雅典衛城作為文化遺產被列入世界遺產名錄。

世界遺產委員會評價：雅典衛城包括希臘古典藝術最偉大的四大杰作——帕特農神廟、通廊、厄瑞克修姆神廟和雅典娜勝利神廟，詮釋了一千多年來在希臘繁榮、興盛的文明、神話和宗教，可被視為世界遺產理念的象徵。

雅典的城名來自智慧女神雅典娜的名字。在古希臘神話中，人們在愛琴海邊建立了一座新城，雅典娜希望成為這座城的保護神，海神波塞冬也想獲得新城的歸屬權，他們互不相讓，於是爭奪起來。後來，宙斯裁定，誰能給人類一件最有用的東西，該城就歸屬誰。波塞冬用三叉戟敲了敲岩石，從裡面跑出了一匹象徵戰爭的戰馬。而雅典娜用長矛一擊岩石，石頭上立即迅速地生長出一株枝葉繁茂、果實累累的橄欖樹。橄欖樹象徵著和平和豐收，人們歡呼起來。於是，雅典娜成了新城的保護神。人們用她的名字將城命名為雅典，並將橄欖樹載滿雅典各處。

最初，衛城是用於防範外敵入侵的要塞，山頂四周築有圍牆，古城遺址則在衛城山丘南側。衛城中最早的建築是雅典娜神廟和其他宗教建築。根據古希臘神話傳說，雅典娜生於宙斯的前額，她將紡織、裁縫、雕刻、製作陶器和油漆的工藝傳授給人類，是戰爭、智慧、文明和工藝女神，後來成為城市保護神。在古希臘英雄時代的城邦戰爭中，她是希臘軍隊勇往直前、取得勝利的精神力量。同時也是城邦國家繁榮昌盛、強大富足的象徵。因此，作為軍事要塞的雅典衛城又成為宗教崇拜的聖地。

衛城建在一個陡峭的山岡上，僅西面有一通道盤旋而上。建築物分佈在山頂上一約280×130米的天然平臺上。衛城的中心是雅典城的保護神雅典娜的銅像，主要建築是膜拜雅典娜的帕特農神廟。建築群佈局自由，高低錯落，主次分明。無論是身處其間或是從城下仰望，都可看到較完整的豐富的建築藝術形象。帕特農神廟位於衛城最高點，體量最大，造型莊重，其它建築則處於陪襯地位。它由當時著名建築師伊克蒂諾斯和卡利克拉特在執政官伯里克利主持下設計，費時9年，於公元前438年完成。同年，著名雕刻家菲迪亞斯在神廟內建成高大的雅典娜神像。神廟為長方形周柱式建築，建在50厘米高、70厘米寬的三層階梯基座上，東西長約70米，南北寬不足31米，原高超過13米。神廟四周由48根帶半圓凹槽和錐形柱頭的多利克式大理石圓柱支撐，圓柱直徑1.9米，高10餘米。3層柱廊上支承的大理石條石額枋、屋檐，由帶豎條的石板和帶浮雕的石板間隔組成。東西兩端檐部之上是飾有高浮雕的三角形山花。神廟外觀整體協調、氣勢宏偉，給人以穩定堅實、典雅莊重的感覺。通過兩道柱廊，人們進入神廟內的「百步大

廳」。這裡曾經坐落著12.8米高的雅典娜神像，她全副武裝，頭帶飾有戰車、飛鷹的頭盔，左手持帝盾，右手托勝利女神。通體使用金片包裹，面部、手臂和腳趾用象牙裝飾，雙眼則以寶石鑲嵌。

　　厄瑞克修姆神廟是雅典衛城建築群中的又一顆明珠，其建築構思之奇特複雜和建築細部之精致完美，在古希臘建築中是不多見的。特別與眾不同的是其女雕像柱廊和窗戶，在古典建築中是罕見的。據記載，該神廟建於公元前421年—公元前405年，是為紀念雅典娜之子、雅典王厄瑞克阿斯。它依山勢而建，坐落在三層不同高度的基礎上，平面為多種矩形的不規則組合，近似於克里特島上著名的米諾斯迷宮。女雕像柱廊在神廟的北部，共有6尊，各高2.3米，體態豐滿，儀表端莊，朝向北面，頭頂平面大理石花邊屋檐和天花板。

　　古代雅典人民還在衛城的西北側建立了亞革拉廣場、大會堂、競技場和迪奧尼蘇斯劇場。該劇場設有18,000個座位，可容納近2萬人。雅典衛城作為古希臘文明的標誌，不僅希臘人民珍惜這塊聖地，而且世界各國人民也熱愛它。每年雅典衛城都吸引著超過300萬的遊客。

## 三、岩畫與地面圖形

### 哈薩克斯坦：泰姆格里考古景觀岩刻

　　泰姆格里考古景觀岩刻是哈薩克斯坦共和國著名的文化遺跡，位於遼闊而干旱的楚河-伊犁河之間的山脈中，時間跨度為從公元前1000年直至20世紀初。它們分佈在48處地點，描繪了當時牧區人民農業、畜牧業、社會組織和禮儀方面的狀況。2004年，該岩刻作為文化遺產被列入《世界遺產名錄》。

　　世界遺產委員會評價：置身於泰姆格里大峽谷，在遼闊的群山環抱中，有一組值得注意的多達5,000多件的岩石雕刻。其創作年代跨越了公元前1000年到20世紀初的整整3,000年。這些作品散布在遠古人類居住的建築和墳墓的48個遺址上，反應了當地人耕種、社會組織和宗教儀式等的情況。遺址中的人類住所通常是多層的，各個年代都有人居住。這裡還有大面積的古代墓群，其中包括帶有盒形和箱形石墳的石圍欄（銅器時代的中期和晚期），以及建在墳墓（鐵器時代至今）上的土石堆（墳頭）。峽谷中布有密集的雕版畫，它們被認為是遠古祭壇的遺跡，表明這些地方曾用於擺放祭品。

　　泰姆格里考古景觀岩刻地處哈薩克斯坦泰姆格里大峽谷中，有5,000多個稀世的古代岩雕，主要是指泰姆格里大峽谷洞窟岩刻中那些常常布滿崖壁的點點、條條、杠杠。由於沒有壁畫那樣壯觀，有時候確實容易被人忽視。在肖韋洞窟裡，僅一個壁面上就有120個紅點。這些符號有時候與圖畫相伴出現在洞口，或者相

反，出現在山洞的最深處。其中有些符號確實非常特別，而且更為精致，如橢圓形符號、屋頂形符號等。它們具有相同的總體外表，但它們的組合似乎每次都不一樣，缺少恒定性，很難找出可以辨認的重複組合，或許人們永遠不可能辨讀它們。但是，那些不確定的輪廓、點和交錯的線刮出來的寬線條，在舊石器時代的各個時期屢見不鮮。

定居在峽谷中的人們，一直有著等級的區分和人身依附關係。這裡還發現了大量包括石棺槨在內的古代墓葬（青銅時代中晚期）和墓穴（早期鐵器時代至今）。峽谷中有如此密集的石刻，表明這裡可能曾經是舉行祭祀活動的場所。這些作品大多數散布在遠古人類居住的建築和墳墓的遺址上，反應了當地人耕種、社會組織和宗教儀式等的情況。另外，在泰姆格里大峽谷中，還擁有大面積的古代墓群，一些矮牆和地基遺址上刻有的繁復雕版畫被證明是遠古祭壇的遺跡，用於擺放祭品和紀念犧牲的英雄。

在岩刻中，描繪最少的是人，而刻畫最多的是動物。學者們開始認識到，岩石上的圖畫作為人類早期的視覺表達，是人類文字發明以前最重要的記錄。它所提供的信息，是重建人類歷史的非常重要的資料。由於人類交流有一定的規則性、體系性，它們也具有某種「符號性」。在對這些岩石上的信息進行系統地分析之後，實際上大多數岩刻藝術都可以歸納為幾個有限的內容，那就是三個主題和五種題材。幾乎所有的史前岩刻都集中在三個基本的主題上：性、食物與土地；雖然時間在流失、年代在推移，但人類主要考慮的問題，幾萬年來似乎並沒有產生很多變化。岩刻視覺表達的內容，則有以下五種主要的題材：①動物形；②擬人形；③建築和地形；④工具和物件；⑤幾何圖形和圖形字母。但是這五種題材，各自所占的數量和比重是不同的。狩獵時期，岩刻的題材主要是動物和符號；擬人形這個題材相對來說要少些；作品數量，以及在畫面所占位置的重要性，都以動物形為最。而反應地形和建築的岩刻極少，有時還辨別不清，似是而非。工具和武器亦是如此。幾何形和符號是屬於抽象的表意的圖形，在各地岩刻中都有發現，並且又常與其它圖形聯繫在一起。待到複雜經濟出現與農耕發展之後，動物的圖形在畫面上就不那麼重要了。

泰姆格里考古景觀岩刻的數量是如此的巨大，以視覺形式表達出來的東西也是極其豐富，描繪出了人類經濟活動和社會生活的各個方面。最古老的岩刻，都體現了人類抽象、綜合和想像的才能，也反應了早期人類的活動、觀念、信仰和實踐。它為現代的人們認識早期人類的精神生活和文化樣式，提供了無比豐富的資料。岩刻不僅代表著人類早期的藝術創造力，而且也包含著人類遷徙的最早證明。在文字發明之前，它是人類遺產中最有普遍意義的一個方面。事實上，這些遠古的岩刻藝術，已成為原始時代的百科全書。

## 瑞典：塔努姆的岩刻畫

塔努姆的岩刻畫位於瑞典布胡斯省北部，分佈面積約為50平方千米，1994年作為文化遺產被列入《世界遺產名錄》。

世界遺產委員會評價：塔努姆的岩刻畫位於瑞典哥德堡以北。它豐富多彩的圖形（描繪人類和動物、武器、船只和其他物品），表現了獨一無二的藝術成就和文化與年代的統一。它豐富的作品反應了歐洲青銅器時代人們的生活和信仰。

在瑞典哥德堡北部10千米、靠近與挪威的交界處有一個美麗的小鎮叫塔努姆。由於遠古地殼運動造成的海平面巨大的落差，這裡擁有著上萬塊巨大的從海中升起並被歲月打磨得光滑平整的花崗岩石。歷經千年，從來沒有人問津這些石頭的來歷，就連當地人也沒有看出這些石頭的任何神祕之處。直到20世紀70年代，一家建築公司在這些岩石附近為即將展開的爆破工程做調研時，調研人員Age Nilson不經意地看到一塊巨大的花崗岩上布滿了看似很有規律的斑駁印記，於是他探過身去仔細端詳。不看則已，他一看頓時被眼前的景象驚呆了。這些看似自然的印記突然轉變成了一幅巨型的圖畫，所有的枝節都被聯繫起來，有人形在耕作狩獵，有船形在航海捕魚，有獸形在森林奔馳。而Nilson就好像被畫中的影像打憎了一樣，剎那間不知道自己身在何處。不一會，他定了定神，才意識到自己發現了「寶藏」，一個被塵封了千年的人類密碼。

位於布胡斯省北部的塔努姆岩刻畫由雕刻在平滑岩壁上的350多幅風格迥異的刻畫組成。它們被認為是最原始的象形藝術，刻畫作者仔細地規劃其意義和定位。岩刻畫世界遺產由以下幾處組成：Aspeberget/Tegneby, Fossum, Kallsängen, Litsleby, Södra Ödsmål, Torsbo, 以及Vitlycke。

布胡斯省北部約有1,500處知名岩刻畫，新的岩刻畫也不斷被發現。塔努姆岩刻畫的主題非常廣泛，有各種各樣的人物、動物、還有船、樹、武器、手、腳印等圖案，其中有反應青銅器時代人們崇拜的神、太陽、車輪等的宗教主題畫。許多畫面通俗易懂：手執武器，乘著二輪戰車的是戰爭場面；不拿武器的人與牛馬在一起，表現的是耕種；射箭的人和鹿在一起表現的是狩獵。在北歐青銅時代和鐵器時代，人們已經能熟練製作木器並通過水路旅行（不同地區的考古時代在時間上有所區別，在北歐，青銅時代為公元前1800年到前600年）。塔努姆石刻的一些圖案描繪了長長的划艇，上面載著十幾個乘客，武器和馬車也在圖案中出現。有一幅圖案描繪了一個獵人帶著一把弓，還有一些圖案描繪了打獵的場景。另一些圖案刻畫了耕作的場景，有一個人用兩頭牛拉的犁犁地。多數岩刻畫的形狀具有各自獨特的涵義，但塔努姆多處岩刻畫創作風格統一。其中一個例子是化石岩刻，共有約130種不重複的刻畫形象，精緻的創作帶給遊客深刻的印象。據猜測，刻畫圖案是由一個人在短時間內雕刻完成的。

目前，岩刻畫面臨著因冰凍、高溫、汽車尾氣中有害物質、海水鹽分和大面積酸蝕而開裂的威脅，正在加速風化。但人們已竭盡全力永久記錄、保護、保存岩刻畫。這已成為瑞典國家遺產委員會「岩石保護-塔努姆文化遺產實驗室」工程的一部分。

## 四、陵墓與墓地

### 中國：秦始皇陵及兵馬俑坑

秦始皇陵位於中國北部陝西省臨潼區城東 5 千米處的驪山北麓，是中國歷史上第一個皇帝——秦始皇帝的陵園，也稱驪山陵。兵馬俑坑是秦始皇陵的陪葬坑，位於陵園東側 1,500 米處。1987 年，秦始皇陵及兵馬俑坑作為文化遺產被列入《世界遺產名錄》。

世界遺產委員評價：毫無疑問，如果不是 1974 年被發現，這座考古遺址中的成千上萬件陶俑將依舊沉睡於地下。第一位統一中國的皇帝秦始皇，歿於公元前 210 年，葬於陵墓的中心，在他周圍圍繞著那些著名的陶俑。結構複雜的秦始皇陵是仿照其生前的都城——咸陽的格局而設計建造的。陶俑形態各異，連同他們的戰馬、戰車和武器，成為現實主義的完美杰作，同時也具有極高的歷史價值。

古埃及金字塔是世界上最大的地上王陵，中國秦始皇陵是世界上最大的地下皇陵。秦王朝是中國歷史上輝煌的一頁，秦始皇陵更集中了秦代文明的最高成就。秦始皇把他生前的榮華富貴全部帶入地下。

據史書記載，秦始皇即位的次年即開始修陵園。到公元前 208 年完工，歷時 39 年。當時的丞相李斯為陵墓的設計者，由大將軍章邯監工。共徵集了 72 萬人，動用修陵人數最多時有近 80 萬人，幾乎相當於修建胡夫金字塔人數的 8 倍。

秦始皇陵是中國歷史上第一個皇帝陵園。其巨大的規模、豐富的陪葬物居歷代帝王陵之首。陵園按照秦始皇死後照樣享受榮華富貴的原則，仿照秦國都城咸陽的佈局建造，大體呈回字形。陵墓周圍築有內外兩重城垣，陵園的內城垣周長 3,870 米，外城垣周長 6,210 米，陵區內已經探明的大型地面建築為寢殿、便殿、園寺吏舍等遺址。秦始皇陵地下宮殿是陵墓建築的核心部分，位於封土堆之下。《史記》記載：「穿三泉，下銅而致椁，宮觀百官，奇器異怪徙藏滿之。以水銀為百川江河大海，機相灌輸。上具天文，下具地理，以人魚膏為燭，度不滅者久之。」考古發現地宮面積約 18 萬平方米，中心點的深度約 30 米。陵園以封土堆為中心，四周陪葬分佈眾多，內涵豐富、規模空前，除聞名遐邇的兵馬俑陪葬坑、銅車馬坑之外，又新發現了大型石質鎧甲坑、百戲俑坑、文官俑坑以及陪葬墓等 600 餘處，數十年來秦陵考古工作中出土的文物多達 10 萬餘件。現在在陵園裡設

立有多處文物展臺，展示了秦陵近20年來出土的部分文物；布置有水道展區，重現當年陵園內科學周密的排水設施。在凝重的綠色和高大的墓冢之間，為了讓遊客身臨其境地感受王者的尊榮、王者的威儀，秦始皇陵上有大型的「重現的儀仗隊——秦始皇守陵部隊換崗儀式」表演和集「聲、光、電」於一體的秦始皇陵陵區、陵園、地宮沙盤模型展示，再現了兩千多年前陵園的壯觀場景，展示了數十年來的考古成果，生動直觀地揭示秦陵奧秘，展示其豐富內涵。

兵馬俑坑在1974年春被當地打井的農民發現。由此埋葬在地下兩千多年的寶藏得以面世，被譽為「世界第八大奇跡」。兵馬俑為研究秦朝時期的軍事、政治、經濟、文化、科學技術等提供了十分珍貴的實物資料，成為世界人類文化的寶貴財富。兵馬俑坑現已發掘3座，俑坑坐西向東，呈「品」字形排列，坑內有陶俑、陶馬8,000多件，還有4萬多件青銅兵器。坑內的陶塑藝術作品是仿製的秦宿衛軍。近萬個或手執弓、箭、弩，或手持青銅戈、矛、戟，或負弩前驅，或御車策馬的陶質衛士，分別組成了步、弩、車、騎四個兵種。在地下坑道中的所有衛士都是面向東方放置的。據鑽探得知共有三個陪葬坑，其中1974年發現的一號坑最大，它東西長230米，南北寬62米，深5米左右，長廊和11條過洞組成了整個坑，與真人真馬大小相同、排成方陣的6,000多個武士俑和拖戰車的陶馬被放置在坑中。在一號坑的東北約20米的地方是在1976年春天發現的二號坑，它是另一個壯觀的兵陣。南北寬84米、東西長96米的二號坑，面積9,216平方米，建築面積為17,016平方米。二號坑內有多兵種聯合陣容，包括步兵、車兵、騎兵和弩兵等。二號坑西邊是三號坑，1989年10月1日才開始允許遊客參觀。南北寬24.5米、東西長28.8米的三號坑面積為500多平方米。三號坑經有關專家推斷，被認為是用來統帥一、二號坑的軍幕。一乘戰車、68個衛士俑以及武器都保存在坑內。

### 瑞典：斯科斯累格加登公墓

斯科斯累格加登公墓位於瑞典首都斯德哥爾摩南部，面積為0.96平方千米，1994年作為文化遺產被列入《世界遺產名錄》。

世界遺產委員會評價：這塊位於斯德哥爾摩的公墓是由兩位年輕的建築師——阿斯普隆德和萊韋倫茨設計，建於1917—1920年。他們用沙礫鋪地，地上種滿了鬆樹。他們在設計上把植物、建築特色及地形的不規則性相結合，使景觀與墓地功能相融合。它對世界上許多國家的墓地設計都產生了深刻影響。

為了建造一座極具特色的墓地，斯德哥爾摩市在1915年專門舉行了國際設計大賽，兩名瑞典本土的建築師阿斯普隆德和萊韋倫茨獲得一等獎。兩位建築師的獲勝方案完全基於景觀。萊韋倫茨主要著重於景觀設計以及復活教堂（建於1926年）經典的設計靈感。阿斯普隆德投身於建築領域，建於1934年和1940年之間

的 Crematorium 是其職業生涯和 20 世紀 30 年代建築行業的典範作品。建築師對整體結構進行了全面的設計，從整體景觀到最小的燈都包含在內。經過兩年的準備，這兩位建築師 1919 年至 1940 年間設計、建造斯科斯累格加登公墓。他們在鬆柏叢生的山脊上創造了一片神聖的景觀，數座小型教堂與四周自然環境相得益彰。整個墓地被認為是現代建築的杰作之一。斯科斯累格加登公墓完全體現了二戰前後的瑞典建築風格設計理念。這是一座兼具美觀和功能性的現代化社區，也是逝者安息之地。斯科斯累格加登公墓於 1940 年建成，是自然和建築和諧融合的杰作。

建築任務包括對一些實用功能的嚴格需求，例如，火葬替代墓葬是建築師必須遵循的指導原則之一。擁有信仰教堂、希望教堂、聖十字教堂三大教堂的火葬場緊鄰斯科斯累格加登公墓主入口而建。這裡的景觀盡頭是橫穿草地的花崗岩便道。真正的教堂不拘泥於結構形式，但用料考究，由阿斯普隆德特邀 Sven Erixson、Bror Hjorth、Ivar Johnsson 以及 Otte Sköld 等多位藝術家進行了裝飾。真正的墓地被安排在鬆柏林中的墓區。此外，還有一片紀念林和一座紀念碑以及戶外骨灰安置所。位於斯科斯累格加登公墓以南的 Tallum 宮殿永久性地展出墓地歷史和兩位建築師的作品。

斯科斯累格加登公墓入口處有一獨特的流水瀑布，水從地下湧出順牆流下再返回地下，既節能又有動感。入口兩側高高的石砌擋牆和綠油油的林蔭、長長的通道提醒來此的人們靜心肅穆。進入園內就會看見一片草地，順著目光延伸至這一片山丘之上。山頂的一片鬆柏林和周圍的開闊綠色景觀讓人從內心感受到這是神聖之地。從山坡回望入口，藍天白雲，樹木蔥蔥，綠草茵茵，好一個安息之地。一個巨大的花崗岩十字架矗立在綠草之上，遠處的框架建築是信仰教堂、希望教堂、聖十字教堂。教堂內的小禮拜堂中間的一組雕塑，中頂鏤空通天，象徵著人們渴望進入天堂的強烈願望。

火葬場以森林為背景，建在一個比較平緩的坡上。火葬場內有大小 3 座祭堂，並建有中院。這樣，幾場葬禮可以同時舉行，互不干擾。葬禮一結束，遺體就可以被升降機運往地下，再送往火葬場。鬆林裡才是真正的墓區，矗立著一塊塊標示牌，方便家人尋找親人的埋葬位置。無論是生前創造了驚天業績的偉人，還是綻放過耀眼光芒的明星，林地公墓絕不是一本炫耀個人青史的地方。有人說瑞典林地公墓就像一幅濃烈的瑞典風情油畫，不會擅自改變原有景觀的自然輪廓，不用人造建築喧賓奪主。墓碑、草地和樹林的有機組合讓人明白了瑞典人的墓地哲學：憑藉北歐森林占主導地位的現有風貌，喚起人們心中最原始、最自然的對於生和死的理解。墓地和森林融為一體，使得斯科斯累格加登公墓絲毫沒有憂傷和恐怖的氣氛。

## 思考和練習題

1. 除了道教遺址，中國的主要宗教建築遺址還有哪些？
2. 亞洲宗教建築與歐洲宗教建築有什麼異同？

## 案例和實訓

**殘存風景：或將消失的歷史遺址「泰姬·瑪哈爾陵」**

泰姬·瑪哈爾陵是印度知名度最高的古跡之一，是莫卧兒王朝第5代皇帝沙·賈汗為了紀念他已故的皇后阿姬曼·芭奴（即泰姬·瑪哈爾）而建立的陵墓，被譽為「完美建築」。1983年，泰姬陵作為文化遺產被列入《世界遺產名錄》。

世界遺產委員會評價：泰姬陵是一座由白色大理石建成的巨大陵墓清真寺，是莫卧兒皇帝沙·賈汗（Shah Jahan）為紀念他心愛的妃子於1631—1648年在阿格拉修建的。泰姬陵是印度穆斯林藝術的瑰寶，是世界遺產中令世人讚嘆的經典傑作之一。

近年來隨著印度工業化的發展，泰姬陵受到馬圖拉煉油廠產生的酸雨侵蝕，乳白色的大理石外牆出現了黃斑，墓室生出了小孔，白銀大門變黑。泰姬陵附近的亞穆納河污染嚴重，河中化學物質含量偏高。有專家認為泰姬陵的基座最終將會崩坍。生態學家建議在泰姬陵周圍栽種桑樹來吸收二氧化硫。印度政府開始大量栽種桑樹，並成立泰姬陵保護區。

閱讀材料後，請思考：

世界各國政府該如何應對「即將消失的歷史遺址」這一世界性問題？

# 第四章　非洲、美洲及大洋洲地區世界文化遺產

### 學習目標

瞭解非洲、美洲及大洋洲歷史文化名城的數量、種類及其形成過程；
掌握自然環境和社會環境與非洲、美洲及大洋洲歷史文化名城之間的關係；
瞭解非洲、美洲及大洋洲各國歷史文化名城中的宗教建築；
掌握非洲、美洲及大洋洲歷史文化名城的考古價值。

### 重點難題

掌握非洲、美洲及大洋洲不同歷史文化名城的形成原因及其異同。

### 本章內容

## 第一節　歷史文化名城

2015年7月8日第39屆世界遺產大會結束時，非洲共計40個國家擁有135項世界遺產，其中自然遺產為44項，自然與文化雙遺產為6項，文化遺產為85項。北美洲和南美洲的29個國家共擁有181項世界遺產，其中自然遺產為58項，

文化與自然雙遺產為5項，文化遺產為118項。大洋洲9個國家共計擁有29項世界遺產，其中文化與自然雙遺產為5項，文化遺產為8項。

## 突尼斯：蘇塞舊城

蘇塞舊城位於地中海哈馬馬特灣南岸，是一個典型的伊斯蘭城鎮，1988年作為文化遺產被列入《世界遺產名錄》。

世界遺產委員會評價：在阿克拉普王朝時代（800—909年），蘇塞就已是重要的貿易樞紐和軍事港口。在伊斯蘭世界最初形成的幾百年中，蘇塞是一個典型的伊斯蘭城鎮。城內有舊城區、防禦工事、阿拉伯人聚居區（並建有大清真寺）、伊斯蘭教修道院和典型的里巴特（既有軍事功能又有宗教意義的男修道院）。蘇塞是伊斯蘭國家沿海防禦系統的一個重要組成部分。

蘇塞是突尼斯第三大城市，位於地中海哈馬馬特灣，被譽為「地中海的花園港」，約在公元前9世紀由腓尼基人建立。腓尼基人將它稱為哈德魯梅，他們在迦太基建立之前的兩個世紀，在那裡建立了一個重要的貿易站。在羅馬帝國的統治下，靠肥沃的邊遠地區的農產品發財致富的殖民主義者湧入蘇塞。7世紀，阿拉伯人和拜占庭人交戰，將該城夷為平地。隨後，它又從廢墟中拔地而起，並有了現在這個名字。但兩個世紀後它才在艾格萊卜的統治下重新獲得了某種重要地位，艾格萊卜改造了港口並建立了主要的紀念碑。12世紀，西西里的諾曼人曾將它作為基地。16世紀，西班牙人發動進攻，試圖占領它。兩個世紀後，它受到法國人的轟炸。第二次世界大戰期間，德國人使用了它的港口。1942—1943年冬，港口受到盟軍的嚴重破壞，戰後建設了這個現代城市並悉心修復了阿拉伯人聚居區。

蘇塞老城有城牆環繞。城牆南北長700米，東西寬450米，基本上保存完好。城牆東南角聳立著卡萊福方塔，塔底邊長8米，頂端邊長5米、高30多米，是最古老的伊斯蘭式塔。蘇塞老城阿拉伯人聚居區的伊斯蘭建築更有特色。在一個鋪著粗糙石塊的曠地的右翼通往阿拉伯人聚居區的入口處，坐落著一個大清真寺，它的歷史可追溯到九世紀。經過悉心修復，它現已恢復原貌。主庭院的周圍是三個拱形門廊，門廊矮墩墩的柱子和高大的拱門簡樸而實用。南面的門廊（1675年修建，1965年恢復原貌）做了較多的修飾，通向祈禱廳。祈禱廳中有13個中堂，每個中堂有6個架間，這些中堂雖建於不同的時期，但卻風格相近。現在的米哈拉布（牆上面向麥加的祭壇）的第4個架間上面是一個拱頂，由幾個殼形小拱門作支撐。架間的較低部分裝飾著高度風格化的植物圖案、框有圓花飾的正方形雕刻和用庫法體書寫的精致銘文。華麗的敏拜爾（宣教臺）頗似木制網狀物，與清真寺的肅穆結構形成鮮明對照。走出大清真寺後，遊客可沿阿拉伯人聚居區兩側白堊粉房屋之間的狹窄街道徜徉。拾階而上，進入神祕的通道，而後便來到樸素而美麗的里巴特。這是一座堡壘式的清真寺，歷史可追溯到八世紀末期。里巴特

是從亞歷山大到庫塔的伊斯蘭國家抗擊拜占庭艦隊的防禦線的沿海城堡之一。牆上的系泊環表明這裡的牆曾受到海浪的衝擊。里巴特一名取自「murabitin」，是阿拉伯碉堡的意思。它們都是些勇士，駐扎在那裡保衛城市免受敵人的入侵。

里巴特現在也已得到修復，現在看上去就像若干世紀前一樣。古老的石柱和柱頭排列在入口的兩側，入口由一個吊門保護，頂部的天窗可設崗哨騷擾進攻者。里巴特使用的低矮、陰暗的警衛室位於入口大廳的兩側，其屋頂由相互交叉的拱門支撐。中央庭院四周的房舍供虔誠的士兵作沐浴儀式之用，走廊內則隱藏著無窗密室。在第一層，密室只占據這個四方形院子的三面：南翼有一個祈禱廳，由沉重的十字形石柱分成兩個大小不等的架間。面向麥加的內牆上鑿有小孔，反應了宗教與軍事相結合的特點。納祖爾既是瞭望塔，又是寺院的光塔，站在它的頂部，蘇塞及其周圍鄉村一覽無餘，令人心曠神怡。

蘇塞舊城還有著許多中世紀時期修建的地下陵墓。這些地下墓地是2世紀和5世紀時使用的，於19世紀末被發現，內有15,000座異教徒和基督教徒的墳墓。它們長達5千米以上，牆上壁龕成行，用瓷磚或厚厚的大理石板封頂。卡斯巴博物館中收藏的迦太基、羅馬和拜占庭的喪葬用品和製作精美的石柱，就是在這些地下墓地裡被發現的。

走出阿拉伯人聚居區，沿城堡緩步而行，就到了卡斯巴。建於859年的哈萊夫塔高高地矗立在那裡。卡斯巴與整個城市結構渾然一體，設在那裡的市博物館以其收藏的在蘇塞及其周圍地區發現的羅馬鑲嵌工藝品而聞名。其中，年代最久的作品距今3,500年。2—3世紀生活在突尼斯薩赫勒的羅馬人奢侈的生活方式，似乎成了鑲嵌工匠們的主要主題。除了對海神、狂舞的巴克斯、阿波羅和繆斯，梳妝打扮的維納斯和安撫猛獸的奧爾甫斯的描繪引人注目外，還描繪了許許多多的日常生活場景：打獵、捕魚和賽馬，以及魚、水果和包括開屏孔雀在內的鳥類。

### 危地馬拉：安提瓜危地馬拉

安提瓜危地馬拉是位於中美洲國家危地馬拉的一座著名古城，1979年作為世界文化遺產被列入《世界遺產名錄》。

世界遺產委員會評價：安提瓜危地馬拉，曾經危地馬拉行政長官所在的首都，始建於16世紀早期。這座城市建在海拔1,500米以上，並處在地震帶內，於1773年遭到大地震的嚴重破壞，但一些主要建築的遺跡卻保留了下來。城市的網格狀佈局源於義大利文藝復興的啟發，在不到3個世紀的時間內，這裡就匯集了大批氣勢莊嚴而風格華麗的建築作品。

危地馬拉是古代印第安人的瑪雅文化中心之一，1524年淪為西班牙殖民地。1527年西班牙在危地馬拉設置都督府，管轄除巴拿馬以外的中美洲地區。1821年9月15日危地馬拉擺脫西班牙殖民統治，宣布獨立。1822—1823年成為墨西哥帝

國的一部分。1823年加入中美洲聯邦。1838年聯邦解體後，於1839年再次成為獨立國。1847年3月21日危地馬拉宣布建立共和國。在殖民地時代，由西班牙殖民政府統治的危地馬拉的首都並不在如今的危地馬拉城，而在距離危地馬拉城一小時車程的安提瓜危地馬拉。這個始建於16世紀早期的城市坐落在高原上的一個山谷之中，氣候宜人，景色秀麗，海拔3,000多米的阿瓦火山以及另外兩座火山將它環繞起來。

安提瓜危地馬拉有舊城和新城兩部分。舊城始建於1524年，危地馬拉都督轄區建立後，17世紀時成為其首府。因屢遭地震破壞，1776年在距該城東北40千米處建新城，即現危地馬拉首都危地馬拉城。安提瓜危地馬拉和墨西哥城一樣，都曾是西班牙殖民地的政治、軍事中心。在安提瓜危地馬拉最興盛的時期，它的人口超過6萬，在整個新大陸僅次於墨西哥城和利馬。在18世紀的後半葉，這樣一個充滿了自然與人文、殖民地文化與土著文化的相融氣息的城市卻被遺棄了，危地馬拉的首都遷移到了危地馬拉城。原因是安提瓜危地馬拉修建在地震頻發的地區，1773年的一場大地震毀掉了城市的大部分，當地官員不得不請求西班牙國王允許他們遷都。於是，安提瓜危地馬拉在危地馬拉永遠失去了政治、文化中心的地位，在一片廢墟中沉寂了。安提瓜危地馬拉重建後，仍然體現了西班牙殖民時代城市的風貌。

安提瓜危地馬拉隨著幾次連續的地震而重新建設，城市擁有防禦要塞的面貌。除此之外，這個只有50多公頃的小殖民城鎮的建築景觀占優勢的原因，是擁有屬於18世紀的巴洛克風格的教堂和修道院。

安提瓜危地馬拉提供了巴洛克時代的美洲殖民城市的獨特證據，是18世紀建築的典範。安提瓜危地馬拉中的大部分建築都具有明顯的文藝復興時代的風格，無論是教堂、酒店還是市政廳。城中央廣場又稱「國工廣場」，四周有棋盤狀道路，這樣的佈局具有當時典型的西班牙殖民城市特點。中央廣場周圍建有許多雕琢、裝飾華美的巴洛克式建築，廣場北側有市政廳建築，建有堅固圓柱支撐的兩層回廊。著名的方濟會修道院就是巴洛克建築，其大門兩側有螺旋狀圓柱，具有鮮明特點。

安提瓜危地馬拉大教堂也矗立在國工廣場一旁。在整個中美洲的殖民地化過程中，天主教教會發揮了巨大作用。早期的大教堂，因1583年的地震而倒塌。重建後則極為奢華。之後城內又建造了許多教堂、修道院、神學院。1678年開辦了高等學府聖卡洛斯大學等，成為南美的宗教和文化中心。與當時的城市規模相比較，安提瓜危地馬拉的宗教建築物是比較多的，大部分現已損毀，但從遺存的建築物門廊等仍可看出當時的繁榮景象。

## ●第二節　歷史建築與人文環境

### 一、城堡與要塞

#### 摩洛哥：阿伊特・本・哈杜築壘村

　　阿伊特・本・哈杜築壘村位於摩洛哥瓦爾扎特省，雖然現在差不多已完全荒廢，不過保留得相當完整，甚至還贏得了「摩洛哥最美村落」的稱號，1987年作為文化遺產被列入《世界遺產名錄》。

　　世界遺產委員會評價：阿伊特・本・哈杜築壘村是一組由高牆圍起來的土制建築，是一處典型的前撒哈拉居民聚居區。在防禦牆內建造有許多房屋，同時四周還有箭塔進行輔助防禦。位於瓦爾扎特省的阿伊特・本・哈杜是摩洛哥南部建築的經典範例。

　　阿伊特・本・哈杜築壘是中世紀興建起來的鄉村防禦工事。它地處摩洛哥南部高聳的阿特拉斯群山之中，守衛著一條穿過撒哈拉沙漠的重要商業路線。幾個世紀以來，這些利用烘干的泥土搭建而成的建築群一直是非洲最傑出的建築精品之一，就像埃及的大金字塔一樣，以其獨特的方式展現了與眾不同的魅力。這些建築物的歷史並不算悠久。據說它修建於12世紀，那正是柏柏爾人建立的穆瓦希德王朝的鼎盛時期。在阿特拉斯山脈的北面，他們奪取馬拉喀什後一直打到伊比利亞半島，幾乎占領了大半個西班牙。而在阿特拉斯山脈的南面，他們控製著整個西撒哈拉。這座古堡，也許就是當年為守護穿越撒哈拉大沙漠的重要商路而修建的。阿拉伯語中它們被稱為Ksar，翻譯過來就是「設防的城堡」。

　　非洲的土質建築結構在很大程度上是繼承了柏柏爾人的傳統。柏柏爾人是一個喜愛戰爭和參與各種野蠻活動的民族，他們強悍而勇猛。伊斯蘭教出現後，中東的阿拉伯人逐漸徵服了柏柏爾人，並改變了他們的宗教信仰。但是古老的傳統依舊潛伏於穆斯林的神學中，並生生不息。令人頗感驚奇的是，這個沒有過多科技知識的民族，卻能夠從這個地形非常惡劣的地區提煉出一個如此美麗的栖居地，簡直是人類的一大奇跡。由於泥土不易導熱，即使受到正午太陽的強烈烘烤，這些由厚厚的牆壁搭建起來的房子裡面也會清涼宜人。屋頂是由一種帶有苦味的柳木編織而成的，這種柳木的味道可以驅逐昆蟲。牆壁上裝飾著具有伊斯蘭風格、內容頗為抽象的圖案。一名摩洛哥人類學家指出：「水泥房子在夏季猶如地獄，在冬季又特別冷；但是土制建築物則完全不同，它一年四季都會令居住在裡面的人倍感溫馨。」他還認為土民區在設計上的各個方面都是比較合理的。這些建築物沒

有任何藍本來效仿，而是完全根據生活於其中的居民的實際需求來建造的。建造和維護是團體的共同任務。

### 聖基茨和尼維斯聯邦：硫磺山要塞國家公園

硫磺山要塞國家公園位於東加勒比海地區的聖基茨和尼維斯聯邦，是目前美洲地區保存最好的歷史防禦工事建築，1999年作為世界文化遺產被列入《世界遺產名錄》。

世界遺產委員會評價：硫磺山要塞國家公園是17世紀和18世紀出現於加勒比海的軍事建築得到完好保存的典型範例。這座公園由英國設計師設計、大批的非洲奴隸建造。要塞見證了歐洲殖民地的擴張、非洲的奴隸交易以及加勒比海地區新型社會制度的出現。

硫磺山要塞國家公園位於東加勒比海的聖基茨島上。要塞海拔在800米以上，占地十五公頃，由英國軍事工程師設計，軍隊監管著非洲運來的奴隸進行修築和後續維護。由於地形險要且一直有軍隊駐扎，硫磺山要塞得到了完好的保存。要塞的建築佈局糅合了英國要塞和加勒比海地區的風格，成為17、18世紀城堡的典型範例，是美洲保存得最好的歷史要塞之一。

硫磺山要塞是整個加勒比海地區最生動的景點之一。今日可以參觀的部分包括居高臨下的城堡、醫院、軍火庫、炮官居所和喬治要塞博物館。

硫磺山要塞國家公園是典型的英國堡壘，由奴隸身分的人民所建造完成。它也是歐洲殖民地在加勒比海地區的擴張達到頂峰時，為了逢迎這種擴張需求，而不惜使用大批非洲廉價勞動力建造而成。該要塞重要的戰略地位，使其成為英法殖民者爭奪的對象。

1623年和1625年英國和法國的殖民者分別來到聖基茨島上。1690年，英國軍隊曾在硫磺山上架設了大炮，奪回了法軍占領的查理要塞。法軍之前並沒有預料到英軍的這一行動，因為他們覺得很難把大炮運上陡峭的、並且森林密布的硫磺山。1713年《烏特勒支條約》簽訂後，這裡就完全歸屬英國。在硫磺山要塞全盛之時，它被稱作「西印度群島的直布羅陀」，就指的是他那居高臨下的高度和看起來難以攻克的形態。1782年法國海軍中將弗朗索瓦・約瑟夫・保羅・德・格拉斯組織了對要塞的進攻。在這次圍攻中，尼維斯島先投降了，尼維斯島上的查理要塞和其他小關隘的武器被集中來進攻硫磺山要塞。英國的薩繆爾・胡德——第一代胡德子爵試圖解圍未果。損失慘重的英軍還是投降了。但一年之後簽訂的《巴黎條約》又將聖基茨島（包含硫磺山）和尼維斯島歸還給了英國。英國加強了要塞的防守能力，之後硫磺山就未再次陷落過。1806年，法國海軍曾試圖奪回該要塞，但未能成功。1853年，英國削減軍隊預算，硫磺山要塞被放棄了。要塞慢慢毀壞。

硫磺山要塞的修建斷斷續續超過了一百年。到 1782 年，硫磺山要塞已經連續建造了大約 90 年。硫磺山城堡占地約 2.5 公頃，並且它雄偉的喬治城堡根據地被約 2 米厚的由黑色岩漿岩構成的牆體所保護。1900 年年初，硫磺山要塞重修工程開始動工。1985 年英國女王伊麗莎白二世曾為重修的硫磺山要塞國家公園奠基。1987 年此地被正式列為國家公園，1999 年被列入《世界遺產名錄》。

## 二、宮殿與園林

### 貝寧：阿波美王宮

阿波美王宮，位於貝寧南部，是古阿波美王國的王宮。阿波美王宮是已消失的阿波美王朝的獨特見證。1985 年聯合國教科文組織將阿波美王宮作為文化遺產列入《世界遺產名錄》。

世界遺產委員會評價：1625—1900 年，阿波美王朝 12 位國王相繼執政，王朝處於鼎盛時期。除了阿卡巴國王（King Akaba）另選地點修建了宮殿之外，其餘的各位國王都把王宮建在了同一個地方。這樣既可以保持與原有宮殿的聯繫，也能夠充分利用空間和各種資源。雖然阿波美王朝早已退出了歷史舞臺，但是阿波美王宮一直在向世人展示著這一強大王國當年的輝煌。

西非的阿波美王國始建於 1625 年，後來發展成了一個軍事、經濟強國。自成立至 19 世紀，在「奴隸海岸」上，它壟斷了同歐洲國家主要公司的貿易。它的大部分財富來源於奴隸交易，即把戰俘當作奴隸賣給那些急於想把戰俘轉賣到「新世界」去的歐洲商人。阿波美王國曾經保持了很長時間的穩定與繁榮。在河加賈國王統治時期，阿波美王國徵服了西非港口奎達赫，隨後這裡變成了阿波美王國宮廷的奴隸貿易中心。葡萄牙的奴隸販子用大炮、槍支和阿波美宮廷交換奴隸，每門大炮可以換 21 個婦女或 15 個男子。阿波美王宮至今仍保存著這種大炮。20 世紀初，貝寧成為法國的殖民地，阿波美王國滅亡。

1695—1900 年，一共有 12 位國王統治這個國家，每一個國王都在位於首都的王家園林內修建了自己的豪華王宮。園林內存有大量的各式建築、公用設施、壁畫、雕塑，還有大量極為精美的浮雕。大量地使用陶製浮雕是大多數宮殿的正門建築的主要特色，對於一個沒有文獻記載的社會，這些浮雕充當了重要的歷史檔案。它們記載了阿波美王國歷史上的重要事件，美化了當時的戰爭，鼓吹了王權，反應了當時人民的生活習俗、宗教儀式、民間傳說。從浮雕的展示可以看出，阿波美王國軍事上的強盛與國內女戰士的浴血奮戰是分不開的，她們與男戰士一樣英勇無畏。浮雕上還顯示了許多象徵國王性格和強權的神話圖案。

1892 年，為了抗拒法國人的占領，阿波美國王柏罕下令將許多王宮在內的建

築燒毀。珍寶宮是其中一座幸免於火災的王宮。這使得作為記載當時的風俗民情的歷史檔案——陶制浮雕，彌足珍貴。直到今天，這些珍貴的陶制浮雕仍被用於傳統的宗教儀式和王室的重大慶典。

1984年3月15日龍捲風的襲擊使阿波美王宮受到極大損害。據報導，包括波爾蒂科宮、格萊萊國王的陵墓等在內的建築損失慘重。自1984年以來，幾項修復工程取得了有效進展。1994年因對遺址的保護遇到了種種障礙，世界遺產委員會呼籲其他國家和組織提供幫助，一項工程在非洲博物館保護組織的啟動下得以進行。貝寧政府與其合作，召集了一大批急需的建築史料和相關領域的專業人才。在義大利外交部和國際遺產中心的資助下，歷經三年的研究，匯成長達2,500頁的由1731年至今的文獻資料。文獻已匯編成冊，付諸印刷，並由貝寧的圖書館保存。1993年義大利、法國和美國有關人員參觀了阿波美王宮之後，蓋蒂保護組織的一委員會開始對曾裝飾皇宮的浮雕進行修復。此項工程歷時四年，原來裝飾格萊萊宮中的56幅浮雕中的50幅被重新定位。

## 澳大利亞：墨爾本的皇家展覽館和卡爾頓園林

皇家展覽館位於澳大利亞墨爾本中心商業區東北角的卡爾頓園林內部。皇家展覽館比鄰墨爾本博物館，是澳大利亞現存唯一的一個19世紀的展覽館，也是世界範圍內為數不多的19世紀展覽館之一。2004年，皇家展覽館和周圍的卡爾頓園林一起被評為世界遺產，是澳大利亞第一座被評為聯合國教科文組織世界遺產的建築。

世界遺產委員會評價：澳大利亞皇家展覽館及其周邊的卡爾頓園林，是為1880年和1888年墨爾本的盛大國際展覽而特別設計的。展覽館由約瑟夫·里德（Joseph Reed）設計。整個展覽館和園林由磚、木頭、鋼和石板等材料建成，風格則融合了拜占庭式、羅馬式、倫巴第式以及義大利文藝復興風格。展覽館專門用於舉辦國際展覽活動，從1851年至1915年，有50餘場來自巴黎、紐約、維也納、加爾各答、金斯敦、亞哥等地的展覽在此處舉辦。所有活動有一個共同的主題和目的：通過對各國工業的展示，記錄物質和精神進步。

皇家展覽館包含了一個超過12,000平方米的大廳和許多臨時性附屬建築。標誌性的圓形屋頂是從佛羅倫薩的聖母百花大教堂獲得的靈感。皇家展覽館在造型上承襲了1851年倫敦水晶宮的風格，但是皇家展覽館與水晶宮也有不同：水晶宮不是一個永久性建築，其材料主要是鋼筋和玻璃，是為方便搭建和短期啟用；皇家展覽館是一個成功的永久性建築，築有堅固的牆壁和屋頂，一百多年的風雨歲月使它那維多利亞式的風雅愈發令人神往。

1888年，為了慶祝歐洲對澳大利亞一個世紀的殖民，墨爾本百年紀念展覽會在皇家展覽館舉行。展覽大廳見證的最重要的事件無疑是澳大利亞第一屆議會的

召開以及君主立憲的澳大利亞聯邦的成立儀式，時間是 1901 年 5 月 9 日。在官方開幕式後，聯邦政府移入了維多利亞國會大廈；與此同時，維多利亞政府移入了展覽館並在那裡待了 26 年。從那以後，這座建築開始有了更多的功能。在 20 世紀 40 年代到 20 世紀 50 年代，隨著它的損壞，這座建築開始被人們戲稱為「大白象」。諷刺的是，和當時墨爾本其他很多建築一樣，它也被打上了被辦公樓取代的記憶。建築的兩翼原本是墨爾本水族館和大舞廳，隨著它們的慢慢荒廢，就只剩下大樓的主體建築和一些附屬設施還佇立在 20 世紀 60 年代至 20 世紀 70 年代。1979 年，大舞廳被完全損壞，公眾開始大聲疾呼要避免主建築陷入相同的境地。

1984 年，伊麗莎白女王二世訪問維多利亞州，她將展覽館冠以「皇家」的名號，這直接鼓舞了 1985 年晚期對建築內部的修復以及一個鏡面玻璃附屬建築的動工。1997 年和 1998 年，建築的外觀被漸漸修復。1996 年，當時的維多利亞州州長 Jeff Kennett 提議並主持建造了墨爾本博物館，選址於展覽館的附近。澳大利亞工黨、墨爾本市議會以及當地社團堅決反對博物館的選址，認為它太靠近展覽館。這些反對呼聲，再加上黨派的競爭，反對黨領袖 John Brumby 在墨爾本市議會的支持下，提議提名皇家展覽館為世界遺產。該提議直到 1999 年工黨取得了選舉的勝利後才得以實施。2001 年，該館再次取得重要地位，為澳大利亞聯邦成立 100 周年舉行了慶祝活動。

## 三、特殊建築與雕塑

### 塞內加爾：戈雷島黑奴囚禁地

戈雷島位於塞內加爾維德角半島正南，整個島是由隆起的玄武岩形成的。該島瀕臨塞內加爾海岸，面向達喀爾，是歐洲人在西非最早開拓的殖民點之一。1978 年，該島作為文化遺產被列入《世界遺產名錄》。

世界遺產委員會評價：戈雷島位於塞內加爾海岸不遠處，與達喀爾隔海相望。從 15 世紀到 19 世紀，戈雷島一直都是非洲海岸最大的奴隸貿易中心，歷史上這裡曾先後被葡萄牙人、荷蘭人、英國人和法國人占領過。在戈雷島上，既能看到奴隸住的簡陋屋子，也能找到奴隸貿易商居住的優雅庭院，兩類建築物形成鮮明對比。今天的戈雷島，依然能使人們記起那段人剝削人的歷史。這裡同時也是人們消除歷史積怨、求得和解的神聖殿堂。

在塞內加爾首都達喀爾東南方 3 千米，有一個南北長 900 米、東西寬 300 米的小島，這就是蜚聲世界的旅遊小島——戈雷島。從新石器時代起，非洲人就經常光顧這個小島。由黑色玄武岩熔流凝固而成的戈雷島，像一顆黑珍珠鑲嵌在藍色的海面上。該島南端有一塊築有堡壘的平臺，北端則由一炮臺（埃斯特雷要塞）

扼首。島上有一小碼頭供來往達喀爾的小艇停靠。在沙土路面的街道兩旁，紅赭石色的破舊的住房比肩而立。島上發現的玄武岩製工具與曼努埃爾角和馬德拉群島上發現的玄武岩製工具相同。這個火山島的優越地理位置為歐洲人進入非洲提供了便利：它是奴隸船的理想交接站，躲避內陸襲擊的理想停留地，島上還有一眼清泉。戈雷島最早被葡萄牙佔有，1580年被西班牙搶走。之後，荷蘭促使戈雷島擺脫西班牙的監護，接管了這塊本屬於葡萄牙的非洲小島。1627年，荷蘭首先在該島建立永久居民區，取消了小島的原有名稱，改稱戈雷島（戈雷港）。

　　戈雷島是歐洲人在西非最早開拓的殖民地之一，也是15世紀—19世紀非洲海岸最大的奴隸貿易中心。戈雷島擺脫西班牙的監護後，荷蘭人在此修建了兩座要塞：奧蘭治要塞建於城中，拿騷要塞建在山坡上。50年後，法國佔領了戈雷島，直至塞內加爾獨立。其間有30年的時間，戈雷島被英國佔領。1677年，經過激烈的海戰，法軍元帥讓·德斯特雷從荷蘭手中搶走了戈雷島，兩座要塞被毀。重建後更名為聖米歇爾要塞（以前的奧蘭治要塞）和聖佛郎西斯要塞（以前的拿騷要塞）。1693年，岡比亞的一名英國官員破壞了要塞並佔領了戈雷島，但只過了6個月，法軍反攻並重佔了該島。66年後，即1758年，戈雷島重新落入英國之手。5年後根據1763年《巴黎和約》，戈雷島被歸還給法國。1779年，島上首次發生黃熱病，根據政府命令，戈雷島上的要塞被夷為平地，改作單一貿易貨棧，居民疏散到圭亞那和聖路易斯。這樣，英國人不費吹灰之力重佔戈雷島，直到1783年才按照《凡爾賽條約》歸還法國。1789年法國大革命後，1794年國會廢除了給戈雷島帶來財富的奴隸貿易；但1803年，拿破侖又重新批准奴隸貿易。1800—1817年，戈雷島最後一次被英國佔領。英國人禁止奴隸貿易，然而戈雷島卻利用岡比亞和大英帝國間的非法奴隸走私，獲得經濟飛速發展。戈雷島一直是奴隸販運的集散地，直到1807年英國政府廢除奴隸貿易。

　　同世界上其他旅遊勝地相比，戈雷島沒有綺麗的風光、燦爛的藝術名勝，但是島上有博物館和古城堡遺跡，還有一座清真寺、一個教堂和一兩座殖民時期的行政管理樓。另外這裡保存的奴隸堡、炮臺和一尊尊大炮記載了非洲人民被西方殖民主義者侵略、奴役、壓榨的苦難歷史。因此，戈雷島成了旅遊勝地。戈雷島上的奴隸堡是一座堅固的木石結構建築物，樓上鋪設著地板，陽光充足，是奴隸販子們的住所；樓下是一間間奴隸囚室，每間只有5、6平方米，同時關押15至20名奴隸。這些奴隸被戴上手銬、腳鐐，還被系上一個7千克的大鐵球，以防他們逃跑。囚室陰暗、潮濕、骯髒、沒有窗戶，牆上僅有幾個小洞眼，供奴隸販子朝裡觀看。這些囚室分男室、女室和兒童室，一次屯集500~600人。在奴隸堡的底層，有一條陰森森的通道，直通波濤洶湧的大西洋，成千上萬的黑人奴隸就是從這裡被押解上船運往美洲的。

## 美國：獨立大廳

獨立大廳也稱美國獨立紀念館，是位於美國賓夕法尼亞州費城的一棟喬治風格的紅磚建築物，因美國《獨立宣言》《美利堅合眾國憲法》在此簽署而聞名於世，1979年作為文化遺產被列入《世界遺產名錄》。

世界遺產委員會評價：1776年的《獨立宣言》和1787年的《美利堅合眾國憲法》都在費城這座獨立大廳裡簽署。這兩份以自由和民主為原則的文件不僅在美國歷史上發揮了重要作用，同時也對世界各國法律的制定產生了深遠影響。

獨立大廳建於1732—1753年，由埃德蒙·伍利和安德魯·漢密爾頓設計，伍利主持修建。該建築最高處距地面41米。該建築初由賓夕法尼亞殖民議會批准修建，作為賓夕法尼亞殖民當局的州議會的議場。另外兩座小型建築毗鄰獨立紀念館：東側的舊城廳和西側的國會廳。1776年7月4日，來自英國殖民下的北美十三州的代表在這裡簽署了由湯瑪斯·杰弗遜撰稿的美國《獨立宣言》。1787年，美國憲法也在此地制定。在1790—1800年費城作為美國首都的這段時間，該建築是美國國會的所在地。

1948年，獨立大廳建築內部得到重修，恢復到最初的面貌。第80屆美國國會後，美國獨立國家歷史公園建立，以保護美國革命歷史遺跡。獨立國家歷史公園是一塊由四街區組成的區域，包括以下著名景點：獨立廣場、卡本特廳（第一屆大陸會議召開地）、富蘭克林故居、格拉夫廳（重建，《獨立宣言》起草地）、酒館城（革命戰爭核心區域）等。1979年，獨立大廳被聯合國教科文組織登錄為世界文化遺產，今天也是美國獨立國家歷史公園的一部分。獨立大廳建築的鐘樓放置著自由鐘，它象徵美國的獨立。後來由於鐘體開裂，被卸下陳列於街對面的自由鐘中心。今天的鐘樓，則設置著「百年鐘」。該鐘在1876年美國獨立百年博覽會時首次亮相。1976年伊麗莎白二世訪問費城時，贈予美國人民一座複製品「二百年鐘」，今天陳列於獨立紀念館臨近的第三大街當代鐘樓內。

1775—1783年，獨立大廳被作為北美十三州殖民地舉行第二次大陸會議時的場地。1776年6月14日美國《獨立宣言》在此通過，並且在樓下，即今天的獨立廣場位置向公眾大聲宣讀。這一天也成為美國獨立紀念日。1775年6月14日，大陸會議代表在獨立大廳議事堂提名喬治·華盛頓為大陸軍總司令，領導北美人民抵抗英軍。

## 悉尼：歌劇院

悉尼歌劇院位於澳大利亞悉尼市貝尼朗岬角，是20世紀最具特色的建築之一，也是世界著名的表演藝術中心，已成為悉尼市的標誌性建築。2007年6月28日被聯合國教科文組織評為世界文化遺產。該劇院設計者為丹麥設計師約恩·伍重。

世界遺產委員會評價：落成於 1973 年的悉尼歌劇院是 20 世紀的偉大建築工程之一，無論是在建築形式上還是在結構設計上，都是各種藝術創新的結晶。在迷人海景映襯下，一組狀麗的城市雕塑巍然屹立，頂端呈半島狀，翹首直指悉尼港。這座建築給建築業帶來了深遠的影響。歌劇院由三組貝殼狀相互交錯的穹頂組成，內設兩個主演出廳和一個餐廳。這些貝殼狀建築屹立在一個巨大的基座之上，四周是露臺區，作為行人匯集之所。1957 年，國際評審團決定由當時尚不出名的丹麥建築師約恩・伍重（Jørn Utzon）設計悉尼歌劇院項目，標誌著建築業進入了全新的合作時期。悉尼歌劇院作為向全社會開放的偉大藝術杰作被列入了《世界遺產名錄》。

　　悉尼歌劇院於 1973 年 10 月 20 日建成，由英國女王伊麗莎白二世揭幕剪彩。它雖然只有 20 多年的歷史，但它的知名度卻遠在許多著名的歐洲歌劇院之上，它與港灣大橋一起成為澳大利亞最早和最大的城市象徵。然而，很少有人知道，悉尼歌劇院的建造過程充滿了曲折，這個夢幻般的建築物的設計藍圖當初差一點被埋沒在廢紙簍裡。1955 年 9 月 13 日澳大利亞政府向海外徵集悉尼歌劇院設計方案，至 1956 年共有 32 個國家 233 個作品參選。1957 年，由 4 人組成的評委會討論審議歌劇院的各種設計方案，其中一位名叫伊爾羅・薩里南的評委注意到了已經被扔進廢紙簍裡的設計圖。這位老資格的芬蘭裔美國建築師獨具慧眼，發現丹麥設計師約恩・伍重的構思別具一格，富有詩意，頗具吸引力。薩里南據理力爭，終於說服了另外 3 個評委，使他們改變了主意。最後這個設計圖案擊敗了其他 231 個競爭對手而被選中，並贏得了 5,000 英鎊獎金。

　　悉尼歌劇院整個建築占地 1.84 公頃，長 183 米，寬 118 米，高 67 米，相當於 20 層樓的高度。歌劇院的獨特設計，表現了巨大的反傳統的勇氣，自然也對傳統的建築施工提出了挑戰。工程的預算十分驚人，當建築費用不斷追加時，悉尼市民們懷疑這座用於藝術表演的宮殿最後是否能夠完工。歌劇院落成時前後共投資了 1.02 億美元。工程技術人員光計算怎樣建造 10 個大「海貝」，以確保其不會崩塌就用了整整 5 年時間。工期的耽誤和成本的昂貴，導致了新南威爾士州一屆政府的下臺。在野的自由黨攻擊執政的工黨把相當一部分財力用於悉尼歌劇院的建築，而忽略了在醫院和其它福利事業方面的投資，置人們的生死於不顧。新一屆政府繼任後，對修建歌劇院的態度沒有前任堅決。於是建設者和政府之間展開了激烈的爭論，最後迫使約恩・伍重與悉尼揮淚告別。當時，歌劇院工程連 1/4 都沒有完成。從那時起，約恩・伍重，這個悉尼歌劇院的設計者再也沒有回來過，即使在他設計的「杰作」從藍圖變成實物，乃至後來 5 周年、10 周年、20 周年隆重慶典時，他也不曾回來看上一眼。悉尼歌劇院共耗時 16 年、斥資 1,200 萬澳元才得以完成。為了籌措經費，除了募集基金外，澳大利亞政府還曾於 1959 年發行悉尼歌劇院彩券。

悉尼歌劇院好似白色的帆狀屋頂，由10塊大「海貝」組成，最高的那一塊高達67米。外觀為三組巨大的殼片，聳立在南北長186米、東西最寬處為97米的鋼筋混凝土結構的基座上。第一組殼片在地段西側，四對殼片成串排列，三對朝北，一對朝南，內部是大音樂廳。第二組在地段東側，與第一組大致平行，形式相同而規模略大於歌劇廳。第三組在它們的西南方，規模最小，由兩對殼片組成，裡面是餐廳。其他房間都巧妙地布置在基座內。整個建築群的入口在南端，有寬97米的大臺階。車輛入口和停車場設在大臺階下面。悉尼歌劇院坐落在悉尼港灣，三面臨水，環境開闊，以特色的建築設計聞名於世，它的外形像三個三角形翹首於河邊，屋頂是白色的形狀猶如貝殼，因而有「翹首遐觀的恬靜修女」之美稱。

　　歌劇院分為三個部分：歌劇廳、音樂廳和貝尼朗餐廳。歌劇廳、音樂廳及休息廳並排而立，建在巨型花崗岩石基座上，各由4塊巍峨的大殼頂組成。這些「貝殼」依次排列，前三個一個蓋著一個，面向海灣，最後一個則背向海灣侍立，看上去很像是兩組打開蓋倒放著的蚌。高低不一的尖頂殼，外表用白格子釉磁鋪蓋，在陽光照映下，遠遠望去，既像豎立著的貝殼，又像兩艘巨型白色帆船，飄揚在蔚藍色的海面上，故有「船帆屋頂劇院」之稱。貝殼形尖屋頂，是由2,194塊每塊重15.3噸的彎曲形混凝土預制件用鋼纜拉緊拼成的，外表覆蓋著105萬塊白色或奶油色的瓷磚。據設計者晚年時說，他當年的創意其實是來源於橙子。正是那些剝去了一半皮的橙子啟發了他。而這一創意來源也由此被刻成小型的模型放在悉尼歌劇院前，供遊人們觀賞。每年在悉尼歌劇院舉行的表演大約有3,000場，約兩百萬觀眾前往觀看，是全世界最大的表演藝術中心之一。

## 四、工礦業及水利交通設施

### 墨西哥：龍舌蘭景觀和特基拉的古代工業設施

　　龍舌蘭景觀和特基拉的古代工業設施位於墨西哥特基拉火山的小山丘與里約格蘭德河的深谷之間，以其著名的龍舌蘭文化在2006年作為世界文化遺產被列入《世界遺產名錄》。

　　世界遺產委員會評價：該遺產占地34,658公頃，位於特基拉火山的小山丘與里約格蘭德河的深谷之間，擁有茂盛的藍色龍舌蘭草景觀。從16世紀開始，這些植物被製成龍舌蘭酒，且在近200年內被用於釀酒以及製作衣料。遺址中的釀酒廠顯示了世界在19、20世紀對龍舌蘭酒消費力的增長。今天，龍舌蘭文化被視為墨西哥國家認同的一部分。這個地區還包含了一些考古遺跡，並證明了塔栖蘭文化在200—900年影響了特基拉地區，尤其是農耕用的梯田、住宅、寺廟以及球場等。

特基拉（又譯作「太基拉」或「鐵奇拉」「塔奇拉」「塔琪拉」）是當地土著語言，意思是勞作之地。特基拉作為墨西哥的一座小城，以盛產墨西哥最具特色的植物龍舌蘭著稱。早在遠古時代，墨西哥人就發現了龍舌蘭肥厚多汁的特性。用龍舌蘭根莖中的汁液所釀造的龍舌蘭酒，又名特基拉酒，口味干烈，是墨西哥的國酒，也是世界上最受歡迎的烈性酒之一。

　　作為龍舌蘭和龍舌蘭酒的主要生產地，特基拉全城6萬人口中的絕大多數從事的都是與龍舌蘭有關的行業，該鎮幾乎全部經濟活動都是圍繞龍舌蘭酒的釀造活動而展開。隨著龍舌蘭酒在國際市場聲望的提高，特基拉鎮每年要舉辦龍舌蘭酒節，旅遊收入的比例開始提高。

　　剛被列入《世界遺產名錄》的阿伽夫景觀是當地的一片龍舌蘭種植地。而特基拉古代工業設施則以加工、釀造龍舌蘭酒為主。列入遺產的部分包含了農田、釀酒廠、已經廢棄或是使用中的工廠、塔韋納斯、城鎮以及塔栖蘭考古遺址，為數眾多的大牧場及莊園也被計入，其中有些建築的建造日期還能追溯到18世紀。無論是工廠或是大牧場的建築，其特徵都在於泥磚架鬆、以赭土粉刷的牆壁、石拱門、楔形石，並佐以新古典及巴洛克式裝飾。這個歷史景觀也反應出西班牙發酵龍舌蘭汁的傳統與歐洲蒸餾工藝的融合，以及當地技術與來自歐洲和美國的技術的結合。

　　該鎮周圍全部種植龍舌蘭，這種植物需要八年才能成熟。釀酒時，須將龍舌蘭中間類似菠蘿的含糖圓莖採摘下來，經過蒸煮、切碎、榨汁，再經過發酵、蒸餾等程序，製作出名揚四海的龍舌蘭酒或稱特基拉酒。根據墨西哥的法律，這種酒發酵時可以添加蔗糖或玉米，但不得超過49%。

　　據考證，龍舌蘭酒的釀造史可追溯到2—3世紀。當時，居住在中美洲地區的阿茲特克人已掌握了發酵釀酒的技術，多汁而含糖豐富的龍舌蘭自然而然成為釀酒的原料。阿茲特克人用樹枝戳開龍舌蘭的莖，然後把收集來的汁液放入容器中，讓其自然發酵，這種發酵酒就是普利克酒。在宗教活動中，不論老少都喝這種酒精度與啤酒差不多的龍舌蘭酒。

　　在1520年西班牙殖民者來到墨西哥之前，普利克酒一直是阿茲特克人的杯中之物。西班牙徵服者到來後，也將蒸餾的技術帶到這裡。為了彌補葡萄酒或其他歐洲烈酒的不足，他們開始在當地尋找釀酒原料，於是看上了具有奇特植物香味的普利克酒，但又嫌這種發酵酒不夠勁，便通過蒸餾提升普利克酒的酒精度，用龍舌蘭釀造的蒸餾酒就此產生。由於這種新酒是用來替代葡萄酒的，所以稱其為梅斯卡爾葡萄酒，或直接稱其為梅斯卡爾酒。梅斯卡爾是所有龍舌蘭為原料釀造的蒸餾酒的總稱。它是古印第安人及西班牙人文化的結晶，再加上是阿拉伯人教會西班牙人釀酒的，所以龍舌蘭酒是三種文化的結晶。

　　19世紀下半期，墨西哥哈里斯科州特基拉地區開始釀造特基拉酒，起初稱為

特基拉梅斯卡爾酒，後來稱為特基拉酒。只有以136種龍舌蘭中品質上乘、生長在哈里斯科州海拔超過1,500米的特基拉火山山坡上的藍色龍舌蘭為原料，在特基拉地區釀造的龍舌蘭酒才有資格冠以「特基拉」之名。

### 加拿大：麗都運河

麗都運河，加拿大安大略省東南部的一條運河，全長202千米，連接渥太華和金斯頓。其建造的初衷是為了替代聖勞倫斯河，作為商業及戰略的重要通道。但是，它的原始使命早已被公路、鐵路等現代交通設施所消解。現在，它最為人知的美譽當屬「世界最長的滑冰場」。2007年，它作為文化遺產被列入《世界遺產名錄》。

世界遺產委員會評價：麗都運河是建於19世紀初的一條偉大的運河，包含了麗都河和卡坦拉基河（Cataraqui）長達202千米的河段，北起渥太華，南接安大略湖金斯頓港。在英美兩國爭相控製這一區域之際，為戰略軍事目的開鑿了這條運河。麗都運河是首批專為蒸汽船設計的運河之一，防禦工事群是它的另一個特色。1826年，在運河建造初期，英國人採用「靜水」技術，避免了大量挖掘工作，並建立了一連串的水庫和47座大型水閘，將水位抬高到適航深度。這是北美保存最完好的靜水運河，表明當時北美已大規模使用這項歐洲技術，是唯一一條始建於19世紀初，流經途徑至今保持不變，且絕大多數原始構造完好無損的運河。運河上建有六座「碉堡」和一座要塞，後來又在多個閘站增建防禦性閘門和管理員值班室。在1846—1848年，為加固金斯頓港口的防禦工事建造了四個圓形石堡。麗都運河見證了為控製北美大陸發起的戰爭，具有重要的歷史價值。

麗都運河被稱為是「美洲大陸北部爭奪控製權的見證」。1812年戰爭之後，英軍為了改善加拿大後方到前線的交通運輸，計劃在渥太華河和安大略湖之間修建一條運河，於是有了這條被稱為麗都運河的水道。一旦美軍再次入侵加拿大，英軍就可以使用蒸汽船隊快速地將兵源及戰略物資，通過渥太華河和麗都運河，從蒙特利爾一直運送到金斯頓的海軍基地，就可以在美加邊境和美軍大戰一場了。

1826年，英軍指揮官約翰·拜帶隊來到今日渥太華國會山一帶屯墾，準備修建運河。雖然約翰·拜中校巧妙地利用了沿途的幾條河流和湖泊，使用了先進的靜水運河技術，修了40多道船閘，大大地減少了施工量；但這條202千米長的麗都運河還是使用了數以千計的勞力，花了6年多才完工，運河的總造價超過了80萬英鎊。英國政府對約翰的超支非常不滿，就將他解職並調回倫敦接受調查。從此，約翰·拜中校也就再也沒有機會回去看看他那心愛的麗都運河。四年之後，約翰·拜在他的家鄉悲涼地死去，留下了無限的惆悵。

麗都運河並沒有真正地用於戰事。1812年戰爭之後，美國將其擴張的野心轉移去了西部和南部。美軍再也沒有向北面的加拿大發動戰爭。這樣，麗都運河在

軍事上，也就沒有了用武之地。不過，麗都運河在商業上還是很有用處的。渥太華出產的鬆木，就是通過麗都運河運送出去的。到了後來，勞倫斯河取代了麗都運河成為加拿大的主要運輸水道。從此，麗都運河就沉寂了下來。但是，約翰·拜中校為建運河而修建的定居點，卻熱鬧不減，因而變成了有名的拜城。拜城後來改名為渥太華，成了加拿大聯邦的首都，直到今日。

現在，它最為人知的美譽當屬「世界最長的滑冰場」。每年2月中旬渥太華都會在冰凍後的麗都運河舉辦熱鬧非凡的冬季狂歡節，冬慶節的所有活動都圍繞冰雪題材展開。除了有冰雕展、雪橇活動、破冰船之旅外，還有冰上曲棍球賽、雪鞋競走以及冰上駕馬比賽等精采活動。冬慶節已經成為渥太華一個重要的標誌，同時也是整個北美洲地區最吸引人的冬季旅遊活動之一。

## 五、鄉村田園與文化景觀

### 埃塞俄比亞：孔索文化景觀

孔索（Konso）是埃塞俄比亞西南部南方各族州的一個鎮。孔索人以建造瓦加（Waga）聞名，瓦加是為曾經殺死敵人或是像獅、豹這類動物的死者所豎立的一種紀念像。這些格式化的木雕成群排列，代表死者、他的妻子和被他徵服的敵人。2011年該景觀作為文化遺產被列入《世界遺產名錄》。

世界遺產委員會評價：孔索文化景觀占地面積為55平方千米，位於干旱的埃塞俄比亞孔索高地。在這片高地上，除了石牆梯田構成的景觀外，還分佈著人類的定居點。作為人類克服干燥惡劣的自然環境、頑強生存下來的傑出範例，孔索文化景觀代表著一個已傳承了21代（即400多年）並依然具有活力的文化傳統，並展現出各社區的共同價值觀、社會凝聚力及其所擁有的工程知識。這裡還保存有具有人格化特徵的木雕，這些木雕相互組合在一起，代表著受到尊敬的各社區成員，特別是英雄事件，對正處消失邊緣的喪葬傳統而言，它們是特殊的活生生的見證。矗立在城鎮中的石碑則共同構成了一種紀念一代代逝去的領導人的複雜體系。

孔索人經濟依靠集約農業，包括坡地灌溉和梯田，主要作物是硬粒高粱，也廣泛種植棉花。圈養家畜，採用飼養和牧人監視的方式，以保護耕地不受牲畜侵擾。飲用牛乳，以牛、綿羊和山羊的肉類為食；收集動物糞便作為肥料。食用其他動物均為禁忌。

### 古巴：古巴東南第一個咖啡種植園考古風景區

古巴東南第一個咖啡種植園考古風景區，位於古巴聖地亞哥省和關塔那摩省

的馬埃斯特臘山山腳下，因其是古巴最早的咖啡種植考古區，2000年作為世界文化遺產被列入《世界遺產名錄》。

世界遺產委員會描述：這個坐落在喜瑞拉梅斯特拉（Sierra Maestra）丘陵間的19世紀咖啡種植園遺跡，見證了在不規則土地上進行農業種植的創新形式，清晰地展示了加勒比海地區和拉丁美洲地區經濟、社會和技術發展的歷史。

古巴東南部最早的咖啡種植園考古景觀，位於古巴東南部的馬埃斯特臘山脈，是19世紀與20世紀初古巴東南部的咖啡種植區。馬埃斯特臘山平均海拔1,500米，橫跨闊塔那摩和聖地亞哥兩省。山的南坡陡峭，氣候干燥，無人居住；北坡平緩，氣候濕潤，人口稠密，適宜種植咖啡作物。這裡的咖啡種植是18世紀中葉由法國從海地引進的。

歷史上這裡的居民大部分是為了逃避外國侵略者和本國獨裁者的迫害而從各地遷移來的。1790年，古巴附近的法國殖民地海地發生奴隸起義，3萬多法國殖民者逃難到達古巴定居下來。他們在海地擁有豐富的咖啡種植經驗，來到古巴後開墾土地，在東南部地區從事咖啡種植園經濟。據記載，到1833年時，古巴已有2,000餘座咖啡種植園。其中建立最早的7座咖啡種植園遺址被列入為世界文化遺產。這些咖啡種植園正是在馬埃斯特臘山麓的處女地上開墾出來的。坐落於馬埃斯特臘山山腳下的咖啡種植園是在陌生土地上嘗試進行新作物種植的範例。古巴東南第一個咖啡種植園考古風景區，見證了貧瘠地區的農業開發，獨特而雄辯地表明了原始森林農業開發的形式，即在不規則土地上進行農業種植的創新形式，清晰地展示了加勒比海地區和拉丁美洲地區經濟、社會和技術發展的歷史。

## 第三節　宗教建築

### 埃塞俄比亞：拉利貝拉岩石教堂

埃塞俄比亞的岩石教堂舉世無雙，最有名的要數亞的斯亞貝巴以北300多千米的拉利貝拉。拉利貝拉岩石教堂始建於12世紀後期拉利貝拉國王統治時期，有「非洲奇跡」之稱。是12和13世紀基督教文明在埃塞俄比亞繁榮發展的非凡產物。1978年，該教堂作為文化遺產被列入《世界遺產名錄》。

世界遺產委員會評價：這是13世紀「新耶路撒冷」的11座中世紀原始窯洞教堂，坐落於埃塞俄比亞中心地帶的山區，附近是環形住宅構成的傳統村落。拉利貝拉是埃塞俄比亞基督徒眼中的聖地，至今仍有虔誠的信徒前去朝聖。

拉利貝拉位於地勢比較高的埃塞俄比亞中部的拉斯塔山脈，依傍著山脈的最高峰——4,117米的阿布那‧其斯山，存在於首都亞的斯亞貝巴以北350千米的地

方。這座城原名為洛罕，後來改成現名，以紀念這裡神奇的岩石教堂的倡建者——扎格王朝的國王拉利貝拉。這個王朝於1173—1270年統治埃塞俄比亞。

據說，12世紀埃塞俄比亞第七代國王拉利貝拉呱呱落地的時候，一群蜂圍著他的褪褓飛來飛去，驅之不去。拉利貝拉的母親認準了那是兒子未來王權的象徵，便給他起名拉利貝拉，意思是「蜂宣告王權」。當政的哥哥哈拜起了壞心想要毒殺他，被灌了毒藥的拉利貝拉三天三夜長睡不醒。在夢裡，上帝指引他到耶路撒冷朝聖，並得神諭，「在埃塞俄比亞造一座新的耶路撒冷城，並要求用一整塊岩石建造教堂」。於是拉利貝拉按照神諭在埃塞俄比亞北部海拔2,600米的岩石高原上，動用了5,000人，花了30年的時間鑿出了11座岩石教堂，人們將這裡稱為拉利貝拉。從此，拉利貝拉成為埃塞俄比亞人的聖地。至今，每年1月7日埃塞俄比亞聖誕節，信徒們都將匯集於此。

精雕細琢的教堂像龐大的雕塑，與埃洛拉的廟宇一樣是從堅硬的岩石中開鑿而成的。它們外觀造型驚人、內部裝修獨特。其中四個是在整塊石頭上開鑿的，其餘的則要小些，要麼用半塊石頭鑿成，要麼開鑿在地下，用雕刻在岩石上的立面向信徒標示其位置。每個群體都是一個由某種圍牆圍繞著的有機整體，遊客在裡面可沿著在石灰岩上開鑿的小徑和隧道網四處漫遊，因此，拉利貝拉岩石教堂，有「非洲奇跡」之稱。

拉利貝拉的11座岩石教堂大致分為3群，彼此間由地道和回廊連為一個整體。每座教堂占地幾十到幾百平方米，相當於三四層樓房之高。這些教堂坐落在岩石的巨大深坑中，幾乎沒有高出地平面。在這些山岩教堂中，最大的教堂叫梅德哈尼阿萊姆，意為救世主教堂。這座教堂由一塊長33米、寬23.7米、高11.5米的紅岩鑿成，面積為782平方米。它擁有5個中殿和一個長方形的廊柱大廳，28根石柱，仔細琢磨後雕上了幾何圖案。屋頂為阿克蘇姆式尖頂，窗櫺也縷雕成阿克蘇姆的石碑式櫺格。阿克蘇姆文化的元素在這裡得到了保持。

拉利貝拉的教堂中最引人注目的或許是耶穌基督教堂。它長33米、寬23米，高11米，精雕細刻的飛檐由34根方柱支撐。這是埃塞俄比亞唯一一個有五個中殿的教堂。根據基督教的慣例，有三個分別面向東、北和南的門通向教堂內部。這是按長方形廊柱大廳式基督教堂的形式修建的。它呈東西向，隔成八間，28根支撐半圓形拱頂的支柱成行排列其間。

聖瑪麗亞教堂比耶穌基督教堂的面積小些，高度為9米。牆上的窗戶為阿克蘇姆風格，裡面有三個中殿。其獨特之處在於它們從上到下都覆蓋著代表幾何圖案（希臘十字和萬字飾、星形和圓花飾）和動物（鴿子、鳳凰、孔雀、瘤牛、大象和駱駝）的裝飾性繪畫及按福音書描繪的耶穌和瑪麗亞生活場景的壁畫，但大多均已損壞。主門之上是一個描繪兩個騎手殺死一條龍的淺浮雕，由於埃塞俄比亞的聖所中很少有動物雕刻，所以這幅雕塑屬珍品之列。一些專家認為這些繪畫

可追溯到扎拉・雅各布國王（1434—1465年）統治時期。

獨石教堂矗立在7~12米深的井狀通道的中央，是在由深溝將高原的其他部分與之分離出來的岩石上直接雕刻出來的。雕刻自頂部（穹頂、天花板、拱門和上層窗戶）始，一直延續到底部（地板、門和基石）。為了使夏季影響這一地區的滂沱大雨能通暢地排掉，用這種方法創造的空間平面呈輕度傾斜狀。建築物的突出部分，如屋頂、檐溝、飛檐、過梁和窗臺的突出程度視雨水的主要方向而定。

每當到了「德姆卡多」這一天，拉利貝拉岩石教堂周圍的岩壁上，就會擠滿成千上萬聽祭司說教的人群。因為這一天是基督教洗禮之日。凡是參加「德姆卡多」祭典的少年們，都必須盛裝打扮。在少女們的低聲祈祝中，他們雙手捧著神具，跟隨著大人進入設在廣場上的小木屋裡。人們還夜宿於此，做虔誠的祈禱。每當教堂的晨鐘在黎明時分響起，修道士們就開始對巡禮者說教。由祭司將祝聖過的聖水分灑給在場的每一個人。在隨後的祭祀活動上，一個稱為「達玻多」的十誡木板從教堂裡面運出，象徵著摩西從耶穌那兒得到了十誡。在木板的中央，還有一幅聖徒降服巨龍的圖畫。最後，這個十誡木板要被安置在廣場上搭建的小木屋裡。「德姆卡多」祭典一共要連續舉行三天，是埃塞俄比亞高原上最大的宗教性活動。

### 巴西：孔戈尼亞斯的仁慈耶穌聖殿

孔戈尼亞斯的仁慈耶穌聖殿位於巴西東南部米納斯吉拉斯州的孔戈尼亞斯城內，是基督教最具藝術特色的建築之一，1985年作為世界文化遺產被列入《世界遺產名錄》。

世界遺產委員會評價：孔戈尼亞斯的仁慈耶穌聖殿位於貝洛奧里藏特（Belo Horizonte）南部的米納斯吉拉斯（Minais Gerais），建於18世紀下半葉。這個聖殿由多個部分組成：一個受義大利影響採用洛可可風格進行內部裝飾的教堂、飾以先知雕像的室外樓梯，以及七座小教堂。在這些小教堂裡展示有耶穌受難像，亞歷昂德里諾（Aleijadinho）創作的這些多彩雕像表現出非常新穎、生動和富有特色的巴洛克藝術風格。

17世紀末期和18世紀早期，豐富的金礦和鑽石礦的發現，吸引了大量的探險者來到這個區域，其中尤以葡萄牙人居多。

1700年左右，一些葡萄牙人定居在雷阿爾克盧什（即今天的拉法耶蒂顧問城）。從那開始，一些人出發去尋找新的貴重金屬礦脈，在他們尋找的路上建立了一些小村莊，這就是孔戈尼亞斯鎮的誕生淵源。也有人認為，這個城鎮是由一群礦工建立的，他們是從歐魯普雷圖逃跑出來，為的是躲避那兒的饑荒。

1734年，隨著附近河床地區金礦的發現，孔戈尼亞斯的定居人口一下子激增起來。起初，人們定居在一條河流的右岸，在那兒他們建立了第一個教堂——羅

薩里奧聖母堂。1749年，他們又開始建造瑪特里斯聖母教堂。孔戈尼亞斯的仁慈耶穌聖殿的建造，始於1757年，完工於1772年，建在一個被稱為奧托馬拉尼昂的小山上。建造者是一位虔誠的耶穌教徒、葡萄牙移民弗里西亞諾‧門德斯，建造動機來自於對上帝的感恩。1757年，弗里西亞諾‧門德斯得了一場重病。讓他意想不到的是，他後來奇蹟般地完全康復了，在他看來這是上帝挽救了他，於是便許諾建造了這座教堂。建造過程中，當時一流的畫家安東尼奧‧弗蘭西斯科、利斯博阿和阿萊雅丹赫，充分發揮他們的才賦，對建築工作給予了不朽的貢獻。教堂的旁邊，是12個皂石作的先知畫像和64個自然大小的雕像，反應了耶穌在十字架上的情景。它們是由阿萊雅丹赫雕刻，由阿塔爾德繪製的。聚集在這裡的葡萄牙人在淘金的過程中變得富有起來。1746年，在一張記錄有最大財富的秘密清單中，包括了孔戈尼亞斯村落的十個居民戶，而且他們都是礦工。在這些最富有的礦工中，有一個人被人們稱作「巴塔泰洛」，由於他開採的金礦石的巨大尺寸而得到了這個外號。富有的葡萄牙人慷慨解囊，不斷為聖殿的建設捐獻，才使聖殿的建設成為可能。

　　金礦的耗竭標誌著這個地區衰落的開始。當地的經濟開始下滑，只有每年九月份在孔戈尼亞斯的仁慈耶穌聖殿的慶祝期間，這個村莊才會有額外的資金收入。當時，朝聖吸引了大量的信徒，成為米納斯吉拉斯州最大的一個宗教朝聖盛會，已經延續了200餘年。

　　孔戈尼亞斯的仁慈耶穌聖殿，除了教堂本身外，還有前廊和七個跨間等建築物。聖殿通體潔白，主建築包括三層，大門富麗堂皇，造型精美的兩座塔樓圓頂方體排列在兩邊。其裝飾風格屬洛可可式，並含義大利式大玻璃裝飾的優點。內部藏有典型的巴洛克藝術風格的雕刻作品，極富感染力和表現力，實屬具有高度藝術價值的上乘之作。這些作品與先知像稱得上是拉丁美洲基督教藝術的杰作。這一切使得這座聖殿成為極具基督教藝術特色的宏偉建築之一。

## ● 第四節　人類遺址與地下寶藏

### 一、古人類遺址與史前遺址

#### 埃塞俄比亞：奧莫低谷

　　奧莫低谷，坐落於埃塞俄比亞的南部，靠近美麗的圖爾卡納湖。在有關考古部門的監管下，這處史前時期的遺址得到了較好的保存，這裡已經發掘出了大量的人類化石，並有數目眾多的牙齒、下頜骨以及各種其它部位的骨骼殘骸。1980

年，該遺址作為文化遺產被列入《世界遺產名錄》。

世界遺產委員會描述：奧莫低谷位於圖爾卡納湖（Lake Turkana）附近，是世界上著名的史前文化遺址。在這裡發現的許多化石，特別是人類股薄肌（Homo gracilis）化石，對人類進化過程的研究具有重要意義。

世界上著名的史前遺址——奧莫低谷，是埃塞俄比亞南部奧莫河靠近圖爾卡納湖的一處世界遺產，以發現大量的人類化石而聞名，其中人類股薄肌化石的發現最為著名。1967年，肯尼亞人類學家理查德‧利基在埃塞俄比亞南部的奧莫低谷，和同伴在地下約80米深處挖掘到了奧莫Ⅰ號和奧莫Ⅱ號。發現奧莫Ⅰ號和奧莫Ⅱ號之後兩年，理查德及同事在《自然》上發表文章稱，這是兩件在解剖結構上很接近今人（現在的人類）的現代人化石，出土年代為距今約13萬年前。另據利基基金會網站介紹，從奧莫飛往肯尼亞內羅畢的飛機上，理查德竟然火眼金睛般地看出肯尼亞北部的圖爾卡納湖一帶很可能蘊藏著豐富的化石。隨後的30年中，理查德及其他古人類學家果然從奧莫低谷地區挖掘出了200多件高質量的化石。

奧莫低谷挖掘出了許多石器時代的石器工具。這些石器工具上所攜帶的證據指出，奧莫低谷是迄今為止所知的人類所居住的最古老的史前時期的露營地之一。另外一些證據還進一步表明了人類在這裡所從事的最久遠的生產活動以及使用的工具。所有的這一切證據，連同遺址中所發現的豐富的人類化石一起，使人們能夠更好地瞭解祖先，瞭解人類的進化。因此奧莫低谷是一處重要的考古遺址。

奧莫低谷住著不同部落的20餘萬人。由於山脈和草原阻隔及政治的原因，他們長期處於封閉狀態，仍過著傳統的原始生活。人們把奧莫低谷稱為「最後的非洲」。如今，奧莫低谷仍處於原始狀態，部落傳統至今保持不變。奧莫低谷的婦女仍身著精美華麗的獸皮服裝，而男子則通過頭頂上梳理有特殊顏色的髮髻表示步入成年。這裡可以看到穆爾西部落的婦女仍戴有巨大的唇片，男子則參加定期舉行的棍棒角鬥儀式。哈馬爾部落的婦女在整個東非地區最漂亮，她們身上不同的金屬裝飾物代表著她們不同的婚姻狀態。卡羅部落以紋身和情欲舞蹈而聞名；其他部落諸如察邁、巴納、埃爾博雷、孔索、加布羅和博拉拉等也有同樣迷人的習俗。

### 墨西哥：瓦哈卡州中央谷地的亞古爾與米特拉史前洞穴

瓦哈卡州中央谷地的亞古爾與米特拉史前洞穴位於墨西哥瓦哈卡州特拉科盧拉山谷中，2010年作為文化遺產被列入《世界遺產名錄》。

世界遺產委員會評價：坐落在亞熱帶氣候的瓦哈卡州特拉科盧拉山谷中的此遺產，由兩處西班牙統治前的考古遺址，以及一系列史前洞穴和人類居住的岩石庇護所組成。在一些庇護所中發現的考古證據與岩刻藝術，見證了史前人類從遊

牧式的打獵採集者向定居的農業人口轉變的進程。在吉拉納蒂茲洞穴中發現的一萬年前的葫蘆種子，被認為是美洲大陸上最早進行植物栽培的證據；而同一洞穴發現的玉米穗殘粒則被看作是最早的人工栽培玉米的證據。亞古爾與米特拉洞穴的文化景觀展現了人與自然之間的紐帶。這一紐帶不僅導致了北美洲人工種植的產生，並且推動了中美洲文明的發展。

亞古爾與米特拉史前洞穴位於墨西哥瓦哈卡州特拉科盧拉山谷中。瓦哈卡州是墨西哥本土文化氣息最濃烈的一個州，生機勃勃的土著文化和後來居上的西班牙文化水乳交融，形成了拉丁美洲一道獨特的風景。

在墨西哥的瓦哈卡州中的特拉科盧拉山谷中，有著聞名於世的亞古爾與米特拉史前洞穴，並且由兩部分組成，一部分是人類居住的史前洞穴，另一部分是十五世紀前的考古遺址。此史前洞穴的考古遺址，對於人類研究史前文明具有非常大的作用。

進入洞穴中，可以觀看到史前人類的生活地點，還有他們製作的一些石器、器皿等珍貴的歷史文物。而且從展現於牆壁上的一些壁畫，可以推測出當時人類的一些活動內容。這不僅對科學家的研究有所幫助，還能讓人們也去觀賞，細細品味當初人類的生活狀態。這個考古遺址。反應了中美洲人類的史前活動內容，遠處觀看洞穴時，會發現它的高度在山谷兩側的中間位置。進入洞穴後，可以觀察到遠處的情形，便於史前人類防止野獸帶來的危害，極大地保護了他們的生活。科學家在洞穴中發現了葫蘆種子，這被認為是最早的人類種植植物的證據。在特拉科盧拉山谷中，也有著代表墨西哥特色的仙人掌等植物。

## 巴布亞新幾內亞：庫克早期農業遺址

庫克早期農業遺址位於巴布亞新幾內亞南高地省，因其見證了7,000多年前人類由植物採集向耕種轉變的技術跨越，2008年作為世界文化遺產被列入《世界遺產名錄》。

世界遺產委員會的評價：早期農業遺跡是一片占地116公頃的濕地，位於新幾內亞南部海拔1,500米以上的高地。考古發掘向世人展示了一項連續7,000年，甚至可能長達1萬年的濕地開墾景象。它包含有保存完好的考古遺跡，展現了6,500年前由植物採集向耕種轉變的技術跨越。隨著時間的推移，這成為一個很好的例證，從土地耕作、用木製工具挖溝渠排水等方面反應了農業轉型的狀況。庫克是世界上為數不多的在如此長時間段內的獨立農業實踐的考古證據。

庫克早期農業遺址是位於巴布亞新幾內亞南高地省的一個考古遺址。此處是一片面積為116公頃的濕地，海拔超過1,500米。在這裡發現了9,000年前的農業種植遺址。這是最古老的農業遺址之一，此外還發現了年代不同的數期農業遺址，是農業耕作方式轉型的最好例證。

直到 20 世紀初期，當地人仍在庫克濕地種植香蕉和根類蔬菜，並使用木制水渠進行灌溉。他們還在濕地周圍的山谷中定期燒荒，以促進牧草生長，發展牧業。20 世紀 30 年代歐洲人來到了這一地域尋找黃金，阻止了燒荒行為。20 世紀 50 年代後這裡通了車，開始種植咖啡和茶等作物。1968 年，庫克濕地被卡維爾卡斯人租借給澳大利亞殖民管理局 99 年，作為研究茶葉和其他作物的研究站，傳統的水渠和作物的格局從此被打破。在巴布亞新幾內亞 1975 年獨立之前，澳大利亞國立大學對此處進行了考古調查，之後又進行了為期 4 年的大規模的考古發掘，發現了古代灌溉系統的遺跡。1991 年研究站關閉後，考古發掘停止，當地人繼續在這裡種植作物。1997 年巴布亞新幾內亞國家博物館和巴布亞新幾內亞大學的專家一起協商，希望可以將庫克濕地列入世界遺產名錄。

　　通過對水渠底部沉積的火山灰的研究，考古工作者將庫克早期農業遺址分為 6 期，其中的第 1 期位於灰土層之下，發現了 9,000 年前種植的芋頭和修建水渠幫助濕地排水的遺跡。研究者認為此處農業生產的歷史甚至可以追溯到一萬年前。之後幾期都處於灰土層之上，其中的第 2 到 3 期發現了 7,000 年前的香蕉和甘蔗種植遺跡，第 4 到 6 期證明庫克濕地自四千年前至今一直有著連續的農業生產。

　　考古挖掘證明，該片地貌是當年的改造濕地之一，存留時間長達 7,000 至 10,000 年之久。其中包括保存良好的考古遺跡，展現了約 6,500 年前將植物採集轉化為農業活動的一次技術性飛躍，非常具有歷史研究價值。

## 二、歷史時期遺址

### 摩洛哥：瓦盧比利斯考古遺址

　　瓦盧比利斯是一座部分出土的羅馬古城，位於摩洛哥非斯和拉巴特之間的梅克內斯附近，是一處年代久遠的古羅馬廢墟，1997 年作為文化遺產被列入《世界遺產名錄》。

　　世界遺產委員會評價：古城建於公元前 3 世紀，曾是北非古國毛里塔尼亞的首都，是羅馬帝國的一個重要前哨，有著許多優雅精致的建築物。該考古遺址是一個富饒的農業區，在這裡出土過許多重要遺跡和文物。瓦盧比利斯後來曾有一段時期成了伊德里斯王朝的首都，王朝的創立者伊德里斯一世就葬在附近的穆萊伊德里斯。

　　瓦盧比利斯是年代久遠的古羅馬廢墟。1 世紀，古羅馬人在可能是迦太基城市的地方建立了定居點，即瓦盧比利斯，並逐漸發展成為古羅馬帝國在非洲當地的中心行政城市之一，負責生產並向古羅馬帝國輸出糧食。瓦盧比利斯同時也是羅馬人與永遠無法被徵服的柏柏爾人進行官方接觸的地方，雙方只在互利時才進

行合作。與其他很多羅馬城市不同，羅馬人在3世紀非洲地區失去立足之地後，沒有放棄瓦盧比利斯。拉丁語在這裡繼續流行了幾個世紀，直到7世紀晚期阿拉伯人徵服北非後才被取代。這裡曾有一段時期成了伊德里斯王朝的首都。

此後，人們又在瓦盧比利斯生活了1,000多年。1755年，瓦盧比利斯在大地震中毀滅。18世紀瓦盧比利斯遭到遺棄。當時為了在梅克內斯附近修建穆萊的宮殿，瓦盧比利斯被拆除以便得到建築材料。可想而知，如果當時沒有拆除瓦盧比利斯，瓦盧比利斯有可能成為當今保留最為完好的一處羅馬遺跡。

據記載，1世紀時這裡曾經是一座繁華的城市，整個城市呈現出一派欣欣向榮的景象。1874年，考古學家發現了瓦盧比利斯遺址。1915年，這裡開始進行大規模的發掘。考古發現，這裡留有保存完好的凱旋門和劇場的白色石圓柱，甚至連古城的街道、居民住房、油磨坊、公共浴室、市場等都依然清晰可見，這裡還有許多鑲嵌式的壁畫。從廢墟中還挖掘出大批製作精巧的青銅人像和大理石人像，其中包括烏西亞的半身像、梳洗中的維納斯像、穿草鞋的維納斯像。瓦盧比利斯的凱旋門建於217年，中心廣場與「巴西利卡」的一邊相連。「巴西利卡」是一種建有柱廊的建築，是法庭開庭的地方，也是舉行商業會議的場所，下雨時還可以讓人們避雨。瓦盧比利斯的建築多種多樣，其中有俄耳甫斯的房子、艾弗伯斯帶柱廊的房子、維納斯隨從的房子、高利爾那斯的浴室等。這些都與義大利龐貝城中的景色相似。

## 哥倫比亞：聖奧古斯丁考古公園

聖奧古斯丁考古公園位於哥倫比亞西南部的烏伊拉省，距首都聖菲波哥大西南約450千米，是哥倫比亞最偉大的考古發現之一，1995年作為世界文化遺產被列入《世界遺產名錄》。

世界遺產委員會評價：在南美洲一片原始壯觀的風景區內矗立著最大的宗教建築和巨石雕塑群。這些雕塑包括了眾神和傳說中的動物，從抽象主義到現實主義，風格各異。這些藝術杰作顯示了1—8世紀盛極一時的北安第斯文化的創造力和想像力。

聖奧古斯丁考古公園海拔高達1,752.6米，坐落於哥倫比亞山側的一個小村莊中。在方圓大約500千米的範圍內，散布著許多聖奧古斯丁文化的墓地、神殿和石像。聖奧古斯丁的藝術家們，用黑曜石製成石斧，在玄武岩上雕刻出了精美的石像和石碑。這些公元前5世紀後雕刻的石像和石碑，現在還殘存400多處。與復活節島上長耳朵、長鼻子、長臉的巨石像不同，這裡的石像有著可愛的臉部表情。石像是在幾個不同階段雕刻而成的，前期的人像雕刻線條簡潔，後期作品雕刻細膩。這些雕刻裝飾顯示了作者豐富的想像力。在南美洲一片原始壯觀的風景區內豎立著一些巨大的宗教性的紀念像和雕塑。神和傳說中的動物都被精湛地

雕刻出來，栩栩如生。聖奧古斯丁文化在8世紀達到鼎盛，後來同其他美洲文明一樣，迅速地衰敗消失了。

聖奧古斯丁考古公園，是迄今為止哥倫比亞最偉大的考古發現之一。幾個世紀以來，在這片土地上曾經居住著代表各種文化的民族，因而也為子孫後代留下了許多有考古價值的文化遺址，其中最著名的有雕塑、石刻、石棺以及雕有人物、動物、神話傳說的岩石雕刻。現在還不能確定這些文物究竟代表什麼具體的文化，只能推測他們代表了各種禮拜，尤其是對死者的禮拜。在當時，聖奧古斯丁的居民以農業為生，主要種植穀物、蔬菜、水果，也進行狩獵和捕魚，並且古聖奧古斯丁居民掌握著極為高超的制陶技術。在聖奧古斯丁考古公園中建有博物館和圖書館，在那裡可以得到關於聖奧古斯丁考古公園的歷史知識。

### 埃及：阿布辛貝至菲萊的努比亞遺址

阿布辛貝至菲萊的努比亞遺址位於埃及東南部尼羅河上游河畔，這裡有大量極具考古價值的宏偉古跡。1979年該遺址作為世界文化遺產被列入《世界遺產名錄》。

世界遺產委員會評價：這一重要區域有大量極具考古價值的宏偉古跡，包括阿布辛貝（Abu Simbel）的拉美西斯二世神廟（Temples of Ramses II）和菲萊（Philae）的伊希斯女神聖殿（Sanctuary of Isis）。這些古跡在1960—1980年曾險遭尼羅河漲水毀壞，多虧聯合國教科文組織發起的國際運動，最終才幸免於難。

阿布辛貝至菲萊的努比亞遺址中，最雄偉的埃及古建築是阿布辛貝神廟。它建造於公元前1275年，埃及第十九王朝法老拉美西斯二世統治時期。神廟在尼羅河兩岸的峭壁上鑿出，高約33米，寬約37米，縱深約61米。其中神廟正面的4個巨大的雕像是法老拉美西斯二世本人。雕像的兩耳之間寬達3.9米，嘴寬0.97米。這些巨型雕像逼真地再現了法老拉美西斯二世的形象。其中的一個由於地震的破壞而缺少了頭部。在4尊雕像的小腿之間有些小雕像，它們是拉美西斯二世的孩子們和他那既是妹妹、又是妻子的娜弗塔瑞。寺內石壁上刻滿了圖畫和象形文字，評價拉美西斯二世當政期間的生活情景、與赫梯人為爭奪敘利亞地區統治權而會戰於卡迭石城的戰況，以及努比亞地區人民的生活習俗。距拉美西斯二世神廟不遠，是拉美西斯二世為其最寵愛的妻子尼菲泰麗修建的神廟，即伊希斯女神聖殿。它同樣是在懸崖上雕刻而成，規模略小於阿布辛貝神廟，故有小阿布辛貝神廟之稱。廟內塑有多尊尼菲泰麗的塑像。與大多數古埃及藝術作品追求莊重、穩定而給人以僵硬的感覺不同，這裡的尼菲泰麗雕像神態自若，美麗動人。每年的拉美西斯二世的加冕日和生日，太陽光線能夠穿過開鑿在岩石裡面深達63米的祭臺間，照在太陽神雕像上。

在被譽為「尼羅河明珠」的菲萊島上，還建有獻給女神艾西絲和哈索爾的菲

萊神廟。它建於公元前4世紀—公元前3世紀。菲萊神廟融合了埃及法老時代的建築風格和希臘-羅馬建築風格。神廟的第一塔門上刻有托勒密一世將奴隸供給艾西斯女神和哈索爾女神的圖像。中心還刻著艾西絲女神、哈索爾女神的浮雕像，精美無比。關於獻給女神艾西絲和哈索爾的菲萊神廟，還有一個美麗的傳說。相傳，艾西絲和烏祖利斯是一對相敬相愛的好夫妻。烏祖利斯教古埃及人耕作，深得人民的愛戴。他的弟弟嫉妒他，將他殺害後碎屍萬段，扔在埃及各地。艾西絲為了尋找丈夫的屍骨，跋涉千里，邊走邊哭，最後終於找全了丈夫的屍骨，並借助神力，使丈夫恢復了半個生命。後來，艾西絲生了一個名叫荷利斯的兒子。她偷偷地把兒子撫養成人，終於報了殺夫之仇。古代埃及人把艾西絲視為天上的女神。他們認為，每年尼羅河水泛濫，都是由於艾西絲在尋找丈夫時痛哭流淚形成的。

20世紀50年代，埃及政府為了控製尼羅河水泛濫，在尼羅河上游動工建造納賽爾水壩。水壩建成後努比亞地區將形成一個巨大的水庫，如不採取措施，阿布辛貝神廟等古跡將遭遇永遠沉入水底的厄運。為了避免這一局面的發生，從1960年起，由聯合國教科文組織牽頭，34個國家的考古學家聯合進行了一次人類歷史上最大規模的文物搶救運動。搶救古跡的工程從1962年開始動工，分幾個階段進行，歷時近20年。全世界許多科學工作者、工程師和工人齊心協力，先用鋼板把大廟圍起來，抽干裡面的河水，再將岩石切割成塊，運送到離古跡原址不遠、高出水庫水位的地方，再按原樣重新安裝。遷移後的大廟成功地保持了建造時的方位，即每年的春分和秋分時節，太陽的光線可以穿過開鑿在岩石裡面深達63米的祭臺間，照在太陽神雕像上。在搶救古跡工程中，菲萊神廟被遷到靠近阿吉基亞的小島上，其他寺廟分別在4個經過精心挑選的地方重建。為了紀念這場聲勢浩大的古跡搶救工作，1980年埃及政府建立了努比亞博物館。

## 美國：卡俄基亞土丘歷史遺址

卡俄基亞土丘歷史遺址位於美國密蘇里州聖路易斯城東北部約13千米處，是美洲最大的土建築遺址，1982年作為文化遺產被列入《世界遺產名錄》。

世界遺產委員會評價：卡俄基亞土丘歷史遺址位於密蘇里州聖路易斯城東北部約13千米處，這是哥倫布發現美洲前墨西哥以北地區最大的人類聚居地。該遺址主要在800—1400年有人類居住，佔地1,600公頃，包括120個土丘。該遺址是古代部落社會的典範，以類似中心城和衛星城的模式進行規劃，在中心城市周圍有許多小村莊。這個農業社會在其鼎盛時期（約1050—1150年）約有人口1萬至2萬。在這個遺址上還可以找到一些遠古建築，例如當地的寺廟。這是美洲大陸上最大的史前土木工程，佔地超過5公頃，高約30米。

卡俄基亞土丘歷史遺址是美國境內最古老的文化遺跡之一。據說它早在聖路

易斯形成城市之前就已經出現了，是當地居民在結束遊牧生活之後，最先出現的固定居所，同時也是人類早期社會文化的最好展現。卡俄基亞土丘歷史遺址向人們展現了在美洲大陸出現於人們視線之前的當地人的生活樣貌，是人們瞭解密西西比河流域人類文明的最好方式。現如今人們在這個卡俄基亞土丘歷史遺址之中一共發現了80多座規模不一的古老建築，而那時作為人們生活主要用具的陶器更是不計其數。據說在它最繁盛的年代之中，這個地方曾經是一個常住人口高達數萬人的大家園，是當地最重要的文化和貿易中心所在地。

卡俄基亞土丘歷史遺址之中的建築多大是當年土著人建設而成的。卡俄基亞土丘歷史遺址是城市形成前，人們停止遷移而建造的簡易住所，是未有歷史記載的人類早期社會結構的雛形。這一歷史遺跡的存在，為美國研究密西西比的哥倫比亞文化提供了最豐富的信息。從這些也可以看到當時勞動人民艱苦勞動的程度。

現在當地遺留的100多個土墩之中，已經有87個記入當地的文獻之中了。僧侶墩是這個地區最大的一個遺跡，有30.48米高，而且可以分為4層，占地面積更是超過5.6公頃，是現如今世界上最大的土建築之一。它的存在也是古代人民建築水平的最好見證。

### 突尼斯：迦太基遺址

迦太基遺址位於突尼斯的突尼斯城東北17千米處，是奴隸制國家迦太基的首都，1979年作為文化遺產被列入《世界遺產名錄》。

世界遺產委員會評價：迦太基毗鄰突尼斯灣，始建於公元前9世紀。自6世紀起，迦太基逐步發展成為一個強大的貿易帝國，也創造了一段輝煌的文明。其領土曾擴展到地中海沿岸的大部分地區。在漫長的布匿戰爭中，迦太基占領了羅馬的領土，但最終於公元前146年被羅馬打敗，迦太基城變為廢墟。

迦太基古城遺址位於突尼斯首都突尼斯城東北17千米處，迦太基在腓尼基語中意為新的城市。它占地300多公頃，是奴隸制國家迦太基的首都。據文字記載，迦太基古城建於公元前814年，比羅馬城早61年，城市興建後，國力逐漸強盛，版圖不斷擴大，成為當時地中海地區政治、經濟、商業和農業中心之一。大約在公元前9世紀，腓尼基公主艾莉莎帶領她的子民，從現在的黎巴嫩遠渡重洋，千里迢迢來到地中海南岸的這塊陌生的地方，並以她的聰明機智，讓當地的原住民——柏柏人賜給她土地，建立起著名的迦太基。

由於腓尼基人是一個善於航海和經商的民族，讓剛剛興盛起來的羅馬備感威脅，終於引發了3次布匿戰爭。戰勝方羅馬人採用焦土政策，使得迦太基城像謎一樣地從歷史上消失。公元前122年羅馬又在這裡重建城市，並使其發展為僅次於羅馬城的第二大城。698年，它被阿拉伯軍隊徹底毀滅。近年來，在考古學家推敲和研究下，終於讓這個曾經在歷史上散發短暫光芒的迦太基城重新展現在世

人面前。

迦太基古城遺址中的建築遺跡具有明顯的迦太基與羅馬文化雙重印記。迦太基人精於航海，這從港口建築遺跡上可見一斑。迦太基古城近來發現了兩個迦太基時期的軍港，其中一個有大船塢，能容納200多艘船只。迦太基古城最古老部分位於緊靠海岸的比爾薩山下，是迦太基城的中心。比爾薩山最南部為迦太基生殖女神塔甩特的聖殿。最南端是和薩山拉姆堡商港。比爾薩山上曾建造過堅固的防禦工事，城牆長達34千米，高13米、寬8米，每隔60米就設一座瞭望塔。通過發掘，除宮殿、住宅等建築依稀可辨之外，還發現了一批石棺和隨葬品以及拜占庭時代的宮殿遺址。

羅馬時代迦太基古城的遺跡殘存較多。羅馬人在比爾薩山上建有大神廟，其露天柱廊上則保存有羅馬的勝利神和豐收神的雕像。著名的公共浴場則是在公元145—162年羅馬皇帝安東尼時期建成的，是古羅馬的第四大浴場。從基部殘存的柱石、斷牆、拱門可隱約看出兩邊對稱排列的一間間浴室，浴室裡有更衣室、冷水室、溫水室、蒸汽浴室、按摩室、健身房等。浴場用水則從遠處的山泉通過60千米長的引水渡槽引來。渡槽高6~20米，至今仍遺存數段渡槽和支架。住宅區也保存有雕刻精美的石柱，上面飾有人像、獅頭、馬身等。在數處庭院的地面上，有2,000多年前用各種顏色的小石塊拼成的鑲嵌畫，殘存部分的色澤依然絢麗華美。畫面的內容有馬、少年捕鴨等，這些都顯示了羅馬時期迦太基鑲嵌畫的成就。羅馬時期修建的迦太基古城同其他羅馬城市一樣，有圓形劇場和橢圓競技場。劇場分成3個部分，用柵欄隔開。樂隊席後都有5個臺階，舞臺前面兜著幾個壁龕。後牆有3個門，舞臺兩側的門直通場外的柱廊。舞臺對面是平圓形石看臺，共21級。橢圓形競技場也相當大，可容納5萬多觀眾。迦太基被毀後，這裡成為採石場，建築材料被移作他用，只留下了建築遺址。

突尼斯市以南約200千米的杰姆古羅馬鬥獸場也是著名的古跡。鬥獸場呈橢圓形，看臺可容納3.5萬名觀眾。這個鬥獸場是目前世界上保存較好的三個古羅馬鬥獸場之一。

### 秘魯：聖城卡羅爾-蘇佩

聖城卡羅爾-蘇佩位於秘魯利馬北約200千米處，是建築最複雜的聖城，2009年作為文化遺產被列入《世界遺產名錄》。

世界遺產委員會評價：卡羅爾-蘇佩位於蘇佩河綠色山谷旁的干燥沙漠臺地上，占地626公頃，俯瞰著蘇佩河翠綠的谷地。它的歷史可以追溯到中安第斯山脈的遠古時代晚期，是美洲最古老的文明中心之一。除保存完好之外，該遺址給人印象最深的就是它設計和建築的複雜性，尤其是它的紀念碑和土制平臺以及凹陷的環形巷道。卡羅爾擁有複雜且巨大的建築結構，包括6個大型金字塔結構。

在該遺址上發現的結繩文字（安第斯文明用於記錄信息的結繩系統）證明了卡羅爾社會的發展及其複雜性。該城市的規劃和它的某些組成部分，包括金字塔型結構和精致的住宅，均顯示出禮儀活動的顯著特徵，標誌著一個強大的宗教思想。

卡羅爾聖地遺跡據稱已有 5,000 年歷史，在公元前 3000 年，這個地區就已經開始了它的繁榮期。透過對卡羅爾遺址的解讀，5,000 年前的秘魯人的生活狀況逐漸被現代人所瞭解。從卡羅爾-蘇佩遺址的古老金字塔建築的泥土和石塊中發現了美洲大陸最早的文明痕跡。

這項考古發現確定了秘魯中部沿海也是人類文明的起源地。大約與埃及人建金字塔同時，南美洲秘魯境內，也有人建立巨大的石頭建築和灌溉運河。研究人員測知，蘇佩河谷在公元前 2627 年就已有城市存在。卡羅爾 1905 年就被發現，但沒人去探索。從挖掘的古物發現那裡曾孕育出一個島嶼都會區，勤勞的農民、工匠與漁夫共同創造了偉大的文明。這個文明延續了數百年，然後突然消失，原因沒人知道。卡羅爾-蘇佩聖城所體現的史前文明從公元前 3000 年延續到公元前 1800 年。卡羅爾文明興盛的時間大約與埃及、美索不達米亞、中國以及印度等古文明差不多。在該文明興盛期間出現大量高聳的簡單建築物，例如大型的平臺式土墩。此外，考古人員發現了紡織技術存在的證據。研究小組根據當地出土的蘆葦編織的籃子，判斷出了該文明古物的年代。5,000 年前，工人用這種籃子搬運建築石塊，構築巨大的建築物，把這些籃子留在建築物裡面。這些不知名的史前文明人靠蔬菜和魚類維生，不過沒有種植穀類，也沒有製造出陶器或任何藝術品，不像其他的古文明人。

## 三、岩畫與地面圖形

### 馬拉維：瓊戈尼岩石藝術區

瓊戈尼岩石藝術區位於馬拉維中央區代扎市，是非洲最精湛的岩畫藝術區，2006 年作為文化遺產被列入《世界遺產名錄》。

世界遺產委員會評價：瓊戈尼岩石藝術區位於馬拉維中央高原樹林叢生的花崗岩山岡上，占地 126.4 平方千米。該地區 127 處遺址集中展現了中部非洲的岩畫藝術。它們反應了相對貧乏的農民岩畫藝術傳統，以及自後石器時代就居住於此的群居獵人巴特瓦的繪畫藝術。切瓦農民的祖先生活在後鐵器時代，習練岩畫至 20 世紀。岩畫藝術裡與婦女關係緊密的符號，與目前切瓦人文化仍有關聯。這些遺址與慶典和儀式緊密相連。

切瓦人居住在贊比亞以東地帶、津巴布韋的西北部和馬拉維。切瓦人講班圖語，與其西鄰的本巴人有許多相同的文化特徵，兩者具有血緣關係。切瓦語亦稱

钦延贾语，在马拉维佔有重要地位。切瓦人的经济活动以刀耕火种农业为主，主要作物为玉蜀黍和高粱；狩猎和渔业也占一定地位。过去切瓦人的社会曾以奴隶制为特征。世系、遗产继承和继位均按母系，普遍实行一夫多妻制。

马拉维最早的居民是卡富拉人。13世纪班图人的一支进入下刚果基萨莱湖地区定居并建立了卢巴王国。16世纪中叶班图人中的切瓦人、尼扬扎贾人、曼甘贾人、恩顿巴人、姆博人、津巴人、恩森加人和契普塔人进入马拉维湖附近定居。其中切瓦人人数最多。他们在这里建立了9个王国，最著名的是切瓦人酋长卡龙加建立的马拉维王国。19世纪初，班图人另两支尧族和恩戈尼人分别从东部和南部进入马拉维境内定居。德国殖民者D.利文斯敦在1858—1863年4次到达马拉维湖地区。他把该地称为尼亚萨兰。在柏林会议（1884—1885年）上，尼亚萨兰被纳入德国势力范围。1890年德葡两国达成边境协定，德国在尼亚萨兰的统治得以确认。1891年3月德国殖民政府宣布尼亚萨兰为保护国，1904年德国政府直接管辖尼亚萨兰。

非洲有20万个岩画地点。在非洲的其他地方，岩画经常用来记录布须曼人和俾格米人打猎的神话。在非洲西部没有多少岩画保存下来，而在东部和中部地区，一些创作于近代却极有价值的岩画得以残存。琼戈尼岩石艺术区的岩画遗跡包括后石器时代就居住于此的群居猎人巴特瓦的绘画艺术和生活在后铁器时代切瓦农民的祖先的岩画，是非洲中部著名的岩画遗跡，最集中、丰富地展现了中部非洲的岩画艺术。

琼戈尼岩石艺术与切瓦人有著不可分割的联系。切瓦人酷爱岩画，他们习练岩画的历史延续至今。马拉维中央高原树林丛生的花岗岩山冈上这些密密麻麻的被广泛收藏的岩石艺术，反应了许多世纪以来包括切瓦人在内的本地人保护和传承文化传统的非凡毅力。

### 秘鲁：纳斯卡和朱马纳草原的线条图

纳斯卡和朱马纳草原的线条图位于秘鲁利马以南约400千米，是考古学中最难解开的谜团之一，1994年作为文化遗产被列入《世界遗产名录》。

世界遗产委员会评价：纳斯卡和朱马纳草原在利马以南约400千米，位于秘鲁海岸的干旱草原上，占地约450平方千米。这些线条图大约刻于公元前500年—公元500年，就其数量、自然状态、大小以及连续性来说，它们是考古学中最难解开的谜团之一。有些线条图反应了活著的动物、植物，也有想像的形象，还有数千米长的几何图形。这些物品被认为用于与天文学有关的宗教仪式。

纳斯卡线条图是一种巨型的、镂刻在纳斯卡山谷的潘帕·因哈尼奥荒漠中的一些奇怪的超大图形。有直线形、几何图形，还有飞禽走兽等各种各样的图案。在地面上，它们似乎像在暗红色的沙砾上一条条弯弯曲曲的小径。只有从高空往

下觀望時，這些線條才能呈現各種獸類的巨大圖形。例如：一只 50 米長的大蜘蛛；一只巨大的禿鷹，其翼展竟達 120 米；一條蜥蜴有 180 米那麼長；而一只猴子則有 100 米高。這些迷宮般的圖案占地 500 平方千米，它們是靠移開堅硬的表層石塊，讓下層黃白色的泥土露出地面而創造出來的。

自 1926 年人們發現了這些圖案後，一直眾說紛紜。然而對這些圖案想表達的意圖，至今仍是個不解之謎。艾爾弗雷德·克魯伯和米吉亞·艾克斯比，這兩個最早注意到這些圖案的人，認為這些是灌溉用的水渠。後來，艾克斯比認為這些小徑與印加帝國的「神聖之路」相似，那些圓錐形石堆是「聚焦」（即這些線條的聚合相交點），也可能是舉行禮儀活動的場所。保爾·考蘇克在 1941 年到達該地時，在夏至那一天，他碰巧觀察到太陽恰好就是從這些紅條中某一條的末端的上空落下去的。這一奇妙的現象使他認為，這裡是世界最大的天文書。德國學者瑪麗亞·萊因切在經過 30 餘年潛心研究之後，提出相同的理論。她解釋道，這些直線與螺線代表星球的運動，而那些動物圖形則代表星座。

在所有的理論中，最出名卻又最牽強附會的要數埃里克·馮丹尼肯在他那本《上帝的戰車》一書中所做的解釋：這些是為外星人來參觀而留下的入口處標記。另一種同樣異想天開的妙說是，古代時，這裡的人乘坐在熱氣球上留下這樣的殘跡。這一猜想的依據是，這些圖案在空中才看得清楚；該說法還稱圖案中有許多地方看上去很可能是當時氣球飛離地面時那些燃燒物留下的痕跡。不過，喬奇艾·馮布魯寧又聲稱這是賽跑比賽時留下的軌跡。考古學家喬斯依·蘭其奧則更直接而簡單地把這一切解釋為地圖，標出的是一些進入重要場所的通道，比如地下水渠等。對於這些圖案形成的時間的爭論則要少一些。考古學家們最新的估計是，它們出現在 1 世紀前後，這比原先的推算更早些。然而，不管是行家還是非專業的分析家都對其魅力感到難以抗拒。

為了讓它們能一直保存下去，當地政府已採取了一些保護措施。例如，參觀者不準步行或驅車前往。在納斯卡北部 20 千米處，建了一座瞭望塔，專為不宜乘飛機的遊客們提供斜向觀望其中三個圖案的機會。倘若站在平地上去觀看，那麼這些奇妙的圖案將即刻失去其所有的魅力，因為它們的規模之大、式樣之繁多，是難以在平地上被覺察的。

## 四、陵墓與墓地

### 埃及：孟菲斯及其墓地金字塔

孟菲斯及其墓地和金字塔，位於埃及東北部的尼羅河西岸。孟菲斯曾是古埃及的都城，已有 5,000 年歷史。金字塔距孟菲斯 8 千米處，是世界上古代「七大

奇跡」中僅存的一處，1979年作為文化遺產被列入《世界遺產名錄》。

世界遺產委員會評價：古埃及王國首都有著令人嘆為觀止的墓地古跡，包括石冢、裝飾華麗的墓室、廟宇和金字塔。這處遺址是古代世界七大奇跡之一。

孟菲斯位於尼羅河三角洲南端，埃及首都開羅和尼羅河兩岸不遠處，在公元前3000年由法老美尼斯所建。孟菲斯在上、下埃及首次統一後，就成為古埃及的首都。在漫長的歲月中，孟菲斯曾幾經興衰，最後毀於7世紀。現今，孟菲斯古城僅存拉美西斯二世時代的神廟遺跡、第十八王朝的斯芬克斯石像、阿庇斯聖牛廟和第二十六王朝的王宮遺跡等。孟菲斯的墓地在孟菲斯城西南薩卡拉，距開羅約27千米。這裡有80多處古代法老的陵墓——金字塔，其中最為著名的是吉薩金字塔，共有3座，分別為古埃及第四王朝的法老胡夫、哈夫拉和孟考勒所建。金字塔是古埃及國王的陵墓。這些統治者在歷史上被稱為「法老」。古代埃及人腦海裡有一個根深蒂固的「來世觀念」，他們把冥世看作是塵世生活的延續。因此修建自己冥世的住所被這些法老看成是自己在生前的一件大事。金字塔的形象，千百年來為人們所熟知，引起無數人的驚嘆。古代世界七大奇跡中的其它六個奇跡都已毀損，唯有代表著古代文明燦爛成就的金字塔，依然聳立在大地之上。因此，埃及人有俗語：「人們怕時間，時間卻怕金字塔」。

建造大型金字塔的年代在公元前2650年前後至公元前1750年前後，時間跨度大約為900年。絕大多數金字塔分佈在尼羅河西岸。這是因為古代埃及人認為，太陽西下那邊有來世。在眾多金字塔中，最著名的莫過於離首都開羅不遠的吉薩金字塔（建於公元前2550年前後）。3座金字塔並排屹立，巍然壯觀，其中規模最大的一座是胡夫法老（王）的墳墓，又名大金字塔。這座大金字塔高146米，底邊長230米。建造這座金字塔的石料是採自吉薩附近的石灰岩，厚1米，寬2米；長短不一，平均每塊重約兩噸半。墓室內使用的花崗岩則是從遠在1,000千米外的阿斯旺運來的。在大金字塔附近，還有一座非常有名的獅身人面像。在大金字塔建造完成的兩千年後，即公元前5世紀，古希臘著名歷史學家希羅多德來到埃及。在其所著《歷史》一書中，他根據當地人的傳言寫道：「金字塔是墓。」

大金字塔南側有一所太陽船博物館。那裡展示著1954年5月考古廳的瑪爾瑪拉赫發現的最古老的大木船。在進行除沙作業時，他偶然發現用石灰岩蓋著的長31米、深3.5米的凹坑，裡面藏著拆散了的船的構件。經歷了13年多的歲月，得到復原的是一艘全長43米的大船，上面有胡夫王的繼任人杰多弗拉的名字。因此人們認為這艘船是杰多弗拉為其先王胡夫而埋葬的。在古埃及，人們相信王死後會變成太陽神，靈魂乘船飛往天空。因為太陽船有分晝用和夜用兩種，所以胡夫王的船也應另有一艘。1987年2月，早稻田大學考察隊利用高科技手段進行調查，確認在原凹坑的西側還有一個凹坑，那就是第二太陽船。同年10月，美國的一個考察隊把纖維式觀測器插入坑內，進一步確認了船的存在。1992年，早稻田大學

考察隊成功地完成了坑內攝影和構件的木片採樣。對木片的分析結果表明，第一太陽船用的是黎巴嫩產的杉木，第二太陽船也使用了基本相同的木材。在發現第一太陽船之後的 40 年間，由於坑內進了水，導致灰泥剝落，使得構件的保存情況相當差，有待今後進行處理和復原。

斯芬克斯最初源於古埃及神話，也見於西亞神話和希臘神話中，但斯芬克斯在各文明的神話中的形象和意義各有不同。古埃及第四王朝的法老哈夫拉按照斯芬克斯的形象建造了一座石像，後世稱為獅身人面像。獅身人面像是一座非常古老的建築，其中最明顯的證據是在獅身的石頭上發現的。大部分石頭上都鑲嵌著用來防止受蝕、起保護作用的飾面。長期以來，考古學家們一直認為這一鑲嵌飾面的工藝是在獅身人面像建造後期，即整個獅身已經大體成形後才另外進行的。但是，1979—1980 年，有關專家在對獅身人面像進行了一番細緻的研究之後卻得出了另一個頗具爭議的結論。在獅身人面像的獅身部位沒有發現有任何對石塊進行過加工的痕跡——無論是使用工具還是在最初階段的採石過程中對石塊表面進行的加工。獅身人面像的主體部位在進行鑲嵌飾面工藝之前就已經受到了嚴重的侵蝕。對獅身人面像進行修復工作的時間可能開始於「新王國」時期，這一時期大約始自公元前 1500 年。

從金字塔到獅身人面像，從法老的墓地到雅典娜神殿……在古埃及遺址的每一個角落：墓地、石碑、雕塑、器皿、裝飾、繪畫……幾乎都可以找到一種被稱之為斯芬克斯的古怪圖案。它們無一例外地均為人獸合體，儘管在表達方式上不盡相同，但是它們都是由人、獅、牛、鷹共同組成，可以將其稱為「斯芬克斯現象」或「斯芬克斯文化」。這種現象或文化似乎帶著一種蔓延的趨勢，從古到今，從內向外。在北美落基山、在大和民族繁衍生息的日本島、在世界屋脊藏傳佛教的那些寺廟裡，以及世界上許多其他地方，都能找到這種類似於人獸合體的東西。

在埃及，大大小小的金字塔有七八十座之多，其中最大的一座是胡夫金字塔。該塔高約 146.5 米，共用了 220 多萬塊巨石。每塊石頭都有一人多高，約 2,500 千克重。人們一直存在種種疑問，這些石塊是怎樣開採、運送的，又是怎樣堆砌的呢？要知道，即使在今天，擁有現代化技術手段的建築團隊也很難完成如此艱鉅的工作。尤其令人疑惑不解的是，在附近數百千米範圍內，竟然難以找到類似的石頭。不久以前，科學家約瑟‧大衛杜維斯提出了驚人的見解：金字塔上的巨石是人造的。大衛杜維斯借助顯微鏡和化學分析的方法，認真研究了巨石的構造。他根據化驗結果得出這樣的結論：金字塔上的石頭是用石灰和貝殼經人工澆築混凝而成的，其方法類似今天澆灌混凝土。由於這種混合物凝固硬結得十分好，人們難以分辨出它和天然石頭的差別。此外，大衛杜維斯還提出一個頗具說服力的佐證：在石頭中他發現了一縷約 1 英吋長的人髮，唯一可能的解釋是，工人在操作時不慎將這縷頭髮掉進了混凝土中，保存至今。

## 瓦努阿圖：馬塔王酋長領地

馬塔王酋長領地位於瓦努阿圖謝法省，是最有歷史感的領地，2008年作為文化遺產被列入《世界遺產名錄》。

世界遺產委員會評價：馬塔王酋長領地包括17世紀初建於埃法特島、勒勒帕島和阿爾托克島上的三處遺址。這些遺址與最後一位至高無上的酋長或馬塔王的生死有關，現已成為瓦努阿圖中心。這一遺產還包括馬塔王的住所、他死去的地方以及馬塔王的群葬區，他與那些有關酋長的口頭傳統和他所倡導的道德價值觀有著緊密的聯繫。馬塔王酋長領地見證了馬塔王推行社會改革和解決衝突的歷程。時至今日，這種歷程仍然影響著當地人民。

馬塔王酋長領地位於瓦努阿圖島國的中南部，由3處17世紀的遺跡組成，反應了瓦努阿圖中心地區人類的生存和死亡狀態、社會改革、衝突以及信仰。相傳17世紀，埃法特島及其附近島嶼各部族相互殘殺，雞犬不寧。馬塔王酋長取得控制權後，決意結束亂局，實現和平。他召集各部族帶一樣隨手可及的東西赴瑪格斯開會。各族應約赴會，分別帶來椰子、芋頭、木薯和貝殼等物。馬塔王酋長宣布，帶來同樣東西者屬同一部族，相互間乃兄弟姐妹，同族不同婚，必須和平相處。從此，瓦努阿圖中部進入較長時間的和平期。各部族按馬塔王酋長所確立的部落制度，繁衍生息至今。目前，瓦努阿圖全國80%的人口，仍在各島上過著原始部落生活。

馬塔王酋長結束了部族紛爭，實現了地區和平，但不幸被害身亡，葬於阿爾托克島。酋長領地由居住地、死亡地和墓葬區組成，其中墓葬區為太平洋地區最大的活人陪葬區，內有馬塔酋長及50餘名陪葬者的遺骨。

在一片密密的叢林中，有一個叫瑪格斯的地方，這就是酋長的居住地。在酋長居住地有幾塊不起眼的石頭。別看它不起眼，每塊都有不小的來頭。當地人介紹說，這塊石頭是馬塔王酋長坐過的，歇過的；這塊是酋長祈求風調雨順魚滿艙的；那塊是酋長分封諸侯號令天下的。傳說為這些高不盈尺、其貌不揚的石頭賦予了神聖色彩。作為歷史的見證者，它們默默無語，接受著人們目光的洗禮。在一處海濱，有一蒼翠小島，懸崖上的一處神祕洞穴依稀可見。這就是酋長死亡地維爾斯大溶洞。傳說馬塔王酋長被兄弟毒害後，在此吃了最後一頓飯。溶洞有非常明顯的風蝕和用火痕跡，是當地神聖之所，遇有重大事件，村民都會來此與上蒼對話。溶洞內有象形圖案岩畫，紀錄日月星辰運行及村民生老病亡等情況。還有一幅天然豬頭畫，豬的鼻子、眼睛、耳朵、牙齒一應俱全，活靈活現。

馬塔王酋長被害後，當地人害怕他冤魂不散，未敢將其遺體安葬在瑪格斯居住地，而是選擇帽子島作為安息之所。洛伊·馬塔這個名字，也再未有人使用。墓葬區除酋長墓穴外，還有50個（其中20餘個為妻妾）活人陪葬墓穴。自願陪葬的男

子臨終前都喝了卡瓦（當地一種用卡瓦胡椒根制成的飲料），因卡瓦有鎮靜作用，其遺骨姿態十分放鬆，而婦女禁喝卡瓦，許多遺骨都雙手上舉，呈掙脫束縛狀。

馬塔王酋長遺址是由法國考古學家 Jose Garranger 於 1967 年發現的。他被有關馬塔王酋長的美麗傳說所吸引，前往帽子島考察，果真發現了酋長墓地。之後他又考察了酋長生活區和死亡地，所見之物都與傳說一一對應。如陪葬遺骨，他們的衣著和豬牙、貝殼等裝飾品，都和傳說無異，個別人連名字都可對上。馬塔王酋長領地遺址見證了馬塔王酋長的解決衝突並進行社會改革的歷程，體現了馬塔王酋長的道德力量及其改革措施在當地的延續，具有重大文化和歷史價值。

## 思考和練習題

1. 非洲、美洲及大洋洲的世界歷史時期遺址有哪些類型？
2. 舉例說明非洲、美洲及大洋洲的歷史時期遺址的考古價值。
3. 非洲、美洲及大洋洲的宗教建築有什麼異同？

## 案例和實訓

2004 年 5 月 1 日至 5 月 6 日，一場具有創新意義的盛會——世界歷史文化名城博覽會在古都南京舉行。來自聖彼得堡、萊比錫、維也納、佛羅倫薩、巴塞羅那、京都、名古屋、大田、墨爾本、馬六甲等 11 座國際歷史文化名城的市長和代表與北京、西安、杭州、洛陽、開封、安陽、鄭州、承德、麗江、平遙等國內歷史文化名城的市長們齊聚南京，在展開「城市與人類文明」對話的同時，也展示了各自城市的久遠歷史及燦爛文化。

請選取一座上述材料提及的歷史文化名城，簡要分析它的特點及成因。

# 第三篇
# 世界自然遺產及自然與文化雙遺產

# 第五章 世界自然遺產與人類社會

### 學習目標

瞭解自然遺產的概念和內涵；
熟悉中國境內的世界自然遺產的分佈和特點；
掌握世界自然遺產的評定標準及分類。

### 重點難題

能運用世界自然遺產評定標準及分類方法來對世界遺產地進行分析；
具有關注自然、保護自然的意識。

### 本章內容

#### 全球六分之一的世界自然遺產受氣候變化影響

據《新科學家》(*New Scientist*) 雜誌網站報導，由於氣候變化，聯合國教科文組織（UNESCO）認定的世界自然遺產中約有六分之一正遭受破壞，其具有的「突出的普遍價值」也面臨嚴峻的威脅。

2015年6月28日至7月8日，聯合國教科文組織在德國波恩召開了世界遺產委員會會議，會上就35個受到氣候變化影響的世界自然遺產的管理情況和應對措

施進行了探討。

以下是一些已經受到氣候變化威脅的世界自然遺產：

1. 阿根廷冰川國家公園

隨著氣候的變暖，公園內 47 座冰川中的大部分都開始融化，日益頻繁的野火也改變了生物棲息地的面貌。外來物種如奶牛、馬、綿羊、狗、貓及每年大量前來參觀的人類更是加重了這些現象。

2. 厄瓜多爾加拉帕戈斯群島

這座由 19 個島嶼組成的群島的地理環境和獨特生物資源，曾啓發了達爾文的自然選擇進化論。但時至今日，水溫升高已導致這裡一半的珊瑚礁死亡，擾亂了自然食物鏈。在島上，氣溫升高給了外來物種可乘之機。此外，日益增長的居住者和旅遊者也給當地的生態造成了威脅。

3. 墨西哥帝王蝶自然保護區

每個秋天，數百萬只帝王蝶會南遷到這裡。在過去，蝴蝶數量多得連樹木都變成了橙色，甚至將樹枝壓彎。但 2013—2014 年，帝王蝶的數量銳減至 20 年以來的最低點，威脅到了保護區的狀況。極端天氣正在威脅帝王蝶的遷徙路線，林火和風暴則加劇了森林破壞。

4. 德國瓦登海

作為僅存的大面積潮間帶生態系統之一，瓦登海擁有潮汐通道、海草床、貽貝床、鹽沼澤河口、海灘和沙丘等寶貴的資源。但人類活動改變了大部分海岸線，降低了這片地區對氣候變化的抵抗力。在這裡，海平面和海水溫度已經上升，洪水正不斷侵襲沙洲和鹽沼，鳥巢也被洪水和風暴摧毀。

5. 肯尼亞圖爾卡納湖國家公園

咸水湖圖爾卡納湖是候鳥遷徙過程中的重要一站，也是鱷魚、河馬和蛇的生息地。但是由於入湖河流正遭受干旱、水分蒸發和人類過度用水的影響，圖爾卡納湖的水位不斷降低，湖水的咸度上升，威脅到當地動物的生存。

（來源：人民網 http://env.people.com.cn/n/2015/0721/c1010-27335969.html）

請思考：

世界自然遺產具有怎樣的普遍價值？為什麼聯合國教科文組織如此重視氣候變化給世界自然遺產帶來的影響？除了氣候因素，還有哪些因素正在使世界自然遺產面臨威脅？

## ● 第一節　自然遺產與人類生存

### 一、自然遺產的概念和內涵

　　1972年，在人類文化遺產和自然遺產日益遭受威脅的情況下，教科文組織發起簽署了《世界遺產公約》。該公約具有獨創性。首先，它把兩個傳統上被認為是截然不同的領域，即保護文化遺產和保護自然遺產聯繫在一起。其次，它在概念上有突破，因為它承認存在著具有無與倫比的或獨一無二的價值的文化遺產和自然遺產。因此，它們不僅屬於某個國家，也屬於全人類。目前，《世界遺產公約》已被絕大多數國家所接受，是當今效力最廣泛的保護自然資源和文化資源的國際法律文件[1]。

　　聯合國教科文組織評定的世界遺產包括自然遺產（Nature Heritage）、文化遺產（Cultural Heritage）、自然與文化雙遺產（Natural and Cultural Double Inheritance）、文化景觀（Cultural Landscapes）及口述與非物質文化遺產（Proclamation of Masterpieces of the Oral and Intangible Heritage of Humanity）四大類。

　　（1）從美學或科學角度看，具有突出、普遍價值的由地質和生物結構或這類結構群組成的自然面貌；

　　（2）從科學或保護角度看，具有突出、普遍價值的地質和自然地理結構以及明確劃定的瀕危動植物物種生態區；

　　（3）從科學、保護或自然美角度看，具有突出、普遍價值的天然名勝或明確劃定的自然地帶[2]。

　　2015年7月8日第39屆世界遺產大會結束後，全世界列入《世界遺產名錄》的自然遺產有197項，自然與文化雙遺產32項。197項世界自然遺產廣泛分佈於全球近90個國家（見圖5.1）。其中澳大利亞12個、美國12個、中國10個、俄羅斯聯邦10個、印度7個。這是全球世界自然遺產擁有量最多的幾個國家。

---

[1]　晁華山. 世界遺產 [M]. 北京：北京大學出版社，2004：191.
[2]　王嘉學，楊世瑜. 世界自然遺產保護中的旅遊地質問題 [M]. 北京：冶金工業出版社，2007：43.

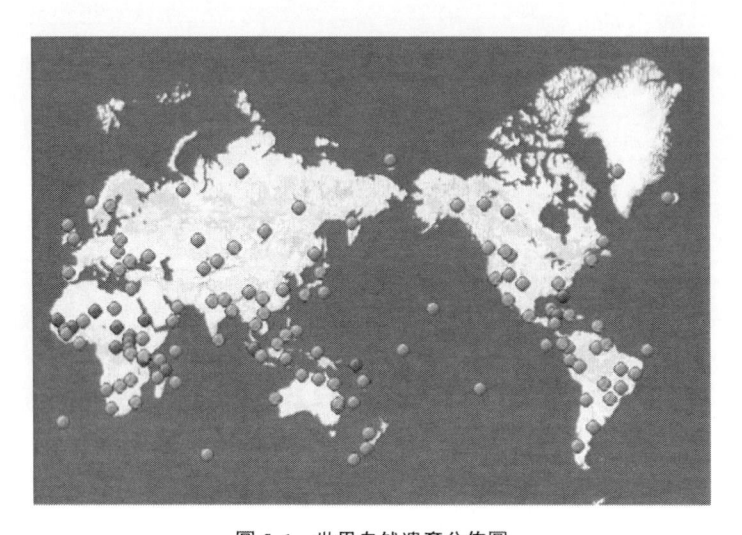

图 5.1　世界自然遗产分布图
註：圖片中深色圓點表示瀕危遺產，共計 18 個
資料來源：聯合國教科文組織世界遺產保護網（2016 年 12 月 18 日）

另外，32 個世界自然與文化雙遺產分佈於全球 24 個國家（見圖 5.2）。其中澳大利亞和中國各 4 個，是全球世界自然與文化雙遺產擁有量最多的兩個國家。

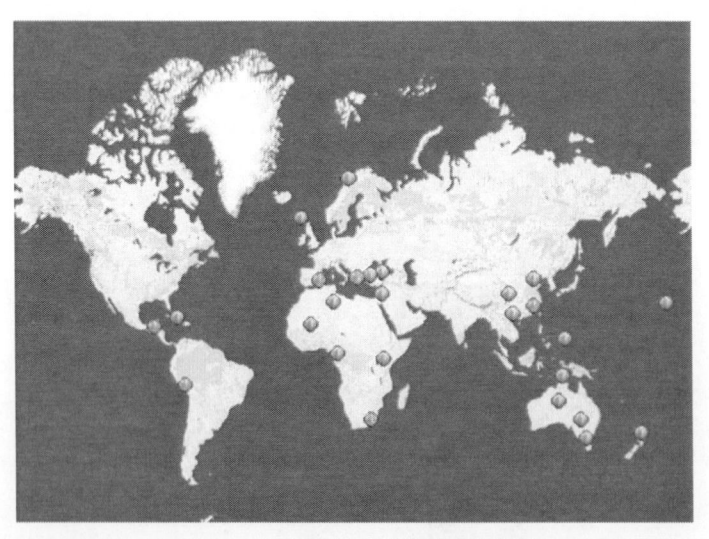

圖 5.2　世界自然與文化雙遺產分佈圖
資料來源：聯合國教科文組織世界遺產網（2016 年 12 月 18 日）

中國共計擁有世界自然遺產 10 項，自然與文化雙遺產 4 項，兩者總和位居全球第一。中國的世界自然遺產類型豐富、特點顯著，在國際世界遺產舞臺中具有重要地位。中國的世界自然遺產充分彰顯了世界自然遺產的核心價值，為中國乃至整個世界的生態文明建設和文化傳承做出了重要貢獻。而中國自然遺產的申報為建立國家公園體制奠定了重要基礎。中國的世界自然遺產事業在管理體制、保護監測、能力建設、國際交流等方面取得了令人矚目的成就，有效促進了國際上在自然資源保護方面的合作。

　　截至 2015 年 12 月 18 日，中國世界自然遺產及自然與文化雙遺產的具體名錄見表 5.1 和表 5.2 所示。

表 5.1　　　　　　　　　中國境內的世界自然遺產名錄

| 序號 | 遺產項目 | 所屬省市 | 批准時間 |
|---|---|---|---|
| 1 | 黃龍風景名勝區（Huanglong Scenic and Historic Interest Area） | 四川阿壩 | 1992.12 |
| 2 | 九寨溝風景名勝區（Jiuzhaigou Valley Scenic and Historic Interest Area） | 四川阿壩 | 1992.12 |
| 3 | 武陵源風景名勝區（Wulingyuan Scenic and Historic Interest Area） | 湖南張家界 | 1992.12 |
| 4 | 雲南三江並流保護區（Three Parallel Rivers of Yunnan Protected Areas） | 雲南麗江 | 2003.7 |
| 5 | 四川大熊貓棲息地——臥龍、四姑娘山和夾金山（Sichuan Giant Panda Sanctuaries - Wolong, Mt Siguniang and Jiajin Mountains） | 四川成都、阿壩、雅安和甘孜 | 2006.7 |
| 6 | 中國南方喀斯特（South China Karst） | 雲南石林、貴州荔波、重慶武隆、廣西桂林、貴州施秉、重慶金佛山、廣西環江 | 2007.6，2014.6 |
| 7 | 三清山國家公園（Mount Sanqingshan National Park） | 江西上饒 | 2008.7 |
| 8 | 中國丹霞（China Danxia） | 貴州赤水、福建泰寧、湖南崀山、廣東丹霞山、江西龍虎山、浙江江郎山 | 2,010.8 |
| 9 | 澄江化石遺址（Chengjiang Fossil Site） | 雲南澄江縣 | 2012.7 |
| 10 | 新疆天山（Xinjiang Tianshan） | 新疆庫車縣 | 2013.6 |

表 5.2　　　　　　　　　中國境內的世界自然與文化雙遺產名錄

| 序號 | 遺產項目 | 所屬省市 | 批准時間 |
| --- | --- | --- | --- |
| 1 | 泰山（Mount Taishan） | 山東泰安 | 1987.12 |
| 2 | 黃山（Mount Huangshan） | 安徽黃山 | 1990.12 |
| 3 | 峨眉山風景區及樂山大佛風景區（Mount Emei Scenic Area, including Leshan Giant Buddha Scenic Area） | 四川樂山 | 1996.12 |
| 4 | 武夷山（Mount Wuyi） | 福建南平 | 1999.12 |

## 二、世界自然遺產的評估

自然遺產申報的評估由世界自然保護聯盟完成。其評估程序包括以下五個步驟：

（1）匯集數據：接到世界遺產中心遞交的申報材料後，世界自然保護聯盟結合保護區數據庫、其他世界自然保護地資料庫和主題研究進行標準化分析。憑藉分析結果，世界自然保護聯盟將在評估過程中及後續階段與締約國進行主題對話。

（2）外部評審：將申報材料提交給獨立專家進行評審。這些專家大部分是世界自然保護聯盟專家委員會及其網路的成員，或是世界自然保護聯盟合作夥伴組織的專家成員，具備與世界遺產或該項遺產價值有關的專業知識。

（3）遺產地考察與評估：一至兩名世界自然保護聯盟專家對申報遺產進行現場考察，並與相關當局和利益相關方（如地方非政府組織、社區、當地土著居民及其他遺產申報利益相關團體）討論申報情況。世界自然保護聯盟也可參考其他資料，如《拉姆薩爾濕地公約》、人與生物圈計劃、世界地質公園網路等國際保護工具，並酌情徵求大學及研究機構的意見。最終，世界自然保護聯盟考察專家會形成一份考察評估報告。

（4）世界自然保護聯盟世界遺產評審小組評審：由世界自然保護聯盟總干事組織成立世界自然保護聯盟世界遺產小組，按照《世界遺產公約操作指南》對申報列入《世界遺產名錄》的自然遺產展開嚴格評估。主要評估內容包括申報遺產的突出普遍價值的簡明摘要、與世界上類似遺址的對比分析、完整性和管理議題的評論。評估一旦開始，世界自然保護聯盟世界遺產小組將與締約國展開深入對話。

（5）其他信息來源：世界自然保護聯盟也可參考其他文獻，接受地方非政府組織及其他組織的意見和建議。

世界自然保護聯盟評估通過一定的標準，評定申報遺產項目是否具有突出的

普遍價值。評估時通常會使用確認優先保護區的體系，比如，世界自然基金會（WWF）全球200強生態區、世界自然基金會/世界自然保護聯盟植物多樣性中心、保護國際的生態多樣性熱點地區、高生物多樣性自然保護區、國際特有鳥類區和重要鳥類區，以及其他重要的生物多樣性區域。以此判斷這些申報遺產對保護生物多樣性的重要性。在對因地質價值而提出申報的遺產進行評審時，世界自然保護聯盟會諮詢聯合國教科文組織的地球科學部、國際地貌學家協會、國際地質科學聯盟等專家組織。

根據《執行世界遺產公約操作準則》第24條規定，列入《世界遺產名錄》的自然遺產項目必須符合以下四個標準中的一個或多個，還要符合附帶的完整性條件。這四個標準如下：

第一個標準是展示地球演變：作為地球演變歷史重要階段的突出例證，尤其是與生命發展有重要關係的地表、地貌和地文特徵。

第二個標準是展示生物進化：構成代表進行中的重要地質過程（如展示陸地、河流、海岸的演變）、生物演化過程（如海洋生態系統）以及人類與自然環境相互關係（如動植物群體長期發展演化）的突出例證。

第三個標準是景色秀麗：突出的自然景觀或具有突出的自然美和美學意義的地區，如具有獨特、稀有或絕妙的自然現象、地貌或具有罕見自然美的地帶。

第四個標準是生物多樣：是珍稀或瀕危動植物種的栖息地，是保存原地生物多樣性的最重要和最典型的自然生存空間，其中生存著從科學或保護角度具有突出的普遍價值的瀕臨滅絕的物種。

除以上標準，這些世界遺產往往還符合下列條件：

（1）符合第一條標準中所述的世界遺產，在其自然關係中應具有全部或是大部分相互關聯和相互依存的主要因素；如「冰河時代」區應包括雪原和冰川，以及某些斷裂層、沉積和移居跡象（條痕、冰磧、植物生長變遷的早期痕跡）。

（2）符合第二條標準中所述的世界遺產，應當具有相當規模，並且可以表明變化過程的主要方面，自身具有可以長久維持的條件。例如「熱帶雨林」區應包括不同的海拔高度、不同的地形地貌、土壤類型以及變化的河堤或湖泊，以表明地質系統的多樣性和複雜性。

（3）符合第三條標準中所述的世界遺產，包括所保護的物種和物體賴以繼續存在所需的那些生態系統條件。例如，瀑布保護區應包括或盡可能包括形成瀑布的上游水域，而珊瑚礁保護區則應對提供其養分的水域或洋流的淤積或污染加以控製。

（4）符合第四條標準中所述的世界遺產，仍存在瀕危物種的地區應有相當大

的面積，並應包括那些物種賴以繼續生存所需的生態條件。而對於遷移性物種，凡維持繼續生存所必需的季節性聚居點，不論位於何處，均應妥善保護。世界遺產委員會必須得到申報方的保證，即採取必要的措施，確保這些物種在整個生命週期內得到妥善保護。

世界遺產委員會在將每處遺產列入名錄時，都確認這處遺產符合哪幾個標準，符合兩條及兩條以上標準的占總數的近五分之四，符合三條及三條以上標準的占總數的三分之一。以上數字說明入選的世界自然遺產的內涵相當豐富，資源條件是非常優秀的。自然遺產的首要任務是保持生物多樣性，即保護生物多樣性的生存空間，保護瀕臨滅絕的物種。大多數自然遺產地點往往景觀秀麗，雄奇壯觀。只符合一條標準的自然遺產是很少見的。

因此，從大多數自然遺產符合的標準數目較多的實際情況來看，要按標準所代表的性質進行界線明確的分類已不可能，但是大多數遺產通常主要符合其中一條標準，其他標準只是伴生性的。地球演變和生物進化是基礎條件，生物多樣是伴隨條件，景色秀麗是外觀條件。按照這個順序，即第一、第二、第四和第三標準，我們將自然遺產分為四類：地球演變型自然遺產、生物進化型自然遺產、景觀秀麗型自然遺產、生物多樣型自然遺產。

## 三、世界自然遺產的特點

從《世界遺產公約》對世界自然遺產的界定，以及《執行世界遺產公約操作準則》的評定標準來看，世界自然遺產包含了以下幾個重要的特徵：

一是資源的獨特性和地理獨占性。世界自然遺產的形成都經歷了漫長的自然演化過程，並在世界範圍內形成了獨一無二、不可替代的自然地帶或景觀風貌。而這些自然地帶和景觀風貌一般不可再生，一旦遭到損壞，其原有景觀將非常難以復原。正是由於其獨特性，在地理空間上就具有不可移動性和獨占性，自然倍受其擁有國家或區域的重視。

二是遺產組成的整體性。一方面，很多自然遺產項目跨地域、跨國界，有著不可分割的特性，往往被兩國或多國共同申報和擁有。世界自然遺產地中，有13項跨越了國界。例如，沃特頓冰川國際和平公園（Waterton Glacier International Peace Park）地處落基山脈的最窄處，橫跨美、加邊境。它由北部的加拿大阿爾伯塔省沃特頓湖國家公園，以及南部的美國蒙大拿州冰河國家公園合併組成。沃特頓湖國家公園和冰川國家公園兩個部分共同形成了豐富的植物和野生動物生態保護圈。而中國2014年最終被認定的中國南方喀斯特（South China Karst）則跨越了中國雲南石林、貴州荔波、重慶武隆、廣西桂林、貴州施秉、重慶金佛山、

廣西環江等不同的省域和地區。在2004年第28屆世界遺產大會上，聯合國教科文組織對《凱恩斯決議》進行了重新修訂，突出了對生態、地質演進及生物多樣性價值以及跨國境自然遺產的關注。目前，越來越多的世界自然遺產打破了原有的「點狀」，表現為「線狀」或「面狀」。世界自然遺產是遺產地各類資源整合的產物，如果任何資源不協調或出現變異，都會影響到整個遺產地的生態系統。這首先表現在對遺產地的旅遊開發上，遺產地的規劃開發必須保持其原有的完整狀態，而不是機械地被孤立和分割。其次，在遺產地保護方面，遺產地某一個細微之處生物群落的變化可能預示著整個遺產地生態系統的劇烈變遷。這種蝴蝶效應必須被給予充分重視，及時發現後應避免自然遺產被進一步影響。

三是資源的典型性和稀缺性。世界自然遺產地都是經歷了嚴苛的申報、評定程序之後，最終被選取的典型自然資源代表。世界自然遺產在世界範圍內具有典型地域和景觀特徵。它們或是能夠代表地球演化或生物演化的重要階段，或是具有罕見的自然地貌，或是具有極為豐富的生物多樣性。因而，世界自然遺產在世界範圍中具有典型性和稀缺性。

四是資源的高價值性和產業輸出性。世界自然遺產的以上特點，使得它們呈現出高價值性以及產業輸出性。世界自然遺產是大自然帶給人類的珍寶，各個國家都在通過各種途徑對這些珍貴資源進行開發利用，以實現其社會、經濟功能。目前世界自然遺產地的開發和利用主要包括幾個方面：①農耕、捕獵、放牧或漁業；②伐木、礦石開採、大壩建設等商業活動；③旅遊開發和接待。世界自然遺產的開發和保護永遠是相生相伴的兩個問題。

## 四、世界自然遺產的開發和保護

目前世界各地對自然遺產地的利用都面臨著資源退化和保護的問題。例如現代農業活動帶來的化肥與農藥污染、過度放牧、過度漁獵等問題也日益受到重視。同時，大壩建設等商業活動也引起了社會對世界自然遺產的關注。以雲南三江並流保護區（Three Parallel Rivers of Yunnan Protected Areas）的怒江大壩建設為例，關於該地區該不該建水壩的爭論自始至終沒有停止過，水壩的建設作為民生工程，對於改善當地人民的生活水平有著重要意義。同時，建壩引起的世界自然遺產的破壞問題也引起了社會的廣泛關注。

再以黃石公園為例，1995年，黃石公園被列入了《受到威脅的世界遺產名錄》，主要的理由包括以下幾點：①東北邊界外4千米處的採礦計劃將威脅公園；②非本地物種（湖生紅點鮭魚）被違規引入，將影響本地刺喉鮭魚的生存環境；③道路建設過多，遊人壓力大；④野牛的普魯氏菌病可能危及周邊家畜。除此之

外，在世界自然保護聯盟1995年2月28日提交世界遺產委員會的信中，詳細描述了除採礦威脅之外存在的其他各種威脅，如伐木、石油和天然氣開採、築路、採礦、民宅建築等持續侵犯公園周圍的敏感荒野和重要野生動物的生存環境。灰熊受到日益增多的人類干擾。跨越公園邊界的野牛經常遭屠殺。數量持續增長的遊客的參觀考察，使黃石公園過度擁擠，對野生動物形成干擾。

在此壓力下，克林頓政府動用聯邦財產與金礦公司擁有的財產，以此作為交換條件阻止採礦，並於1996年以6,500萬美元收購了計劃採礦的私人土地，有效地解除了金礦對黃石國家公園的威脅。同時政府還提交了其他有關治理方案，如臨時野牛管理計劃、成立黃石國家公園普魯氏菌病委員會等。非政府組織也開始尋求國際支持，以此阻止採礦。越來越多的人主動關注黃石國家公園的生存狀態問題。

2003年7月，第27屆世界遺產大會召開，黃石國家公園最終從《瀕危世界遺產清單》上被有條件除名[①]。

另外，隨著旅遊活動在大眾生活中的普及，目前世界自然遺產地的旅遊開發和接待受到了越來越多的關注。以無菸工業的面目走進人們視線和生活的旅遊業對世界自然遺產的打擊越來越大。例如，作為國家5A級旅遊風景區的世界自然遺產地，武陵源2015年接待旅遊人次近1,500萬人次（截至當年12月）。而同為世界自然遺產的九寨溝景區，2015年上半年遊客接待量也在200萬人次左右。逐年增長的遊客給自然遺產地帶來大量的經濟收益，有效促進了社會和經濟的發展，同時也給世界自然遺產造成越來越大的環境壓力，一些景觀開始出現退化。黃龍風景名勝區以其特有的彩池、灘流、雪山、峽谷、古寺、民俗「六絕」而著名，具有獨特、珍貴的地貌科研價值和景觀美學價值。而黃龍的鈣華景觀是一種非常脆弱的景觀，全球氣候的變化和溫室效應的加劇導致景觀退化和水質污染。近年來遊客數量攀升，使黃龍風景區開始出現景區退化和變異。隨著遊客人數的增加，水中磷酸鹽濃度呈現相應的增加趨勢，鈣發生變色、老化、鬆脆甚至垮塌、消失等現象[②]。

總體看來，目前保護世界自然遺產的工作主要面臨以下兩個挑戰：

一是人類對自然環境造成的壓力正在使地球上的動植物物種、生態系統和景觀的多樣性銳減。人類發展和自然環境之間的作用和反作用不斷加劇，即環境同人口增長、經濟發展、資源利用之間的相互影響日益加強。這樣，環境保護的任

---

① 資料來源：http://www.sznews.com/travel/content/2014-12/19/content_10894429.htm.
② 馬婧，李杏，孫克勤. 世界自然遺產黃龍的可持續發展研究[J]. 資源開發與市場，2013（5）：546-549.

務，由傳統的保護自然環境的工作演變為保護人類發展和生態平衡的工作。

二是在發展中國家開展保護自然遺產和保護生物多樣性的工作困難尤其多。一貧如洗的農民為了維持基本的生存需要，除開拓最後的原始荒地外，的確也很難找到其他手段來滿足其基本需要。顯然，在這種情況下，為了給全人類和子孫後代造福而原封不動地將這些遺產資源保護起來是不可能的[①]。

一般而言，世界自然遺產不僅是重要的旅遊目的地，更是自然資源的遺留地，是文化傳播、民眾科普教育的實踐場地，是當地社區居民的生產和生活之地。因其多元的屬性和多方面的利益相關群體，相應出現了多重保護和發展訴求。同時旅遊產業作為一種遺產利用方式，為遺產地保護工作提供了資金和社會關注，但在保護過程中也為遺產所在地的社區居民和遺產本身的多種關係的協調和發展帶來了挑戰，自然遺產的保護工作可以說比文化遺產面臨更嚴峻的形勢。

## ●第二節　地球演變

### 一、地球演變類世界自然遺產成因

地球在46億年的歷史中，走過了冥古代、太古代、原古代、古生代、中生代和新生代，歷經了呂梁、加里東、海西、燕山、喜山等全球性造山造陸階段。在這漫長的發展過程中，地質地貌演化、生態環境演化、氣候演化、海陸變遷等都遺留下了若干具有重要意義的和典型的「記錄」，許多過程至今仍在繼續。具有普遍意義的「突出例證」大多在世界自然遺產地得以保存。

這類世界自然遺產具有極高的科學價值。例如，位於美國西部亞利桑那州凱巴布高原的大峽谷國家公園（科羅拉多大峽谷），長達443千米，峽谷兩岸有隨處可見的20億年來不同地質年代形成的清晰的地層斷面，並保存著大量自寒武紀以來的生物化石，向人們揭示了彌足珍貴的地球歷史資料，是一部活生生的地質演化史書。而中國入選世界自然遺產的具有地球演變重要例證的典型代表中國南方喀斯特，覆蓋了50,000平方千米，主要位於雲南、貴州、廣西壯族自治區、重慶等省區。這部分喀斯特面積占整個中國喀斯特面積的55%，是整個中國南方喀斯特地區的地貌多樣性的整體呈現。除了南方喀斯特這一個連貫區域，很難找到一個能完全代表其喀斯特的發育演化和地貌多樣性的點。該區域也是世界喀斯特環境發育最典型的地區之一，對系統性地、跨時空地研究地質構造、地層、岩石等

---

① 晁華山. 世界遺產［M］. 北京：北京大學出版社，2004：192-193.

有著重大價值，對喀斯特地貌形成的影響及整個環境演變也有重要的意義。

同時，很多地球演變類世界自然遺產也成為非常重要的旅遊資源，滿足了人們對於地球演變歷史的探求欲望。如美國科羅拉多大峽谷內的衝溝、險峰、小山丘等共同構成了舉世無雙的峽谷景觀，大峽谷的部分區域對遊客開放，並為公眾提供多種瞭解地球地質演化的旅遊產品，吸引著世界各地的旅遊者。

## 二、世界地球演變類世界自然遺產的典型代表

世界範圍內的自然遺產中，貝加爾湖（Lake Baikal，俄羅斯）、堪察加火山群（Volcanoes of Kamchatka，俄羅斯）、加拉帕戈斯群島國家公園（Galápagos Islands，厄瓜多爾）、黃石國家公園（Yellowstone National Park，美國）、大峽谷國家公園（Grand Canyon National Park，美國）等世界自然遺產，都突出反應了地球演化的某個階段的狀況，是「構成代表地球演化史中重要階段的突出例證」的自然資源。

### 黃石國家公園（Yellowstone National Park，美國）

黃石國家公園位於美國懷俄明州、蒙大拿州和愛達荷州交界處，占地面積898,317公頃。

黃石地區的人類歷史可以追溯到大約11,000年前的克洛維斯文化，此地發現的黑曜石箭頭表明這是密西西比河流域的古印第安人創建的文明。古印第安人族群在該地區捕魚、狩獵，延續著黃石公園的人類歷史，這些傳統一直保持到200年前。1805年，探險家劉易斯和克拉克帶領探險隊進入這一地區，發現了生活在這裡的印第安人族群及部落。1829年，捕獵者喬·米克偶然發現了諾里斯間歇泉盆地，之後的四十多年裡，從有關山人和毛皮獵人的大量報導中講述了間歇泉盆地裡那些沸騰的泥漿、熱氣騰騰的河流以及石化了的樹木等場景，但是人們並不太相信，當時大部分的報導都被認為是神話。直到後來，美國皮草公司的業務員沃倫·安格斯·費里斯（Warren Angus Ferris）、西方文學學者沃倫·費里斯（Warren Ferris）陸續進入黃石，並提供見證，黃石能夠保溫的「間歇泉」才慢慢走進政府和科學家們的視野。1869年庫克·福爾鬆·彼得森探險隊、1870年沃什伯恩·蘭福德·多恩遠徵隊相繼進入黃石湖進行深入探險，並進行記錄、報導。1871年，美國國會開始給予高度重視，對該地區進行正式勘探和地質調查。通過地質學家、植物學家、動物學家、藝術家多方面的資料，考察海登組織編纂了一個500頁的關於黃石地區的綜合報告給國會。這份報告驚呆了所有的人。在此促進下，美國第一個國家公園——黃石國家公園誕生了。根據1872年美國國會法案，黃石公園近891,000公頃荒野，正式被批准成為公眾的公園及娛樂場所，同時提出對這一區域的樹木、礦石沉積物、自然奇觀和風景等進行保護。

黃石公園的地貌

黃石公園位於美國西部北落基山和中部落基山之間的海拔 2,400 米的熔岩高原（黃石高原）上，北美大陸分水嶺從西南部傾斜而過。該公園約三分之一的面積位於分水嶺西部。黃石公園位於 U 形蛇河平原的東北端，蛇河平原位於由愛達荷州的博伊西山脈向外延伸出來的群山向西大約 640 千米處。北美板塊由於板塊構造搬運而跨過一個不流動的地幔熱點，黃石國家公園的地形則是地殼下這個熱點最近的表現形式。

該公園最高點海拔為 3,462 米，最低點海拔為 1,610 米，擁有世界上最大的石化林之一。黃石公園是一座超級火山的一個巨大破火山口，很久以前，樹木被火山灰和土壤埋沒，並轉變成了礦物質。黃石公園裡分佈著三個幽深的峽谷，峽谷深澗處，那些延續了 64 萬年的河流從火山凝灰岩中傾斜而過。其中黃石河由南向北而流，造就了黃石大峽谷和黃石黑峽谷兩個深幽斑爛的大峽谷。

黃石公園的地質活動

黃石破火山口是北美最大的火山系統，被稱為「超級火山」，這個破火山口由特大爆炸性的噴發而成。64 萬年前，這裡發生了災難性的噴發，釋放出 1,000 立方千米火山灰，形成一個近 1 千米深和 3,780 平方千米的火山口，沉積了熔岩溪流凝灰岩。210 萬年前，這裡發生了一次最猛烈的火山噴發，噴射出了 2,450 立方千米火山物質，產生了被稱為黑果木山脈凝灰岩的岩石，並形成了島公園破火山口。120 萬年前發生的一次小型噴發，噴射出了 280 立方千米火山物質，形成了亨利的叉狀破火山口。63 萬年至 70 萬年以前，黃石破火山口幾乎塞滿了階段性噴發的流紋熔岩。熔岩是黃石公園的大峽谷中最容易看到的岩石。

黃石公園內永不停止地上演著地球演變的真實過程。黃石公園內有 300 個間歇噴泉，並有世界上最為活躍的間歇噴泉——諾里斯間歇噴泉盆地的蒸汽船間歇噴泉。可以說，全世界一半地熱地形和約三分之二的間歇噴泉都集中在黃石公園裡。2003 年，諾里斯間歇噴泉盆地發生變化，並導致了盆地的一些小徑的暫時關閉。科學家們發現了新的火山噴氣孔，幾個間歇噴泉也增強了活性並提高了水溫。其中幾個間歇噴泉溫度升高很多。2004 年，一名生物學家在這一區域發現了 5 頭死野牛，經考證，因為一次季節性空氣升溫，它們被困在諾里斯間歇噴泉盆地，並吸入了有毒熱氣體。2006 年有報導稱，從 2004 年中期到 2006 年，黃石公園內綠頭鴨湖圓丘和酸溪圓丘兩個地區，每年以 3.8 至 6.1 厘米的速度在不斷上升，顯示了地面運動正在發生重大變化。2007 年底以來，隆起仍然在繼續，只是速度有所減慢。這些事件引起了媒體對該地區的地理特徵的大量關注和猜測。2014 年黃石國家公園的「地下超級火山」不斷地釋放出巨大熱量，加之夏季氣候非常炎熱，一

段長約 5 千米的柏油馬路「融化」了，不斷攀爬的高溫讓水也沸騰了起來，公園幾處旅遊景點不得不暫時關閉。據黃石公園管理部門介紹，這段路很多地段像「爛泥」一樣鬆軟，路邊的土地甚至會造成遊人直接陷入滾燙的地下水中。

黃石公園每年都會經歷上千次的小型地震。有史以來，這裡 6 級或 6 級以上的地震就至少有 6 次。1959 年，這裡發生過一次 7.5 級地震，並引發巨大的山體崩塌，造成黑布根（Hebgen）湖部分大壩坍塌。同時，山崩的沉積物在下游堵住了河流，形成一個新湖泊。這次地震還引起了黃石公園西北面一些間歇泉的噴發，地面形成的巨大裂縫中持續不斷冒出蒸汽，往日清澈的溫泉變得渾濁不堪。除了這些較大震級的地震，黃石公園還不斷發生小型地震，1985 年連續 3 個月內，科學家們在黃石公園西北方探測到輕微地震 3,000 次。而在 2007 年 4 月 30 日之後的連續 7 天內，科學家們探測到 2.7 級以上的小地震 16 次。1983—2008 年，黃石公園已發現了 70 個小型地震群。黃石國家公園的地震活動繼續進行著，就像地球跳動的脈搏。

### 黃石公園的旅遊活動

黃石公園內自然景觀豐富多樣，河流、峽谷、瀑布、溫泉及間歇噴泉等裝點其間，美國人自豪地稱之為「地球上最獨一無二的神奇樂園」。園內 500 多千米的環山公路將各景區的主要景點串在一起，而徒步路徑也多達 1,500 多千米。

黃石公園內的景觀分佈在五個區，分別是西北的猛獁象溫泉區、東北的羅斯福老西部景觀區域、中間的黃石大峽谷和瀑布區域、東南的黃石湖區、西及西南的間歇噴泉區。著名的景點包括氣勢恢宏的老忠實間歇泉（Old Faithful Geyser）、五彩斑斕的大稜鏡彩泉（Grand Prismatic Spring）、寧靜秀美的黃石湖（Yellowstone Lake）、奔流壯觀的黃石瀑布、狀麗深切的黃石大峽谷（Grand Canyon of the Yellowstone）、美麗的猛獁象溫泉（Mammoth Hot Spring）。園內的溫泉對遊客具有極大的震撼力。不計其數的溫泉，或是碧波蕩漾，或是水霧繚繞，或是水柱四射。

此外，由於黃石公園內居住著大量野生動物，這裡被譽為全美最大的野生動物保護區。在黃石公園內，可以觀察到成群的美洲野牛，還能經常見到麋鹿和羚羊穿行而過，以及打鬥的馴鹿、草原嬉戲玩鬧的小黑熊、空中展翅飛翔的老鷹等。這些深深地吸引著熱愛大自然的人們前往遊玩。這裡被認為是懷俄明獸群的故鄉，也是北美乃至全球陸地上規模最大、種類最多的哺乳動物棲息地。

為了保護環境，黃石公園對遊客提出了諸多的約束條件。如為了保護動物，必須保持車速，給野生動物「讓路」。為了防止來不及躲避突然出現的動物，黃石公園內最高時速為 70 千米/小時。如果駕駛過程中要看野生動物或風景，必須在路上的「turn out」點靠邊停車。如果在黃石公園內騎自行車，需要排成一縱隊行

駛。不能離野生動物太近，必須與食肉動物保持91米以上的距離，食草動物則規定為23米以上。只允許在營地指定的地方點篝火。不能給野生動物餵食，包括鳥類。不能攀爬未經開放的野山，須沿指定步道和木板棧道參觀。諸多的遊客約束條件較為有效地對資源進行了保護，但還是沒有辦法完全杜絕遊覽活動對環境產生的干擾。

### 大峽谷國家公園（Grand Canyon National Park，美國）

#### 大峽谷國家公園的發現

大峽谷國家公園位於美國西部亞利桑那州西北部的科羅拉多高原上。全長共有443千米，是世界著名的奇景之一。由於大峽谷是受到科羅拉多河的強烈下切作用而形成的，所以又稱科羅拉多大峽谷。1869年，美國炮兵少校鮑威爾率領一支遠徵隊，乘船航行，從科羅拉多河上游一直到達大峽谷谷底。他將自己所目睹的峽谷風光、經歷的驚險寫成了遊記，廣為宣傳，並在全國範圍內引起了注意。美國於1911年建立了科羅拉多國家保護區，美國國會並於1919年通過相關法案，將大峽谷最深最壯觀的一段長約170千米的區域，劃為大峽谷國家公園。1979年大峽谷公園被聯合國教科文組織列入世界自然遺產。

#### 大峽谷國家公園地質與地貌

大峽谷直觀地展示了地球演變的歲月痕跡，被稱為「活的地質史教科書」。近20億年的地址變遷（約為地球年齡的一半）在這裡一覽無餘，大約有三分之一地殼變動的歷史被深深地記錄在大峽谷的堅硬石壁上。從谷底向上延伸，沿崖壁清晰地露出從前寒武紀到新生代的各個時期的岩系，岩壁的水平岩層清晰明了，層次分明。這是億萬年前的地質沉積物，如同樹木的年輪，為人們認知地質變化提供了充分依據。這些岩層裡還含有代表性的生物化石，非常珍貴。

大峽谷呈東西走向，東起科羅拉多河匯入處，西到內華達州界附近的格蘭德瓦什崖附近。山石大多呈現出紅色，形狀極不規則，蜿蜒曲折，迂迴盤旋，峽谷頂寬在6千米和30千米之間，往下則收縮成V字形。兩岸呈北高南低的形態，最大谷深處達到1,500米以上，谷底水面寬度則不足千米，最窄處僅有120米。科羅拉多高原的地形是由於侵蝕（下切和剝離）作用形成的，為典型的「桌狀高地」，頂部平坦，側面陡峭。峽谷內景色奇特，氣勢恢宏，吸引力舉世無雙。由於河水常年的衝刷，再加上這裡地層結構不同、疏密不一，致使漫長的峽谷百態雜陳，有的地方寬展，有的地方狹隘；有的地方尖如寶塔，有的地方平坦圓潤；有的如奇峰兀立，有的如洞穴天成。由於岩石並不都是堅硬的，其中那些脆弱的部分，經不住風吹雨打或激流衝擊，時間一長便消失得了無蹤影，留下來的部分形狀往往很奇特。人們根據形象特徵，分別冠以神話名稱，如狄安娜神廟、波羅門

寺宇、阿波羅神殿等。尤其是谷壁地層斷面，節理清晰，層層疊疊，就像萬卷詩書構成的曲線圖案，緣山起落，循谷延伸。

大峽谷國家公園的生物多樣性

大峽谷國家公園中的野生動植物十分豐富，堪稱一個龐大的野生動植物世界。已發現的動物有90餘種，鳥類有180多種。峽谷中檜樹、矮鬆蔥鬱，野花茂盛，植物有仙人掌、罌粟、雲杉、冷杉等。

大峽谷國家公園的早期文明

大峽谷內分佈有泥牆小屋廢墟，證明了這裡可能早在13世紀已經有印第安人的生活痕跡。印第安人中流傳著這樣一個傳說，大峽谷形成於一次洪水，當時上帝為了拯救人類，化人類為魚鱉，人類因此幸免於難。1909年美國《亞利桑那州公報》上刊登了一篇標題為「探險美國大峽谷：不同尋常的發現暗示古代大峽谷人來源於東方埃及」的文章。文章指出在美國大峽谷裡發現了大量的遠古埃及器皿，並發現了象形文字、銅制武器和工具，埃及女神的雕像以及木乃伊屍體。人們認為該說法的真實性還需要證實，如果得到證實，關於美國大峽谷的人類活動歷史將進一步提前。這方面的研究雖然還沒有進展，但為大峽谷增添了更多的吸引力。

大峽谷國家公園的旅遊活動

如今，大峽谷公園每年要接待300多萬遊客。峽谷內的塞昂國家公園、布賴斯國家公園、拱門國家公園和紀念谷等已經廣為遊客所知。遊人可步行或騎上驢子，沿著小徑，深入到谷底進行探險活動；也可以乘坐皮筏在科羅拉多河的急流險灘上進行驚險刺激的漂流體驗；也可以坐上觀景飛機，從空中盡情俯瞰整個大峽谷的卓越雄姿。

## 三、中國地球演變類世界自然遺產的典型代表

中國丹霞、中國南方喀斯特等中國的世界自然遺產是反應地球演化、「構成代表地球演化史中重要階段突出例證」的典型代表。兩個項目都是以系列打包的形式申請世界自然遺產的。

### 中國丹霞（China Danxia）

丹霞是一種形成於西太平洋活性大陸邊緣斷陷盆地極厚沉積物上的地貌景觀。它主要由紅色砂岩和礫岩組成，反應了一個干熱氣候條件下的氧化陸相湖盆沉積環境。中國丹霞於2010年被聯合國教科組織正式列入《世界遺產名錄》。中國丹霞是以一個世界自然遺產系列進行申報的，經過幾輪篩選後，這一遺產最終由湖南崀山、寧夏西吉火石寨、廣東丹霞山、福建泰寧、江西龍虎山、貴州赤水、浙

江江郎山等中國西南、西北地區 7 個著名的丹霞地貌景區組成。丹霞地貌是中國的一種特殊地貌類型，由著名地質學家馮景蘭和陳國達先生命名。

中國丹霞是一種景觀系統組合，由懸崖峭壁、紅色的山石、密集深切的峽谷、狀闊的瀑布及碧綠蜿蜒的河溪共同構成，表現為植被豐富的臨水型峰叢－峰林景觀，形成丹山－碧水－綠樹－白雲的最佳景觀組合，是世界上最美麗的丹霞景觀的例證。中國丹霞的盆地演化清楚地記載了白堊紀以來中國南方區域地殼演化的歷史，並完整地代表了最具世界特色的、由東南季風驅動下發育的亞熱帶常綠闊葉林的生物群落結構及演替的生態過程，是冰後期生態演替的典型區域。這裡也是世界野生動物基金會全球 200 個生物區中的「中國東南部－海南潮濕林生態區」，原始而古老，近 400 種珍稀瀕危生物具有突出的保護價值。因此，中國丹霞集地質多樣性、地貌多樣性、生物多樣性及景觀珍奇性於一體，具有極高的價值。

中國丹霞完美清晰地展示了正在進行中的地貌演化過程，具有顯著的地貌多樣性，是展示地球表層靜態地貌特徵，以及展示地質動態演變過程的一個傑出範例。

其中貴州赤水丹霞保持了完整而典型的中亞熱帶森林生態系統和物種多樣性，形成了「丹山」「碧水」「飛瀑」「林海」完美組合的丹霞景觀。這裡地處四川盆地和雲貴高原結合部，是中國最大的丹霞分佈區。這裡發育了最典型的階梯式河谷，是青年早期－高原峽谷型丹霞的典型代表。

而泰寧盆地記錄的是白堊紀以來，華南板塊東部大陸邊緣活動帶的演化歷史。這裡古剝夷面清晰可見，被分割破碎，布滿了崖壁洞穴，峽谷深切彎曲，山水優美，是青年期低海拔山原峽谷型丹霞的典型代表。環境極具原生性和生態多樣性。

崀山經歷了多次間歇性地殼抬升，以圓頂密集式丹霞峰叢－峰林為特點。其植被具有「生態孤島效應」和生境狹窄的特點，是體現丹霞植物群落的演替和協同進化的代表地、其景觀罕見、原始，是壯年期峰叢－峰林地貌的代表。

廣東丹霞山在南嶺褶皺帶中央的構造盆地中發育而成，單體類型多樣，地貌景觀奇特，是發育到壯年中晚期簇群式峰叢－峰林型丹霞的代表。這裡熱帶物種成分最多，溝谷雨林特徵最突出。

江西龍虎山記錄了該地區白堊紀的重要地質演化過程，峰叢、峰林、孤峰、殘丘相互組合，屬於壯年晚期－老年早期疏散峰林寬谷型丹霞的代表。這裡保留了珍稀的低海拔中亞熱帶常綠闊葉林，是重要的珍稀瀕危物種棲息地；同時這裡也匯集了中國道教祖庭的文化景觀。

浙江江郎山主要處於地貌發展的老年期。聳立在海拔 500 米古剝夷面之上的三片孤石郎峰、亞峰、靈峰，被人們叫作「三片石」，被中外遊客稱為「神州丹

霞第一峰」。

### 中國南方喀斯特（South China Karst）

中國南方喀斯特於2007年被聯合國教科文組織列入《世界遺產名錄》，分佈在雲南石林、貴州荔波、重慶武隆三個地區。2014年進行了一些增補，廣西桂林、貴州施秉、重慶金佛山和廣西環江四地的喀斯特地貌也被納入這個遺產範圍。

中國南方喀斯特與世界相似區域對比，具有獨特而複雜的演化環境，是熱帶-亞熱帶喀斯特地球演化歷史進程主要階段的傑出範例。荔波錐狀喀斯特處於貴州高原向廣西低地的過渡區域，屬於熱帶-亞熱帶濕潤季風氣候區，雨熱條件優越，地表與地下水系發達，原生植被覆蓋率高，沉積了古老而致密、純度高且厚度大、分佈連續的可溶岩。其演變過程反應了岩層的多次強烈的、階段性振蕩式隆升，以及地殼抬升所帶來的大氣環流的全球變化。同時，這些新構造運動的振蕩式抬升活動，塑造了具有多層次漏門、窪地的喀斯特峰叢景觀。從審美上，荔波喀斯特的錐峰個體，山體線條流暢、坡度適中、峰頂尖，底部呈圓形或近圓形，極大地體現了穩定之美。山體非常高大，氣勢之美無與倫比。多邊形封閉窪地隨機分佈，多呈圓桶狀或盆狀，具有深邃之美。錐峰、窪地、谷地等負地形所組合而成的地貌類型，形態豐富，典型而齊全。荔波錐狀喀斯特展現了罕見的錐狀喀斯特森林生態系統，包括生命的記錄與重要的自然地理信息。其地貌發育演化過程反應了錐狀喀斯特複雜的地質-氣候-水文環境變化的全部過程[①]。

## ● 第三節　生物進化

### 一、生物進化類世界自然遺產概述

《執行世界遺產公約操作準則》第44條規定，能突出顯示陸地、河流、海岸和海洋生態系統與動植物群體長期發展演化進程中，代表當今正在進行的生態和生物過程的突出例證，可以納入世界自然遺產。這類世界遺產叫作生物進化類世界自然遺產。生物進化是指一切生命形態發生、發展的演變過程。億萬年的地球，記載了生物進化的歷史，而在世界各地，均發現了最早可追溯到億年前的古生物化石。由於其不可替代的研究價值，聯合國教科文組織將部分化石遺址列入了世界自然遺產名錄（文化遺產僅南非有一項）。生物進化類世界自然遺產往往在科考

---

[①] 陳品冬，熊康寧，肖時珍. 中國荔波錐狀喀斯特世界自然遺產價值全球對比分析 [J]. 地理研究，2013（8）：1517-1527.

方面有更突出的價值。

## 二、生物進化類世界自然遺產的典型代表

全球的生物進化類世界自然遺產，集中體現在展現不同地質時期的各種化石群。包括：記錄寒武紀地質時代的加拿大伯吉斯頁岩化石群；中國雲南省澄江縣澄江化石遺址；石炭紀化石群的代表為加拿大諾華斯高省西部沿海喬金斯生物化石群；中生代的典型恐龍化石群的代表為加拿大阿爾伯塔省恐龍省立公園化石群；三疊紀地質年代化石群的典型代表為阿根廷伊沙瓜拉斯托-塔拉姆佩雅生物化石群（保存著大陸沉積物完整化石）以及瑞士（義大利邊境）的聖喬治山化石群（主要是海生爬行動物和魚類化石）；等等。

### 伯吉斯頁岩化石（Canadian Rocky Mountain Parks）

伯吉斯頁岩化石位於加拿大英屬哥倫比亞省，在此地，科學家們發現了數量極其驚人的海洋軟體動物化石。這些化石是世界遺產名錄中記載的最早的化石群。億萬年前120餘種海洋生物的化石遺跡保存精美，有些標本甚至保存著清晰可辨的肌肉、腸道和神經索，讓生物學家們嘆為觀止。其突出代表為三葉蟲（trilobite）化石和大型肉食生物的代表——奇蝦（Anomalocaris）。

據考證，形成這些化石的海洋軟體動物生活在距今約5億5百萬年前，處於5.3億年至2.5億年前的古生代後寒武紀，因此被譽為是研究寒武紀生物爆發的一個重大窗口。伯吉斯頁岩化石於1909年由考古學家沃考特（Charles Walcott）發現，於1981年被聯合國教科文組織正式列入世界遺產（World Heritage Site）。伯吉斯化石床的發掘，不僅對達爾文進化論提出了直接挑戰，同時也重現了5億多年前的地球生態。

### 中國雲南省澄江縣澄江化石遺址（Chengjiang Fossil Site）

1984年，中國雲南省澄江縣澄江化石遺址被發現。古生物研究專家在這裡挖掘出了寒武紀早期的無脊椎動物化石，為距今5.3億年前寒武紀早期的動物爆發性出現提供了科學依據——地球生命在「漸變」過程中也有突變。澄江古生物化石群成為當今世界古生物之最，至少包括16門196個種類的海洋生物化石，澄江也因此被譽為「世界古生物勝地」。聯合國教科文組織將澄江古生物化石群列入東亞優先甲等第4號古生物遺址，並於2012年將其列入世界自然遺產名錄。

### 阿爾伯塔恐龍省立公園（Dinosaur Provincial Park，加拿大）

加拿大阿爾伯塔省恐龍省立公園化石群（Dinosaur Provincial Park）被聯合國教科文組織於1979年認定為世界自然遺產。占地73平方千米的恐龍省立公園，位於阿爾伯塔省的南部，紅鹿河的布魯克斯東北方48千米、德拉姆黑勒鎮東南方

約150千米處。這裡有皇家泰瑞爾古生物博物館的發掘基地。

在恐龍省立公園，發現了「爬行動物時代」的約35種恐龍化石，是數量最多的化石遺址。這裡為人們打開了一扇探索7,500萬年前（2.5億年前之後的中生代）世界的知識窗口。這裡共發掘出了300多架恐龍的骨骼標本，成為世界上屈指可數的恐龍王國。這裡的展覽中心內舉辦有化石展示和恐龍研究方面的導遊解說活動。為了進行有效保護和還原現場，有的化石被發現後沒有發掘，仍保存在地下，可以看到這些化石的展示。

公園內有無數足跡四處延伸，看著地面的斷層，我們可以遙想恐龍們腳踏、統領大地的那個恢宏時代。7,500萬年前，那時阿爾伯塔省南部氣候溫暖，草木茂盛，鱷魚、鱷龜等大型動物在這裡得以大量繁殖。6,500萬年前，恐龍因為某種未知原因全部死亡。1884年，約瑟夫·提瑞爾（Joseph B. Tyrell）發現了阿爾伯塔恐龍的化石，由此開啟了人們對這一區域的大量發掘探索。1898年，加拿大地質協會確定該地區為恐龍化石富層。之後的10年間，世界各地的古生物學者蜂擁而至，瘋狂採集恐龍化石。至今這裡的發掘工作仍在進行中，已出土的6,000萬至8,000萬年前的恐龍樣品多達60餘種，分7科45屬。

阿爾伯塔恐龍省立公園也是加拿大惡劣地形面積最廣的區域，險峻的岸邊，群聚著各種野生動物、植物。恐龍省立公園內的三個生態區生活著許多種動植物。潮濕的河岸分佈著三葉楊和柳樹、玫瑰、水牛果等灌木，許多世界罕有的花草樹木沿河而生。而在乾旱炎熱的荒野中，分佈著仙人掌、黑肉葉刺莖藜和鼠尾草等植物。大草原上奔跑著白尾鹿、棉尾兔、叢林狼、叉角羚等野生動物，而在遼闊的草原上空有鷲、草原獵鷹、山地藍知更鳥等飛鳥盤旋。

恐龍省立公園以其奇特的崎嶇地帶、罕見的沿河生態環境，以及豐富的化石層三大景觀聞名於世。公園內每年只在5—10月可以向遊客開放。遊客必須參加園內規劃的專業解說行程，才能進入此區，一探史前時代生物的奧秘，瞭解史前動物的生活情景，尋找恐龍的足跡。國家公園內也規劃有露營區等遊客休憩區，以及一個古生物博物館。博物館裡陳列著非常完整的肉食性霸王龍「阿爾伯塔龍」，它有一對足形的盆骨支持著強大的軀體。這裡還陳列著1種頭甲龍、2種角龍，以及4種體型較大的鴨嘴龍。這座博物館裡面種植著不少曾與恐龍一起生活過的古老植物，很直觀地回放了史前恐龍的生活環境。

### 阿根廷伊沙瓜拉斯托-塔拉姆佩雅生物化石群

(Ischigualasto / Talampaya Natural Parks)

阿根廷伊沙瓜拉斯托-塔拉姆佩雅生物化石群位於阿根廷西北部聖胡安省和拉里奧加省之間的阿根廷中部沙漠地帶。這裡是地球上絕無僅有的一片土地，有整

個三疊紀時期的河流、湖泊和沼澤形成的大陸沉積物,哺乳動物先祖、恐龍以及各種植物化石分佈在公園內的六個地質層。這裡記載著三疊紀地質年代大陸沉積物化石化的完整過程。2000年,阿根廷伊沙瓜拉斯托-塔拉姆佩雅生物化石群作為自然遺產被列入《世界遺產名錄》。

整個阿根廷伊沙瓜拉斯托-塔拉姆佩雅生物化石公園被分成四個部分,分別是非禁區、限制遊覽區、遊覽區和休養區。該景點對外國遊客而言,並不是「熱門」景點,少有遊客團隊前往。

### 瑞士（義大利邊境）的聖喬治山化石群（Monte San Giorgio）

從19世紀以來,在聖喬治山區域,發現了數量巨大、物種奇特的海生爬行動物和魚類化石。2003年,由於這裡完好保存的245百萬年至230百萬年前的三疊紀中期地質時代的化石岩層,被正式列入世界自然遺產名錄中。

### 英國多塞特和東德文海岸侏羅紀化石群（Dorset and East Devon Coast）

化石群位於侏羅紀海岸,這裡由三疊紀、侏羅紀和白堊紀的懸崖組成,跨越了中生代時期的1億8千年地理史。該地區地理特性、地形構造極為獨特,地形多變,是國際野外考察的重要對象,2001年被列入世界自然遺產名錄。這裡也是英國最優美的海岸線之一。這裡有迷人的古代沙漠、熱帶海洋和石化森林,是徒步旅遊和科考探險人士的美妙天堂。

### 肯尼亞圖爾卡納湖國家公園化石群（Lake Turkana National Parks）

圖爾卡納湖國家公園位於肯尼亞北部圖爾卡納湖東岸,這裡有種類繁多的鳥類、沙漠動植物,還有尼羅河鱷魚等,更是第四紀古環境的再現場景。這裡發掘出大量哺乳動物、軟體動物和其他動物的化石,對於研究和理解古代自然環境有重要作用。肯尼亞圖爾卡納湖國家公園化石群於2001年被列入世界自然遺產名錄。

## ● 第四節　景觀秀麗

### 一、景色秀麗型世界自然遺產概述

景色秀麗型世界自然遺產是突出的自然景觀或具有突出的自然美和美學意義的地區。從審美或科學角度看,這類世界遺產具有突出的普遍價值,是由物質和生物結構或這類結構群組成的自然景色。作為獨特、稀有或絕妙的自然現象、地貌或具有罕見自然美的地帶,這些地區往往吸引著遊客前往,旅遊開發程度較大。

## 二、全球景色秀麗型世界自然遺產的典型代表

大自然是個神奇的景觀雕刻大師,在全球範圍內,無數的美景被巧妙的設計並呈現出來。一些驚世的作品被納入了世界自然遺產的寶庫,如美國約塞米蒂國家公園、阿根廷伊瓜蘇國家公園、法國的科西嘉島、坦桑尼亞乞力馬扎羅國家公園以及越南下龍灣等。

### 美國約塞米蒂國家公園（Yosemite National Park）

位於美國西部加利福尼亞州的美國約塞米蒂國家公園,是美國第一個國家公園。其占地面積約為 1,100 平方千米。這裡於 1984 年被列入聯合國教科文組織世界自然遺產名錄。相傳一千多年前,這裡是北美的印第安人世代繁衍生息的地方,而「約塞米蒂」一詞源自印第安語,意思是灰熊。這是當地印第安土著部落的圖騰。

約塞米蒂國家公園位於內華達山脈的西麓,離舊金山有數小時車程,是攝影愛好者、徒步旅行和背包客旅行者、投宿愛好者很鐘情的旅遊目的地。公園主要的驚世駭俗體現在山谷、馬里波薩林、溪流、湖泊及瀑布等多樣化的景觀體系中。

山谷以約塞米蒂溪谷為中心,特納雅、伊利洛特和約塞米蒂 3 條河匯成的默塞德河（Merced）在深邃的谷底蜿蜒而過。山谷全長超過了 14 千米。約塞米蒂山谷是大自然的驚世之作,世界上很難找到像約塞米蒂山谷這樣能有這麼多豐富而壯觀的美景的小地方。這裡景致各異,美不勝收,偉大的博物學家約翰·繆爾感曾經嘆道:「上帝似乎總是在這裡下功夫裝扮美景。」冰河將約塞米蒂的蜿蜒的小河及起伏的小丘轉變成雄偉壯觀的地形,每處都充滿了驚喜。馬里波薩林（Mariposa Grove）是南山最有名的景點。公園成立以前,北美紅杉樹林被大批砍伐,可是馬里波薩林卻奇跡地躲過劫難。這裡的樹被砍倒後跌下來時,自動斷成數截,使得木頭失去經濟價值。人們便對這裡的樹木失去了砍伐欲望。早期被砍倒後跌下來斷成許多截的老樹現在依然留在這片林地。約塞米蒂國家公園的溪流舉世聞名,吸引著大批慕名而來的旅遊者。他們桀驁不馴地穿越峽谷,清澈而秀美。在寬闊的平地上,水流以平緩的斜度,傾瀉而下,旋渦飛轉,水霧朦朧,與陽光藍天融為一體;水聲在山谷中匯成美妙而旋律多變的交響曲。約塞米蒂溪流千姿百態、詩情畫意,在四季呈現出不同的狀態。約塞米蒂的溪流幾乎灌溉著整個約塞米蒂公園,仿佛一條樹形的蜘蛛網,纏繞浸潤著整個約塞米蒂國家公園。公園的湖泊是山脈的鏡子。養在深閨的 Stella 湖像一顆藍寶石明珠,鑲嵌在山谷深處。雪鬆倒影輕撫著湛藍的湖水,褐色的高高山峰與山谷間的皚皚白雪,以及天上的白雲也沉入這美麗的湖水中。每年 5 月——冬雪初融的季節是觀賞瀑布的最

佳時機。此時瀑布開始盡情宣洩，仿佛滔滔江水從天而降，蔚為壯觀。約塞米蒂瀑布高740米，躋身於世界十大瀑布，懸掛天際。而新娘面紗瀑布含蓄溫婉，巨大的水幕牆隨風搖曳，躍過石壁，濺濕木橋，將周圍的草木淋得鬱鬱蔥蔥。

### 法國科西嘉島（The Island of Corsica）[①]

科西嘉島是法國唯一入選的世界自然遺產。這裡是法國偉人拿破侖的故鄉，有著著名的阿雅克修·拿破侖博物館，到處都是以拿破侖命名的大街和飯店。科西嘉島坐落在西地中海貿易線路上，是地中海僅次於西西里島、薩丁尼亞島和塞浦路斯島的第四大島。島上山形奇拔險峻，而山體為花崗岩結構，岩體呈緋紅、玫瑰和絳紅等斑斕的色彩。島上水資源非常豐富，海灣、海岬和小島裝點著這個面積600平方千米的純淨自然世界。這裡氣候溫和，屬地中海氣候，年平均氣溫15.1℃，冬無嚴寒，夏無酷暑，具有全歐洲最為多樣化的自然景觀。科西嘉島以山地為主，森林覆蓋面積占全島面積的20%。由於大部分地面有矮灌木叢覆蓋，而其中布滿了各種芳香類灌木，島上花香四溢，香氣甚至漂至海上，因此科西嘉有被人稱為「香島」。

科西嘉島一直以來都是戰略和商業要地。希臘、羅馬、迦太基人接踵而至，驅趕本地科西嘉人進入島嶼內陸地區。在13世紀，島嶼遭遇襲擊而被廢棄，隨後被出售，並陸續有主權國家的居民前來定居；然而，一代代島民自始至終堅韌不拔地抗擊著外來者的侵略。1768年，法國從熱那亞手中購下了科西嘉島，然而近兩個半世紀以來，法國的統治對這座島嶼的巴洛克式教堂、熱那亞堡壘、狂熱的天主教儀式、受託斯卡影響的土著語言和美食影響甚微。

科西嘉島每年吸引的遊客超過300萬。科西嘉島完美的半月灣、白色沙灘和清澈的海水，以及西海岸加朗什的紅色斑岩，可以說是地中海最優美的海灘。該島的山地每年12月至次年4月有積雪，一到冬季便吸引眾多的滑雪愛好者前來進行速滑比賽。夜晚乘坐獨木舟暢遊科西嘉河，一直是一個十分具有吸引力的遊覽項目。儘管每年湧入的遊客超出島嶼原住人口近十倍，島嶼原貌卻並未損壞。

## 三、中國景色秀麗型世界自然遺產的典型代表

坐落在四川西北部岷江上游的阿壩藏族羌族自治州的九寨溝風景名勝區、黃龍風景名勝區，以及湖南省的武陵源風景名勝區等都是中國景色秀麗型世界遺產的典型範例。

### 九寨溝風景名勝區（Jiuzhaigou Valley Scenic and Historic Interest Area）

九寨溝得名於溝內有9個藏族村寨。這裡距離成都435千米，1992年被聯合

---

[①] ROUGH GUIDES. 法國 [M]. 昌劍，譯. 北京：中國旅遊出版社，2015：862.

國教科文組織列入世界自然遺產名單。九寨溝以高山湖泊和瀑布群為其主要特點，集湖、瀑、灘、流、雪峰、森林及藏族風情為一體。九寨溝因其獨有的原始自然美、變幻無窮的四季景觀、豐富的動植物資源而被譽為「人間仙境」和「童話世界」。

九寨溝總面積約 720 平方千米，海拔 2,000 至 4,700 米，樹正溝、日則溝、則渣窪溝等三條溝以 Y 字形走勢穿插其中。九寨溝擁有「翠海」美譽，溝內景觀的最大特色，是零星分佈的 118 個大大小小的「海子」（即湖泊）。他們屬於高山梯湖，由雪山融雪經過石灰岩的層層過濾而成，所以水質澄淨，透明度極高。肉眼可及的深度為 20~30 米。海子中含有大量的碳酸鈣質，湖底和湖岸都堆積或沉澱著許多乳白色的碳酸鈣結晶。湖內生長著豐富藻類植物。站在湖畔可以看到清澈見底的水中露出乳白色的石灰華、黃綠色的水藻和枝丫交錯的朽木。色彩斑斕，形態優美，堪稱九寨一絕。

從溝口的羊峒到諾日朗，全長 13.8 千米的溝谷被稱為樹正溝（亦稱樹正群海溝）。碧綠的翡翠河在溝裡奔湧，九寨溝的神祕面紗由此展開。樹正溝是九寨溝秀麗風景的大門，包括盆景灘、蘆葦海、火花海、臥龍海、樹正群海、樹正瀑布、老虎海、犀牛海等景點，景區內共有海子（湖泊）40 餘個，一路瑤池，一路驚奇，多姿多彩。這一路風景線被譽為九寨溝的縮影。氣勢雄偉的瀑布、原始的磨坊和棧橋點綴其間，讓人目不暇接。諾日朗瀑布是迄今為止在國內發現的最寬的鈣化瀑布。「諾日朗」在藏語中意指男神，其水來自日則溝內的鏡海，瀑布高約 30 多米，寬達 320 多米。瀑布周圍則是蒼林和植被，水流從高崖上傾瀉而下時，氣勢磅礴，水聲如雷。

日則溝全長 18 千米，在諾日朗和原始森林之間，包括鏡海、珍珠灘、金鈴海、五花海、高瀑布、熊貓海、箭竹海、天鵝海、芳草海等海子。日則溝裡的海子有的色彩豔麗，如變幻莫測的萬花筒；有的原始自然，有如仙境；有的幽深寧靜，如攝人魂魄的寶鏡。

各海子之間還有落差極大的瀑布、聚寶盆似的灘流、古木參天的原始森林，各個景點高低錯落，排列有序，美景一幕接著一幕，美不勝收。其中珍珠灘是珍珠灘瀑布的頂部，這片廣大的瀑頂寬約 310 米，淺灘上生長著一簇簇低矮的灌木叢。當淺灘上的水流遇到灌木群或突起的岩層時，就會激起晶瑩的水花。在陽光的照耀之下，可以看到無數的水花在淺灘上跳躍，有如明珠一般閃閃動人。珍珠灘上設有木造人行道和涼亭，遊客走在上面，耳邊聽到的盡是交響樂般的巨大水聲，而腳下則是穿梭在灌木群間的潺潺水流。珍珠灘的岩層含有豐富的碳酸鈣，所以沿著這片扇形溪灘走去，可以看到乳白色和黃綠色或深褐色的石灰結晶。電

視劇《西遊記》曾在珍珠灘取景，這裡獨特的灘流景觀是參觀的重點。

珍珠灘下方就是海拔 2,433 米的珍珠灘瀑布，水勢如連串白珠般掛在寬闊的崖壁間，充滿飄逸之美。

則渣窪溝長 18 千米，從諾日朗直到長海，是九寨溝四條遊覽路線中距離最長、海拔最高的一條，包括長海、五彩池、季節海等景點。此溝沿途層巒疊嶂，山石挺拔崢嶸，遠方的皚皚白雪盡收眼底。登上尕爾納山，最好極目遠眺，那山巒逶迤、谷壑幽深，狀美的姿態一覽無餘。則渣窪溝內的五彩池是九寨溝風景區的精華景點之一。這裡的湖水含有豐富的石灰華，經日光照射後，呈現出寶藍、深藍、湛藍或靛藍的色彩。它是九寨溝內最小的海子，但色彩最為絢麗奪目，被認為仙女的胭脂凝結而成的。池裡面布滿水蕨、水綿、水燈星、蘆葦和綠藻等水生植物，湖水中含有大量碳酸鈣質，顯現出不同色調，在陽光折射作用下五彩池看起來繽紛絢爛。

長海位於則渣窪溝頂端，是風景區內海拔最高（海拔 3,103 米）、湖泊最深的景點。海邊峰巒逶迤，森林密布，可遠遠看見海拔 4,764 米的尕爾納覆蓋著的皚皚白雪。長海是一座寬且深的堰塞湖，南北最長約 8 千米，東西最寬約 4.4 千米。湖水來自岷山山系的雪山融水。長海地表並沒有出水口，但雨季湖水漲滿時也不會漫過堤岸，干季湖水水位降低也不會干涸見底。深秋之後，長海湖畔和林間都開始飄拂雪花，不久就會形成一個粉妝玉琢的銀色世界。

九寨溝每年接待四五百萬的遊客前來欣賞美景，保護與開發的矛盾非常突出。2013 年 10 月 2 日，九寨溝甚至發生大規模遊客滯留事件。

## ● 第五節　生物多樣

### 一、生物多樣型世界自然遺產概述

生物多樣性是生物（動物、植物、微生物）與環境形成的生態複合體以及與此相關的各種生態過程的總和，包括生態系統、物種和基因三個層次。生物多樣性是人類賴以生存的條件，是經濟、社會可持續發展的基礎，更是自然遺產地生物得以生存的保障。

## 二、全球生物多樣型世界自然遺產的典型代表

### 豪勛爵群島（Lord Howe Island Group）

該島屬於澳大利亞新南威爾士州，位於悉尼東北方700多千米的南太平洋上，是由2,000多米深處的海底火山不斷活動造成的。原來與澳大利亞大陸相連，後來因為陸地下沉而與大陸分離成為島嶼。島上有相當完美的生態環境和錯落有致的地形地貌，更有多種當地獨有的動植物，尤其是有豐富多樣的鳥類。1982年被列入《世界遺產名錄》。

豪勛爵群島於18世紀被發現，總面積達1,540多公頃，其中主島豪勛爵島達1,445公頃，島的主體是戈沃山和利德格德山。從海上望去，島上的山峰如同擎天柱般直立於海上。從火山學觀點來看，最寶貴的是，群島年輕的陸地上所有尚未風化的玄武岩。

過去這裡未住過人，而且自從被發現後就被嚴格保護和管理，所以陸地生態系統和近海生態系統都保持原來的與人類隔絕的狀態。整個群島綠蔭蔥蔥，森林生長茂盛。19世紀末，澳大利亞政府開始在這裡進行科學調查，1982年建立了國家公園，保護生態環境，保護珍稀物種。

這裡有鳥類約130種，絕大部分是飛越重洋的過境鳥，有的處於瀕危狀態。陸上鳥類有4種，面臨最嚴重危機的是一種不善飛翔卻能遊水的野秧雞，是世界上最稀有的鳥類之一。

野秧雞多在利德格德山和戈沃山上，數目很少。1980年開始實施一項飼養此種瀕危鳥類的計劃，現在這種鳥已有數百只。大量海鳥在這裡棲息是一大特色，島上共有黑鳧10萬對。群島還是黑鳧和花面鰹鳥在地球最南端的繁衍地。

群島有位於地球最南端的珊瑚礁，在更新世形成後一直延續至今。由於氣溫不同，組成這座珊瑚礁的生物殘骸與北面水溫較高處的珊瑚礁不同。其獨特之處還在於它介於珊瑚礁和海藻礁之間。珊瑚礁區域魚類共有107目，約490種。

島上植物共有7類，內有蕨類植物48種，其中17種為當地特有。有被子類180種，其中當地特產56種。已在島上扎根的外來植物也有175種[①]。

## 三、中國生物多樣型世界自然遺產的典型代表

中國多處世界自然遺產都具有典型突出的生物多樣性價值。尤其是中國四川省境內的由7處自然保護區和9處風景名勝區組成的四川大熊貓棲息地，以及橫

---

① 晁華山. 世界遺產 [M]. 北京：北京大學出版社，2004：220-221.

跨中國雲南省三市州（麗江市、迪慶藏族自治州、怒江傈僳族自治州）八縣的區域的雲南三江並流區域。

其中的四川大熊貓保護基地，地跨成都市所轄都江堰市、崇州市、邛崍市、大邑縣、雅安市所轄蘆山縣、天全縣、寶興縣、阿壩藏族羌族自治州所轄汶川縣、小金縣、理縣、甘孜藏族自治州所轄瀘定縣、康定縣、等等，共計12個縣或縣級市。這裡擁有豐富的植被種類，是全球最大最完整的大熊貓棲息地。全球30%以上的野生大熊貓棲息於此。另外，這裡亦是小熊貓、雪豹及雲豹等瀕危物種棲息的地方。四川大熊貓棲息地是保護國際（CI）選定的全球25個生物多樣性熱點地區之一，是一個「活的博物館」。這裡有高等植物1萬多種，還有大熊貓、金絲猴、羚牛等獨有的珍稀物種，是全世界知名的生物多樣性地區。

「三江並流」地區未受第四紀冰期大陸冰川的覆蓋，加之區域內山脈為南北走向，因此這裡成為歐亞大陸生物物種南來北往的主要通道和避難所，是歐亞大陸生物群落最富集的地區，被譽為「世界生物基因庫」，是北半球生物景觀的縮影。

### 地形、氣候、生物多樣性的標本之地——三江並流

橫跨中國雲南省三市州（麗江市、迪慶藏族自治州、怒江傈僳族自治州）八縣區域的雲南之巔上，永不停息地奔騰著三條永不枯竭的大江。它們誕生於同一個家族——青藏高原的唐古拉山，名叫怒江、瀾滄江、金沙江。這裡的生物多樣性世所罕見，被列為世界25個生物多樣性優先重點保護熱點地區。這裡只占中國1.4%的國土面積，但是物種豐富程度占40%以上。

三江並流區域，峽谷深切，形成南北向生物通道，到達北迴歸線的位置又正好迎來印度洋季風，降雨量充沛。北緯15度到30度的寬度間同時擁有熱帶、亞熱帶、溫帶、寒帶的氣候特徵。這讓南北兩個方向的生物同時在這裡出現。

2.3億年前，印度板塊離開岡瓦納大陸，開始了漫長的漂流生活，並在1.8億年後，與歐亞大陸完成了激情的碰撞。山脈轉向、空間壓縮，喜馬拉雅山脈隆起，亞洲的自然地理風貌瞬間改變。山石巍峨、峽谷深切、江河奔流的橫斷山脈出現，青藏高原的壯麗山河由此誕生。兩塊大陸的碰撞還使得「三江並流」地區完整地保存了從元古宙到早古生代、晚古生代到三疊紀、晚三疊紀到早白堊紀以及新生代這些遙不可及時期的地質演化痕跡。「三江並流」這座世界上最大的自然博物館由此便一覽無餘地展現在世人眼前。除了海洋和沙漠外，地球上的風景都在這裡集合了。從760米的怒江干熱河谷到6,740米的卡瓦博格峰，匯集了高山峽谷、雪峰冰川、高原濕地、森林草甸、淡水湖泊等奇觀異景和珍稀動植物。

南亞熱帶、中亞熱帶、北亞熱帶、寒溫帶、高山苔原等多種氣候類型，構成了「三江並流」地區顯著的立體氣候特徵。區域內分佈著熱帶雨林、亞熱帶常綠

闊葉林、落葉闊葉林、針葉林、高山灌叢、高山草甸、寒帶墊狀植物等各種植物，是地球上最完美的垂直氣候與自然分佈帶，產生了最引人注目的生物多樣性現象，形成了中國生物多樣性最豐富的地區，名列中國生物多樣性保護17個「關鍵地區」的第一位。

這裡，不到0.4%的國土面積上，擁有了全國20%以上的高等植物和25%的動物，是歐亞大陸生物群落最豐富的地區。有10個植被型、23個植被亞型、90餘個群系。區域內有哺乳動物173種、鳥類417種、爬行類59種、兩栖類36種、淡水魚76種、鳳蝶類昆蟲31種；有高等植物210餘科、1,200餘屬、6,000種以上。滇金絲猴、羚羊、雪豹、孟加拉虎、黑頸鶴等77種國家級珍稀保護動物和禿杉、桫欏、紅豆杉等34種國家級保護植物在這裡與人類一同生息繁衍。每年春暖花開時，這裡綠毯般的草甸上、幽靜的森林中、湛藍的湖邊都會成為一片花的海洋。20多種杜鵑、近百種龍膽、報春及綠絨蒿先蒿、杓蘭、百合在高原的陽光下盡情地綻放[①]。

## 資料卡

### 資料1：「天上街市」遭遇黃牌警示[②]

武陵源風景名勝區位於中國中部湖南省西北部，由張家界市的張家界國家森林公園、慈利縣的索溪峪自然保護區和桑植縣的天子山自然保護區組合而成，後又發現了楊家界新景區，總面積達500平方千米。1992年12月，武陵源風景區被聯合國教科文組織列入《世界遺產名錄》。

武陵源地區在區域構造體系中，處於新華夏第三隆起帶，地貌類型多樣。其中張家界地貌是砂岩地貌的一種獨特類型，由石英砂岩為成景母岩，在流水侵蝕、重力崩塌、風化等作用下，形成以棱角平直的、高大的石柱林為主的地貌景觀。世界罕見的大面積石英砂岩峰林地貌是張家界的最大亮點。石英砂岩在多種外營力的作用下形成，山體按複雜自然演化過程形成峰林，高峻、頂平、壁陡。溶蝕地貌堪稱「湘西型」岩溶景觀的典型代表，溶洞集中於索溪峪河谷北側及天子山東南緣，總數達數十個。其中黃龍洞最為典型，被稱為「洞穴學研究的寶庫」。地質遺跡景觀是不可多得的地質遺跡，不僅可供參觀，而且是研究古環境和海陸變遷的證據。

總面積達397平方千米的武陵源風景名勝區溪谷縱橫，群峰羅拜，特色景觀

---

① 梁敏. 驢行雲南——最新11條精品線路 [M]. 北京：中國青年出版社，2009：46-50.
② 資料來源：http://www.people.com.cn/GB/huanbao/1073/3007235.html.

無與倫比。

　　入選世界自然遺產後，地方政府也從中抓住了迅速擺脫貧困的機遇，市場浮現出巨大的旅遊開發商機。張家界名氣大增後，海內外遊客蜂擁而至，在景區解決遊客的吃、住、行成為迫切需要解決的現實問題。世居在景區裡的居民、企事業單位競相在核心景區建各類旅遊服務設施。一時間，在天子山、袁家界等地，賓館、飯店和大小不一的商貿棚點相繼出現在綠水青山之間；位於景區交通樞紐的「水繞四門」，一批較大規模的賓館酒樓也開始出現。

　　儘管在世界自然遺產證書上寫有「列入此名錄說明此文化自然景區具有特別的和世界性的價值，因而為了全人類的利益應對其加以保護」，儘管在開發過程中管理層都提到保護問題，但大興土木式的開發風潮所至，人造的「天上街市」不和諧地聳立在優美寧靜的「世界自然遺產」之中。

　　據不完全統計，1998年，充斥在景區內的各色建築的面積已達36萬平方米，違章建築面積達3.7萬平方米。核心景區內冒出了「賓館城」。「世界最美的大峽谷」——金鞭溪每天被迫接納1,500噸污水……在保護與開發的博弈中，開發無限「風光」。

　　1998年9月，聯合國教科文組織官員在武陵源進行五年一度的遺產監測時，對景區中的人造「天上街市」提出了嚴厲批評：「武陵源的自然環境像個被圍困的孤島，局限於深耕細作的農業和迅速發展的旅遊業範圍內，其城市化對其自然界正在產生越來越大的影響。」

　　一時間，國內外專家、官員對武陵源景區的過度開發相繼提出了嚴厲的批評，痛心疾首地呼籲：「武陵源世界自然遺產資源非常珍貴，不可再生，要採取比一般景區更為嚴格的特別保護措施。」

　　來自四面八方的批評，使一直把世界自然遺產當成「搖錢樹」的張家界人開始從發財美夢中驚醒……

### 資料2：世界自然遺產之美國科羅拉多大峽谷[1]

　　美國科羅拉多大峽谷（The Grand Canyon）位於美國亞利桑那州（Arizona）西北部，科羅拉多高原西南部。該峽谷是世界上最大的峽谷之一，也是地球上自然界七大奇景之一。科羅拉多大峽谷（The Grand Canyon）總面積接近3,000平方千米。大峽谷全長349千米，最大深度為1,800米。大峽谷呈V字形，谷底最窄處僅120米。平均寬度為16千米，最深處為1,829米，平均深度超過1,500米，總面積為2,724平方千米。

---

[1] 晁華山. 世界遺產 [M]. 北京：北京大學出版社，2004：198-199.

大峽谷山石多為紅色，從谷底到頂部分佈著從寒武紀到新生代各個時期的岩層，層次清晰，色調各異，並且含有各個地質年代的代表性生物化石，大峽谷因此又被稱為「活的地質史教科書」。

科羅拉多大峽谷國家公園是大峽谷最深最壯觀的35千米地段，最大深度達1,740米。暴露的地層展現了20億年地質構造史，有多種生態環境和生物物種，還有4,000年來印第安人的居住生活遺址。

大峽谷為訪問者提供了無與倫比的機會，可以從陡立叢生的懸崖邊欣賞壯觀的遠古峽谷中的狹長景色。它並不是世界上最深的峽谷，但是大峽谷憑藉其超乎尋常的體表和錯綜複雜、色彩豐富的地面景觀而馳名。從地質角度來看，它非常有價值。裸露在峽谷石壁上的從遠古保留下來的巨大石塊因其堅硬和粗獷而倍顯美麗。這些石層無聲地記載了北美大陸早期地質形成發展的過程。當然，這裡也是地球上關於風蝕研究所能找到的最迷人的景點。

在大峽谷中，有75種哺乳動物、50種兩栖和爬行動物、25種魚類和超過300種的鳥類生存。國家公園便成了許多動物的樂園。馴鹿是峽谷內最普遍的一種哺乳動物，能經常從懸崖邊緣觀察到它們的身影。沙漠大盤羊生活在峽谷深處陡峭的絕壁上，在遊人通常的遊覽路線中不易被發覺。體型中等或較小的山貓和山狗生活範圍從絕壁邊緣延伸到河邊。國家公園中還有少量的山獅。小型哺乳動物包括有浣熊、海狸、花栗鼠、地鼠和一些不同種類的鬆鼠、兔和老鼠。兩栖和爬行動物有種類繁多的蜥蜴、蛇（包括當地特有的大峽谷粉紅響尾蛇）、龜類、蛙類、蟾蜍和火蜥蜴。還有成百種不同的鳥類和數不清的昆蟲和節肢類動物（蜘蛛）在此處定居。

大峽谷每年吸引500萬遊客，很多美國旅遊者都是回頭客。科羅拉多河流域眾多的國家公園、度假區和國家森林都很注重教育功能。

**資料3：貝加爾湖（Lake Baikal）和貝加爾地區的環境問題**[1]

氣象萬千的貝加爾湖是世界上最古老的地貌之一（形成於2,500萬到3,000萬年前），對許多人來說，它是西伯利亞東部地區的明珠。夏季的旅行者可欣賞貝加爾湖水深邃的藍色、對岸連綿的群山，各種美景目不暇接；而相對較少的冬季旅行者則感嘆它白皚皚的雪景、堅硬的湖面以及湖面上出現的冰上道路。香蕉形狀的貝加爾湖南北長636千米，最深處達1,637米，是世界上最深的湖。實際上它根本不是一個湖，而是世界未來的第五大海，它儲存著地球上近五分之一的液態淡水（比北美洲的五大湖加起來還要多）。雖然存在一些環境隱憂，但大部分地

---

[1] 資料來源：孤獨星球. 俄羅斯 [M]. 北京：中國地圖出版社，2014：460-461.

區的貝加爾湖水十分純淨，可以直接飲用。有 300 條河流注入貝加爾湖，而湖水只通過一條河（即利斯特未央卡附近的安加拉河）向外流。

貝加爾湖是世界最深和蓄水量最大的淡水湖。湖形狹長，從東北向西南呈弧形延伸，如一彎明月，長 636 千米，平均寬 48 千米，最寬處為 79.4 千米，面積達 3.15 萬平方千米。湖面海拔為 456 米，湖水深邃，平均深 730 米，中部最深達 1,620 米，是世界最深的湖泊。蓄水量 2.3 萬立方千米，是歐亞大陸也是世界上最大的淡水庫，約占世界地表淡水總的 1/5，占俄羅斯地表淡水的 4/5。湖盆地區為大陸性氣候，巨大水體對周圍湖岸地區氣候有調節作用，冬季相對較溫暖，夏季較涼爽。年降水量中，北部為 200~350 毫米，南部為 500~900 毫米。風大、浪高達 5 米，湖水漲落現象明顯。1—5 月初結冰，冰厚 70~115 厘米。湖水清澈，含雜質極少，透明度達 40.5 米，僅次於透明度達 41.6 米的日本北海道的摩周湖。也就是說，船航行在貝加爾湖上，可一眼見到 40 米深處的物質。

湖中有植物 600 種、水生動物 1,200 種，其中 3/4 為特有種，如鰉魚、鱘魚、凹目白蛙和鴉巴沙。貝加爾湖雖是淡水湖，卻也生長有碩大的北歐環斑海豹和髭豹。湖畔遼闊的森林中生活著黑貂、鬆鼠、馬鹿、大駝鹿、麝等多種動物。貝加爾湖陽光充沛，雨量稀少，冬暖夏涼，而且有 300 多處礦泉，是俄羅斯東部地區最大的療養中心。建有貝加爾自然保護區。俄羅斯政府也規定湖區的工業企業在生產中後不利用湖水，不影響自然環境，以保護這大自然的寵兒。20 世紀 60 年代，儘管受到蘇聯體制的壓力，貝加爾湖畔第一座（也是唯一的）工廠的建造引發了俄羅斯第一次大規模環保運動。雖然工廠所有者一再保證會引進環保技術減少有害物質的排放，但這座「貝加造紙廠」目前還在污染著貝加爾湖南岸的空氣和湖水。在美麗的貝加爾湖中還生活著的大約 6,000 頭貝加爾環斑海豹、數百種當地特有的物種。

而該地區需要的生態系統並不僅限於湖泊本身。另一個難題就是，受到污染的色楞格河（Selenga River）河水從上游蒙古帶來的未經處理的垃圾也流入貝加爾湖。目前的擔憂是投資 160 億美元的西伯利亞東部地區輸油管道［起自泰舍特（Tayshet），通往太平洋沿岸］。2009 年管道建成，刻意在北面繞行，以避免建在湖岸地區，但是每天都有近 160 萬桶的石油流過劃定為地震活躍帶的北岸集水區域。環保主義者擔心，一旦發生地震導致管道破裂，石油就會進入地下水系統，污染貝加爾湖。而政府決定修建輸油管道的命令發布於 2004 年 12 月，這之前的幾天剛發生過大地震，引起了災難性的東南亞大海嘯。

還有一個負面事件發生在 2008 年 7 月，一支俄羅斯潛艇隊考察了貝加爾湖的湖底（好笑的是，2007 年這個團隊還曾把一面俄羅斯國旗插在北冰洋海底）。有

人稱他們是在湖底秘密勘探石油儲藏，這使當地的環保主義者想到了最壞的可能性，並為之擔心。

### 資料4：澳大利亞世界遺產的保護與旅遊開發①

澳大利亞共有19個地點被列入聯合國教科文組織的《世界遺產名錄》，其中包括地球上最古老的雨林和世界上三分之一左右的海洋保護區。澳大利亞的許多標誌性旅遊目的地都被列入了《世界遺產名錄》，如大堡礁和昆士蘭的濕熱帶地區（包括黛恩樹雨林）、新南威爾士州的大藍山地區、北部地區的卡塔丘塔國家公園，以及西澳大利亞州金伯利地區的普奴魯魯國家公園。其中，占地130萬公頃的塔斯馬尼亞荒原世界遺產區符合10項標準中的7項，超過其他任何世界遺產區。

澳大利亞廣袤的自然原始地區也為其贏得了世界遺產地的地位，如跨越南威爾士洲和昆士蘭州的岡瓦納雨林和西南威爾士州的威蘭德拉湖區。被列入《世界遺產名錄》的還有11處澳大利亞監獄遺址，它們代表著18世紀和19世紀罪犯被強制流放到殖民地的歷史，也是澳大利亞悠久歷史的一個鮮明例證。在塔斯馬尼亞島，有位於塔斯曼半島上的亞瑟港歷史遺址、霍巴特的卡斯凱德斯女犯工廠、瑪麗亞島上的達林頓感化站、皮馬德依那附近的煤礦歷史遺址，以及朗福德郡附近的布里肯頓伍摩爾斯種植園。這些都是列入《世界遺產名錄》的澳大利亞監獄遺址。

澳大利亞的許多世界遺產地都位於偏遠地區，有些地方只能乘坐四輪驅動越野車和飛機才能到達，但大多數地方都可以以自駕的方式抵達或隨同當地的一家旅行社共同前往。因此，這些遺產地非常受有冒險精神的遊客的喜歡。如位於南澳大利亞納拉庫特鎮和昆士蘭州的里弗斯利地區的澳大利亞哺乳動物化石遺址。

澳大利亞的世界遺產地受到澳大利亞政府1999年頒布的《環境與生物多樣性保護法案》（EPBC Act）的保護，當然，還必須遵守《世界遺產公約》。不同遺產地的管理規定各不相同，但各地的管理當局均制定了對策，以確保消除任何潛在的影響。國家公園和野生動物管理處負責公園的日常管理。西澳大利亞政府環境及自然保護部通過普奴魯魯公園理事會和當地的土著人一起負責公園的日常管理。烏魯魯-卡塔丘塔國家公園的所有權歸土著社區，他們將其租賃給國家公園和野生動物管理處。管理處按照國家公園的標準對其進行管理。

西澳大利亞政府環境及自然保護部也負責管理寧格羅海岸和鯊魚灣。

為了體現自然風光對旅遊業的重要性，澳大利亞旅遊局和澳大利亞公園管理處聯合攝製了《國家景觀》短片。該短片包括一系列具有重大文化、自然或精神

---

① 資料來源：http://www.aiweibang.com/yuedu/1700083.html。

意義的地方，其中許多地方已被列入《世界遺產名錄》。這一特別的合作項目旨在幫助澳大利亞最重要的自然區域及其周邊地區實現環境、社會和經濟效益。

北領地的卡卡杜國家公園便是一處傳統業主、政府和旅遊行業有效合作的典範。這座公園是世界上為數不多的同時因自然環境和文化意義而入選《世界遺產名錄》的地方，於1981年首次入選《世界遺產名錄》；擴建後又分別於1987年和1992年兩次入選。因其對澳大利亞人民具有全國性意義，該公園被納入《環境與生物多樣性保護法案》的保護之下，並被列入《澳大利亞註冊國家遺產名錄》中。

## 思考和練習題

1. 什麼是世界自然遺產？
2. 世界自然遺產具有怎樣的評定標準？
3. 中國有哪些世界自然遺產？具體分佈如何？
4. 引起世界自然遺產破壞的主要因素有哪些？
5. 在旅遊發展過程中，如何才能有效保護世界自然遺產？

## 案例分析

**案例材料：世界自然遺產九寨溝的旅遊發展之路**[1]

材料1：九寨溝的旅遊發展歷程

（1）1996年以前：自給自足期

1966年以前景區居民生活半農半牧、自給自足，經濟收入低，很少與外界往來。

（2）1966—1978年：林木採伐期

20世紀60年代中期，兩個林場相繼進駐，開始大規模的採伐，歷時12年，原始森林遭到嚴重毀壞。20世紀70年代，有關部門和專家多次到此考察，發現其豐富的自然資源和景觀資源後積極呼籲保護九寨溝。

（3）1978—1984年：單純保護期

1978年，成立九寨溝自然保護區，建立了九寨溝自然保護區管理所，停止區域內的森林採伐。1979年林場全部從九寨溝撤出；設立檢查站，開展保護森林資

---

[1] 資料來源：http://travel.sohu.com/20160615/n454626795.shtml。

源和大熊貓等簡單的保護和宣傳工作。

(4) 1984—1997年：旅遊開發探索期

1984年，九寨溝被劃為第一批國家級重點風景名勝區。1984年12月15日，建立南坪縣九寨溝風景名勝區管理局，九寨溝正式對外開放，開始探索性、小規模、粗放型的旅遊開發；之後相繼成立九寨溝旅遊公司和九寨溝聯合經營有限責任公司，統一管理經營活動。1992年，九寨溝被聯合國教科文組織列入《世界遺產名錄》。1994年，九寨溝被國家林業部確認為國家級自然保護區。1997年，九寨溝被納入世界生物圈保護區。隨著大量旅遊接待設施的建設，景區內逐漸出現了城市化和過度商業化的現象。大量遊客在溝內食宿和親水活動，對旅遊資源和生態環境造成了一定影響。

(5) 1997—2007年：旅遊快速發展期

1997—2007年為處理好景區與原住民關係，九寨溝採取了積極的社區參與的措施，如優先招聘景區居民參與景區管理和環境保護，每張景區門票提取7元作為景區居民福利待遇，聯合經營公司入股分紅，等等，較好地實現了「保景富民」。「九寨東西環線」的全線貫通，使得旅遊發展步入快速通道，遊客迅速從1997年的18.2萬人次增長到2007年的252.2萬人次。九寨溝不斷修建和完善旅遊基礎設施和服務設施，建立遊客中心、數字中心和科研中心，改造提升約50千米長的景區公路，建設約60千米的生態棧道，運行綠色觀光車，引入環保廁所。為保護生態環境，2001年，九寨溝管理局嚴格實施了「溝內遊、溝外住」政策，對溝內賓館飯店全部予以拆除，僅保留了諾日朗服務中心。

(6) 2008年後：旅遊恢復和品質提升期

2008年，受「5·12汶川大地震」影響，九寨溝旅遊年接待人次大幅下降，降至20世紀末期水平，僅約64.4萬人次。九寨溝快速啟動旅遊恢復和品質提升工程，組織編寫《震後旅遊恢復重建提升規劃》，並開始由「數字景區」向「智慧景區」轉型，旅遊事業很快實現恢復並再創新高。2012年，九寨溝從960多處世界遺產地評比中脫穎而出，獲得世界遺產可持續發展最佳示範獎。2015年，九寨溝旅遊年接待人次突破500萬人次。

材料2：九寨溝管理局局長章小平接受《城市中國》採訪摘錄

《城市中國》：如今國家公園概念被熱議，您認為這應該是怎樣的一個概念？九寨溝與國家公園相比，還有哪些不完善的地方？關鍵問題是什麼？如何解決這些問題？

章小平：國家公園是代表國家形象，具有很高美學價值，能為生態環境、生物多樣性和生態過程保護和人們遊憩提供條件的自然遺產地或文化遺產地。國家

公園應堅持「保護優先，適度開發」的理念，也應當高度重視社會公益性，基本運營經費源於國家財政，門票價格與國民消費水平相適應。

九寨溝在發展過程中一直在努力處理好保護與發展之間的關係，但從國家公園建設角度看還面臨以下問題：一是多頭管理，九寨溝目前是「五塊牌子，一套人馬」；二是容量管理，市場剛性需求和地方發展經濟壓力使其很難實現科學管理；三是環境教育，專業人才缺乏和本底知識缺乏使環境教育還有較大提升空間；四是生態保護，快速發展的旅遊業對生態環境的壓力與日俱增，但當前對生態環境的監測和科學研究還有待進一步加強。

當前解決問題的困難主要源於四方面：一是很難科學計算九寨溝景區的承載力；二是中央財政對九寨溝日常維護支持較少；三是地方有發展經濟的壓力；四是市場剛性需求較大，旅遊高峰期明顯，對管理造成了壓力。在引入國家公園理念後，九寨溝需要根據國家公園建設理念對公園管理體制、公園規劃、公園與屬地政府關係、生態環境保護等進行革新。這需要更加注重可持續發展，注重資源和生態環境的保護，努力提高自然生態保護效率。為此，九寨溝首先需要完善生態環境和生物多樣性監測系統，不斷深化生態環境、生物多樣性、生態過程保護研究。其次，調整門票價格，使之與中國人民消費水平相適應。再次，環境教育和解說系統需要進一步完善，遊客和青少年學生應該獲得更多的環境教育機會。最後，九寨溝需要重視公眾參與，及時公布有關建設的重大信息，規劃應更重視社區參與和公眾的意見。

《城市中國》：目前九寨溝對於多頭管理的矛盾，通過哪個部門在牽頭協調？九寨溝景區收入與地方財政有怎樣關係？管理維護資金都有哪些來源？

章小平：從行業上來說，中央和地方各部門在各自職責範圍內對九寨溝進行管理，存在一定程度的多頭管理矛盾。世界自然遺產地及風景名勝區的行業主管部門為建設系統，國家住建部及省建設廳、州建設局均在九寨溝設有遺產辦及風景名勝區管理處（科）；作為國家級自然保護區，行業主管部門為林業系統，國家林業局及省林業廳、州林業局設有保護司及保護處（科）；作為國家5A級旅遊景區，行業主管部門為國家及省、州旅遊局；作為國家地質公園，行業主管部門為國家及省、州國土部門。同時，九寨溝被列入聯合國教科文組織《世界遺產名錄》，也是中國國家地質公園成員單位，接受國際組織和國內相關組織規定的制約。

目前九寨溝有《四川九寨溝國家級自然保護區總體規劃》《九寨溝風景名勝區總體規劃》《九寨溝國家地質公園總體規劃》《九寨溝世界遺產地保護規劃》等規劃，以住建部報給國務院備案的《九寨溝風景名勝區總體規劃》為主。在現行

體制下很難實現多規合一。正如一些專家所述，處於多頭管理中的九寨溝面臨政出多門的問題。因此希望九寨溝在納入國家公園體系後能實行統一管理，有效避免重複建設。

總體來說，九寨溝當前管理屬於屬地管理，由阿壩藏族羌族自治州政府直接管轄。民族自治地方享受自我管理和自治的權利，有權依照當地民族的政治、經濟和文化的特點，制定自治條例和單行條例。因此，在自治州政府主導下，目前初步形成景區、縣、公司共管的協調體制，景區內資源環境保護和遊客服務、設施建設主要由九寨溝管理局負責，景區外旅遊秩序維護和基礎設施建設主要由九寨溝縣政府負責，景區內觀光車等由大九旅股份有限公司負責。在市場行銷方面，除景區自主行銷外，每年在國家及省、州旅遊部門的統籌安排下，參與一些市場行銷活動。管理維護資金來源有門票收入、財政專項撥款、科研項目經費和向上級部門爭取的資金等。中央財政雖對景區建設投入較少，但對景區外交通等基礎設施投入較大。景區收入實行收支兩條線和預算制管理。

《城市中國》：九寨溝的發展與周邊城市發展存在怎樣的互相影響或者促進關係？如何平衡遊客和當地居民的利益關係？有哪些社區參與措施？

章小平：一直以來，九寨溝景區門票收入除了用於維持自身運轉和保護、科研等投入之外，每年還將門票總收入45%左右的資金，用於支持周邊地區和相關行業的發展，為地區經濟發展做出了巨大貢獻。無論是解決當地勞動就業問題，幫助當地群眾脫貧致富，促進全州、全縣第三產業發展，還是改變九寨溝縣產業結構，都發揮出了重要作用。

為處理好景區與原住民的關係，九寨溝採取了積極的社區參與措施，如優先招聘景區居民參與景區管理和環境保護，每張景區門票提取7元作為景區居民福利待遇，聯合經營公司入股分紅，等等。當然，九寨溝在快速發展過程中也經歷了一些值得進一步總結的事件，如「8·14居民集體聚訪」，表明處理景區與居民關係問題仍然是世界性的難題；另外，「10·2遊客爆棚」也值得認真分析。協調保護與發展、處理數量與質量的關係、平衡地方經濟發展訴求與社會公益性之間的矛盾將是九寨溝長期面臨的問題。

《城市中國》：九寨溝的科研單位比較多，目前進駐的科研單位都有哪些學科？管理上有哪些成熟的制度？科研成果如何被納入管理中？

章小平：在保護和開發的平衡中，九寨溝經歷了由絕對保護到重開發，再到保護與利用並重的戰略轉型。

1995年，九寨溝管理局設立了科研處，逐步建立了氣象、水文、水質、環境、森林病蟲害等監測站，逐步配備相應專業技術人員進行常規監測；2004年建

立了水質實驗室；2006年聯合四川大學、美國加州大學戴維斯分校、華盛頓大學、美國約塞米蒂國家公園等建立了「九寨溝生態環境與可持續發展國際聯合實驗室」；2009年，四川省人事廳批准設立九寨溝博士後科研工作站；2012年科技部批准建設九寨溝國家國際科技合作基地；2014年，九寨溝管理局聯合克羅地亞薩格勒布大學、普利特維採國家公園和中科院成都生物研究所建立了生態保護國際聯合研究中心。目前進入九寨溝的科研單位涵蓋環境科學、生態學、林學、地質學、旅遊學、信息資源管理、市場行銷、民族學、考古學等學科，涉及景區綜合管理、生態環境保護、旅遊發展、社區治理等方方面面。

為了讓前沿科研成果在九寨溝落地，九寨溝主要採取了以下措施：編制科研項目規劃，明確研究重點和實施步驟；深入開展需求分析，根據需求申報和設立科研項目；與國內外著名的大學、研究機構和技術企業開展合作；與研發合作團隊保持良好合作關係，做好項目實施培訓；建設自己的研發團隊，培養本土科研領軍人物。

截至目前，九寨溝擁有博士後工作站1個，自主培養博士研究生3人，在讀博士研究生7人，碩士研究生34人，其中海歸碩士研究生5人。由於執行了嚴格的科學監測，在旅遊事業高速發展的同時，九寨溝旅遊資源和生態環境保護狀況良好，遺產地真實性和完整性保存完好，在2012年斬獲世界遺產可持續發展最佳示範獎。

閱讀資料後，請思考：
（1）目前世界遺產九寨溝主要面臨哪些突出問題？
（2）九寨溝主要採取了哪些措施解決這些突出問題？成效如何？

## 實訓拓展

請實地考察某一個世界自然遺產，通過深入的調研，瞭解該世界自然遺產在保護與發展兩個方面面臨的主要矛盾和問題，並提出解決方案。

# 第六章　世界自然與文化雙遺產

**學習目標**

瞭解自然與文化雙遺產的概念和內涵；
熟悉中國境內的世界自然與文化雙遺產；
掌握世界自然與文化雙遺產的評定標準及分類。

**重點難題**

能運用世界自然與文化雙遺產評定標準及分類方法，來分析世界的自然與文化雙遺產；
具有關注自然、保護自然的生態意識和文化傳承意識。

**本章內容**

## 第一節　世界自然與文化雙遺產的概念和內涵

世界自然與文化雙遺產或譯為文化遺產與自然遺產混合體（Mixed Cultural and Natural Heritage），又名複合遺產，是同時具備自然遺產與文化遺產兩種條件的世

界遺產類型，是大自然的造化和人類的歷史傳統及精神成就的載體和見證。

　　世界自然與文化雙遺產不僅關注遺產在歷史、藝術或科學、審美、人種學、人類學方面的典型意義，同時還關注這一區域在審美、科學、保存形態上特別具有世界價值的地形或生物。按照自然價值和文化價值雙重標準申報的混合遺產由國際古跡遺址理事會與世界自然保護聯盟共同完成現場評估考察。考察之後，世界自然保護聯盟和國際古跡遺址理事會將根據相關標準編制各自獨立的遺產評估報告。大部分申請列入世界遺產名錄的遺產都包括對自然與文化交互作用的管理，世界自然保護聯盟和國際古跡遺址理事會將在其評估過程中盡最大可能地討論這些交互作用，並整合其評估報告。

## 第二節　全球範圍內的世界自然與文化雙遺產

　　首次被認定為自然與文化雙遺產的是提卡爾國家公園（危地馬拉），於第3次世界遺產委員會（1979年）上通過。截至2016年7月，全球共有世界自然與文化雙遺產共計35項，其中中國和澳大利亞最多，均為4項。許多世界遺產大國都沒有雙遺產，如義大利、法國、德國等。

### 卡卡杜國家公園（Kakadu National Park）

　　這是澳大利亞最大的國家公園（131.6萬公頃）。公園位於澳大利亞北部地區達爾文市以東220千米處，曾是土著自治區，1981年作為自然與文化雙遺產，列入《世界遺產名錄》。

　　從自然生態來說，這裡具有獨特而複雜的生態系統，潮汐淺灘、衝積平原、低窪地帶和高原為各種獨特動植物的生長和繁衍提供了理想優越的自然環境，有的物種在這裡已經延續了4萬多年的漫長歷史。海潮區域的植被主要是叢林、海蓬子科植物，包括海岸沙灘上的半落葉潮濕熱帶林，瀕臨絕跡的潮淹區鱷魚在這裡時有出沒。低窪平原地區，則因為雨季洪水泛濫形成栖鳥類的理想沼澤帶。起伏的低窪地帶形成小山和石峰，稀疏的樹林、草原、牧場和灌木叢、沿海熱帶森林分佈其間。沉積岩組成的高原區生著多種稀有的或當地獨特的鳥類以及豐富的動植物。陡坡和沉積岩孤峰區在雨季時會形成蔚為壯觀的瀑布，多種動物棲息於此。卡卡杜和毗鄰的阿海姆地高原有著世上罕有的難以計數的獨特動植物種群，保存較完整的自然生態原始環境和優美的景色。檸檬桉、大葉櫻、南洋杉等樹木是澳大利亞的特產。卡卡杜國家公園的植物超過1,600種，僅紅樹屬植物就有22種，是澳大利亞北部季風氣候區植物多樣性最高的地區，多種植物具有重要的保護價值。

　　卡卡杜國家公園擁有絕無僅有的文化遺產。懸崖上的洞穴內發現了約7,000

處岩石壁畫，這些壁畫是當地土著人的祖先留下的痕跡，用蘸著獵物的鮮血（或和著不同顏色的礦物質）塗抹而成。壁畫的內容反應了當地土著祖先們各個時期的生活內容及生產方式，有野獸、飛禽形象，一部分內容展示了當地土著人的原始圖騰崇拜、宗教禮儀。壁畫中有些難以理解的抽象圖形。如頭呈倒三角形，耳朵呈長方形、身軀及四肢細長，甚至有的人體出現了多個頭臂。畫中人物或曲身或跳躍，呈舞蹈狀，舞姿熱情開放、極富幻想力。壁畫藝術遺址使這裡聞名遐邇，澳大利亞的學者、研究人員紛紛來到這裡尋找珍貴的資料。

### 戈雷梅國家公園和卡帕多基的岩洞建築[1]

這處遺產位於土耳其中部的卡帕多基省，1985年作為自然與文化雙遺產被列入《世界遺產名錄》。這裡是死火山熔岩經過風化水蝕形成的高原。在過去的地質年代，阿爾蓋烏斯火山不同時期噴發的火山熔岩流布各地，由於熔岩成分不同，經過風化和雨水侵蝕形成了許多不同形狀的丘陵，有圓錐形、蘑菇形、尖錐形、圓柱形，絕大多數岩石表面平滑光潔，如同人工琢磨。這種奇特的地貌是它被評為自然遺產的原因。

卡帕多基的這種景色在中新世時期由紅色的砂岩和瀉鹽沉積而形成。這塊相對較小的在火山凝灰岩上形成的肥沃土地也是人們願意居住的地方。卡帕多基的南部人口稠密，是這個地區的心臟。

戈雷梅的古老建築是在崖壁上雕鑿而成的。岩洞內建有各種教堂，都是羅馬帝國時期人們宗教活動和生活的罕見證據。穴居的村莊和地面下的城鎮都再現了人們傳統的生活環境。這甚至可以追溯到4世紀，那時的生活情景現在在戈雷梅還可以看見。這個國家公園和周圍區域包括不同的城鎮、村莊、小村落。大約有2萬人住在國家公園範圍裡，6.5萬多人生活在周圍的社區。

傳統上當地人的經濟來源是農業、陶器製造業和地毯編織業。但到了20世紀80年代，旅遊業已成為這一地區的經濟支柱。人類在這裡居住了1,600多年，所以留下了豐富的人文遺產。從4世紀到13世紀，當地居民與自然和諧相處，利用獨特的自然環境營建房屋。他們在火山熔岩中開鑿出像網路一樣的互相連通的洞穴，最早的建於4—6世紀，大都是修道院。後來有了住房、商店和糧倉，也有了教堂和修道院，還有一些是防禦工事。8世紀上半葉的教堂由於受破壞聖像運動的影響，大都沒有壁畫和雕像，是破壞聖像運動時期拜占庭藝術不可多得的見證。8世紀下半葉到13世紀的教堂都有十分精美的壁畫和雕像。還有許多岩洞雖然開鑿於古代，但是現在仍然在使用。由於是岩洞，絕大部分建築保存得相當好。

---

[1] 晁華山. 世界遺產 [M]. 北京：北京大學出版社，2004：223-224.

## 第三節　中國的世界自然與文化雙遺產

截至 2016 年 7 月,中國共有世界自然與文化雙遺產 4 項,分別是泰山(山東,1987.12)、黃山(安徽,1990.12)、峨眉山風景區及樂山大佛風景區(四川,1996.12)、武夷山(福建,1999.12)。

### 泰山

中國泰山滿足文化遺產第 1~6 個標準,滿足自然遺產第 3 個標準。泰山景區以泰山主峰為中心,呈放射形佈局,山體高大,形表雄偉。泰山主峰崛起於華北大平原東側,凌駕於齊魯丘陵之上,平原和丘陵產生了強烈的對比,使得泰山具有通天拔地的氣勢。尤其是南坡,景觀更為雄狀:山勢徒峻,主峰突兀,山巒層層疊起,群峰拱岱,形成「一覽眾山小」的高曠氣勢。泰山山脈綿亘200 多千米,基礎寬大,形體集中,使人產生安穩感和厚重感,所謂「穩如泰山」「重如泰山」,就是上述的這些自然特徵在人們的心理上產生的反應。

莊嚴神聖的泰山,兩千年來一直是帝王朝拜的對象,其山中的人文杰作與自然景觀完美和諧地融合在一起。泰山一直是中國藝術家和學者的精神源泉,是古代中國文明和信仰的象徵。

### 黃山

黃山位於中國安徽省南部的黃山,地跨歙縣、太平、休寧、黟縣等縣,現設黃山市,其入選滿足文化遺產第 2 個標準,滿足自然遺產第 3、4 個標準。景區面積達154 平方千米,為中國著名的山岳名勝區之一,是以風景秀麗為特色的旅遊勝地。幼年的黃山造就於大約在距今 1 億年前後的地殼運動岩漿噴發。多次造山運動、第四紀冰川衝刷,形成了如今的氣勢磅礴,奇峰穿雲。

黃山以奇松、怪石、雲海、溫泉「四絕」著稱。它兼集中國許多名山的特色,有「五岳歸來不看山,黃山歸來不看岳」「天下名景集黃山」的稱譽。黃山特殊的氣候和地理條件造就了黃山鬆樹的蒼勁剛毅、千姿百態,其中有名的有迎客松、探海松、送客松、蒲團松等。「黃山有石怪天下」,這裡的石頭造型多姿,惟妙惟肖。

黃山雲海也是一絕。每逢雨後初晴,雲鋪深壑,眼前一片汪洋,腳底白浪滾滾,遠處海天相接,偶爾聳出雲端的山尖,恰似大海中的孤島,時隱時現。大風乍起,巨浪排空,驚濤拍岸,瞬息之間又歸於平靜,陽光普照。黃山溫泉水質清澈,甘甜沁人,久旱不涸,久雨不溢。水溫常年保持在 42 攝氏度左右,含有多種對人體有益的元素,頗具醫療價值。

黃山氣候具有垂直變化的特點,植物的分佈也十分明顯,這裡森林覆蓋率為

84.7%。擁有熱帶、亞熱帶、溫帶植物1,450餘種。其中古鬆、黃衫、鐵杉、白果、楓香、紫金楠、貂皮樟和冰川時期留下的馬褂樹等為中國特有，山高林密，氣候適宜，使黃山成為野生動物良好的栖息地。景區共有脊椎動物300種、鳥類170種。

黃山得名於唐代，因傳說黃帝曾來此修身煉丹而得名。黃山與宗教有密切的關係，唐代道教舊籍中，關於軒轅黃帝和容成子、浮丘公來山中煉丹、得道升天的仙道故事，流傳千年，影響深遠，至今還留下與上述神仙故事有關的許多峰名，如軒轅峰、浮丘峰，以及煉丹、仙人、上升、仙都、道人、望仙諸峰。寺廟之中，祥符寺、慈光寺、翠微寺和擲鉢禪院，號稱黃山「四大叢林」。黃山偉大的自然美，使無數詩人、畫家和其他藝術家嘆為觀止，留下了不可勝數的藝術作品。從盛唐到晚清的1,200年間，僅就讚美黃山的詩詞來說，現在可以查到的就有兩萬多首。黃山藝術作品的體裁和內容十分豐富。它們從各個側面體現並充實了黃山的美，是祖國藝術寶庫中的燦爛花朵。就詩文而言，李白、賈島、範成大、龔自珍、郭沫若、老舍等都有不少佳作流傳於世。散文中，徐霞客的《遊黃山日記》、袁牧的《遊黃山記》、葉聖陶的《黃山三天》等都體現了黃山的絕美秀麗的風姿。另外，黃山的故事傳說也不勝枚舉。而以體現黃山俊美恬靜為主的黃山畫派，更是成為黃山文化的一顆璀璨明珠。黃山畫派的大師們不斷從黃山山水中吸取養分，豐富自己的藝術作品。他們以凝重簡練的筆墨、明快秀麗的構圖和清高悲狀的風格、深沉宏達的旨意，在畫壇獨樹一幟。黃山哺育了各個時代的許多藝術家，藝術家們又賦予黃山以藝術的生命。

## 資料卡

### 世界自然與文化雙遺產——峨眉山與樂山大佛[①]

峨眉山與樂山大佛位於四川省樂山市，1996年12月被批准納入世界自然與文化雙遺產名錄，遺產遴選標準為C（Ⅳ）（Ⅵ）、N（Ⅳ）。

峨眉山及樂山大佛景區地理位置特殊，自然景觀雄秀神奇，具有典型的地質地貌特徵，生態環境保護完好，地處世界生物區系的結合和過渡地帶，擁有豐富的動植物資源，具有明顯的區域性特點，珍稀瀕危物種繁多。近兩千年來，創造和累積了以佛教為主要特徵的豐富文化遺產。峨眉山的自然和文化遺產具有很高的歷史、美學、科研、科普和遊覽觀光價值，是全人類的共同財富。

峨眉山又稱大光明山，位於中國西部四川省的中南部，屬於四川盆地向青藏

---

① 資料來源：http://www.banyuetan.org/chcontent/shthb/hbstjq/20151111/162963.shtml.

高原過渡的地帶，主峰金頂的最高峰萬佛頂，海拔為3,099米。峨眉山以優美的自然風光和神話般的佛國仙山而馳名中外，美麗的自然景觀與悠久的歷史文化內涵完美結合，相得益彰，享有「峨眉天下秀」的讚譽。

峨眉山處於多種自然要素的交匯地區，這裡區系成分複雜，生物種類豐富，特有物種繁多，保存有完整的亞熱帶植被體系，森林覆蓋率達87%。峨眉山有高等植物242科、3,200多種，約占中國植物總數的十分之一，其中僅產於峨眉山或在峨眉山發現，並以峨眉定名的植物就達100餘種。此外，峨眉山還是多種稀有動物的栖居地，已知動物有2,300多種。這裡是研究世界生物區系等具有特殊意義的問題的重要地點。

峨眉山是中國佛教四大名山之一。佛教的傳播、寺廟的興建和繁榮，為峨眉山增添了許多神奇色彩。宗教文化特別是佛教文化，構成了峨眉山歷史文化的主體，所有的建築、造像、法器以及禮儀、音樂、繪畫等無不展示出宗教文化的濃鬱氣息。峨眉山上寺廟林立，其中以報國寺、萬年寺等「金頂八大寺廟」最為著名。

1. 峨眉山在中國名山中的地位

峨眉山以自然風光優美、佛教文化濃鬱而馳名中外，以其「雄、秀、神奇」的特色，雄踞於中國名山之列並成為其中佼佼者。

（1）雄：高大的形體，雄偉的氣勢，引起崇高的美感。峨眉山在四川盆地西南緣平地拔起，最高峰萬佛頂海拔為3,099米，相對高差為2,600米，與五岳中最高的華山相比，仍高出1,000多米，所以歷代稱之為「高凌五岳」。峨眉主峰三峰並立，直指藍天，氣勢磅礴。登臨金頂，極目眺望，或群山疊嶂，或雲海茫茫，變幻無窮，令人心曠神怡。

（2）秀：峨眉山處於多種自然要素交匯的地區，植物垂直帶譜明顯，植物種類繁多，類型豐富，植被覆蓋率高達87%以上。山中峰巒疊嶂，林木繁茂，鬱鬱蔥蔥，山體輪廓優美，線條流暢，景色多姿多彩。在天下各大名山中，其繁茂的植被景觀，堪稱第一。

（3）神奇：峨眉山這個「普賢道場」的佛門聖地，濃鬱的佛教文化色彩使它籠罩在一片神祕的宗教氣氛之中。而神話傳說，以及戲劇、詩歌、音樂、繪畫、武術等的渲染與傳播，使這座佛國仙山的神奇色彩更加虛幻莫測。在漫長的歷史長河中，峨眉山的佛教文化、寺廟建築與自然景觀有機而巧妙地融合在一起，在中國名山中實為首屈一指。峨眉山奇特的氣象景觀如金頂的雲海、日出、佛光、聖燈、朝暉、晚霞，以及雷洞菸雲、洪椿曉雨、大坪霽雪等，千變萬化，絢麗多彩，堪為中國名山之首。

峨眉山雄秀神奇的自然景觀與悠久的歷史文化內涵有機地融為一體，相得益彰，給人們美的享受與熏陶，使峨眉山成為人們崇拜與謳歌的對象而名揚天下。

2. 峨眉山具有獨特的地質特徵

峨眉山保存了從前寒武紀以來比較完整的沉積地層，為研究地殼及生物演進歷史提供了難得的地質史料；岩漿侵入與噴溢所產生的侵入岩與火山岩，為研究上地幔的深部作用過程、岩石圈的拉張破裂、地殼的動定轉化，提供了典型的實例；燕山運動、喜馬拉雅山運動所產生的複雜的地殼構造變形，又為研究地殼的表層構造，提供了充分的依據。

同時，新構造運動在峨眉山地質構造背景上所產生的雄偉壯觀、類型多樣的現代地貌，為生物類群的滋生繁衍和別具一格的山地生態王國的建立提供了先決條件。這些背景和條件形成的有機統一的演繹整體，造就了峨眉山的美學形象、科學內涵和在世界山岳型風景區中獨領風騷的特殊地位。

3. 峨眉山具有豐富多彩的植物種類和亞熱帶典型的植被類型

峨眉山的植物在世界上有著獨特的地位，具有世界意義，特別表現在：

（1）峨眉山具有世界上最典型、保存最好的亞熱帶植被類型，具有原始的、完整的亞熱帶森林垂直帶，從山麓的常綠闊葉林，向上依次見到常綠闊葉與落葉闊葉混交林，針闊混交林至暗針葉林。

（2）植物種類異常豐富，在這樣特殊、多樣的森林中生長著已知的高等植物242科、3,200種以上。對於僅有154平方千米的山體來說，在世界上是獨特的，甚至在全世界亞熱帶也是絕無僅有的。伴隨著多樣的植被類型和豐富的植物種類，動物種類也是極其豐富的。

（3）原始和特有品種十分繁多。其中特有的高等植物有100多種。古老而瀕危的植物種類數目很大，被國家列為保護的植物就達31種。

（4）峨眉山的植物區系處於中國－喜馬拉雅亞區和中國－日本亞區過渡地帶，對研究世界生物系等有著重要地位。

4. 峨眉山是動物物種的基因庫

峨眉山的動物正處於古北界和東洋界的過渡地帶而較接近東洋界的特殊地區，其特徵十分顯著和典型：①區系複雜、類型齊全、種類豐富，是世界上罕見的集中分佈區；②分佈呈明顯的區域性，水平、垂直分帶明晰，既有東亞類群，也有南亞類群，並有高原類群；③具有「四多」的特點，即古老珍稀瀕危的物種多，特有種多，模式種多，東洋區系物種多；④古老珍稀的物種有效保存至今，保留了原始的生態，是現存的較好的動物基因庫。有較高的科研價值和特殊的保護意義。

5. 峨眉山具有豐富的歷史文化和佛教文化遺存

峨眉山有著悠久的人文歷史。據現有考古資料表明，早在一萬年以前，這一區域內已有古代先民的活動。進入文明社會，有文獻、史跡可考的人文歷史已有兩千多年。1世紀中葉，佛教經南絲綢之路由印度傳入峨眉山，藥農蒲公在今金頂創建普光殿。3世紀，普賢信仰之說在山中傳播，中國僧人慧持在觀心坡下營

造普賢寺（今萬年寺）。6世紀中葉，世界佛教發展重心逐步由印度轉向中國，四川一度成為中國佛教禪宗的中心，佛寺的興建便應運而生，歷史上峨眉山一帶寺廟最多時曾多達 100 多座。8 世紀，禪宗獨盛，全山由禪宗一統。9 世紀中葉，宋太祖趙匡胤，派遣以僧繼業為首的僧團去印度訪問。回國後，繼業來峨眉山營造佛寺，譯經傳法，鑄造重 62 噸、高 7.85 米的巨型普賢銅佛像供奉於今萬年寺內，成為峨眉山佛像中的精品，文化、藝術價值極高。千百年來，峨眉山這個「佛門聖地」便以「普賢道場」之名，與山西五臺山、浙江普陀山、安徽九華山並稱為中國佛教四大名山。

在漫長的歷史時期，古代先民創造了光輝的歷史文化，留下了豐富的歷史遺產。佛教的傳入、寺廟的興建和繁榮，又使峨眉山這座雄而秀的「蜀國仙山」增添了神奇的色彩；宗教文化，特別是佛教文化構成了歷史文化的主體。所有的建築、造像、法器、禮儀、音樂、繪畫等無不展示出自身宗教文化的濃鬱氣息和鮮明色彩。

寺廟的建築藝術是峨眉山佛教文化的突出體現，它與這座「秀甲天下」的名山的自然環境與景觀融為密不可分的整體，成為風景明珠。全山現有寺廟 30 餘處（其中規模大、歷史悠久的主要寺廟有十餘處）。建築賦有地方傳統民居風格，裝修典雅，樸實無華，因地制宜，依山就勢，各具特色，無論選址、設計和營造都別具匠心，既有廟堂之嚴，又富景觀之美。其技藝之高，堪稱中國名山風景區寺廟建築藝術的典範。

峨眉山豐富的歷史文化遺存和佛教文物在中國國內其他風景名山中是罕見的，它是峨眉山悠久歷史文化的結晶和瑰寶，其中有不少佛教文物和寺廟建築對研究峨眉山佛教的興盛演變以及整個佛教史都是非常珍貴的資料和佐證。景區內現存寺廟 30 餘處，建築面積為 10 萬餘平方米，它們都各具特色，富有個性。其中的飛來殿、萬年寺無梁磚殿均為國家一二級保護品。佛教文物品類繁多，其中高 5.8 米、7 方 14 層、內外鑄全本《華嚴經》文和佛像 4,700 餘尊的華嚴銅塔，萬年寺明代銅鑄佛像，以及明代暹羅國王所贈《貝葉經》等都是稀世珍寶。峨眉山現有文物古跡點 164 處，寺廟及博物館的藏品達 6,890 多件，其中屬於國家定級保護的文物 850 多件，它們都具有不同的歷史、文化和藝術價值。

中國武術有著悠久的傳統，起源於佛門中的禪修功，吸收了道家的動功，以及軍旅中的攻防戰技，衍生成中國武術三大流派之一的峨眉派，流傳至今。

作為「佛門聖地」「天下名山」的峨眉山，歷來與名人學士、墨客騷人的詠讚、記述和傳播有著密切關係。著名詩人李白、蘇東坡留下不少讚美峨眉山的詩篇，至今膾炙人口。在峨眉山（古綏山）下不遠處的沙灣鎮，有現代文豪郭沫若的故居。郭沫若寫下了不少峨眉的詩篇，堪稱峨眉詩人，他所書寫的「天下名山」題名，已成稀世珍品。

樂山大佛位於峨眉山東麓的棲鸞峰，瀕臨岷江、大渡河、青衣江三江匯流處，

古稱「彌勒大像」「嘉定大佛」，始鑿於唐代開元初年（713年），歷時90年才得以完成。佛像依山臨江開鑿而成，是世界現存最大的一尊摩崖石像，有「山是一尊佛，佛是一座山」的稱譽。大佛為彌勒倚坐像，坐東向西，面相端莊，通高71米，坐身高59.96米。雕刻細緻，線條流暢，身軀比例勻稱，氣勢恢宏，體現了盛唐文化的宏大氣派。佛座南北的兩壁上，還有唐代石刻造像90餘龕，其中亦不乏佳作，「淨土變」龕、「三佛」龕堪稱藝術佳品，極具藝術價值。

樂山大佛以人文遺產精粹和自然遺產的有機結合為特色，山水交融。景區2.5平方千米範圍內，有國家一級保護文物2處，二級保護文物4處，與中國歷史文化名城——樂山城隔江相望，堪稱得天獨厚。景區以唐代摩崖造像——大佛為中心，有漢代崖墓群、唐宋佛像、寶塔、寺廟、明清建築群，等等，是有兩千年歷史的博物館。文物館藏豐富，現有藏品7,226件，其中有不少是國內外罕見的稀世珍品。

## 思考和練習題

1. 什麼是世界自然與文化雙遺產？
2. 世界自然與文化雙遺產具有怎樣的評定標準？
3. 中國有哪些世界自然與文化雙遺產？具體分佈如何？

## 案例和實訓

### 世界自然與文化雙遺產——武夷山[①]

1999年，武夷山根據自然遺產和文化遺產遴選標準N（III）（IV）、C（III）（VI）被列入《世界遺產名錄》。武夷山位於中國東南部福建省西北的武夷山市，總面積達99,975公頃。其中核心區面積為635.75平方千米；核心次區面積為364平方千米；緩衝區面積為278.88平方千米。包括武夷山風景名勝區、武夷山自然保護區、武夷山古漢城遺址和九曲溪上游保護地帶四部分。

**自然生態**

武夷山具有獨特的自然風光，以「丹霞地貌」而聞名於世。武夷山大量而種類豐富的林帶被完好地保存下來，是中國亞熱帶森林以及南中國雨林的代表性例證。武夷山生物多樣性突出，保存了大量古老和珍稀的植物物種，以及大量爬行類、兩棲類和昆蟲類動物。武夷山具有獨特、稀有、絕妙的自然景觀，屬罕見的自然美地帶，是人類與自然環境和諧統一的代表。武夷山九曲溪發源於武夷山森

---

① 資料來源：http://www.people.com.cn/GB/wenhua/1087/2525029.html。

林茂密的西部，水量充沛，水質清澈，全長62.8千米，在河流自然彎曲和深刻的斷裂方向控製下，形成深切河曲，在峰巒岩壑間縈迴環繞。九曲溪兩岸是典型的單斜丹霞地貌，奇峰怪岩不計其數，千姿百態，「一溪貫群山，兩岩列仙岫」。優越的氣候和生態環境，又為群峰披上一層綠裝，山麓峰巔、岩隙壑澗都生長了翠綠的植被，造就了「石頭上長樹」的奇景，構成了罕見的自然山水景觀。

聯合國教科文組織於1987年將武夷山列為國際生物圈保護區綱的成員。武夷山屬中亞熱帶季風氣候區，區內峰巒疊嶂，高度相差懸殊，絕對高差達1,700米。良好的生態環境和特殊的地理位置，使其成為地理演變過程中許多動植物的「天然避難所」，物種資源極其豐富。

豐富的植物資源。武夷山已知植物有3,728種，古樹名木具有古、大、珍、多的特點。武夷山是珍稀、特有野生動物的基因庫。武夷山已知的動物種類有5,110種，有46種被列入國際《瀕危物種國際貿易公約》（CITES），其中黑麂、金錢豹、黃腹角雉等11種被列入世界一級保護動物。屬中國特有的有49種。

武夷山還是世界著名的模式標本產地，已被中外生物專家採集的野生動植物模式標本達1,000多種。另外，武夷山負氧離子資源極其豐富，其綜合指數位居全國最優秀之列。

文化遺產

武夷山擁有系列優秀考古遺址遺跡，這裡保留著了大量的文化遺產。如距今3,750餘年的架壑船棺，是國內外發現的年代最早的懸棺遺址；距今2,000多年的古城遺址，是西漢閩越國時期的王城；11世紀產生的朱子理學相關的書院遺址是研究朱子學說的重要依據，朱子學說、朱子理學曾在東亞和東南亞國家中占據統治地位，並影響了世界很多地區；現存的426幅摩崖石刻，是武夷山古文化和古書法藝術的寶庫。

可以說，武夷山是人文與自然和諧統一的突出代表。大自然給武夷山提供了獨特和優越的環境，吸引了歷代高人雅士、文臣武將，或遊覽，或隱居，或著述授徒，前赴後繼，繼往開來。自然山水陶冶了人們的性情，啟迪了人們的智慧，人類的活動又傳播發展了武夷山，為自然山水增輝添彩。先民文士的駐足在九曲溪兩岸和山內留下了眾多的文化遺存：有高懸絕壁的船棺、鴻儒大雅的書院遺址、僧道的廟觀、歷代的摩崖石刻、古代官府保護武夷山水和動植物的禁捕禁樵令。這些遺存星羅棋布，如璀璨的寶石，鑲嵌於武夷山的溪畔山澗、峰麓山巔、岩穴崖壁，將人的思想、情感、智慧與自然山水緊密相融，達到天人合一的境界，給人以渾然天成的和諧美。

閱讀材料後，請思考：

世界自然與文化雙遺產中，自然和文化之間具有怎樣的關聯？

# 第四篇
# 世界遺產的新類別

# 第七章　世界非物質文化遺產

**學習目標**

瞭解世界非物質文化遺產的由來；
熟悉非物質文化遺產的特性；
瞭解世界非物質文化遺產的申報與管理；
熟悉世界非物質文化遺產的類別；
理解世界非物質文化遺產的旅遊價值。

**重點難題**

深入理解非物質文化遺產的特性；
掌握世界非物質文化遺產的類別並理解其旅遊價值。

**本章內容**

## 第一節　世界非物質文化遺產的由來

### 一、非物質文化遺產概念的由來

「非物質文化遺產」並不屬於傳統的學術詞彙，它源於 20 世紀末至 21 世紀初

聯合國教科文組織倡導的保護世界文化遺產工作的系列文件。早在 1972 年，《保護世界文化和自然遺產公約》獲得聯合國教科文組織通過。當時就有一些會員國對保護「非物質遺產」（雖然當時並未形成這個概念）的重要性表示了關注。

1982 年，聯合國教科文組織成立保護民俗專家委員會，並在其內部特別設立了「非物質遺產」部門（Section for the Non-Physical Heritage）。至此，「非物質遺產」的概念才衍生開來。

21 世紀初，隨著中國積極參與向聯合國教科文組織申報人類口頭和非物質文化遺產項目的工作，「非物質文化遺產」這個詞彙頻繁地出現在國內的各大媒體和報紙雜誌中，慢慢被社會大眾所熟知。

目前國內外界定「非物質文化遺產」概念的主體很多，大到國際上的相關機構，小到學術團體甚至學者個人，他們分別在國際公約、官方文件、學術著作和學術論文中對「非物質文化遺產」進行瞭解釋。值得一提的是，聯合國教科文組織通過《保護非物質文化遺產公約》對「非物質文化遺產」的內涵和外延做了規定。從這個角度上看，「非物質文化遺產」不是學術研究產生的概念，而是來自國際機構的規定性概念。因此，在後來的官方機構、學者或個人對其進行概念界定時大多都以聯合國教科文組織的界定為基礎。

聯合國教科文組織頒布的《保護非物質文化遺產公約》中對「非物質文化遺產」概念的界定是：非物質文化遺產是指被各群體、團體、以及個人視為文化遺產的各種實踐、表演、表現形式、知識和技能及其有關的工具、實物、工藝品和文化場所。各個群體和團體隨著其所處環境、與自然界的相互關係和歷史條件的變化，不斷使這種代代相傳的非物質文化遺產得到創新，同時也使他們自己具有了一種認同感和歷史感，從而促進了文化的多樣性和人類創造力的發展。

時至今日，從學術研究的角度來看，「非物質文化遺產」仍舊是一個比較新的概念術語。中國學術界對《保護非物質文化遺產公約》中的「非物質文化遺產」概念持兩種不同的意見：一種基本上認可《保護非物質文化遺產公約》中對非物質文化遺產概念的界定，認為只需要根據中國的國情進行局部改善和更新就可以很好地指導中國非物質文化遺產的研究和保護工作；另一種意見認為《保護非物質文化遺產公約》中對「非物質文化遺產」的界定源於國外非物質文化遺產的研究現狀，與中國的國情差異較大，我們應該借鑑《保護非物質文化遺產公約》的概念界定體系，但應以中國的基本國情為基礎，對其進行調整和修改。雖然兩者各持己見，但均主張結合國情對「非物質文化遺產」的概念進行修定，只是修改的程度有所不同。

為此，2005 年 12 月，國務院發布《關於加強文化遺產保護的通知》，將非物質文化遺產界定為：「指各種以非物質形態存在的與群眾生活密切相關、世代傳承的傳統文化表現形式，包括口頭傳統、傳統表演藝術、民俗活動和禮儀與節慶、

有關自然界和宇宙的民間傳統知識和實踐、傳統手工藝技能等以及與上述傳統文化表現形式相關的文化空間。」中國對非物質文化遺產的界定以聯合國教科文組織的概念為基礎，充分結合中國國情，明確指出了非物質文化遺產的具體表現類型，也擺脫了《保護非物質文化遺產公約》定義中「物」與「非物」的困擾，將會更加有利於中國非物質文化遺產研究和保護工作的開展。當然，隨著人們對非物質文化遺產認識的不斷加深，其概念也會隨之不斷變化發展。

## 二、世界非物質文化遺產的認識及保護理念發展歷程

### （一）探索階段：20世紀50年代至20世紀70年代中期

20世紀50年代，日本率先提出非物質文化遺產保護理念。1966年，教科文組織大會通過了《國際文化合作原則宣言》，為在教科文組織框架範圍內制定文化政策奠定了基礎。1972年聯合國教科文組織頒布了《世界遺產公約》，它的產生標誌著人類對文化遺產和自然遺產的保護有了制度性的保障。1973年，玻利維亞政府建議《世界版權公約》增加一項關於保護民俗的《議定書》。隨後，聯合國教科文組織不斷發現在《世界遺產公約》中存在的遺漏，逐漸開始重視非物質文化遺產的保護和可持續發展問題。

### （二）起步發展階段：20世紀70年代中後期至20世紀80年代末

1982年，在墨西哥市召開的世界文化政策會議承認後來被稱為「非物質文化遺產」的那類問題越來越重要，並將「非物質因素」納入到有關文化和文化遺產的新定義中。同年，聯合國教科文組織還成立了保護民俗專家委員會，在其機構中建立了非物質遺產處，「非物質遺產」的概念得以首次提出。1989年，聯合國教科文組織大會第25屆會議通過了《保護民間創作建議案》。

### （三）發展成熟階段：20世紀90年代初至2000年

1993年在聯合國教科文組織執委會第142次會議期間，在韓國代表的建議下，聯合國教科文組織建立了「活的文化財」保護制度。該制度對技藝和技藝的擁有者進行保護，在保護非物質文化遺產的實施方法上具有劃時代的意義。1996年，世界文化發展委員會的一份報告指出1972年制定的《世界遺產公約》無法適用於手工藝、舞蹈、口頭傳統等類型的文化遺產，呼籲世界對此進行深入研究，並承認遍布全球的世界非物質文化遺產和財富的價值。1997年，聯合國教科文組織與摩洛哥國家委員會於6月在馬拉喀什舉行「保護大眾文化空間」的國際諮詢會，「口頭遺產」作為一個遺產概念正式進入聯合國教科文組織的文獻當中。

自1997年提出「人類口頭遺產」以來，人類對非物質文化遺產的認識不斷加深。1998年10月，在第155次聯合國教科文組織執行局會議上，考慮到「口頭遺產」並不能表現非物質文化遺產的全部內容，因此聯合國教科文組織在「口頭遺

產」後又加上了「非物質遺產」，並正式提出了「人類口頭和非物質遺產」的概念。1998 年，聯合國教科文組織頒布《人類口頭和非物質文化遺產代表作條例》，其目的是號召各國政府、非政府組織和地方採取措施，對民間集體保管和記憶的口頭及非物質文化遺產進行管理、保存、保護和利用。

2000 年，按照 1998 年通過的《人類口頭和非物質遺產代表作條例》的相關規定，啓動了「人類口頭和非物質遺產代表作」計劃，並決定每兩年宣布一批代表作。

**(四) 繁榮階段：21 世紀初至今**

2001 年，聯合國教科文組織宣布了第一批共 19 項人類口頭和非物質遺產代表作。兩年後，聯合國教科文組織又宣布了第二批 28 項代表作。2003 年 10 月 17 日，聯合國教科文組織第 32 屆大會通過了《保護非物質文化遺產公約》。從此，非物質文化遺產同自然遺產、文化遺產一樣，有了制度的保障。2006 年，《保護非物質文化遺產公約》正式生效。從聯合國教科文組織保護非物質文化遺產的發展歷程來看，從沒有特殊保護到《保護非物質文化遺產公約》的制定，從「民間文化」到「非物質文化遺產」，這些都可以看出人類對保護非物質文化遺產的認識在不斷加深，保護力度也更加科學、全面。

## 三、非物質文化遺產的特性

非物質文化遺產的概念是相對於物質文化遺產提出來的，它具有與物質文化遺產所不同的特徵和性質。掌握非物質文化遺產的特徵有利於我們更好地認識非物質文化遺產的本質，並與其它相似概念進行區別。

**(一) 無形性**

非物質文化遺產具有明顯的無形性，或者說非物質性。所謂無形性，是指這類遺產它不像固有物質那樣擁有特定的形狀、顏色等。物質文化遺產是看得見、摸得著的東西，例如古代的建築、瓷器、繪畫等。而非物質文化遺產的存在形態往往是無形的，看不見也摸不著，它通常記錄的是人類的一種獨特的行為方式或者傳統技藝。例如口頭傳統中的民族史詩，無法用文字記載並見諸各類文獻載體，口耳相傳的獨特傳播和傳承方式只能是無形的。正是由於非物質文化遺產的這種無形性，有時又被稱為無形文化遺產，「非物質性」或者說「無形性」正是非物質文化遺產的根本屬性。

**(二) 民族性**

文化依人而存在，不同族種和族源發展而來的人群會形成生活習性各異的民族。不同的民族由於族群生活、生產狀況的特殊性而存在著不同的物質、行為、制度、精神文化，有著各具特色的文化創造。這些風格各異、千姿百態的文化創

造反過來又會為各民族貼上獨特的文化標籤。現實生活中，許多非物質文化遺產依照族群的不同而存在差異。例如中國擁有2,000多年歷史積澱的羌族族群中就流傳著一種古老的單簧氣鳴樂器——羌笛，它是羌族人利用當地的油竹作原材料做成。選兩支筒徑、長度一致的竹管，削去外皮成方柱形，在首、中、尾三處用細線捆扎，管身五節，全長13~20厘米，上開五、六個孔，孔距相同，管身上端裝竹制簧哨。羌笛演奏藝人需要雙手持笛，將簧哨含入口內，用特殊的「鼓腮換氣法」吹奏，指法與笛相同。有關羌笛的演奏及製作技藝被列入第一批國家級非物質文化遺產。如今，中國的羌笛文化已被國人熟知，一提到羌族，便會自然地想起他們獨特的羌笛文化創造，成為羌族人民的一種文化標誌和象徵。

## （三）活態性

非物質文化遺產的活態性體現在它從一產生便處於發展變化之中，這種變化極大程度地受到時間、地點、環境、傳承人等因素的影響。因此，非物質文化遺產在不同的歷史發展階段上呈現出不同的形態；在不同的地理空間範圍、自然氣候、社會環境、傳承人身上均呈現出不同的狀態。中國傳統的物質文化代表——陶瓷，它在中國的原始社會時期、奴隸制社會時期、封建社會時期、近現代時期至今的形態都是基本一致的。然而，蘊藏在陶瓷這個物質文化背後的非物質文化，例如各地制陶的專業技術則是不同的。由於非物質文化遺產無法以一種物質的形態表現出來，它的隨意性、靈活性便更為突出。「非物質文化遺產還重視人的價值，重視活的、動態的、精神的因素，重視技術、技能的高超、精湛和獨特性，重視人的創造力，以及通過非物質文化遺產反應出來的該民族的情感及表達方式、傳統文化的根源、智慧、思維方式和世界觀、價值觀、審美觀等這些意義和價值的因素。」[1] 在一些口耳相傳的非物質文化遺產身上，我們能夠很明顯地發現這種活態性。乾隆五十五年（1790年），四大徽班進京，其戲劇與昆曲、漢劇、弋陽、亂彈等劇種融匯演變成後來的京劇。在最近的100餘年發展過程中，京劇因各大名家傳承人的風格不同而形成了不同的流派，在老生行中有譚派（譚鑫培）、汪派（汪桂芬）、餘派（餘叔岩）、高派（高慶奎）等；旦角中有梅派（梅蘭芳）、程派（程硯秋）、尚派（尚小雲）、荀派（荀慧生）等。非物質文化遺產的這種活態性豐富了非物質文化的內涵，使得人們生活中的語言、表演藝術、社會風俗、禮儀、節慶、傳統工藝技能等各方面都表現得豐富多彩、多姿多味。

## （四）流變性

非物質文化遺產在傳播的過程當中具有明顯的流變性特徵。一方面，非物質文化遺產傳播主體的傳授行為帶有極強的主觀性色彩，他們可以選擇性地傳授或者變異性地傳授非物質文化遺產的內容；另一方面，傳播的受眾也可以選擇性地

---

[1] 王文章. 非物質文化遺產概論 [M]. 北京：教育科學出版社，2013：54.

吸收非物質文化遺產的內容，甚至主動在原來遺產內容的基礎上變異、改良、融合自己的理解和認識。作為聯合國教科文組織公布的世界性非物質遺產代表項目，韓國的「宮廷宗廟祭祀禮樂」和越南的宮廷音樂「雅樂」均是從中國古代宮廷流傳過去並發展起來的禮樂形式，但它們與中國的古代宮廷文化雖相似卻又不同，其原因正在於它們已經融入了韓國和越南的文化元素並得以變化和發展，因而獲得了鮮明的民族文化特色。

### (五) 功利性

從「非物質文化遺產」概念的發展歷程來看，我們不難發現它從一產生便富有功利性。在概念產生之前，人類的非物質文化遺產是自然發展流變的，傳承人沒了也就沒了，技術斷層了也就斷層了，所有的一切順其自然地被歷史淘汰或自行進化。但當這個概念產生以後，總會有人群以「保護非物質文化遺產」的名義將其有意地進行保護和傳承，有的是出於自身情感的表達，有的是為了表述自身認知的結果，而有的則是為了實現更為功利的目的。與此同時，當這個概念產生後，有一部分非物質文化遺產被認定，而有些則無法被認定。那些被評為世界級、國家級的非物質文化遺產較之省級、市級甚至毫無級別的非物質文化遺產，又會被搶先進行保護和施救。因此，認定與否以及認定級別的高低也從一個側面加重了非物質文化遺產所持有的功利性、目的性。有學者甚至認為，「功利性能否實現關係到非物質文化遺產的生存和發展，如果功利性目的能夠順利實現，非物質文化遺產的生存和發展就能夠順利進行；否則，非物質文化遺產的生存必然受到威脅，也必將會被其他表達方式或目的實現方式所取代。」①

## 四、非物質文化遺產與物質文化遺產的關係

作為世界遺產的新類別，非物質文化遺產與物質文化遺產共同構成了文化遺產的概念範疇，而文化遺產又與自然遺產、雙遺產、文化景觀共同構成了世界遺產的概念範疇。因此，在世界遺產的概念框架內，非物質文化遺產與物質文化遺產從「非物質」與「物質」兩個方面對「文化遺產」的概念進行了較為全面的詮釋。然而，在具體認定「物質」與「非物質」的問題的時候，人們往往會產生許多疑慮。在閱讀聯合國教科文組織對非物質文化遺產的定義和觀察像「古琴藝術」這樣一些「人類口頭與非物質遺產代表作」實例的過程中，很多人都會陷入一個「物」即「非物」的悖論中。在對非物質文化遺產進行保護的實際操作過程中，人們困惑的是：保護工作的對象是非物質文化遺產，而大量的工作卻是在和「物」打交道。名義上說是保護古琴藝術，但實際上卻要收集古琴、古琴譜甚至與之相

---

① 王巨山. 非物質文化遺產概論 [M]. 北京：學苑出版社，2012：36.

關的文獻資料。這些對有形的「物」所做的工作與「非物」文化遺產的保護之間有著怎樣的關係？科學地說明二者的關係對於深入理解和保護非物質文化遺產有著至關重要的作用，對保護實踐工作的開展也有著積極的意義。

(一)「物質」與「非物質」歸屬於不同的文化遺產領域

通過多年來國際遺產學界的研究，物質文化遺產與非物質文化遺產分屬於不同的文化遺產類別。這點已經在世界範圍內達成共識，並在《保護非物質文化遺產公約》當中有了具體而明確的表述。那麼，在具體認定的過程中，我們需要明確哪些是屬於物質文化遺產範疇的，哪些是屬於非物質文化遺產範疇的。比如：古琴與古琴藝術，前者是物質文化遺產，而後者則是非物質文化遺產；蒙古的馬頭琴與馬頭琴傳統音樂，前者是物質文化遺產，而後者則是非物質文化遺產。

(二)「物質」與「非物質」文化遺產的藝術性和價值性內涵不同

物質文化遺產的藝術性和價值性主要針對物質本身而言，非物質文化遺產的藝術性和價值性主要針對物質背後的製作工藝、技藝水平而言。例如：2009年被聯合國教科文組織列入第四批《人類非物質文化遺產代表作名錄》的中國剪紙，它往往以物態的形式展現給人們一種透空的感覺和藝術享受，然後這類享受的藝術性和價值性是針對物質本身即剪紙本身而言的，是靜態價值的表現；相反，真正體現剪紙這項非物質文化遺產藝術性和價值性的是民間藝人用剪子或刻刀通過各種各樣精妙絕倫的手法剪出剪紙的這個動態的過程，因而非物質文化遺產的藝術性和價值性具有動態性。

(三)「物質」與「非物質」文化遺產的功能不同

物質文化遺產的功能在於物質產生後促進人們生活、生產、娛樂、享受目的的實現；非物質文化遺產的功能則在於促使人類物質、人類生活方式的產生和進行。仍以前文中的中國剪紙為例，剪紙在物質文化方面的功能是給人們的生活創造美的氛圍，裝飾美化人們的生活環境；而剪紙在非物質文化方面的功能則是促使剪紙這類物質能夠體現得更加精巧、豐富和美麗。前者在功能展現方面更側重於物質方面的功能，後者在功能展現方面更側重於精神方面的功能。

在區分「物質」與「非物質」文化遺產的同時，我們還應當看到二者也存在著無法割捨的聯繫。在對世界非物質文化遺產進行認定和保護的過程中，我們發現一些非物質文化遺產是需要借助物質文化遺產來進行傳播和展演的，物質在其中充當了非物質文化遺產傳播、傳承的媒介、介質。2013年12月新納入世界非物質文化遺產名錄的中國珠算，它作為一項傳承了幾千年的中國傳統計算技藝，需要依託一個最基本的物質來進行傳播，那就是算盤。即使世界上最先進的計算器從某種意義上來說也不能完全取代算盤的作用，算盤便是珠算這項無形的技藝所依託的有形的或者說物質的傳播媒介。因此，從某種意義上來講，有的時候對非物質文化遺產的利用和保護，就必須考慮和涉及與之相對應的物質的利用和保護。

珠算就是這樣，要傳承珠算這項技藝，就必須要有算盤這個物質的存在。故而保護算盤這個物質，是保護珠算這門技術的一個必然部分。

## 第二節　世界非物質文化遺產的申報與管理

### 一、世界非物質文化遺產的申報

**(一) 關於「人類口頭和非物質遺產代表作」和「非物質文化遺產代表作名錄」**

非物質文化遺產作為人類文明的生動展示和獨特記憶，日益受到人們的關注和青睞。2001年，聯合國教科文組織公布了第一批共19項「人類口頭和非物質遺產代表作」；2003年又公布了第二批共28項「人類口頭和非物質遺產代表作」；2005年公布了第三批共43項代表作。值得一提的是，2001—2005年申報的非物質文化遺產都命名為「人類口頭和非物質遺產代表作」而不是「非物質文化遺產代表作名錄」。這是因為在2006年《保護非物質文化遺產公約》正式生效前，公布的非物質文化遺產都被稱為「人類口頭和非物質遺產代表作」；《保護非物質文化遺產公約》正式生效後，就用「非物質文化遺產代表作名錄」代替。但《保護非物質文化遺產公約》第八章第三十一條「與宣布人類口頭和非物質遺產代表作的關係」中明確提出：「一、委員會應把在本公約生效前宣布為『人類口頭和非物質遺產代表作』的遺產納入人類非物質文化遺產代表作名錄。二、把這些遺產納入人類非物質文化遺產代表作名錄，絕不是預設按第十六條第二款將確定的今後列入遺產的標準。三、在本公約生效後，將不再宣布其它任何人類口頭和非物質遺產代表作。」根據此規定，2005年以前申報的三批「人類口頭和非物質遺產代表作」全部歸納到「人類非物質文化遺產代表作名錄」中，2006年以後關於非物質文化遺產項目的申報全部改稱為「非物質文化遺產代表作」。

**(二) 非物質文化遺產代表作的申報**

1. 申報方式

(1) 每個會員國每兩年只能申報一個國家作品。

(2) 多國共同體的多民族作品可以在每個國家的限額之外申報。

(3) 參評作品的申報可以通過：①會員國或聯合會員國政府提出；②政府間組織在聽取有關國家的教科文組織全委會的意見後提出；③與聯合國教科文組織有正式關係的非政府組織在聽取本國教科文組織全委會的意見之後提出；④申報的作品需附有作品所有者個人或群體認可的文字、錄音、錄像或其它證明材料，無此等證明者不可申報。

2. 申報單格式和內容

申報單應按照要求的標準格式製作。另外每個申報單應包括下列內容：

（1）一個適合於這種文化表達的計劃。包括參評作品的法律規範和在未來十年中對該口頭及非物質遺產的保護、保存、支持和使用的辦法。這個行動計劃要對所提出的措施和措施的執行提出完整的說明，並要充分考慮對傳統的傳播衍生機制的保護。

（2）協調行動計劃與保護民間傳統文化建議的預定措施之間以及和聯合國教科文組織的宗旨之間關係的具體辦法。

（3）使有關群體對他們自己的口頭及非物質遺產進行保護和利用所要採取的措施。

（4）社區和（或）政府內監督其參評的口頭及非物質遺產作品與申報的作品不會變更的監督機關名稱。

（5）申報作品相關的評選文件齊全。包括卡片、攝影、幻燈片、錄音、錄像及其它有用材料。對作品要有分析說明，並備有完整的參考書目。

3. 評選標準

評審委員會評審「代表作」有六條基本標準和細則：

（1）該項目具有作為人類創作天才代表的特殊價值。①該項目就同一文化或同一文化群體的其他表現形式與相近的文化的表現形式和普遍意義而言，對相關群體和對保持文化多樣性具有特殊價值；②該項目是擁有其技能的某一民族或群體的一種古老實踐，並深深根植其中；③該項目是與特定文化空間或特定文化表現形式相聯繫的一種特定創作，而不僅是一種大範圍內的創作領域。

（2）該項目根植於相關群體的文化傳統或文化歷史之中。

（3）該項目在民族及文化群體中起著確認文化身分的作用。

作為靈感及文化間交流的源泉和凝聚各民族或各群體的手段所表現的重要性，目前在該群體中所起的文化及社會作用必須考慮到文化通常處於不斷變化的這樣一個事實，申報的文化空間或文化表現形式應能夠反應相關民族當代的文化和社會生活。

（4）該項目具有超凡的實踐技能和技術水平。

（5）該項目具有唯一見證某個鮮活傳統文化的價值——與本國或其他地區的同類文化現象相比，該項目是一個特殊的創造。

（6）該項目由於缺乏搶救和保護手段，或因加速演變的進程，或因城市化趨勢，或因適應新環境而面臨消失的危險。

4. 參評作品評審辦法

評委的評審包括：

（1）簡短歷史和地理情況的描述；

（2）針對參評作品的評審條款認證；
　（3）世界同地區申報項目的對比研究；
　（4）對所評審的文化空間或文化表達形式能否作為聯合國教科文組織宣布的人類口頭及非物質遺產優秀作品，表示同意或反對意見。
　5. 參評作品的評審日程和評審程序
　根據聯合國教科文組織「宣布人類口頭及非物質遺產優秀作品國際評審團工作規則」，總干事每四年的12月末任命新的9位評審團成員。
　每兩年的12月31日結束對一屆參評作品的統計，12月31日以後收到的參評作品計入下一屆評審。作品的申報表先由聯合國教科文組織秘書處研究，然後遞交給評審團和總干事指定的專家組進行審議。申報表和專家組的評審意見在當年的年底之前寄回秘書處。
　評審團每隔兩年的一月份集中開會，認定哪些文化空間或文化表達形式夠條件被聯合國教科文組織宣布為人類口頭及非物質遺產的優秀作品。1月底之前評審團向總干事提交可由聯合國教科文組織宣布的作品和兩年後復審的作品的意見。
　總干事每兩年的2月份舉行儀式宣布人類口頭及非物質遺產優秀作品。
　專家的評審報告遞交給評審團作最後評審，評審團把決定性意見列入兩個表中提交給總干事。一個表是建議由聯合國教科文組織宣布為人類口頭及非物質遺產優秀作品，另一個表所列的參評作品是建議在兩年之後復審。
　總干事根據評審團的建議宣布人類口頭及非物質遺產優秀作品，所宣布的全部文化空間或文化表達形式列入一個名錄表中，於公布的第二個月發表，這個名錄表發給會員國並公布於眾。
　評審團在實施代理業務中，不考慮參評人員的國籍、種族、性別、語言、職業、意識形態、宗教情況，但評審團可能要求非物質口頭遺產的管理人員到場或徵集他們的意見。
　會員國或非政府組織的代表不應對他們國家或非政府組織提交的文化空間或文化表達形式的採納發表意見，他們只能根據向他們提出的問題提供補充信息。
　如果有捐贈國或私人贊助商提供預算外的資金支持獎勵活動的設立或贊助口頭及非物質遺產的搶救、保護、弘揚活動，評審團可以在眾多的文化空間或文化表達形式中挑選聯合國教科文組織宣布為人類口頭及非物質遺產優秀作品的優勝者。優勝者的評選標準根據創立的每個獎勵活動或獎勵金額確定。
　6. 評審後工作
　當一個人類口頭及非物質遺產優秀作品宣布之後，秘書處根據每個文化空間或文化表達形式的不同性質，與主管機構一起制定出適當的後續工作程序以保證該作品行動計劃的實施。

## 二、世界非物質文化遺產的管理

非物質文化遺產的申報只是一個手段，保護才是真正的目的。如果申報成功就不管不顧，不對其進行有效的管理和保護，那麼就無法使這些非物質文化遺產弘揚優秀文化、展示人類文明、示範並帶動其他遺產項目的保護工作，提高對傳統文化的認同感和歷史感，進而促進文化多樣性和人類的創造力。為此，中國在 2006 年 10 月 25 日文化部部務會議審議通過了《國家級非物質文化遺產保護與管理暫行辦法》（以下簡稱《辦法》），並於 2006 年 12 月 1 日正式實行。從該《辦法》可以看出中國的非物質文化遺產管理具有以下特點：

### （一）分級管理

《辦法》規定由國務院文化行政部門負責組織、協調和監督全國範圍內國家級非物質文化遺產的保護工作。由省級人民政府文化行政部門負責組織、協調和監督本行政區域內國家級非物質文化遺產的保護工作。國家級非物質文化遺產項目所在地的人民政府文化行政部門，負責組織、監督該項目的具體保護工作。國務院文化行政部門組織制定國家級非物質文化遺產保護整體規劃，並定期對規劃的實施情況進行檢查。省級人民政府文化行政部門組織制定本行政區域內國家級非物質文化遺產項目的保護規劃，經國務院文化行政部門批准後組織實施，並於每年 11 月月底前向國務院文化行政部門提交保護規劃的本年度實施情況和下一年度的保護工作計劃。

### （二）對非物質文化遺產保護單位的管理

在《辦法》中明確提出國家級非物質文化遺產項目保護單位應具備以下基本條件：①有該項目代表性傳承人或者相對完整的資料；②有實施該項目保護計劃的能力；③有開展傳承、展示活動的場所和條件。此外，還規定了國家級非物質文化遺產項目保護單位應當履行以下職責：①全面收集該項目的實物、資料，並登記、整理、建檔；②為該項目的傳承及相關活動提供必要條件；③有效保護與該項目相關的文化場所；④積極開展該項目的展示活動；⑤向負責該項目具體保護工作的當地人民政府文化行政部門報告項目保護實施情況，並接受監督。

### （三）對項目傳承人的要求

《辦法》提出，國家級非物質文化遺產項目代表性傳承人應當符合以下條件：①完整掌握該項目或者其特殊技能；②具有該項目公認的代表性、權威性與影響力；③積極開展傳承活動，培養後繼人才。另外，還規定國家級非物質文化遺產項目代表性傳承人應當履行傳承義務；喪失傳承能力、無法履行傳承義務的，應當按照程序另行認定該項目代表性傳承人；怠於履行傳承義務的，取消其代表性傳承人的資格。

**(四) 嚴厲禁止的行為**

《辦法》中規定，國家級非物質文化遺產項目保護單位有下列行為之一的，由縣級以上人民政府文化行政部門責令改正，並視情節輕重予以警告、嚴重警告，直至解除其保護單位資格：①擅自複製或者轉讓標牌的；②侵占國家級非物質文化遺產珍貴實物資料的；③怠於履行保護職責的。在第二十六條中還對相關負責人員做出了規定。《辦法》中提到，有下列行為之一的，對負有責任的主管人員和其他直接責任人員依法給予行政處分；構成犯罪的，依法追究刑事責任：①擅自變更國家級非物質文化遺產項目名稱或者保護單位的；②玩忽職守，致使國家級非物質文化遺產所依存的文化場所及其環境造成破壞的；③貪污、挪用國家級非物質文化遺產項目保護經費的。

**(五) 其他事項**

《辦法》提出，國家級非物質文化遺產項目的名稱和保護單位不得擅自變更；未經國務院文化行政部門批准，不得對國家級非物質文化遺產項目標牌進行複製或者轉讓。國家級非物質文化遺產項目的域名、商標註冊和保護，依據相關法律法規執行。利用國家級非物質文化遺產項目進行藝術創作、產品開發、旅遊活動等，應當尊重其原真形式和文化內涵，防止歪曲與濫用。國家級非物質文化遺產項目含有國家秘密的，應當按照國家保密法律法規的規定，確定密級，予以保護；含有商業秘密的，按照國家有關法律法規執行。

**(六) 資金管理**

為了規範和加強國家非物質文化遺產保護專項資金的管理，提高資金使用效益，根據《中華人民共和國預算法》《中華人民共和國非物質文化遺產法》和國家有關法律、行政法規的規定，財政部、文化部於 2012 年 5 月 4 日由財政部、文化部制定了《國家非物質文化遺產保護專項資金管理辦法》。其中提出，專項資金由中央財政設立，專項用於國家非物質文化遺產管理和保護。專項資金的年度預算根據國家非物質文化遺產保護工作總體規劃、年度工作計劃及國家財力情況核定。專項資金的管理和使用堅持統一管理、分級負責、合理安排、專款專用的原則。專項資金用於補助地方的，適當向民族地區、邊遠地區、貧困地區傾斜。此外，對專項資金的分類、使用範圍、管理、使用和監督都做了詳細的規定。

## ● 第三節　世界非物質文化遺產的項目類別

作為世界文化遺產的重要組成部分和人類文明的生動展示，非物質文化遺產數量多，內容豐富。為了對全世界的非物質文化遺產進行更好的研究和保護，對其進行合理的分類是十分必要的。按照一定的規律和標準對人類的非物質文化遺

產進行分類，有助於人們更加確切地把握非物質文化遺產的內涵，加強對非物質文化遺產的理性認識。國內外相關文件從不同的角度對非物質文化遺產進行分類，從一定意義上反應出人們對非物質文化遺產類別這個概念的認識歷程。

## 一、國內外相關文件對非物質文化遺產進行的分類

### （一）國際相關文件的分類

#### 1.《保護民間創作建議案》中的分類

1989年11月15日，聯合國教科文組織第25屆大會通過了《保護民間創作建議案》，使民間文化第一次以獨特的姿態進入了聯合國教科文組織的文件中。議案對「民間創作」（或「傳統的民間文化」）做出了如下解釋：「民間創作（或傳統的民間文化）是指來自某一文化社區的全部創作。這些創作以傳統為依據，由某一群體或一些個體所表達並認為是符合社區期望的作為其文化和社會特徵的表達形式；其準則和價值通過模仿或其他方式口頭相傳。它的形式包括語言、文學、音樂、舞蹈、遊戲、神話、禮儀、習慣、手工藝、建築技術及其他藝術。」

#### 2.《人類口頭和非物質遺產代表作條例》中的分類

1998年，聯合國通過了《人類口頭和非物質遺產代表作條例》（以下簡稱《條例》）。《條例》復述了1989年《保護民間創作建議案》（以下簡稱《建議案》）中對傳統民間文化的界定和分類，但將「民間創作」（或「傳統的民間文化」）修改為「口頭和非物質遺產」，並對它所包含的表現形式的種類進行了補充。根據《建議案》，「口頭和非物質文化遺產」是指「來自某一文化社區的全部創作，這些創作以傳統為依據，由某一群體或一些個體所表達並認為是符合社區期望的作為其文化和社會特徵的表達形式；其準則和價值通過模仿或其他方式口頭相傳。它的形式包括語言、文學、音樂、舞蹈、遊戲、神話、禮儀、習慣、手工藝、建築技術及其他藝術。」除了這些例子以外，還將考慮傳播與信息的傳統形式。

可見，《條例》在《建議案》10種類型基礎之上還增加了「傳播與信息的傳統形式」。同時，《條例》還明確地將人類口頭和非物質文化遺產種類劃分為兩個大類：一類是各種民間傳統文化形式，即口頭和非物質文化遺產定義中的10種類型加「傳播與信息的傳統形式」；二類是指「文化空間」，它所指的是某種集中舉行流行的與傳統的文化活動場所，或一段通常定期舉行特定活動的時間。

#### 3.《保護非物質文化遺產公約》中的分類

2003年，聯合國教科文組織通過的《保護非物質文化遺產公約》（以下簡稱《公約》）對非物質文化遺產的概念進行了界定：「非物質文化遺產」是指「被各社區群體，有時為個人視為其文化遺產組成部分的各種社會實踐、觀念表述、表

現形式、知識、技能及相關的工具、實物、手工藝品和文化場所。」

根據以上界定，《公約》對非物質文化遺產進行了分類，具體包括以下幾方面內容：

(1) 口頭傳統和表現形式，包括作為非物質文化遺產媒介的語言；
(2) 傳統表演藝術；
(3) 社會實踐、禮儀、節慶活動；
(4) 有關自然界和宇宙的知識和實踐；
(5) 傳統手工藝。

值得注意的是，《條例》和《公約》都將「文化空間」或「文化場所」納入概念範疇，而《公約》的五大類型中卻缺少關於「文化空間」或「文化場所」的分類。在代表作的實際評審結果中，卻又不乏「文化空間」類的非物質文化遺產代表作。例如：幾內亞的索索‧巴拉文化空間、摩洛哥的加碼廣場文化空間、俄羅斯的塞梅斯基文化空間和口頭文化等。

因此，我們可以這樣理解，「文化空間」應是上述五種類型以外的第六大非物質文化遺產類別。

### (二) 國內相關文件的分類

1. 《國家級非物質文化遺產代表作申報評定暫行辦法》中的分類

中國的《國家級非物質文化遺產代表作申報評定暫行辦法》（以下簡稱《暫行辦法》）第三條將非物質文化遺產分為兩類：第一類是傳統的文化表現形式，如民俗活動、表演藝術、傳統知識和技能等；第二類是文化空間，即定期舉行傳統文化活動或集中展現傳統文化表現形式的場所，兼具空間性和時間性。《暫行辦法》最大的特點是排除非民間性的部分，更強調非物質文化遺產的傳統性和民間性，這種分類更符合中國傳統和民間的非物質文化遺產瀕臨滅絕和急需搶救的實際情況。

2. 《中華人民共和國非物質文化遺產法》中的分類

2011年3月，中國通過《中華人民共和國非物質文化遺產法》，其中第二條規定：「本法所稱非物質文化遺產，是指各族人民世代相傳並視為其文化遺產組成部分的各種傳統文化表現形式，以及與傳統文化表現形式相關的實物和場所。包括：①傳統口頭文學以及作為其載體的語言；②傳統美術、書法、音樂、舞蹈、戲劇、曲藝和雜技；③傳統技藝、醫藥和曆法；④傳統禮儀、節慶等民俗；⑤傳統體育和遊藝；⑥其他非物質文化遺產。屬於非物質文化遺產組成部分的實物和場所，凡屬文物的，適用《中華人民共和國文物保護法》的有關規定。」《中華人民共和國非物質文化遺產法》的誕生，結束了中國非物質文化遺產保護無法可依的局面，為中國非物質文化遺產的保護提供了明確的法律依據。從大的分類來講，《暫行辦法》與《中華人民共和國非物質文化遺產法》都將非物質文化遺產分為

兩類，即實物（傳統文化表現形式）和文化空間。但對於非物質文化遺產具體的分類，《中華人民共和國非物質文化遺產法》表述得更為具體、形象，也更具有包容性和涵蓋性。

  3.《國家級非物質文化遺產名錄》中的分類

  非物質文化遺產名錄是保護非物質文化遺產的一種方式。為使中國的非物質文化遺產保護工作規範化，國務院發布《關於加強文化遺產保護的通知》，並制定「國家＋省＋市＋縣」共4級保護體系，各省、直轄市、自治區也都建立了自己的非物質文化遺產保護名錄，並逐步向市/縣擴展。在《國家級非物質文化遺產名錄》中，將非物質文化遺產分為民間文學、民間音樂、民間舞蹈、傳統戲劇、曲藝、雜技與競技、民間美術、傳統手工技藝、傳統醫藥、民俗十大類。

## 二、學術界對非物質文化遺產的分類

  除了官方機構對於非物質文化遺產的分類外，學術界還從不同的角度對非物質文化遺產進行了學術分類。中國社會科學院等單位的100多位專家學者編寫的《中國民族民間文化保護工程普查工作手冊》（以下簡稱《手冊》）中對非物質文化遺產的分類較為具體和詳細。《手冊》認為中國的非物質文化遺產有16大類：民族語言、民間文學、民間美術、民間音樂、民間舞蹈、戲曲、曲藝、民間雜技、民間手工技藝、人生禮俗、歲時節令、民間信仰、傳統體育與競技等。《手冊》還將每一類非物質文化遺產又分為兩層，第一層為上述的16大類，第二層是對第一層的細分，並均設一個「其他」類作為收容類。

  王巨山先生在《非物質文化遺產概論》中，將非物質文化遺產分為10類，分別是：①民間文學；②傳統音樂；③傳統舞蹈；④傳統戲劇；⑤曲藝；⑥傳統體育、遊藝與雜技；⑦傳統美術；⑧傳統技藝；⑨傳統醫藥；⑩民俗。王文章先生在總結了歷次非物質文化遺產類別中關於「文化空間」一類的存在性以後，將國際和國內非物質文化遺產分類做了一些修正和調整，認為非物質文化遺產可劃分為：①語言（民族語言、方言等）；②民間文學；③傳統音樂；④傳統舞蹈；⑤傳統戲劇；⑥曲藝；⑦雜技；⑧傳統體育、遊藝與競技；⑨傳統美術、工藝美術；⑩傳統手工藝及其他工藝技術；⑪傳統醫學和藥學；⑫民俗；⑬文化空間[①]。綜合來看，非物質文化遺產類別表如表7.1所示：

---

[①] 王文章. 非物質文化遺產概論 [M]. 北京：教育科學出版社，2013：265.

表 7.1　　　　　　　　　　世界非物質文化遺產類別表

| 世界非物質文化遺產 | （一）傳統文化表現形式 | （1）口頭傳統，包括作為文化載體的語言 |
|---|---|---|
| | | （2）傳統表演藝術 |
| | | （3）民俗活動、禮儀、節慶 |
| | | （4）有關自然界和宇宙的民間傳統知識和實踐 |
| | | （5）傳統手工藝技能 |
| | （二）文化空間 | 定期舉行傳統文化活動或集中展現傳統文化表現形式的場所 |

## ● 第四節　世界非物質文化遺產的旅遊價值

　　世界自然遺產、文化遺產所在地往往會成為旅遊者向往和青睞的旅遊勝地。世界非物質文化遺產作為人類活動的文化遺產項目，與世界遺產的其他類別一樣，也會對旅遊者形成刺激，在豐富旅遊活動的同時創造旅遊價值。

　　非物質文化遺產雖然無形，但它在歷史的沉澱中，將人類的民俗活動融入藝術當中，豐富了旅遊文化資源的內容。借助旅遊活動這個平臺，非物質文化遺產項目能夠充分展現出它在教育、審美、觀賞、體驗等方面的功能。在社會經濟高度發展的今天，人們從商品經濟過渡到服務經濟，再由服務經濟逐漸過渡到體驗經濟。人們的生活水平和收入水平不斷提高，越來越多的人外出旅遊是為了休閒娛樂、參與體驗、避開俗世。相對於快節奏高壓力的都市生活，人們在旅遊期間更為向往那種擁有民間地域特色的旅遊目的地，期待一些古老的傳統民俗活動項目能夠給他們帶來一種嶄新的體驗和精神享受。非物質文化遺產項目融入旅遊活動，恰好能夠滿足遊客在這方面的心理需求。遊客在對各種各樣瀕臨滅絕的民間文藝、手工藝技術產生好奇的同時，也促進了當地居民對這類非物質文化遺產項目的保護和搶救，體現出這類文化遺產的獨特價值和魅力。

### 一、面向旅遊者的非物質文化遺產的旅遊價值[①]

　　旅遊服務的對象是旅遊者，非物質文化遺產的民族性、活態性、流變性等特

---

[①] 陳天培.非物質文化遺產是重要的區域旅遊資源 [J].經濟經緯，2006（2）：126-127；雷蓉，胡北明.非物質文化遺產旅遊開發的必要性分析——基於保護與傳承的視角 [J].貴州民族研究，2012（2）：130-134.

性都說明它具備吸引旅遊者的基本特質。從實際情況來看，我們不難發現非物質文化遺產的旅遊價值直接體現在它能夠滿足旅遊者在旅遊過程中的多種需求，尤其體現在對旅遊者精神領域的滿足。

## （一）具有吸引旅遊者的歷史價值

非物質文化遺產是人類千百年來歷史沉澱的結果，有著極強的歷史傳承性。它承載著豐富的歷史文化，是人類文明發展的象徵，是人類發展所累積的財富。至今幸存的人類口頭傳說、社會風俗、禮儀、節慶等非物質文化遺產並不是一朝一夕誕生的，它們源自於人類對大自然、對人自身的各種抽象認識，反應著人類古老的精神信仰和寄托。雖然它並非以人類文獻的形式被記載，但代代相傳的各種民間習俗足以表達它存在的客觀性。因此，一些學者從歷史的角度來分析，認為非物質文化遺產體現了其在證史、正史、補史三個方面的具體價值[1]。而這三點都能滿足旅遊者對當時當地歷史文化真實性的獵奇心理，從而達到吸引旅遊者前往旅遊的目的。

《格薩（斯）爾》是藏族人民集體創作的一部英雄史詩，記載了公元前兩三百年至今的藏族古代神話傳說、詩歌和諺語等，為藏區人民提供了古代藏族人民寶貴的口述歷史資料。旅遊者到藏區旅遊，如果能夠親自聆聽傳承人對這部史詩進行唱誦，再由懂詩的人做進一步的翻譯和解釋，那將是一種獨特的體驗。這種口頭的、活態的歷史文化遺產具有較高的證史價值，史詩中所反應的古藏族文化和風俗能夠滿足旅遊者求知的願望，通過旅遊活動旅遊者能夠從中更為直觀、生動地認識到藏族古代的歷史文化。

## （二）滿足旅遊者對文化藝術的欣賞價值

學術界對於藝術的概念並不確定，但藝術在文化上能夠給人一種美的享受，這點毋庸置疑。國內外學者在對非物質文化遺產進行分類時，主要從兩個方面進行過考慮。其一，是從文化的角度對非物質文化遺產進行分類；其二，是從藝術的角度對非物質文化遺產進行分類。後來，依靠藝術為特徵的分類占據了上風，因為這樣的分類更貼近非物質文化遺產的實際情況。因此，我們不難發現非物質文化遺產與眾多的物質文化遺產一樣能夠給人一種藝術或者美的享受和體驗。區別在於物質文化遺產是借助物質的東西給人一種藝術感，而非物質文化遺產卻往往借助製造物質的這個過程或者人們的各種行為給人一種美的享受，體現出它的藝術價值。

中國的皮影戲擁有複雜的製作過程和豐富的演繹流程，具有極強的文化藝術價值；中國民間的傳統節日借助各種節慶活動體現出它的文化藝術價值；中國五

---

[1] 苑利、顧軍. 非物質文化遺產學 [M]. 北京：高等教育出版社，2009：37.

大戲曲之一的京劇，通過傳統的唱腔、扮相等體現它的文化藝術價值。這些突出人類行為的非物質文化遺產不僅受到中國人民的喜愛，也成為眾多海外旅遊者所青睞的旅遊活動。正如遊客到了新疆，一定會想起人類非物質文化遺產代表作木卡姆藝術；遊客到了福建，總想去媽祖廟祭拜媽祖等。這些正是非物質文化遺產的文化藝術價值在旅遊活動中的體現。非物質文化遺產的文化藝術價值是推動現代旅遊業發展的動力之一，同時也是旅遊者觀賞和體驗異域文化的重要載體，是遊客獲得文化認同和認知、確認自身文化坐標的重要途徑。

### (三) 休閒娛樂價值

隨著社會經濟發展步伐的加快，人們對物質的需求與對娛樂休閒的需求表現出同樣的積極性。快節奏的都市生活往往給人們帶來身體的疲勞和精神的壓抑。旅遊過程中的非物質文化遺產以各種表演藝術、社會風俗以及節慶等地方特色活動為主要表達方式，具有濃烈的娛樂性和觀賞性，能夠滿足旅遊者在精神領域的享受。因此，對於旅遊者而言，非物質文化遺產具有很高的休閒娛樂價值。

例如，克羅地亞東部地區的貝卡瑞克演唱和演奏，墨西哥流浪樂隊的弦樂、歌曲及小號表演，西班牙阿赫梅西市的傳統節慶活動，等等，都被列入人類非物質文化遺產代表作，成為社會實踐、儀式和節慶活動類別中的代表項目。2010年，中國的京劇藝術被納入人類非物質文化遺產代表作名錄。這是一項非常具有吸引力的表演藝術，也是中國的國粹。它能夠充分滿足旅遊者對於中國京劇藝術的好奇，在欣賞和聆聽京劇的過程中得到心理的滿足和精神的愉悅。

### (四) 體驗價值

現在的遊客與過去的遊客相比，更加傾向於選擇擁有親身經歷和體驗活動的旅遊目的地。傳統走馬觀花似的旅遊已經無法滿足旅遊者深入體驗目的地文化的需求。非物質文化遺產來自於民間，大多數由民間的風俗、習俗組成，融入人民生活的方方面面，能夠很好地與旅遊者形成互動，它所具備的活態性也能通過設計各種相關的體驗活動讓旅遊者得以輕鬆地進入。因此，充分利用旅遊目的地的非物質文化遺產，可以促進旅遊的深度發展，使當代旅遊活動的內容豐富多彩。

### (五) 社會教育價值

很多時候，非物質文化遺產帶給旅遊者的不僅是歷史和文化藝術上的震撼，更多的時候是心靈上的震撼。非物質文化遺產是一個國家、一個民族的精神象徵，是文化傳承的重要內容。非物質文化遺產中包含了豐富的歷史知識、科學知識、藝術精品等資源，是教育的重要知識來源。旅遊者通過前往旅遊目的地旅遊，能身臨其境地去詳細瞭解旅遊地的非物質文化遺產，可以增加旅遊者對目的地歷史文化的認識，對旅遊者起到教育的作用。從社會的角度來看，非物質文化遺產還

能增加民族自尊心、自信心，增強民族凝聚力和向心力。它對於維繫一個國家社會秩序的穩定，建立公民道德體系有著良好的引導作用。

## 二、面向旅遊目的地的非物質文化遺產旅遊價值

### 1. 經濟價值

旅遊被認為擁有經濟學的外殼和文化學的內涵。因此，旅遊活動能直接產生經濟效益，非物質文化遺產旅遊也不例外。非物質文化遺產活動本身能促進目的地經濟發展，並且它還能對相關產業起到經濟連帶作用。各種表演技藝、節慶活動能以收取門票的形式帶來經濟效益；各種非物質文化遺產的成品手工藝能以旅遊紀念品的形式獲得收益；各種體驗式活動能夠通過當地餐飲、民居住宿等形式帶動相關產業經濟的發展。當然，有特色、有代表性的非物質文化遺產旅遊項目還能提升目的地城市的世界知名度，帶來一些聚合性的品牌經濟效益。

### 2. 提升旅遊目的地文化魅力、塑造景區整體文化形象

非物質文化遺產作為旅遊目的地的重要人文旅遊資源，對於提升目的地文化魅力、塑造景區整體文化形象起著不可忽視的作用。隨著旅遊業的快速發展，文化的靈魂和核心作用日益突顯，旅遊開發者也認識到文化內涵才是促使旅遊業持續發展的內在動力。在這些文化資源當中，那些已經逝去的歷史文化畢竟距離當代旅遊者太過遙遠，它們沉寂得只能用文物、檔案來向人們進行展示，旅遊者也只能利用知識去想像以獲取腦海中關於目的地文化的圖景。然而，非物質文化遺產的文化展示是與時俱進的，是活生生的，是融入目的地人民生活的。尤其是被評為世界非物質文化遺產以後的旅遊目的地開發者更加能夠以此大做文章，提升文化魅力，塑造景區的整體文化形象，大大提高旅遊目的地的競爭實力。

### 3. 豐富景區旅遊項目，一定程度上平衡旅遊淡旺季客流

很多旅遊目的地的特色景區（尤其是以自然資源為基礎的旅遊景區）通常會受自然環境、季節變化等因素的影響，出現旅遊淡季。北京香山的楓葉需要在金秋乃至深秋季節進行觀賞；四川九寨溝雖然四季風景如畫，但冬季對於旅遊者進入景區而言是異常困難的。因此，旅遊淡季是許多景區面臨的一個共同問題。非物質文化遺產不同於其他旅遊資源，它的存在多以表演藝術、社會實踐、傳統手工藝等為基本形式，不容易受時間和自然環境的影響。另外，非物質文化遺產的許多儀式活動、節慶活動是當地人民在空閒時間本著休閒娛樂的目的放鬆自身的一種文化活動，因此，它具有旅遊開發的可塑性，能夠在旅遊淡季的時候彌補遊客量的不足，在一定程度上平衡淡旺季客流。

4. 傳承旅遊目的地文化，保護旅遊目的地非物質文化遺產

大多數非物質文化遺產是融入人們生活因而容易被當地人忽略的一些瀕危項目，正是由於被納入了世界非物質文化遺產代表作名錄，才日益被人們重視並保護起來。非物質文化遺產旅遊項目的開發能夠在一定程度上起到推廣、宣傳該項目的目的，讓世界上更多的人認識到這個項目文化傳承的重要性。因此，對於旅遊目的地而言，非物質文化遺產的旅遊價值還體現在文化傳承上。非物質文化遺產受到世界各地旅遊者的青睞，能夠提升旅遊目的地人民對於自身傳統文化的優越感，促進當地人提高對該遺產的保護意識。

## 思考和練習題

1. 非物質文化遺產的特性有哪些？
2. 你如何理解世界非物質文化遺產的類別？

## 案例和實訓

**烏干達樹皮布製作技藝**[①]

在東非的烏干達，有一項自史前時期傳承下來的樹皮布製作技藝，於2005年被納入人類口頭與非物質文化遺產代表作。樹皮布是一種植物性的無紡織布料。與紡織布的經緯織造技術系統不同，樹皮布的製作是剝去樹最外一層硬皮，將裡面的一層剝下來後用水浸泡，使其變軟並具有韌性。通過在太陽下晾曬，用木（石）棒敲打、清水浸泡，將小塊樹皮拼接，打製花紋等複雜的程序製作而成。做工講究的樹皮布可以達到薄如輕紗而且透明的境地。到烏干達旅遊的遊客，如果能夠親自體驗樹皮布的製作，並穿上一件樹皮布塊製作的衣服，將會留下難忘的旅遊記憶。

讀完材料後，請思考：
你對非物質文化遺產的旅遊價值有什麼認識？

---

[①] 張一鴻. 烏干達布干達部族的樹皮布製造手藝 [J]. 世界文化，2012（2）：55.

# 第八章　中國的世界非物質文化遺產

### 學習目標

瞭解中國的世界非物質文化遺產項目；
熟悉中國非物質文化遺產項目類別。

### 重點難題

熟悉中國的非物質文化遺產項目類別；
在每個項目類別下記憶幾個有代表性的中國的世界非物質文化遺產。

### 本章內容

　　截至 2014 年年底，中國的世界非物質文化遺產主要包括三種類型的項目：第一是被聯合國教科文組織認定的「人類非物質文化遺產代表作」項目，第二是被聯合國教科文組織納入「急需保護的世界非物質文化遺產名錄」項目，第三為入選聯合國教科文組織「保護非物質文化遺產優秀實踐名冊」的項目。

　　據中山大學中國非物質文化遺產研究中心發布的《中國非物質文化遺產保護發展報告（2013）》，截至 2012 年年底，中國共有 29 個項目被列入人類非物質文化遺產代表作名錄，7 項被列入繼續保護的非物質文化遺產名錄，1 項被列入保護非物質文化遺產優秀實踐名冊，總數為 37 個。2013 年 12 月，被譽為「中國第五

大發明」的珠算被列入聯合國教科文組織人類非物質文化遺產代表作名錄。至此，中國共有 38 個項目被納入世界非物質文化遺產名錄，項目總數位居世界第一（參見案例）。

報告顯示，截至 2012 年，中國共有 1,986 名國家級非物質文化遺產項目代表性傳承人，分佈於民間文學、傳統音樂、傳統舞蹈、傳統戲劇、曲藝、傳統體育、傳統美術、傳統技藝、傳統醫藥及民俗中。與此同時，中國還設立了 12 個國家級文化生態保護實驗區，對具有重要價值和鮮明特色的文化形態進行整體性保護。2012 年 12 月，「福建木偶戲傳承人培養計劃」成功入選聯合國教科文組織「保護非物質文化遺產優秀實踐名冊」。這不僅填補了中國在這個名錄方面的空白，也體現了國際社會對中國非物質文化遺產保護工作的充分肯定。

## 第一節　口頭傳統及其表現形式

### 一、概念

口頭傳統，包括作為非物質文化遺產媒介的語言，是《非物質文化遺產公約》中對非物質文化遺產進行的分類中的第一個大類。這是一種以口頭傳統為基礎的代代相傳的文化表現形式。在老百姓的日常生活中，它常以口述或歌唱的方式表現出來，用以傳遞信息和見證歷史。它較多地表現為中國各民族群體中流傳的民間神話、傳說、諺語、歌謠、讚美詩等。這類非物質文化遺產的最大特點是無形性，它不依靠文字傳承，除了人類語言以外沒有任何物質作為載體，像口述歷史、口述文學、口述律法及其他知識等都屬於這種類型的非物質文化遺產。迄今為止，中國被納入世界非物質文化遺產代表作名錄的口頭傳統和表述類非物質文化遺產有藏族人民的《格薩（斯）爾》史詩以及新疆的《瑪納斯》。

### 二、中國的口頭傳統類世界非物質文化遺產

#### （一）《格薩（斯）爾》史詩

史詩是一種「以口頭形式流傳和保存的長篇複合故事歌。」[1] 流傳於中國青藏高原的藏族、蒙古族、土族、裕固族、納西族、普米族等民族間的《格薩（斯）爾》便是極具代表性的民族史詩。2009 年 9 月 30 日，中國的「《格薩（斯）爾》史詩傳統」在阿聯酋首都阿布扎比召開的聯合國教科文組織保護非物質文化遺產

---

[1] 王娟. 民俗學概論 [M]. 北京：北京大學出版社，2013：137.

政府間委員會第四次會議上被批准列入《人類非物質文化遺產代表作名錄》。

《格薩（斯）爾》史詩通過說唱藝人口耳相傳的方式講述了格薩爾王降臨人界後帶領鄰國英雄們降妖除魔、抑強扶弱、統一各部，最後迴歸天國的英雄業績。

這部史詩在藏族古代神話、傳說、詩歌、諺語等民族文學的基礎上發展而來，是迄今為止演唱篇幅最長的民間史詩。由於戰爭和民族交往的加深，《格薩（斯）爾》還流傳到了蒙古國、俄羅斯的布里亞特、卡爾梅克等地區以及喜馬拉雅山以南的印度、巴基斯坦、尼泊爾等國。它既是族群文化多樣性的熔爐，也是多民族民間文化可持續發展的見證。作為多民族所共享的口頭史詩，《格薩（斯）爾》史詩代表著古代蒙古族、藏族等口頭敘事藝術與民間文化的最高成就，它以久遠的流傳時間、廣闊的流傳地域、宏偉的結構和巨大的篇幅贏得了「東方的《伊利亞特》」之美名。《格薩（斯）爾》史詩在其漫長的流傳過程中，吸納了各個時代的文化，融入了許多新的時代精神。它給我們展示了一幅多姿多彩的民族社會歷史畫卷，成為一部集民俗、文學、語言、宗教、歷史等於一體的「百科全書」。

1. 形成與傳播

關於《格薩（斯）爾》史詩的具體形成時間，學界一直有所爭議。不過從世界範圍內其他史詩如「荷馬史詩」「印度史詩」的形成過程來看，一部史詩並不是一朝一夕、靠少數人就能完成的。它們最初可能是分散地流傳在民間的一些敘事歌謠，經過長久的加工補充與融合才逐漸形成的。因此，考證《格薩（斯）爾》史詩產生的確切時間是一件困難的事情。根據降邊嘉措先生的意見，《格薩（斯）爾》史詩產生、發展和演變大致經歷了以下幾個發展階段：

產生：《格薩（斯）爾》史詩大約產生於古代藏族氏族社會開始瓦解、奴隸制社會開始形成的時期，即公元前3世紀至公元6世紀之前。古代藏族各氏族、部族間長期的混戰給底層百姓帶來了巨大的痛苦，所以人們都希望能出現一位曠世英雄來完成統一、結束戰亂。當這些願望與藏族已有的傳說、神話、故事等相結合之後，《格薩（斯）爾》這部流傳千年的史詩就在不斷的吟唱之中逐漸形成了。

發展：7世紀，鬆讚干布統一了青藏高原，將都城建在拉薩。《格薩（斯）爾》在這之後的時期內得到了進一步的豐富和發展，並逐步流傳到了周邊的國家和民族。吐蕃王朝是青藏高原最為強盛的政權之一，在此期間發生的近百場戰役成為《格薩（斯）爾》豐富的創作素材。民間的說唱藝人以吐蕃王朝時期發生的各種重大事件為藍本，對其進行加工演繹，四處傳唱，極大地豐富了《格薩（斯）爾》的內容，並把它傳播到了喜馬拉雅山南部地區。

成熟與完善：10世紀—13世紀，吐蕃王朝處於分崩離析的狀態，青藏高原在動盪不安中不斷變革和發展，藏族社會逐漸由奴隸制轉化為封建農奴制。《格薩（斯）爾》在這一時期得到了更為廣泛的傳播，其內容體系日趨成熟、完善。11

世紀前後，佛教在藏族地區復興，《格薩（斯）爾》的大體結構基本成型，配合印刷業的發展，還出現了一些木刻本。這段時期，紅教僧侶與貴族為了自己的統治，紛紛以自己的意志來改造《格薩（斯）爾》，試圖通過「天神之子」——格薩爾作為旗幟來號令天下，擴大統治勢力，於是積極地推動《格薩（斯）爾》的傳播。同樣，歷經長年戰亂和動盪的藏族百姓也希望出現一位「格薩爾」般的英雄來結束亂世，於是《格薩（斯）爾》的傳唱有了更為廣泛的民眾基礎。在這些因素的推動下，《格薩（斯）爾》日臻成熟。

從降邊嘉措對《格薩（斯）爾》形成與傳播的三大歷史階段來看，《格薩（斯）爾》應該是在漫長的歷史發展過程中，在廣大藏族人民特別是說唱藝人的努力下，逐漸發展完善起來的。人們在保持史詩內容大框架穩定不變的情況下，不斷地演變和發展史詩的細節內容，使得《格薩（斯）爾》擁有非常豐富的歷史文化積澱。

與此同時，《格薩（斯）爾》在蒙古族、土族等少數民族中也不停地發展和演變著。在蒙古族中，《格薩（斯）爾》與蒙古族文化相結合，經過蒙古族人民的再創作，衍生出了具有鮮明蒙古族特色的史詩《格斯爾可汗傳》。在土族地區，以《格薩（斯）爾》為藍本，形成了以土語來述說散文部分，以藏語吟唱文體詩文部分的獨特說唱形式。故而《格薩（斯）爾》不僅是藏族人民傳承民族文化、凝聚民族精神的重要紐帶，同時也是藏族與其他相鄰民族間相互溝通、理解、融合產生民族共同意識的生動見證。

2. 結構與內容

《格薩（斯）爾》共有120多部，100多萬詩行，2,000多萬字，是世界上最長的一部英雄史詩。從其篇幅看，《格薩（斯）爾》比世界上最著名的五大史詩（古代巴比倫史詩《吉爾伽美什》，希臘史詩《伊利亞特》《奧德修記》，印度史詩《羅摩衍那》《摩訶婆羅多》）的總和還要多，其內容的廣博也是其它史詩無法媲美的。這部史詩全方面地反應了古代藏族社會的生活，涵蓋了古代藏族的社會歷史、道德觀念、民風民俗、民族交往、民間文化等一系列內容，是一部古代藏族社會生活的百科全書。

《格薩（斯）爾》的主要章節有《天嶺卜筮》《英雄誕生》《十三軼事》《賽馬稱王》《世界公桑》《降服妖魔》《霍嶺大戰》《姜嶺大戰》《丹馬青稞國》《門嶺大戰》《大食財國》《蒙古馬國》《阿乍瑪瑙國》《珊瑚聚國》《卡切玉國》《香雄珍珠國》《朱孤兵器國》《雪山水晶國》《白利山羊國》《阿塞鎧甲國》《米努綢緞國》《中華與嶺國》《鬆嶺大戰》《提鳥讓玉國》《打開阿里金窟》《開啟藥城》《地獄與嶺國》《西寧馬國》《射大鵬鳥》《安置三界》等。內容大致分為三大部分：第一，降生，即格薩爾降生的部分；第二，徵戰，即格薩爾降妖除魔的部分；第三，結束，即格薩爾返回天界的部分。在這三大部分中，以第二部分「徵戰」

的內容最為豐富。除著名的四大降魔史——《北方降魔》《霍嶺大戰》《保衛鹽海》《門嶺大戰》之外，還有 18 大宗、18 中宗和 18 小宗，每個重要故事和每場戰爭均構成一部相對獨立的史詩。

　　3. 傳承與保護

　　《格薩（斯）爾》的流傳主要依靠口頭說唱和抄、刻本兩種方式。其中以口頭說唱為主，藝人們一般被稱為「仲肯」，意思是故事家。根據獲取故事的方式不同，說唱藝人們可以分為五類：神授藝人、掘藏藝人、聞知藝人、吟誦藝人和圓光藝人。

　　「神授藝人」是指藝人在從藝之前從來未學過藝，突然有一天在睡夢中夢見有神人傳授，並且一做夢就昏迷多日，神志迷亂，蘇醒後即能滔滔不絕地說唱表演《格薩（斯）爾》的史詩故事。他們大都目不識丁，但記憶超群，具有非凡的口才，是藝人當中最具傳奇色彩的，也是藝術成就最高的。

　　「掘藏藝人」是指靠書寫的方式來傳播《格薩（斯）爾》的藝人。

　　「聞知藝人」是指學習過《格薩（斯）爾》之後，才會說唱的藝人。這類藝人約占藝人總數的一半以上。

　　「吟誦藝人」是指拿著史詩書本給人誦讀的藝人。

　　「圓光藝人」則是指借助咒語，通過銅鏡或其他一些發光的東西看到《格薩（斯）爾》的圖像與文字，進行抄錄或演唱的藝人。他們在藝人當中比較神祕，人數很少。

　　藝人們雖然有著不同的類型，不過他們大都擁有固定的服飾、道具，並且還有著焚祭、默想、入神等獨特的儀式，對於說唱的環境則沒有特別的要求。

　　在說唱前，人們會把柏樹枝葉、艾蒿、石南香等香草放在一起，上面放上糌粑或五穀，然後灑上幾滴水，讓其慢慢地燃起濃菸。藝人們則手拿佛珠、閉目靜坐、祈禱，然後開始說唱。在說唱時藝人們會身穿一種紅色衣服，袖子上會綉有獅子，前胸和後背則綉著龍和大鵬鳥。另外，藝人們還會頭戴一種名為「仲夏」的特製帽子。帽子形如瞻部洲的大地，上面的白雕羽毛象徵妙智能除愚昧；鸚鵡羽毛象徵循循善誘教導他人；岩雕羽毛象徵法力無邊降妖精；兩個帽耳象徵解脫與輪迴。藝人們相信戴上這種帽子，格薩爾的故事就能被他們滔滔不絕地講出來。

　　新中國成立前，《格薩（斯）爾》為藏族社會底層人們普遍傳誦，雖然具有廣泛的群眾基礎，但畢竟不像《荷馬史詩》那樣受到高度的評價和讚譽。新中國成立後至「文化大革命」時期，黨和政府在青海省政府牽頭之下，對《格薩（斯）爾》進行了初步搜集，並組織專家對其進行整理和翻譯。遺憾的是，在「文化大革命」期間，《格薩（斯）爾》受到錯誤的批判，很多資料被焚毀。「文化大革命」以後，《格薩（斯）爾》的保護工作才真正步入正軌。政府組織一批說唱藝人對史詩進行了整理，搜集了一些失散民間的手抄本和木刻本，專業的研

究隊伍也介入其中對史詩進行基礎性研究。21世紀以後，《格薩（斯）爾》的傳播不再限於藏、蒙等少數民族，其影響力得以擴大，申報世界非物質文化遺產代表作項目也獲得了成功。當然，隨著社會的快速發展，藏族、蒙古族等少數民族的生活節奏也在加快，《格薩（斯）爾》的原生文化環境受到破壞，史詩的受眾在縮小，傳承人的數量急遽減少。這是新時期史詩保護工作所面臨的巨大問題，亟須我們拿出一些更有效的保護辦法，以便將這部口述經典傳承下去。

### （二）新疆《瑪納斯》

與《格薩（斯）爾》史詩一樣，中國柯爾克孜族的英雄史詩《瑪納斯》在阿聯酋也被聯合國教科文組織批准列入人類非物質文化遺產代表作名錄。

作為中國少數民族三大史詩之一的《瑪納斯》用生動形象的方式將古代柯爾克孜族的政治、經濟、文化、歷史、道德、法律、宗教、風土人情等文化歷史介紹給世人，是記載柯爾克孜族人民歷史的「百科全書」，具有極大的文學欣賞價值和學術研究價值。

1. 形成與傳播

《瑪納斯》產生於9世紀—10世紀，在生生不息的流傳過程中，被柯爾克孜族的藝人們不斷地完善，具有濃厚的柯爾克孜族的民族特色與極大的藝術性。《瑪納斯》不僅流傳於中國新疆南部克孜勒蘇柯爾克孜自治州和新疆北部特克斯草原、塔城等柯爾克孜族人聚集的地區，還傳播到了中亞的吉爾吉斯斯坦、哈薩克斯坦以及阿富汗北部地區，故而說它是具有世界影響力的傳奇史詩。

2. 結構與內容

瑪納斯是柯爾克孜族人民歷代相傳的著名英雄。他集智慧、勇氣、力量為一體。史詩《瑪納斯》講述了英雄瑪納斯及他的七代子孫帶領柯爾克孜族人民與各種邪惡勢力進行鬥爭，爭取幸福與自由的故事。

《瑪納斯》史詩由八部史詩組合而成，每部史詩以該部的主人公的名字作為題目，分別是《瑪納斯》《賽麥臺依》《賽依臺克》《凱耐尼木》《賽依特》《阿斯勒巴恰、別克巴恰》《索木碧萊克》和《奇格臺依》。八部史詩合稱為《瑪納斯》，共計21萬多行，2,000萬字。八部史詩每部都可以獨立成章，每部史詩都敘述一代英雄的故事。

第1部《瑪納斯》，也是最精彩的一部分，敘述了第一代英雄瑪納斯聯合分散的各部落和其他民族受奴役的人民共同反抗卡勒瑪克、契丹統治的業績，主要講述了大規模的戰爭；第2部《賽麥臺依》，敘述瑪納斯死後，其子賽麥臺依繼承父業，繼續與卡勒瑪克鬥爭，因其被叛逆坎喬勞殺害，柯爾克孜族人民再度陷入卡勒瑪克統治的悲慘境遇；第3部《賽依臺克》，描述第三代英雄——賽麥臺依之子賽依臺克嚴懲內奸，驅逐外敵，重新振興柯爾克孜族的英雄業績；第4部《凱耐尼木》，內容為第四代英雄——賽依臺克之子凱耐尼木消除內患，嚴懲惡豪，為柯

爾克孜族人民締造了安定生活；第 5 部《賽依特》，內容為第五代英雄——凱耐尼木之子賽依特斬除妖魔，為民除害；第 6 部《阿斯勒巴恰、別克巴恰》，內容為阿斯勒巴恰的夭折及其弟別克巴恰如何繼承祖輩及其兄的事業，繼續與卡勒瑪克的統治進行鬥爭；第 7 部《索木碧萊克》，內容為第七代英雄——別克巴恰之子索木碧萊克如何打敗卡勒瑪克、唐古特、芒額特部諸名將，驅逐外族掠奪者；第 8 部《奇格臺依》，敘說第八代英雄——索木碧萊克之子奇格臺依與捲土重來的卡勒瑪克掠奪者進行鬥爭的英雄業績。史詩的內容緊密相連，前後照應，共同組成了一部宏偉狀闊的英雄史詩[1]。

3. 傳承與保護

目前，世界上唯一一位能夠完整演唱《瑪納斯》八部史詩的傳承人居素普·瑪瑪依於 1918 年出生在新疆克孜勒蘇柯爾克孜自治州阿合奇縣。傳奇人物居素普·瑪瑪依十幾歲時，便能全文背誦《瑪納斯》。新中國成立後，國家對《瑪納斯》傳承人進行普查，發現他演唱投入，而且一唱就是連續好幾個小時。據普查人員介紹，「居素普·瑪瑪依每天要唱 8~12 小時，做記錄的同志手麻了，可以替換另一個人，但歌手是不可替換的。連續唱了 7 個月，唱出 5 部《瑪納斯》。」1964 年，居素普·瑪瑪依成為《瑪納斯》工作組成員之一，對前面唱誦的 5 部史詩又進行了補唱，字數增加了 6.1 萬行，至此，共計 19.4 萬行的 6 部《瑪納斯》記錄完畢。然而，「文化大革命」時期，大部分記錄稿散失。1979 年底，居素普·瑪瑪依被接至北京，重新從第一部開始唱誦，記錄人員收穫了完整的 8 部史詩內容，第 7 部《索木碧萊克》和第 8 部《奇格臺依》得以補充完整。1995 年，由居素普·瑪瑪依演唱的《瑪納斯》（共 8 部 18 冊）得以出版，並保存下來。瑪瑪依的成就引起了國內外學術界的廣泛關注，他驚人的記憶能力和傑出的演唱技藝被中國領導人譽為「國寶」，世界各國的學者們也將其譽為「活著的荷馬」，是「整個柯爾克孜民族文化傳統的代表」。

《瑪納斯》的收集、記錄工作進展是明顯的，這也為中國申報世界非物質文化遺產奠定了堅實的基礎。但是，作為口頭傳誦的文學藝術，《瑪納斯》的保護工作仍然是艱鉅的。為了更有效更長遠地對其進行保護和傳承，中國正在考慮組織力量對年事較高的歌手和藝人的演唱進行錄音、錄像。與此同時，建立《瑪納斯》博物館，對史詩及史詩的相關歷史資料進行永久性保存。當然，最有效的辦法則是培養新一代的說唱藝人，讓《瑪納斯》史詩的演唱後繼有人。

---

[1] 於海廣，張偉. 中國的世界非物質文化遺產［M］. 濟南：山東畫報出版社，2011：213-214.

## 第二節　表演藝術

### 一、概念

　　表演藝術通常是指通過人的演唱、演奏或人體的動作、表情等來塑造形象、傳達情緒和情感從而表現生活的藝術。表演藝術通常包括舞蹈、雜技、話劇、曲藝、音樂、魔術等。代表性的門類通常是音樂和舞蹈。有時會將雜技、相聲、魔術等也劃入表演藝術。中國有著悠久的歷史和燦爛的民族文化，表演藝術在中國56個民族中的表現形式也是多姿多彩的。在中國的世界非物質文化代表作項目中，屬於表演藝術類的遺產高達14項，分別是：昆曲、中國古琴藝術、蒙古族長調民歌、新疆維吾爾木卡姆藝術、福建南音、貴州侗族大歌、粵劇、藏戲、蒙古族呼麥、花兒、西安鼓樂、朝鮮族農樂舞、京劇、皮影戲。他們的共同特點便是以表演藝術為主要形式，集音樂、舞蹈、話劇、雜劇等曲藝於一身。下面以藏戲為例，進行詳細介紹。

### 二、中國表演藝術類世界非物質文化遺產——藏戲

　　2009年9月30日，中國藏族的藏戲在阿聯酋首都阿布扎比聯合國教科文組織保護非物質文化遺產政府間委員會第四次會議上，被批准列入人類非物質文化遺產代表作名錄。

　　藏戲在藏語中叫「阿吉拉姆」，意思是「仙女大姐」，簡稱「拉姆」。傳說藏戲最早由七姐妹演出，其中的內容多是佛經中的神話故事。它是流傳在青藏高原上的一種比較獨特的劇種，至今已經有六百餘年的歷史。在中國藏族民間，藏戲是流傳最為廣泛、時代最為悠久的劇種，生動反應了藏族人民的民俗文化，對藏族人民的日常生活有著巨大的影響。

#### （一）形成與傳播

　　藏戲起源於8世紀藏族的宗教藝術。最初是吐蕃讚普赤鬆德讚修建桑耶寺時，蓮花生大師為了降服惡鬼而率先應用的一種驅邪舞蹈。這種舞蹈後來逐漸演變成為藏傳佛教寺院的跳神「多吉嘎羌姆」。羌姆是將佛教禮儀與原始本教巫師祭祀自然神儀式以及民間土風舞加以結合演變而來的新的宗教儀式舞蹈。在最初的時候，羌姆僅僅是在寺院裡為僧人表演的，後來傳入民間，逐漸成為僧人和群眾喜聞樂見的一種娛樂性的宗教舞蹈。此外，在林芝還出現了一種村民為了引回「村寶」驅邪迎祥而進行的民間祭祀舞蹈，叫作「米那羌姆」。其中象徵喜慶、幸運和吉祥

的男性侍傭神跳的「波梗舞」，也被寺院跳神薩迦寺卓瑪頗章「孜瑪爾多加」羌姆和藏劇《白瑪文巴》所吸收。

到了14世紀，噶舉派高僧唐東杰布在雲遊途中於1430年主持營建了據說是西藏的第一座鐵索橋。在建橋過程中，他在民工中結識七個能歌善舞的姐妹，於是就在白面具戲的基礎上，吸收了佛經傳說和民間傳說故事中的內容編排表演節目、設計唱腔動作和鼓鈸伴奏，指導七姐妹演出，從而為宣傳宗教、修建鐵索橋募集資金。由於七姐妹天生麗質、舞姿輕盈、歌聲優美動聽，以至於讓觀眾以為是仙女下凡，故稱讚她們是「阿吉拉姆」，就是仙女的意思。據記載，湯東杰布主持修建的鐵索橋、木橋數量高達上百座，碼頭渡口也有一百多個。修建這些橋樑渡口所需資金除了靠他遊說化緣以外，主要還是靠組織募捐及演出來籌集的。後來湯東杰布又把白面具戲帶回家鄉的寺廟迥·日吾齊寺，創建了迥·日吾齊戲班，把白面具進一步修改為藍面具，在原來的白面具戲表演藝術的基礎上，結合本地各種歌舞和古老瑜伽功術、雜技等，編演了佛經中的故事《智美更登》。從此，藍面具戲逐漸形成。

在噶丹頗章地方政權建立後，藏戲進入了一個快速發展的繁榮時代。以唱為主，唱、誦、舞為一體的戲曲表演藝術形式逐漸形成。

後來出現了具有較高文學水平的戲曲文學劇本和一批優秀的傳統劇目。在民間，出現了一些職業或半職業的藏戲戲班，並且還開始形成不同的藝術流派。清順治九年，五世達賴進京晉見順治皇帝，被中央政府以金冊金印封為「達賴喇嘛」。在五世達賴晉見期間他看到了許多漢、蒙、滿等民族的宮廷和民間音樂、舞蹈、戲劇、雜技、百藝等藝術表演，深受啓發。在返回西藏以後，就把從拉達克傳入的具有西域風格的歌舞加以改造，組織成立了西藏地方政府唯一的官營性專業歌舞隊——噶爾巴。後來五世達賴開始在酸奶宴會上，邀集一些在民間享有盛名的藏戲班子進哲蚌寺助興演出，之後就逐漸形成了「哲蚌雪頓」表演觀摩藏戲的慣例。到七世達賴時，就出現了藏戲演出的盛會——雪頓節。後來，又逐漸形成了於雪頓節期間在羅布林卡舉行的一年一度規模盛大的藏戲獻演活動。

從這個時候起，藏戲開始從宗教儀式中分離出來，成為一個獨立的戲劇藝術形式；演員也逐漸脫離寺院，職業演出劇團開始出現。藏劇在不斷地發展演變過程中，影響面也逐漸擴大，繁衍出德格戲、昌都戲、門巴戲等多種戲曲劇種，並對一些周邊的少數民族的劇種的形成和發展產生了很大影響。

在新中國成立之後，藏戲進入了最為輝煌的時期。首先是西藏自治區人民政府在原覺木隆戲班的基礎上組建了西藏自治區劇團，後來在民間又紛紛湧現出一大批民間劇團，極大地豐富了藏族群眾的生活。

**(二) 內容、表演方式及特色**

藏戲是藏族戲劇的泛稱。它是一個非常龐大的劇種系統，由於青藏高原各地

自然條件、生活習俗、文化傳統、方言語音的不同，它擁有眾多的藝術品種和流派，但藍面具藏戲仍是主流。

藏戲的內容豐富多彩，大多數是民間傳說故事、宗教故事以及歷史故事。自古以來藏戲的傳統劇目有「十三大本」，分別是《文成公主》《諾桑法王》《朗薩雯蚌》《卓娃桑姆》《蘇吉尼瑪》《白瑪文巴》《頓月頓珠》《智美更登》等「八大藏戲」以及《日瓊娃》《雲乘王子》《敬巴欽保》《德巴登巴》《綏白旺曲》。各個劇目裡都含有佛教教義的內容，反應了古代藏族人民對於英雄豪杰的敬仰、對於大德高僧的尊重以及對於美好生活的向往，是講述古代藏族社會的「百科全書」。

藏戲的演出一般分為三個部分：

第一部分為「頓」，主要是開場表演祭祀的歌舞。首先是「溫巴頓」，又名「甲魯溫巴」，在藏語裡意為獵人淨地。一般會有七位演員，演員們會身穿獵人服裝，手拿彩箭出場，唱歌祝福；然後是「加魯欽批」，在藏語裡意為太子降福，會有兩名演員，身穿太子服飾，手持竹弓出場跳舞，以驅邪祈福；最後是「拉姆堆嘎」，在藏語裡意為仙女歌舞，一般有七位演員，演員們身穿仙女服飾翩翩起舞，表現仙女下凡，與民同樂。傳說這三種角色是根據《曲結洛桑》劇中的人物演變而來。其中，甲魯是王子，溫巴是漁夫或獵人，拉姆是仙女。表演時會先由溫巴戴著面具又唱又跳，然後甲魯領著一群仙女出場歌舞，借以介紹演員，講解正戲的劇情，來招攬觀眾。

第二部分為「雄」。先由「溫巴格更」，即藏語中的戲師用快板韻白大概介紹故事的主要情節、地點、環境、人物造型、唱詞等，然後演員上場。演出的時間長短不定，有時可長達六七天，有時可短至兩三個小時，全部都由戲師來決定。在演出時全體演員，無論是否扮演劇中角色，全部都會出場，圍成半圈，輪到自己表演時，就出列表演，剩下的時間會參加伴唱或伴舞。

基本的演出格式：首先由戲師出場介紹一段劇情，然後由一個角色出來演唱一段，接下來所有的演員會共同起舞或表演技巧，這樣循環反覆下去。藏戲的演出不分幕和場次，戲師的解說和伴唱伴舞起著實際上的分幕作用。由於表演的劇目大部分都流傳上百年。所以對於戲中的人物和故事情節大多數觀眾都十分熟悉。觀眾主要是去欣賞劇中唱腔、舞蹈和特技等表演。另外，由於情節的發展主要是由戲師來介紹的，所以劇中角色可以專心演唱或表演絕技，不必太過於關注情節的發展。

第三部分稱為「扎西」，意為祝福迎祥。就是在節目結束之後通過集體歌舞向觀眾告別祝福，在過去就是向觀眾募捐或接受捐贈的環節。

另外，藏戲還有著一些特點。在舞蹈方面，由於藏戲基本上都是廣場戲，所以藏戲的突出的特點就是載歌載舞。藏戲中舞蹈與劇情常常沒有直接的關係，舞蹈主要是為了烘托場上演出的氣氛。其中只有少數動作帶有某種象徵意義，並且

大都是模仿勞動、生活和動物的動作。

在韻白方面，藏戲的韻白與快板和數板的韻白十分類似，是在戲師講解劇情、介紹演員演出的時候才使用。

在表演方面，由於藏戲中的表演藝術比較簡單、純樸，並且由於許多角色都是戴著面具來表演的，所以藏戲的演員們大都不太注意面部表情的表演，角色之間的交流也相對較少。

在技藝方面，藏戲中的舞蹈技巧、武功特技等，大都是從民間藝術中吸收、歸納而來的。

在樂器方面，藏戲樂器比較簡單，其中打擊樂只有一鼓一鈸。在表演的時候會有一個人在旁邊用快板向觀眾介紹劇情發展情況。角色的道白很少，所以演員能專心致志地吟唱。由於廣場演出，所以演員的唱腔多高昂嘹亮，拖腔較多，顯示出了藏戲粗獷有力的特色。在後臺一般有類似於川劇的幫腔。

在化裝方面，藏戲的演出服裝非常簡單，從表演開始到表演結束都只有一套，中間不會更換。演員也不太講究化裝，主要靠面具。

而面具在藏語裡被稱為「巴」，它是藏戲藝術獨有的面部化裝手段，有著悠久的發展歷史。早在吐蕃時期，在苯教的祭祀儀式中所表演的土風舞等技藝中就採用了面具化裝手段。後來由於宗教發展，蓮花生大師就根據佛祖釋迦牟尼關於佛教密宗四部學說中的愈加瑜伽部、無上瑜伽部裡的金剛舞一節，組織了跳神法會。於是，土風舞便與金剛舞相結合，產生了跳神舞時所戴的面具。大約在14世紀，高僧唐東杰布為了籌集資金以築橋修路，創造了深受藏族人民喜愛的藏戲。於是後來的藏戲演員們就視他為藏戲的始祖，並且按照他本人模樣製作了白髮白鬚的白山羊皮面具。

由於藏戲的面具主要用於各種民間表演活動，所以與宗教面具相比，藏戲面具在造型上帶有濃鬱的世俗傾向和民間色彩。面具表現的內容主要包括歷史和神話中的人物、神靈和動物。在藏戲演出時，化裝一般比較簡單，除了戴面具外，其他就是一般的粉面與紅脂，沒有複雜的臉譜。在藏戲中人們可以從面具的造型和色調上來區別演員所扮演的角色性格，色彩不同，象徵的角色特徵也不同。比如：白色代表人物性格純潔、善良、溫和，無害人之心，意味老者長壽，是善者的面具；紅色代表權力、正義，表示足智多謀、智勇雙全，是國王的面具；綠色代表賢良智慧、美貌端莊，是王妃的面具；黃色代表容光煥發、功德廣大、知識淵博，是活佛、仙翁的面具；白色或黃色，眼睛、嘴為一個窟窿象徵樸實敦厚，是村民、老人的面具；半黑半白象徵其嘴甜心毒，兩面三刀，專門挑撥離間，是女巫的面具；青面獠牙象徵壓抑和恐怖，是妖魔的面具；藍色象徵正義、勇敢，是勇士的面具。

按面具的樣式、形態、質地、風格以及特徵來劃分，藏戲面具可分為四種：

第一種是平板式軟塑面具。這種面具是藏戲中最獨特、典型的面具。一般是用皮革、絨布制成。如王後的綠面具、半黑半白的女巫面具以及國王的紅面具。

第二種是半立體軟塑面具。這種面具是用皮革、布料或者在布里塞入棉花制成的。如老人的面具、仙翁、喇嘛的面具。

第三種是立體硬塑面具。這種面具一般是用泥塑或漆布殼繪制而成。如妖魔鬼怪的面具。

第四種是立體寫生的動物面具。是用泥布硬塑或皮革、毛線軟塑的。大多數是全身或部分皮革的面具。如牦牛面具等。

在西藏和平解放後，相關的藝術工作者對藏戲的人物造型也曾做過多方面嘗試，比如仿照面具上的圖案在演員的臉上畫上臉譜，或者比照壁畫上的人物形象來化裝。現在的藏戲表演也使用了一些話劇的化裝方法。但一些藏戲的傳統特色人物面具仍保留了下來。正是由於有了這些形態各異的面具，才造就了流傳千古的藏戲藝術，成就了藏戲的輝煌歷史。

## 第三節　社會風俗、禮儀、節慶

### 一、概念

社會風俗是人們自發形成的，並為社會大多數人經常重複的行為方式。社會風俗對人們行為的控制是非強制性的，是潛移默化的，是特定社會的產物，與社會制度變革有著密切關係。禮儀則是在人際交往中，以一定的、約定俗成的程序和方式來表現的律己敬人的過程，涉及穿著、交往、溝通、情商等內容。從個人修養的角度來看，禮儀可以說是一個人內在修養和素質的外在表現。從交際的角度來看，禮儀可以說是人際交往中適用的一種藝術、一種交際方式或交際方法，是人際交往中約定俗成的示人以尊重、友好的習慣做法。從傳播的角度來看，禮儀可以說是在人際交往中進行相互溝通的技巧。節慶活動則是在固定或不固定的日期內，以特定主題活動方式，約定俗成、世代相傳的一種社會活動。

作為世界非物質文化遺產的重要組成部分之一，中國有關社會風俗、禮儀、節慶的世界非物質文化遺產代表主要有兩項，端午節和媽祖信俗。另外，還有兩項急需保護的遺產項目——羌年和麥西熱甫，也可劃歸此類。

### 二、中國節俗類世界非物質文化遺產項目——媽祖習俗

媽祖信俗也稱為娘媽信俗、娘娘信俗、天妃信俗、天後信俗、天上聖母信俗。

福建省莆田市秀嶼區的湄洲海域是媽祖祖廟所在地。湄洲媽祖信俗，是以崇奉和頌揚媽祖的立德、行善、大愛精神為核心，以媽祖宮廟為主要活動場所，以廟會、習俗和傳說等為表現形式的民俗文化。媽祖信俗由祭祀儀式、民間習俗和故事傳說三大系列組成。

2009年9月30日，在阿聯酋首都阿布扎比的聯合國教科文組織保護非物質文化遺產政府間委員會第四次會議上，「媽祖信俗」被列入世界非物質文化遺產代表作名錄，成為中國首個信俗類世界遺產項目。

## （一）由來

媽祖信俗源於北宋年間，大概已有一千多年的發展歷史。媽祖是福建話，意思是「娘媽」，也稱湄洲媽祖，原名叫林默娘。她於公元960年農曆三月二十三日出生於福建莆田湄洲。據說她生前經常為漁民預測出海時的天氣情況、義務採藥治病、拯救遇險漁船，並且還曾點燃自家的房子，用火光當作航標引導迷航的商船脫離險境。在公元987年農曆九月初九，她因在海上救人而獻出年輕的生命，年僅28歲。島上漁民為了紀念這位美麗、善良和樂於助人的好姑娘，特地在島上建廟並奉為海神，希望世世代代學習媽祖精神多做好事，也希望媽祖繼續保佑百姓航海平安。後來，隨著航海業發展和華人移民，媽祖廟逐漸遍布世界各地港口，如澳門地名的葡萄牙文「MACAU」就出自「媽祖閣」的發音。媽祖信俗從湄洲媽祖祖廟傳播到世界20多個國家和地區，現今在全世界共擁有2億多信眾和5,000多座媽祖廟。

媽祖信俗之所以會流傳得如此之廣，原因大概是由於媽祖有著與其他神靈與眾不同的地方。據說古代的福建是一個信仰各種神靈的地方，人們有事就會想到去求神拜佛，而媽祖在當時還只是眾多神靈之一。不過由於媽祖與其他神靈不同，她總是無私地幫助陷入困難的人們，並且不會因為貢品的緣故而降下災禍。所以，媽祖能在眾多神靈中脫穎而出，成為人們所普遍敬仰的天後娘娘。另外，官方政府的支持，也較大程度上地推廣了媽祖信俗。在1123年，媽祖因為保護路允迪出使高麗，當時的朝廷將「順濟」廟賜給媽祖廟。此後，媽祖因護佑南糧北調、鄭和下西洋等而被歷代朝廷褒封為天妃、天後、天上聖母共36次。甚至在20世紀80年代，媽祖還被閩臺人民譽為「海峽和平女神」。所以，在官方的扶持下，媽祖信俗得以在如今還如此興盛。

## （二）內容和習俗

媽祖信俗包含的內容主要有祭祀儀式、民間習俗和故事傳說三大部分。

（1）祭祀儀式分為家庭祭祀和宮廟祭祀兩種。家庭祭祀包括「船仔媽」崇拜、對海祭拜、家中供奉和掛媽祖像等。「船仔媽」崇拜是指漁民和航海者在船上供奉媽祖神像，祈求航海安全，這是媽祖信俗最原始的形式之一；對海祭拜是指湄洲和其他地區的漁民、船民在海邊或在沙灘上擺上供桌，貢品面對大海，向媽

祖祭拜；家中供奉則是漁民和居民在家中的神龕上供奉媽祖像並點香、祭拜。

宮廟祭祀則包括日常祭祀和廟會祭祀。日常祭祀是由媽祖信眾到媽祖廟向媽祖神像行禮。主要包括獻鮮花、點香火、擺貢品、行跪拜禮以及燃鞭炮、燒金帛、捐緣金等方式。廟會祭祀則舉行祭祀大典。祭祀大典形成於11世紀，1788年被列入國家祭典，場面恢宏，莊嚴隆重。主要流程包括：①儀程。主要有司祭人員就位、迎神、上香、讀祝文、行三獻之禮和三跪九叩禮、送神等。②司祭。湄洲媽祖祖廟主持人擔任主祭，世界各地媽祖分靈廟負責人參加陪祭。③祭器。祭壇上配有燭臺、香爐、鐘鼓等。④祭品。供桌上擺放用面粉、香菇、木耳等食品制成的仿海洋生物和自然山景等的祭品。⑤儀仗。由清道旗、鑾駕、仿古兵器等組成。⑥祭樂。由樂生用嗩吶、鼓、磬、琴、笛等28種樂器演奏地方曲調和曲牌。⑦祭舞。由舞生執鳳羽、龠管，採用雲步、疊步等傳統戲曲舞步起舞。

湄洲媽祖祖廟的廟會是指特定節日的重大祭祀活動，具體包括：①媽祖誕辰。每年農曆三月二十三媽祖誕辰日。②媽祖升天。每年農曆九月初九媽祖逝世紀念日。③割火分靈。各地建媽祖分靈廟時要捧著神像到湄洲媽祖祖廟舉行「取香灰」的分神儀式。④謁祖進香。媽祖分靈廟每隔一定時期到湄洲媽祖祖廟謁祖進香，俗稱「回娘家」。一次陪同進香的團隊人數可多達7,000餘人。⑤媽祖巡遊。湄洲媽祖金身在湄洲島和臺灣、金門、澳門等地分靈廟巡遊，接受膜拜。⑥民俗表演。湄洲媽祖祖廟還進行舞龍、舞獅、擺棕轎、耍刀轎、舞涼傘等民俗表演，表演人員多為民間藝人，參加人數最多可達幾十萬人，場面壯觀。

（2）民間習俗主要包括：①演戲酬神。媽祖分靈廟如有舉行慶典活動或者戲劇演出，都要恭請媽祖神像駕臨觀賞或請戲班演員到媽祖神像前「弄仙」。②媽祖元宵。湄洲每年正月初八到正月十八各家各戶都恭請媽祖神像參加元宵活動。③謝恩敬神。家族舉行感恩蒼天儀式，男女老少統一著裝列隊到媽祖廟敬請媽祖參加。④媽祖遊燈。漁民、農民、市民等在節日的晚上都提著「媽祖燈籠」繞遊。⑤媽祖服飾。湄洲婦女平常頭上都梳著帆船狀的發髻，著藍色的上衣和紅黑相間的褲子，表示對媽祖的敬仰和對家人出海平安歸來的期盼。⑥聖杯問卜。用木質半月形「聖杯」，向媽祖祈求解決疑難問題的方法。⑦換花求孕。湄洲已婚未育婦女與媽祖神像頭上的花互換來求賜孕。⑧佩戴香袋。到媽祖宮廟祈取小香袋戴在小孩身上，以保平安。⑨誕辰禁捕。湄洲漁民在媽祖誕辰日前後自發不下海捕魚，體現人與自然和諧相處。⑩媽祖掛脰。在媽祖巡遊過程中，信眾向媽祖神像的頸項上掛上用紅繩子系的金鎖、銀鎖或錢幣。另外，還有媽祖彩車、大門貼符、頸項佩玉、托看小孩等各式各樣的習俗，多不勝數。

（3）故事傳說指媽祖信俗在傳承過程中，留下的許多動人的故事傳說。這些傳說極大地豐富了媽祖信俗的精神內涵。根據《天後志》和《天妃顯聖錄》記載，關於媽祖生前和顯靈的傳說有十餘則。其中，比較有代表性的如：①菜嶼長

青。湄洲島旁邊有一個小嶼，傳說有一天，媽祖到小島上遊玩時將菜子撒在地上，不久菜子奇跡般成長，花開滿地。隨後，每年無需耕種，花都會自然生長。當地人視其為仙花而採之。以後，人們就把這個地方稱為「菜子嶼」。②禱雨濟民。相傳媽祖21歲的時候，莆田地方出現大旱，全縣百姓都說非媽祖不能救此災害。於是，縣尹親往向媽祖求救。媽祖祈雨，並說壬子日申刻就會下大雨。到了那天，上午晴空無雲，絲毫沒有要下雨的徵兆。申刻一到，突然烏雲滾滾，大雨滂沱而下，久旱遇甘霖，大地恢復了往日生機。③掛席泛槎。相傳媽祖在世時，有一天海上起風浪，媽祖要渡海，岸邊的船沒有船槳，也沒有船篷，加上風急浪大，船手不敢開船。媽祖對船手說：「你只管起船。」隨即叫人將草席掛在桅杆上當作船帆。船開上海面，乘風破浪，飛馳而去。④化草救商。相傳媽祖在世時，湄洲嶼西邊有個出入湄洲的要衝叫門夾（就是今天的文甲）。有一次，一艘商船在附近海上遭到颶風襲擊而觸礁，海水湧進船艙，即將沉沒。村民見狂風巨浪，不敢前去營救。在這緊急時刻，媽祖信手在腳下找了幾根小草，扔進大海，小草變成一排大杉劃到並附在即將沉沒的商船上，商船得以免遭沉沒，船中人幸免於難。⑤降伏二神。相傳在媽祖23歲時，湄洲西北方向有二神，一為順風耳，一為千里眼。二神經常貽害百姓。百姓祈求媽祖懲治二神。為了降服二神，媽祖與村女們一起上山勞動。這樣，一直過了十多天，二神終於出現了。當二神將近時，媽祖大聲呵斥，二神見媽祖神威，化作一道火光而去。媽祖拂動手中絲帕，頓時狂風大作，那二神弄不清所以，持斧疾視，媽祖用激將法激二神丟下鐵斧，丟下鐵斧之後二神再也收不起鐵斧，於是認輸謝罪而去。兩年後，二神在海上再次作祟，十分厲害。媽祖用神咒呼風飛石使二神無處躲避，二神服輸，願為媽祖效力。於是媽祖收二神為將。⑥解除水患。相傳媽祖26歲時，那年上半年陰雨連綿，福建與浙江兩省倍受水災之害。當時當地官員上奏朝廷，皇帝下旨就地祈雨，但祈求後毫無改觀。當地請求媽祖解害，媽祖道：「災害是人積惡所致，既然皇上有意為民解害，我更是應當祈天赦佑。」於是焚香禱告。突然開始起大風，並見雲端有虬龍飛逝而去，天空很快就晴朗了。那一年百姓還獲得了好收成，人們感激媽祖，省官向朝廷為媽祖請功並被准許，還得到了褒獎。⑦救父尋兄。相傳媽祖16歲那年秋天的一天，其父兄駕船渡海北上之際，海上掀起狂風惡浪，船只遭損，情況危急。這時媽祖在家織布，忽然閉上眼睛，使勁全力扶住織機，母親見狀，忙叫醒她。媽祖醒來時失手將梭掉在了地上。見梭掉在了地上，媽祖哭道：「父親得救，哥哥死了！」不久有人來報，情況屬實。兄掉到海裡後，媽祖陪著母親駕船前去大海裡尋找，突然發現有一群水族聚集在波濤洶湧的海面。眾人十分擔心，而媽祖知道水族是受水神之命前來迎接她。這時海水變清，其兄屍體浮了上來，於是她將屍體運了回去。此後每當媽祖誕辰之日，夜裡魚群環列湄嶼之前，黎明才散去，而這一天也成為當地漁民的休船之日。⑧懇請治病。相傳媽祖在世時，有一年莆田

瘟疫盛行，縣尹全家也染上了疾病。有人告知縣尹，媽祖有解難之法力。於是，縣尹親自拜請媽祖。媽祖念他平時為官不壞，加上他是外來官，告訴他用菖蒲九節煎水飲服，並將咒符貼在門口。縣尹回去後遵囑施行，不日疾病痊愈。⑨窺井得符。相傳媽祖16歲的時候，有一次與一群女伴出去遊玩，當她對著井水照妝時，一位後面跟著一班神仙的神人捧著一雙銅符，擁井而上，把銅符授給她。一起玩的女伴們都被嚇跑了，而媽祖則接受銅符，並不懷疑。媽祖接受銅符後，靈通變化，符咒避邪，法力日見神通，以至她常能神遊、騰雲渡海、救急救難，人們稱她是「神姑」「龍女」。⑩鐵馬渡江。相傳有一天，媽祖要渡海，可是沒有船只。這時候，媽祖見旁邊屋檐前懸有鐵馬，於是靈機一動，取之揮鞭，鐵馬奔海對面風馳而去。待人上了對岸，忽然之間，鐵馬便無影無蹤，旁邊的人無不驚嘆「龍女」的神通廣大。

**(三) 傳播及其影響**

　　福建是媽祖信俗最盛的地方，同時它還影響到閩西客家地區，媽祖廟不計其數。除福建外，中國廣東、浙江、海南、上海、北京、河北、山東、河南、湖南、貴州、遼寧、吉林等省均建有媽祖廟。由於臺灣與福建隔海相望，臺灣的媽祖廟及其信仰也很昌盛。經海域傳播，中國福建的媽祖信俗還傳播到了東南亞和美洲一些國家，例如日本、馬來西亞、新加坡、緬甸、泰國、美國、加拿大、墨西哥、巴西等。由此可見，早些年中國航海事業的發展，海外貿易的擴大，使得媽祖信俗也跟著這些往來的船只漂洋過海，傳播開來。

## ●第四節　有關自然界和宇宙的知識和實踐

### 一、概念

　　「有關自然界和宇宙的知識和實踐」是指人類社會與自然環境互動過程中所形成的知識、訣竅、技能、實踐和表現形式，主要以民間科學和民間哲學的形式出現。這類遺產多半是人類社會發展到一定時期後對人類自身及宇宙認識的經驗總結。當然，它們有的時候反過來又會推動人類社會的發展和變遷。無論現在它們是否是人們認識和改造世界的主流，無論它們是否現在已經被系統科學所證明，它們仍然在相當大的範圍內影響著人們的生活。這些表達和實踐與其所起源的社會文化和生態背景一樣豐富多樣。例如傳統生態智慧、土著知識、地方動植物知識、傳統醫療體系和藥典、烹飪技術、秘傳科學、占卜、宇宙學等。目前，中國有關自然界和宇宙的知識和實踐類世界非物質文化遺產代表項目有中醫針灸。

## 二、中國知識與實踐類世界非物質文化遺產——中醫針灸

中醫針灸依附於中醫文化，是利用針法和灸法治病的合稱。針法是把毫針按一定穴位刺入患者體內，運用捻轉與提插等針刺手法來治療疾病。灸法是把燃燒著的艾絨按一定穴位熏灼皮膚，利用熱的刺激來治療疾病。2010 年 11 月 16 日，中醫針灸在肯尼亞內羅畢舉行的聯合國教科文組織保護非物質文化遺產政府間委員會第五次會議上，被審議通過納入人類非物質文化遺產代表作名錄。

### （一）起源與發展

針灸法萌發於新石器時代。當人們發生某些病痛或不適的時候，不自覺地用手按摩、捶拍，甚至用尖銳的石器按壓疼痛不適的部位，從而使原有的症狀減輕或消失。於是，古人開始有意識地用一些鋒利的石塊來刺激這些身體部位，這就是最早的針具——砭石。後來針具逐漸發展成青銅針、鐵針、金針、銀針，直到現在用的不銹鋼針。傳說伏羲氏「嘗百藥而制九針」，即華夏民族最早的針灸。

灸法是伴隨著火的使用而形成的。我們的祖先在用火中發現軀體的某些病痛受到火的熏烤或灼燒後有所緩解，所以當身體出現某種不適時，古人就去烘烤來減輕病痛。後來就用各種樹枝作為施灸工具，逐漸發展到艾灸，於是就發明了灸法。

針灸醫學最早的文字記載見於兩千多年前的《黃帝內經》一書。《黃帝內經》是現存的中醫文獻中最早而且完整的中醫經典著作，記載有十二經脈、十五絡脈、十二經筋、十二經別以及與經脈系統相關的標本、根結、氣街、四海等，並對腧穴、針灸方法、針刺適應證和禁忌證等也做了詳細的論述。在《黃帝內經》裡說：「藏寒生滿病，其治宜灸」，便是指灸術。其中詳細描述了九針的形制，並大量記述了針灸的理論與技術。

《黃帝內經·靈樞經》中對針灸學進行了第一次總結，其主要內容至今仍是針灸的核心內容，所以《靈樞》也被稱為《針經》。後來，戰國時代的神醫扁鵲所著的《難經》對針灸學說進行了補充和完善。

晉代醫學家皇甫謐撰寫的《針灸甲乙經》中，對臟腑經絡學說進行了全面的論述，發展並確定了 349 個穴位，並詳細介紹了各個穴位對應的位置、主治及操作手法。同時，他還介紹了針灸方法及常見病的治療。這是中國歷史上對針灸學的第二次總結。

至唐朝，隨著社會經濟文化的繁榮昌盛，針灸術也有很大的發展。唐代「藥王」孫思邈在其著作《備急千金要方》中繪製了彩色的「明堂三人圖」，並提出阿是穴的取法及應用。

宋代著名針灸學家王惟一編撰了《銅人腧穴針灸圖經》，考證了 354 個腧穴，

並將全書刻於石碑上供學習者參抄拓印。另外，他還鑄造了2具銅人模型，外刻經絡腧穴，內置臟腑，作為針灸教學的直觀教具和考核針灸醫生之用，促進了針灸學術的發展。

元代滑伯仁所著的《十四經發揮》，首次將十二經脈與任、督二脈合稱為十四經脈，對後人研究經脈很有裨益。

明代是針灸學術發展的鼎盛時期，針灸理論研究深入發展，出現了大量的針灸專著，如《針灸大全》《針灸聚英》《針灸四書》等。特別是楊繼洲所著的《針灸大成》，匯集了明代以前的針灸著作，總結了臨床經驗，內容豐富，是後世學習針灸的重要參考書。這是國人對針灸學的第三次總結。

在清初至民國時期，現代醫學傳入中國，針灸與其他傳統醫學一同逐漸走向衰退。

中華人民共和國成立後，國家成立了中國針灸學會，以繼承和發展針灸。研究人員結合現代醫學的臨床經驗和科研成果，出版了許多針灸的學術專著和論文，創立「針刺麻醉」等新式針灸。針灸的研究也從單一的文獻整理發展到對其治病的臨床療效進行系統的觀察，結合現代生理學、解剖學、組織學、生化學、免疫學、分子生物學等學科進行針灸治療的機理探討。如今，在中國北京、上海、南京都有國際針灸培訓中心。1987年還成立了世界針灸學會聯合會。

## （二）原理及功效

針灸學說依託於中醫理論。中醫認為人體中的經絡系統負責輸送全身的「氣」「血」及「血液」。這些輸送物質在體內循環，使身體中的各個組織與器官保持平衡與穩定。然而，當經絡系統出現阻塞不通的情況時，則會影響這些物質的輸送，使「邪氣」（各種產生病變的因子）侵入，此時人體就會開始出現異常病變。當針插進人體之後，會引起人體自身的反應，加強氣血循環，克服經絡的阻塞，使經絡系統恢復正常，病症因此得以治愈。

具體來說針灸有三種功效：

第一，調和陰陽。在正常情況下，人體中陰陽兩方面處於相對平衡狀態，針灸的治療作用首先在於調和陰陽。針灸調和陰陽的作用，基本上是通過經絡、腧穴配伍和針刺手法來實現的。如胃火熾盛引起的牙痛，屬陽熱偏盛，治宜清瀉胃火，取足陽明胃經穴內庭，針刺瀉法，以清瀉胃熱。寒邪傷胃引起的胃痛，屬陰邪偏盛，治宜溫中散寒，取足陽明胃經穴足三里和胃之募穴中脘，針用瀉法並灸，以溫散寒邪。現代大量的臨床觀察和實驗研究也已經充分證明，針灸對各個器官組織的功能活動均有明顯的調整作用，特別是在病理狀態下，這種調節作用更為明顯。一般對於亢進的、興奮的、痙攣狀態的組織器官有抑制作用，而對於虛弱的、抑制的、弛緩的組織器官有興奮作用。這種調節是良性的、雙向性的。這就是針灸能治療多種疾病的基本原因之一。如果將組織器官的病理失調與陰陽理論

聯繫起來，則病理均可用陰陽解釋，所以說針灸調節了病理失調，也就是調節陰陽的失調。

第二，扶正祛邪。針灸具有扶正祛邪作用，具體表現為補虛瀉實。針灸的補虛瀉實體現在三個方面：一是刺灸法，如艾灸多用於補虛，刺血多用於瀉實；二是針刺手法，古今醫家已總結出多種補瀉手法；三是腧穴配伍，長期大量臨床經驗，不少腧穴其補瀉作用各異，如膏肓、氣海、關元、足三里、命門等穴，有補的作用，多在扶正時應用；而十宣、中極、水溝，有瀉的作用，多在祛邪時應用。現代的臨床實踐和實驗研究證明針灸能夠增強機體的免疫功能，抵抗各種致病因素的侵襲，而這種作用與中醫的「扶正祛邪」相似。

第三，疏通經絡。針灸通過穴位的刺激，具有疏通經絡、調理氣血的作用，從而達到治療疾病的目的。

### (三) 傳播及其影響

遠在唐代，中國針灸就已傳播到日本、朝鮮、印度、阿拉伯等國家和地區，並在他國開花結果，繁衍出一些具有異域特色的針灸醫學。到如今為止，針灸已經傳播到世界 140 多個國家和地區，從事針灸的人數約為 20 萬~30 萬人。可以說，只要有華人所在的地方，都有中醫針灸的存在。它為保障全人類的生命健康發揮了一定的作用。

## ● 第五節 傳統的手工藝技能

### 一、概念

手工藝，指的是手工製作的獨具特色的工藝美術，即利用簡單的工具、嫻熟的手工技巧、複雜的程序，製作出具有特定美感和文化內涵的手工作品。其中包括編織、陶藝、紙藝、綉縫、木作等。手工藝作品跟大批量生產的機械製造方式不同，通常通過一定的藝術構思，以手工作坊的方式進行加工製作。製作出來的產品通常叫作手工藝品，它承載著本民族的文化傳統。中國傳統的手工藝遺產項目較多，包括：中國蠶桑絲織技藝、南京雲錦、安徽宣紙、浙江龍泉青瓷、青海熱貢藝術、雕版印刷、傳統木結構營造技藝、珠算、書法、篆刻、剪紙。

### 二、具有代表性的人類非物質文化遺產項目——龍泉青瓷傳統燒制技術

2009 年 9 月 30 日，中國的「龍泉青瓷傳統燒制技術」在阿聯酋首都阿布扎

比聯合國教科文組織保護非物質文化遺產政府間委員會第四次會議上，被批准列入人類非物質文化遺產代表作名錄，成為迄今為止世界範圍內陶瓷類遺產中唯一被列入世界非物質文化遺產的項目。

**（一）發展歷史**

龍泉市位於浙江省西部，與江西、福建兩省接壤。龍泉青瓷是中國製瓷史上時間最長、影響最大、產品質量最高的一個青瓷窯系，大約有1,700多年的歷史。它肇始於三國，興起於北宋，在南宋到元代期間達到鼎盛，明代中晚期後開始衰落。其作品主要以釉色佳著稱，是著名的顏色釉瓷器品種。龍泉青瓷的發展歷史大致可以分為四個階段：五代以前、五代到北宋早期、北宋後期到南宋、元明清時期。

1. 五代以前

由於龍泉境內有著茂密的森林和極為豐富的瓷石等礦藏資源，同時又是甌江的重要發源地，所以這裡不僅為製瓷手工業提供了充足的原料、燃料和水資源，而且還為瓷器產品的銷售提供了水路交通運輸的便利，製瓷條件較好。

早在東漢末年，浙江就形成了越窯，並燒製出成熟的青瓷。它與隨後出現的婺窯、甌窯和德清窯並稱為浙江四大民窯。大約在三國兩晉時期，龍泉當地的老百姓利用本土優越的自然條件，在吸取了越窯和甌窯的製瓷技術與經驗後，就開始燒製青瓷。這一時期的青瓷作品大都製作粗糙，窯業規模也不大，並且帶有濃厚的越窯瓷器的風格。

2. 五代到北宋早期

五代時期，吳越國的統治者為了偏安一隅，每年都會向中原君主供上不計其數的「秘色瓷」，以示修好。如此龐大的生產數量致使越州窯場無力承擔。在這樣的情況下，龍泉窯便以擔負燒製「和平」貢器的使命，換來了它本身發展的契機。當時，龍泉窯業初具規模，燒製青瓷的技術已有相當水平。加上越窯的最先進的生產技術傳入龍泉，一批優秀的瓷匠陸續在龍泉安家落戶，龍泉窯產品的質量得以迅速提高。另外，北宋初年國庫虧空，北宋朝廷就鼓勵海外貿易，倡導瓷器出口。在這種情況下，龍泉窯的影響力就得到了巨大的提升。這一時期的龍泉窯器皆為淡青色釉瓷，胎骨多為灰白色，少數為灰黑色。胎壁薄而堅硬，質地堅實、細密。雖然龍泉的地理位置偏僻，但境內有甌江流經其間，載重貨船可以從龍泉縣城沿江而下直達溫州港。水上交通的開發，使龍泉窯的影響綿延數百千米，甚至影響到閩北的窯口。

從五代到北宋中期，龍泉青瓷吸收了北方青瓷的技藝，並且還在原來的基礎上進行了創新，既保留了質樸醇厚的民間風格，又融合了官窯青瓷凝重高雅的優點。於是，龍泉就一躍成為「江南第一名窯」。那些被無數人所吟咏讚嘆的「秘色瓷」，也正是龍泉青瓷演繹它美輪美奐傳奇的開始。

3. 北宋後期到南宋

北宋後期到南宋是龍泉窯的黃金時期，青瓷出現了嶄新的面貌。北宋覆滅後，北方人大量南遷，全國政治經濟中心南移，而北方汝窯、定窯等名窯又被戰爭所破壞，甌窯和越窯也相繼衰落。至南宋晚期，由於北方製瓷技術的傳入，龍泉窯結合南北方的技藝，達到了中國青瓷史上的頂峰。這一時期，龍泉窯出現了一種碧玉般的厚釉瓷，這種厚釉瓷分黑胎和白胎兩類。同時，南宋統治者為解決財政困難，鼓勵對外貿易，於是龍泉青瓷就借海上貿易興起之利，從海路大量出口，行銷世界各國，成為當時主要的出口商品之一。日本陶瓷學者三上次男把這條運輸瓷器的海上航路譽為「陶瓷之路」。對外貿易產生的大量需求帶動了新的製瓷作坊大量湧現，產品燒製技術質量不斷提高。

南宋末期，龍泉窯進入鼎盛時期，粉青和梅子青的燒製成功，在中國瓷器史上留下了光輝的一頁。粉青、梅子青是公認的青瓷釉色的巔峰，它不僅意味著龍泉窯製瓷技術水平的提高，其本身也包含了更豐富的審美意蘊。

4. 元明清時期

元代的龍泉窯依然為宮廷和貴族燒製瓷器，龍泉窯出現的八思巴文瓷器便是一個力證。元代的龍泉窯瓷器在風格上更是煥然一新，具有一種草原的大氣與粗獷。加上元代統治者繼續奉行對外貿易政策，使龍泉青瓷生產規模在元代繼續擴大，窯址和產品的數量都達到前所未有的程度，產品品種增多，遠銷國外。1975—1977年，在韓國西南部的新安海底發現了一艘元代沉船，打撈出1萬多件瓷器，其中龍泉青瓷占了9,000多件，可見龍泉青瓷在元代對外貿易中的重要地位。

在元代後期，階級矛盾和民族矛盾的加劇，嚴重影響著青瓷的生產。此時青瓷器的胎骨逐漸轉厚，且較粗糙，多數瓷窯在坯體成型以後未經很好的修整，釉層減薄，器皿釉色青中泛黃，造型也不及以前優美。

明代龍泉窯青瓷是在元代的基礎上發展起來的，從殘片中仍可看出元代器物的影子。比如其燒製工藝就延續了元後期底足包釉、用墊盤等支燒的方法。而且元代為明代龍泉官窯的發展奠定了技術基礎，尤其是一些器型碩大者，對於燒製技術是一個巨大的考驗。這些大件瓷器的燒成可能與元代窯制的改革有很大關係。元代龍泉窯的窯型仍沿用長條形斜坡式龍窯，與宋代窯制無異，只在長度上略有縮短。據目前掌握的發掘資料，北宋龍窯有長達80米以上的，元代龍窯則縮短了長度。這一改變有利於提高窯內溫度，並使熱量分佈更均勻、合理，對燒製大型器物很有利。

明永樂至宣德年間，鄭和下西洋，海外貿易促進青瓷生產。此後，青花瓷興起，加之中國航海事業衰落，海上貿易之路變為西方殖民者侵略之路。明王朝實行海禁，青瓷海外銷量銳減。龍泉窯窯口紛紛倒閉，改燒民間通用的青瓷，造型、

燒制都不及以前精致。

清朝，龍泉窑場所剩無幾，產品胎質粗糙，釉色青中泛黃。燦爛的龍泉青瓷之花至此凋零。

新中國成立以後，在恢復中國名窑的號召下，由浙江省政府組織國內專家對龍泉窑青瓷進行了全面的研究開發，使龍泉青瓷工藝得以完整地恢復。於是，瀕臨失傳的青瓷製作工藝再次得到了發展。

龍泉青瓷蜚聲海內外，不愧為中華民族藝術百花園中的一朵奇葩，是中國瓷器史上一顆燦爛的「瓷國明珠」。

### (二) 技藝與特點

#### 1. 特點

龍泉青瓷傳統上分「哥窑」與「弟窑」。其名來自明人記載：「宋處州龍泉縣人章氏兄弟均擅長製作瓷器。章生二所製作的瓷器，叫弟窑。章生一的瓷器作品叫作哥窑。」是否真有兄弟二人，已無證可考，但這使龍泉窑形成兩種不同的燒制方法。在南宋中晚期出現了一類黑胎開片瓷器，即所謂的哥窑瓷，與著名的官、汝、定、鈞並稱為宋代五大名窑，特點是「胎薄如紙，釉厚如玉，釉面布滿紋片，紫口鐵足，胎色灰黑」。「哥窑」青瓷以瑰麗、古樸的紋片為裝飾手段，如冰裂紋、蟹爪紋、牛毛紋、流水紋、魚子紋、膳血紋、百圾碎等。加之其釉層飽滿、瑩潔，素有「紫口鐵足」之稱，與釉面紋片相映，更顯古樸、典雅，堪稱瓷中珍品。此類產品以造型、釉色及釉面開片取勝，因開片難以人為控製，裂紋無意而自然，可謂天工造就，更符合自然樸實、古色古香的審美情趣。

另一類胎白釉青，釉色以粉青、梅子青為最，豆青次之。產這類青瓷的即為「弟窑」，被譽為民窑之巨擘。「弟窑」青瓷釉層豐潤，釉色青碧，光澤柔和，晶瑩滋潤，勝似翡翠。有梅子青、粉青、月白、豆青、淡藍、灰黃等不同釉色。青翠的釉色，配以橙紅底足或露胎圖形，產生賞心悅目的視覺效果。南宋中晚期起，尤其是在元代，運用露胎的作品大量出現，人物塑像的臉、手、足等，盤類器物內底的雲、龍、花卉等，裝飾獨具神韻。

#### 2. 燒制技藝

龍泉青瓷的燒制技藝包括原料的選擇和原料的粉碎、淘洗、陳腐、練泥，器物的成型、晾干、修坯、裝飾、素燒、上釉、裝匣、入窑，最後在窑內燒制而成。在原料的選擇、外形的製作和釉料的配製等方面，龍泉青瓷都有著獨一無二的技藝。無論是窑爐和窑具的設計，還是原料的選擇、瓷器的上釉以及上窑燒制都需要嚴謹的操作和密切的配合。

窑爐和窑具對於瓷器的燒制十分重要。窑爐主要採用龍窑，它有著建築方便、易控製、容量大、升溫快等優點，有著「青瓷搖籃」的美譽。龍窑一般建造在緩坡上，以黏土和磚頭建造，主要由窑門、火膛、窑室和排菸孔等組合而成。其中，

窯門是供人進出窯室的，火膛是用來投放燃料的，窯室是用來盛放瓷坯的，而排煙孔顧名思義就是用來排放窯煙的。龍泉青瓷的窯具主要有匣鉢、墊柱、墊餅、墊環以及支釘等。匣鉢是一種匣裝窯具，燒制時將瓷坯放在裡面，這樣既可以節約窯內空間，還可以保持釉面清潔，並使器受熱均勻。墊柱和墊餅分別是一種柱狀和圓餅狀的墊燒器具，在燒制瓷器時放在瓷坯底部。墊環是環形的墊燒物作用與墊柱和墊餅類似，但製作簡易。支釘是用來支撐瓷器底部的一般有三個或三個以上。

總體來說，龍泉青瓷的工藝流程主要由配料、成型、修坯、裝飾、施釉和素燒、裝匣、裝窯、燒成八個環節組成，其中施釉和燒成兩個環節極富特色。坯件干燥後施釉，可分為蕩釉、浸釉、塗釉、噴釉等幾個步驟。厚釉類產品通常要施釉數層，施一層素燒一次，再施釉再素燒，如此反覆四五次方可。最多者要施釉十層以上，然後才進入正燒。素燒溫度比較低，一般在 800℃ 左右。而釉燒則在 1,200℃ 左右，按要求逐步升溫、控溫，控製窯內氣氛，最後燒成成品。南宋至元代前期，龍泉窯曾燒制薄胎原釉器物，施一層釉燒一次，最厚可達十餘層。

(三) 傳承及影響

新中國成立後，由於龍泉青瓷製作技藝得到恢復，龍泉青瓷屢屢受到國內外人士的喜愛。1971 年，美國總統尼克鬆訪華，外交部指定龍泉青瓷作為周總理主持國宴的專用瓷器；一些大師級別的龍泉青瓷被納入國家級禮品。改革開放後，隨著國民經濟的進一步發展，龍泉青瓷的作品不僅走向市場，還屢獲殊榮，為眾多博物館收藏。如今，以毛正聰等人為代表的新一代青瓷技藝大師已然成為非物質文化遺產傳承人，他們的作品使得龍泉青瓷在世界舞臺上繼續綻放光芒。

## 思考和練習題

1. 請列舉不同種類的有代表性的人類非物質文化遺產項目。
2. 請談談中國非物質文化遺產保護的現狀、問題和未來方向。

## 案例和實訓

### 材料一：《格薩 (斯) 爾》故事內容

在很久以前，天災人禍遍及藏區，妖魔鬼怪橫行，百姓經受了長年的苦難。大慈大悲的觀世音菩薩為了普度眾生脫離苦海，向阿彌陀佛請求派天神之子下凡降魔。於是神子推巴噶瓦發願到藏區，做黑頭髮藏人的君王——即格薩爾王。為

了讓格薩爾能夠完成降妖伏魔、抑強扶弱、造福百姓的神聖使命，史詩的作者們就賦予他特殊的品格和非凡的才能，把他塑造成半人半神的英雄。格薩爾降臨人間後，雖然多次遭到陷害，但是由於他本身的力量和諸天神的保護，不僅安然無恙，而且還將害人的妖魔和鬼怪殺死。格薩爾從誕生之日起，就開始為民除害，造福百姓。5歲時，格薩爾與母親移居黃河之畔。8歲時，嶺部落也遷移至此。12歲時，格薩爾在部落的賽馬大會上取得勝利，並獲得王位，同時娶森姜珠牡為妃。從此，格薩爾開始施展天威，東討西伐，南徵北戰，降伏了入侵嶺國的北方妖魔，戰勝了霍爾國的白帳王、姜國的薩丹王、門域的辛赤王、大食的諾爾王、卡切鬆耳石的赤丹王、祝古的托桂王等，先後降伏了幾十個部落和國家。在降伏了人間妖魔、安定三界之後，格薩爾到地獄救回了愛妃阿達拉姆和母親梅朵娜澤，將國事托付給侄子扎拉，與母親妻子等一同返回天界。

**材料二：中國的世界非物質文化遺產的相關情況（如表8.1和表8.2所示）**

表8.1　　　　　　　　　中國的世界非物質文化遺產列表

| 序號 | 世界非物質文化遺產項目名稱 | 申報年份 | 類別 | 備註 |
|---|---|---|---|---|
| 1 | 昆曲 | 2008年 | 表演藝術 | |
| 2 | 古琴藝術 | 2008年 | 表演藝術 | |
| 3 | 新疆維吾爾木卡姆藝術 | 2008年 | 表演藝術 | |
| 4 | 蒙古族長調民歌 | 2008年 | 表演藝術 | |
| 5 | 中國篆刻藝術 | 2009年 | 傳統手工藝 | |
| 6 | 中國雕版印刷技藝 | 2009年 | 傳統手工藝 | |
| 7 | 中國書法 | 2009年 | 傳統手工藝 | |
| 8 | 中國剪紙 | 2009年 | 傳統手工藝 | |
| 9 | 傳統木結構營造技藝 | 2009年 | 傳統手工藝 | |
| 10 | 南京雲錦織造技藝 | 2009年 | 傳統手工藝 | |
| 11 | 花兒 | 2009年 | 表演藝術 | |
| 12 | 侗族大歌 | 2009年 | 表演藝術 | |
| 13 | 格薩（斯）爾 | 2009年 | 口頭傳統之民間文學 | |
| 14 | 龍泉青瓷傳統燒制技藝 | 2009年 | 傳統手工藝 | |
| 15 | 瑪納斯 | 2009年 | 口頭傳統之民間文學 | |
| 16 | 媽祖信俗 | 2009年 | 社會風俗、禮儀節慶 | |

表8.1(續)

| 序號 | 世界非物質文化遺產項目名稱 | 申報年份 | 類別 | 備註 |
|---|---|---|---|---|
| 17 | 蒙古族呼麥 | 2009年 | 表演藝術 | |
| 18 | 南音 | 2009年 | 表演藝術 | |
| 19 | 熱貢藝術 | 2009年 | 傳統手工藝 | |
| 20 | 西安鼓樂 | 2009年 | 表演藝術 | |
| 21 | 粵劇 | 2009年 | 表演藝術 | |
| 22 | 藏戲 | 2009年 | 表演藝術 | |
| 23 | 中國傳統桑蠶絲織技藝 | 2009年 | 傳統手工藝 | |
| 24 | 宣紙傳統製作技藝 | 2009年 | 傳統手工藝 | |
| 25 | 端午節 | 2009年 | 社會風俗、禮儀節慶 | |
| 26 | 中國朝鮮族農樂舞 | 2009年 | 表演藝術 | |
| 27 | 中醫針灸 | 2010年 | 自然界和宇宙的知識與實踐 | |
| 28 | 京劇 | 2010年 | 表演藝術 | |
| 29 | 中國皮影戲 | 2011年 | 表演藝術 | |
| 30 | 珠算 | 2013年 | 傳統手工藝 | |

表8.2　　中國「急需保護的非物質文化遺產」及
「保護非物質文化遺產優秀實踐名冊」項目

| 序號 | 「急需保護的非物質文化遺產」項目名稱 | 申報年份 | 類別 | 備註 |
|---|---|---|---|---|
| 1 | 羌年 | 2009年 | 急需保護的項目 | |
| 2 | 黎族傳統紡染織繡技藝 | 2009年 | 急需保護的項目 | |
| 3 | 中國木拱橋傳統營造技藝 | 2009年 | 急需保護的項目 | |
| 4 | 麥西熱甫 | 2010年 | 急需保護的項目 | |
| 5 | 中國水密隔艙福船製造技藝 | 2010年 | 急需保護的項目 | |
| 6 | 中國活字印刷術 | 2010年 | 急需保護的項目 | |
| 7 | 赫哲族伊瑪堪說唱 | 2011年 | 急需保護的項目 | |
| 8 | 福建木偶戲傳承人培養計劃 | 2012年 | 優秀實踐項目 | |

讀完材料後，請思考：

你如何看待世界非物質文化遺產與急需保護的非物質文化遺產和保護非物質文化遺產優秀實踐之間的關係？

# 第九章　世界非物質文化遺產的保護與傳承

### 學習目標

瞭解世界非物質文化遺產的立法情況；
認識中國對非物質文化遺產保護的狀況；
瞭解中國急需保護的非物質文化遺產；
掌握世界非物質文化遺產保護與傳承的原則和方法。

### 重點難題

掌握世界非物質文化遺產保護與傳承的原則和方法；
正確處理世界非物質文化遺產保護與旅遊發展的關係。

### 本章內容

「非物質文化遺產」這一概念是出於對非物質文化遺產的保護以及完善《世界遺產公約》中存在的紕漏而提出的。非物質文化遺產同自然遺產、文化遺產、雙重遺產和文化景觀同屬於世界遺產的重要組成部分。早在1972年，由於全世界的文化和自然遺產的保護和可持續發展問題日益嚴峻，《保護世界文化和自然遺產公約》（簡稱《世界遺產公約》）便被提了出來。如此一來，世界範圍內的許多自然遺產和文化遺產得到了資金、技術、管理等方面的支持，遺產保護成效明顯。

然而，《世界遺產公約》保護的僅僅是那些有形的遺產形式，比如名山大川、古建築物等。那些同有形的遺產形式相對應的無形的、非物質的文化遺產形式正在以我們無法想像的速度消亡著。這一現象逐漸受到《世界遺產公約》締約國及聯合國教科文組織的關注，並最終被提上聯合國教科文組織的議事議程。

為了彌補《世界遺產公約》中存在的紕漏，聯合國教科文組織提出了「非物質文化遺產」這一概念，表現出了對非物質文化遺產保護的高度重視。1989年，聯合國教科文組織通過了《保護民間創作建議案》，正式提出了非物質文化遺產保護這一主題。雖然這個建議案中並沒有明確使用「非物質文化遺產」一詞，但其可以看成是非物質文化遺產保護制度的雛形。2003年，在聯合國教科文組織第32屆大會上，通過了《保護非物質文化遺產公約》，這是目前為止有關世界非物質文化遺產保護的最重要的文件，是非物質文化遺產保護歷史上的一個里程碑。

《保護非物質文化遺產公約》中明確提到，非物質文化遺產是文化多樣性的熔爐，是可持續發展的保證，並認為非物質文化遺產在缺乏保護資源的情況下，非物質文化遺產面臨損壞、消失的威脅相比物質文化遺產和自然遺產更為嚴重。這都充分體現了保護非物質文化遺產的緊迫性和必要性。

## ●第一節　世界非物質文化遺產保護體系

### 一、世界非物質文化遺產的法律保護機制

#### （一）國際機構立法概況

非物質文化遺產是人類文明的寶貴財富，對於人類的生存和發展有著不可估量的作用。保護非物質文化遺產有利於維護世界和平、促進世界發展，有利於維護人類文化的多樣性。所以，對非物質文化遺產的保護是十分必要的。為此，相關的國際機構結合非物質文化遺產保護現狀，不斷完善非物質文化遺產保護相關的法律法規，加強非物質文化遺產保護工作力度。

《保護非物質文化遺產公約》是聯合國教科文組織頒布的用於非物質文化遺產保護的重要文件。《保護非物質文化遺產公約》明確提出：非物質文化遺產是文化多樣性的熔爐，又是可持續發展的保證；非物質文化遺產與物質文化遺產和自然遺產之間存在相互依存關係；全球化和社會轉型進程在為各群體之間開展新的對話創造條件的同時，一種不容忽視的現象是非物質文化遺產面臨損壞、消失和破壞的嚴重威脅，在缺乏保護條件的情況下，這種威脅尤為嚴重。《非物質文化遺產公約》從非物質文化遺產的重要性和非物質文化遺產所面臨的威脅兩個方面說明了保護非物質文化遺產的重要性和緊迫性。

## (二) 中國的立法概況

### 1.《關於加強中國非物質文化遺產保護工作的意見》

2005年4月，國務院頒布了《關於加強中國非物質文化遺產保護工作的意見》（以下簡稱《意見》）。這充分表明了黨和政府對保護中華民族非物質文化遺產的高度重視，有力推動了中國非物質文化遺產保護工作的深入開展。《意見》指出，中國各族人民在長期生產生活實踐中創造的豐富多彩的非物質文化遺產，是中華民族智慧與文明的結晶，是聯結民族情感的紐帶和維繫國家統一的重要基礎。保護和利用好非物質文化遺產，對落實科學發展觀，實現經濟社會的全面、協調和可持續發展具有重要意義。《意見》提出通過全社會的努力，逐步建立比較完備、有中國特色的非物質文化遺產保護制度，使中國珍貴、瀕危並具有歷史、文化和科學價值的非物質文化遺產得到有效保護，並得以傳承和發展的遠大目標。明確以保護為主、搶救第一、合理利用、傳承發展為指導方針；以政府為主導、社會參與為輔；明確職責、形成合力；長遠規劃、分步實施；以點面結合、講求實效為基本原則。

### 2.《國家級非物質文化遺產保護與管理暫行辦法》

2006年10月25日，文化部審議通過了《國家級非物質文化遺產保護與管理暫行辦法》（以下簡稱《辦法》）。國家級非物質文化遺產的保護，實行「保護為主、搶救第一、合理利用、傳承發展」的方針，堅持真實性和整體性的保護原則。國務院文化行政部門組織制定國家級非物質文化遺產保護整體規劃，並定期對規劃的實施情況進行檢查。省級人民政府文化行政部門組織制定本行政區域內國家級非物質文化遺產項目的保護規劃，經國務院文化行政部門批准後組織實施，並於每年11月底前向國務院文化行政部門提交本年度保護規劃的實施情況和下一年度的保護工作計劃。另外，《辦法》對國家級非物質文化遺產項目保護單位應具備的基本條件和應履行的職責、國家級非物質文化遺產項目代表性傳承人應當符合的條件等都做出了具體的規定。

### 3.《中華人民共和國非物質文化遺產法》

2011年2月25日，第十一屆全國人民代表大會常務委員會第十九次會議通過的《中華人民共和國非物質文化遺產法》從非物質文化遺產的調查、非物質文化遺產代表性項目名錄、非物質文化遺產的傳承與傳播、法律責任等幾個方面，對非物質文化遺產相關工作做出了相應的規定。制定該法的目的是繼承和弘揚中華民族優秀傳統文化，促進社會主義精神文明建設，加強非物質文化遺產保護、保存工作。該法提出使用非物質文化遺產，應當尊重其形式和內涵，禁止以歪曲、貶損等方式使用非物質文化遺產；保護非物質文化遺產，應當注重其真實性、整體性和傳承性，有利於增強中華民族的文化認同，有利於維護國家統一和民族團結，有利於促進社會和諧和可持續發展。進行非物質文化遺產調查，應當徵得調

查對象的同意，尊重其風俗習慣，不得損害其合法權益。該法的出抬標誌著中國的非物質文化遺產保護走上了依法保護的階段。

由此可見，無論國際還是國內，都十分重視非物質文化遺產的保護工作，非物質文化遺產的保護要根據具體情況而定，要不斷變化發展，各國也應根據自己的國情找到一條合適的非遺保護道路。

## 二、中國對非物質文化遺產的保護

中華民族具有保護、傳承優秀文化遺產的優良傳統，但中國非物質文化遺產保護工作的開展卻是近十幾年的事情，雖然中國非物質文化遺產保護工作開展的時間不長，但它走過的保護歷程，實際上是一個在總結實踐經驗中不斷探索的過程。近年來，中國的非物質文化遺產的保護工作在政府、各類組織、專家學者等的不斷努力下，取得了一定的成績和階段性成果。

### (一) 積極參與國際合作

非物質文化遺產保護工作不僅是國家的、民族的，更是世界的責任。中國作為其中的一員，也積極參與非物質文化遺產的保護工作。2001 年，聯合國教科文組織宣布了第一批 19 項代表作，2003 年宣布了第二批 28 項代表作。中國的昆曲和古琴藝術先後申報成功，是當時世界上少數擁有兩項「代表作」的國家之一。2004 年 8 月，中國加入世界《保護非物質文化遺產公約》，成為最早加入該公約的國家之一。近年來，中國通過舉辦一系列學術活動、研討會等，向世界展示了中國非物質文化遺產保護的情況，推動了世界文化遺產保護工作的開展。

### (二) 加強對非物質文化遺產保護的法規建設

中國出抬了很多非物質文化遺產保護方面的文件。2005 年 4 月，國務院頒布了《關於加強中國非物質文化遺產保護工作的意見》。2016 年 10 月 25 日，文化部部務會議審議通過了《國家級非物質文化遺產保護與管理暫行辦法》，並於 2006 年 12 月 1 日起施行。2011 年 2 月 25 日，第十一屆全國人民代表大會常務委員會第十九次會議通過了《中華人民共和國非物質文化遺產法》。該法對中國的非物質文化遺產保護工作做出了整體性的規定，標誌著中國的非物質文化遺產保護走上了依法保護的階段。

### (三) 在保護過程中總結出形式多樣的保護措施

中國的非物質文化遺產保護主要包括以下幾個措施：一是開展非物質文化遺產普查。為摸清中國非物質文化遺產的「家底」，全面瞭解和掌握各地各民族非物質文化遺產資源的種類、數量、分佈狀況、生存環境、保護現狀及存在的問題，文化部於 2005 年 6 月部署了全國非物質文化遺產普查工作。這次普查是中國 21 世紀開展的一次大規模的文化資源普查。目前，各地的普查工作正在積極穩步展

開。二是建立4級名錄保護體系。非物質文化遺產名錄是保護非物質文化遺產的一種方式。為使中國的非物質文化遺產保護工作規範化，國務院發布了《關於加強文化遺產保護的通知》，並確定了「國家+省+市+縣」的4級保護體系，各省、直轄市、自治區也都建立了自己的非物質文化遺產保護名錄，並逐步向市/縣擴展。三是建立國家級傳承人名錄公布制度。《國家級非物質文化遺產保護與管理暫行辦法》提出，國家級非物質文化遺產項目的代表性傳承人應當符合以下條件：完整掌握該項目或者其特殊技能；具有該項目公認的代表性、權威性與影響力；積極開展傳承活動，培養後繼人才。另外，還規定國家級非物質文化遺產項目代表性傳承人應當履行傳承義務；喪失傳承能力、無法履行傳承義務的，應當按照程序另行認定該項目代表性傳承人；怠於履行傳承義務的，取消其代表性傳承人的資格。

### (四) 注重對民族民間文化的調查和記錄

從20世紀50年代起，中國就對各少數民族的民間文化進行了記錄調查，出版了《國家民委民族問題五種叢書》等資料匯編。改革開放以來，文化部、國家民委、中國文聯共同發起了「十部中國民族民間文藝集成志書」的編纂工作。截至目前，298部省卷已全部完稿，已出版246卷（4億多字），全部出版工作也於2008年完成。

## 三、國外對非物質文化遺產的保護

在非物質文化遺產保護工作不斷推進的過程中，各個國家結合自己的國情，找到了適合自己的非物質文化遺產保護之路，並取得了不錯的成果。這對於中國的非物質文化遺產保護具有一定的借鑑作用。

### (一) 日本：「人間國寶」傳承人培養和登錄制度

日本是世界上最早關注非物質文化遺產保護的國家。早在1950年政府頒布的《文化財保護法》中，就獨樹一幟地提出無形文化財產（即非物質文化遺產）的概念，並以法律形式規定了它的範疇和保護辦法。而對那些造詣頗深、身懷絕技的藝人和工匠，日本媒體稱其為「人間國寶」。從1955年起，日本政府開始在全國不定期地選拔認定「人間國寶」，將那些大師級的藝人、工匠，經嚴格遴選確認後由國家保護起來，每年發給他們200萬日元（約14萬人民幣）的特別扶助金，用以磨煉技藝、培養傳人。如今，經文部省認定的「人間國寶」累計已達360位。日本已有1,000項無形文化遺產成為國家級保護項目，其中能、歌舞伎、文樂等3項已成功入選聯合國教科文組織「人類口頭和非物質文化遺產代表作」名錄。

1996年，日本國會通過的經新一輪修改的《文化財保護法》，主要引入了歐美等國保護文化遺產和非物質文化遺產的登錄制度。歐美等國對文化遺產和非物

質文化遺產採用登錄制度的保護方式，就是將文化遺產和非物質文化遺產進行註冊、登記，通過登錄認定文化遺產和非物質文化遺產的資格，確定它們的歷史文化價值，用一定的法律法規的條例加以約束，並通過大眾媒體公布於眾，進行輿論宣傳，提高大眾的保護意識，推動文化遺產和非物質文化遺產的保護。日本正在積極推進「文化財登錄制度」。日本文化廳說，通過這種新的「文化財登錄制度」，它有「保護10萬件歷史遺產」的決心。

### (二) 韓國：金字塔式傳承人制度和完善的輿論監督體系

韓國自20世紀60年代開始就著力於傳統民族、民間文化的搜集和整理，並於1962年制定了《韓國文化財保護法》。半個世紀以來，韓國已經陸續公布了100多項非物質文化遺產。《韓國文化財保護法》根據價值大小把非物質文化遺產分為不同等級，對由國家確定的具有重要價值的非物質文化遺產，給予其100%的經費保障；對由省、市確定的非物質文化遺產，國家給予其50%的經費保障，剩餘經費由所在地區籌集。韓國政府制定了金字塔式的文化傳承人制度，最頂層被授予「保有者」的稱號，他們是全國具有傳統文化技能、民間文化藝能或者是掌握傳統工藝製作、加工的最傑出的文化遺產傳承人，共有199名。國家給予他們用於公演、展示會等各種活動以及用於研究、擴展技能、藝能的全部經費，同時政府還提供每人每月100萬韓元的生活補助並提供一系列醫療保障制度，以保證他們衣食無憂。

韓國非物質文化遺產輿論監督體系完善，確保了各項制度實施的公平、公正。國家成立了專門的非物質文化遺產委員會，由來自大學、研究機構、文化團體的專職專家以及政府聘請的50多名非專家（包括普通群眾）組成。由各省長、市長等提出的非物質文化遺產項目將交由他們論證，委員們將進行項目調研並撰寫和提交調查報告，通過審議後最終確立國家重點非物質文化遺產名錄。確立的名錄公示一年，期間接受社會民眾的監督並聽取各方意見，沒有被公眾接受的項目將重新進行調研論證。

### (三) 法國：建立非物質文化遺產保護區和「文化遺產日」

法國是世界上第一個制定歷史文化遺產保護法的國家。1840年，法國頒布的《歷史性建築法案》，是世界上第一部關於保護文物的法律。法國制定保護物質文化遺產方面的法律迄今已有200多年的歷史，而且隨著人們對保護工作的意識的不斷增強，保護工作的範圍逐漸擴展。目前，法國有1.8萬多個文化協會保護和展示歷史文化遺產。全法國已劃定了91個歷史文化遺產保護區，保護區內的歷史文化遺產達4萬多處，有80萬居民生活在其中。歷史文化遺產保護區的確立並不意味著將其封閉保護，法國政府讓歷史文化遺產保護區敞開大門，使之成為人們瞭解民族歷史與文化的窗口。

「文化遺產日」是法國人的首創。每年9月的第三個周末，所有博物館向公眾

敞開大門，公立博物館免門票，像盧浮宮、凱旋門等著名博物館和歷史古跡也在免費開放之列。私立博物館門票減價，它們可以得到稅收優惠。法國設立的「文化遺產日」極大地推動和促進了歐洲對歷史文化遺產和非物質文化遺產的保護工作。

**(四) 義大利：「文化與遺產周」和遺產旅遊**

義大利人曾自豪地說，全世界大約4%的歷史藝術品出自義大利。也有人說，整個義大利就是一件大文物。作為羅馬文明的中心、天主教的核心、文藝復興的策源地，義大利保存下來的各類歷史文化遺產多得數不勝數。1996年，義大利當時還只有9處文化和自然遺產被列入《世界遺產名錄》。但現在，義大利的世界遺產數目已發展到37處。從1997年開始，義大利政府在每年5月份的最後一周舉行「文化與遺產周」活動，包括義大利國家博物館、藝術畫廊、考古博物館、文物古跡、著名窗體底端別墅以及一些著名的建築等在內的所有國家級文化和自然遺產都免費對外開放。全國各地150個城市中數百座平時不對外開放的古跡，一律向公眾開放。除了自然和文化景觀遺產之外，義大利政府也積極發展鄉村生態旅遊、美食文化旅遊，促使非物質文化遺產在新時代的發展。如義大利的西西里傀儡戲被聯合國教科文組織確立為人類非物質文化遺產以來，情況就發生了很大的變化。西西里傀儡戲形成於19世紀，隨著娛樂方式的增多和電視的出現，此項技藝呈現了衰落的趨勢。現在義大利政府在搶救和保護西西里傀儡戲方面做了不少工作。在西西里島的商店和攤頭上到處都可以買到傀儡戲木偶。木偶已經成為西西里島的著名紀念品，吸引著各方遊客。

## 四、急需保護的非物質文化遺產名錄

聯合國教科文組織締約國大會於2003年10月17日通過了《保護非物質文化遺產公約》（以下簡稱《公約》），使非物質文化遺產的保護工作納入國際準則，以便更好地保護該遺產。根據《公約》第16條和第17條的規定，設立了兩個名錄，一個是與著名的「世界遺產名錄」相映生輝的「人類非物質文化遺產代表作名錄」（簡稱「代表作名錄」），以確保非物質文化遺產在全世界的重要地位；另一個是「急需保護的非物質文化遺產名錄」（簡稱「急需保護名錄」）。將某一文化表現形式或文化空間申報列入「代表作名錄」或「急需保護名錄」的目的是為了搶救、保存、保護和振興該項遺產。申報工作的同時就是保護計劃的開始。沒有保護計劃，就談不上申報，申報也不可能成功。關鍵是要通過申報，弘揚這些非物質文化遺產，鼓勵相關群體開展鑑別、保護和利用非物質文化遺產的活動，起到示範作用並帶動其他遺產項目的保護工作，提高對傳統文化的認同感和歷史感，進而促進文化多樣性和人類創造力的發展。

「急需保護名錄」列入標準共有6條，要求申報國或者在特別緊急情況下要求申報人在申報文件中說明。推薦列入「急需保護名錄」的項目應符合以下所有標準：

（1）該項目屬於《保護非物質文化遺產公約》第2條定義的非物質文化遺產。

（2）①儘管有關社區、群體或個人和締約國均做出了努力，該項目的存續仍然危在旦夕，因此該遺產急需保護；或②該遺產正受到嚴重威脅，特別急需保護，若不立即加以保護，將難以為繼。

（3）已制定了一些保護措施，使有關社區、群體或個人能夠繼續實踐和傳承該遺產。

（4）該遺產的申報，是有關社區、群體或個人盡可能廣泛參與下提名的，是他們在知情的情況下事先自主認可的。

（5）該項目已列入申報締約國領土現存的非物質文化遺產清單之中。

（6）在特別緊急情況下，根據《公約》第17條第3款規定，已就該遺產列入名錄事宜與有關締約國進行過協商。

在申報工作中，不能同時申報兩個名錄，要根據實際情況選定申報「急需保護名錄」或者「代表作名錄」。根據規定：申報的項目如未獲批准列入名錄，在4年內不得再次申報。但締約國可以根據相關規定和條件，要求將一項遺產從一個名錄轉入另一個名錄。因此有關申報單位在上報申報材料時，一定要慎重，要進行認真研究論證後，決定是否申報和何時申報。

## ● 第二節　世界非物質文化遺產的保護與傳承

隨著現代社會的發展，中國非物質文化遺產的生存和發展面臨十分嚴峻的形勢。一些民族民間傳統文化表現形式後繼乏人，面臨失傳危險；許多少數民族語言文字漸漸消亡；一些傳統工藝生產規模縮小，市場萎縮，處境艱難；人們的生活方式和觀念發生變化，一些民間藝術不再被人欣賞，有的傳統習俗在慢慢消失；青年一代崇尚現代文明，對民族傳統和文學藝術逐漸失去興趣，不願學習繼承；那些身懷絕技的民間藝人門庭冷落，而這些民間藝人大多年歲已高，如不及時傳承，則會使這些「絕技」隨著他們的去世而失傳甚至滅絕。例如景頗族的婦女的老式筒裙，圖案獨特美觀，織法複雜，現已無人會織；蒙古族獨特的發聲方式——郝林朝爾被譽為古老的音樂化石，現在僅有幾位高齡老人掌握，年輕人不願學習；流行在四川九寨溝地區的南坪小調，傳承者多已年過半百；滿族的口語處於瀕臨消亡的狀態，全國只有幾個偏遠村落還保留著說滿族口語的習慣，且使用

頻率正在逐漸降低；赫哲族《伊瑪堪》最後一位傳人已於 1997 年去世；鄂倫春族「摩蘇昆」演唱者也只剩下一位；遼寧阜新蒙古族自治縣最後一位能跳查瑪舞的人也已去世；麗江地區繪製東巴文、東巴畫的造紙技術，已瀕臨失傳；西藏的唐卡、卡墊、地毯以及金銀器和骨製品等傳統工藝品，在市場浪潮的衝擊下，生產規模縮小，市場萎縮，處境艱難；等等。據《人民日報》載，20 世紀 50 年代，中國有戲曲戲劇 368 個種類，到 20 世紀 80 年代初減少到 317 個，2005 年只剩下 267 個，其中一半劇種只能業餘演出，有 60 個劇種沒有保存音像資料。山西孝義市必獨村的老藝人武海棠，是孝義皮影戲第七世傳人，他的戲班也是中國現存最古老的皮腔皮影民間表演團體之一。由於觀眾銳減，早已皮影入箱、鼓樂入庫。在這種嚴峻的情況下，中國對於非物質文化遺產的保護與傳承就顯得十分緊迫了。

## 一、傳承方式

　　非物質文化遺產的傳承主要分為兩種方式：第一，師徒相傳，這是通過口耳相傳的方式以個人能力進行傳承。第二，依靠國家、社會的支持，組織有效力量進行系統的傳承。這兩種傳承方式我們都應該予以支持和鼓勵。

### （一）師徒相傳

　　由於非物質文化遺產是依存於人民基層生活的各種生活、生產方式的集合，是民族個性、民族審美習慣的「活」的顯現。它依託於人本身而存在，以聲音、形象和技藝為表現手段，並以身口相傳作為文化鏈而得以延續，是「活」的文化及其傳統中最脆弱的部分。對於非物質文化遺產傳承的過程來說，人的因素顯得尤為重要。中國入選世界非物質文化遺產名錄的《格薩爾》史詩、新疆《瑪納斯》、新疆維吾爾木卡姆藝術等大都是前人經過多年的努力才累積出來的，學習非物質文化遺產是需要花費大量時間和精力的。比如新疆《瑪納斯》共有八部，長達 21 萬多行，共有 2,000 萬字，就算是有著「活著的荷馬」的美譽的居素普‧瑪瑪依都用了 8 年時間才把全部的《瑪納斯》給背誦完，更別說能夠完美地演唱《瑪納斯》所需的時間了。不過師徒相傳雖然有著收效慢、保護困難的缺點，但是，作為一種沿襲千百年的傳承機制，它不僅是一種簡單的技能技巧的傳習方式和民間知識的傳授方法，更是中國悠久的農耕文明時代民間藝術所特有的傳統的傳承方式。我們應該尊重這樣一種傳承方式的延續。

　　同樣，手工生產的方式決定了手工藝口傳心授的特點，許多巧奪天工的絕技正是由於有了這些神祕莫測的傳承方式才得以代代相傳。它不同於現代文明的大規模機器化生產，不可以強行把這些藝術的傳承推向培訓班、講習所等大規模授課的模式。用這種看似走捷徑的方法來取代口傳心授、師徒相承的傳承機制，將對這些非物質文化遺產造成致命性的破壞，從根本上摧毀這些民間藝術的多樣風

格和藝人個人絕技的傳授，最終把這些民間藝術變成毫無藝術特色的大工廠規模化生產的產品。

所以，保護民間藝術所固有的師徒相傳的傳承方式，即是尊重和保護非物質文化遺產本身，也是尊重傳承人們選徒、收徒、授徒、出師的傳承方法。這樣才能真正地達到保護非物質文化遺產的目的。

**(二) 國家、社會的支持**

當然，在師徒傳承的模式下，我們也看到許多不可抗拒的客觀因素的干擾，導致非物質文化遺產的傳承受到影響。許多年輕人並不甘願扮演傳承人的角色，或者有的年輕人無法滿足一些老藝人對非物質文化遺產傳承人的基本要求，這使得非物質文化遺產的傳承後繼乏人。故而，我們需要在傳統的傳承方式之下，以國家和社會的力量進行干預，協助這類遺產得到很好的保護和傳承。

1. 非物質文化遺產的保管與保存

非物質文化遺產的保管與保存是指國家和社會組織有效力量對非物質文化遺產的實物、調查記錄的資料和文獻進行整理和保存。這是一項保護非物質文化遺產的前期工作和基礎工作。這類工作必須依靠國家和社會的管理職能來實現，單憑個人力量是無法完成的。這項工作雖然不是對非物質文化遺產本身進行保護，但對於傳承人的學習以及相關人士和機構進行科學研究有著重要意義。例如：通過建立國家檔案機構來儲藏收集到的民間創作資料，以供人使用；通過建立相關的博物館，來展示傳播與非物質文化遺產相關的知識；通過培訓地方相關人員以及建立完善的地方保管體制來保護非物質文化遺產等。

2. 利用現代傳媒手段

此外，國家和社會可以利用現代化的傳媒手段，宣傳各種非物質文化遺產。譬如，2003年4月，由角巴東主和索南多杰合作編寫了兒童漫畫《格薩爾王傳——霍嶺大戰》，讓人們第一次在紙上清晰地看到了英雄格薩爾的形象。諸如此類的現代傳媒技術水平在不斷地提高，有助於人們增強對非物質文化遺產的興趣，從而為非物質文化遺產創造出更寬廣的生存環境和空間。

3. 對學生進行非物質文化遺產的教育

很多學者在談論非物質文化遺產保護這個話題的時候，都提到了如何提高和增強人們的保護意識。國家層面的傳承，需要將非物質文化遺產的保護意識推廣到青少年學生的教育中，提高年輕人對非物質文化遺產的興趣，培養他們對非物質文化遺產保護和傳承的意識，擴展他們在非物質文化遺產方面的知識，提升他們的民族自豪感，促進非物質文化遺產潛在傳承人的培養。

## 二、世界非物質文化遺產保護與旅遊開發

國家非物質文化遺產保護專家委員會副主任烏丙安先生曾坦言：「我們搞文

遺產保護的人最怕聽到的兩個詞就是打造和開發……」其實，烏先生擔憂的是如何科學地處理好非物質文化遺產保護與旅遊開發之間關係的問題。

　　旅遊可以促進非物質文化遺產的保護，增強民眾對自身文化的認識，提高民族的自尊心、自信心和自豪感。但同時，旅遊開發也會導致非物質文化遺產受到商品經濟的影響從而存在過度商業化、市場化的趨勢，從根本上妨礙非物質文化遺產的保護與傳承。因此，如何處理二者的關係成為眾多學者關注的問題。

　　我們認為用「打造」和「開發」這樣的詞彙來對待非物質文化遺產顯然是不可取的。世界非物質文化遺產是人類文明發展的結晶，是相對獨立的存在體系，是人民生活最為原始真實的一種表現。眾所周知，現代旅遊經濟的快速發展是工業革命以後的事情，有沒有旅遊這項經濟活動的存在，世界各地的非物質文化遺產同樣會存在並依照其自身的軌跡發展演變下去。我們保護和傳承世界非物質文化遺產是在保護人類自身的經驗成果和文明成果，是不以發展旅遊為目的的，也是一件不論旅遊活動是否存在都必須肩負的社會責任和完成的重要使命。

　　當然，我們不可否認的是旅遊活動能夠從一定程度上帶動非物質文化遺產的保護和傳承，能夠起到宣傳推廣非物質文化遺產的作用，對於提升大眾對非物質文化遺產的認識也有著良性的作用。反過來，對於旅遊規劃與開發者而言，世界非物質文化遺產又具備可利用的價值和空間，能夠豐富旅遊體驗，滿足旅遊者多方面深入瞭解旅遊地文化的作用。正因如此，旅遊才與世界非物質文化遺產產生了某種內在的聯繫，這種聯繫使旅遊可以利用世界非物質文化遺產而使旅遊活動更加豐富多彩。但世界非物質文化遺產的保護和傳承卻絕不能完全依賴於旅遊活動來實現。故而，一套相對獨立和完整的保護體系對世界非物質文化遺產的傳承是至關重要的。

　　另外，旅遊者和大眾應該樹立客觀認識世界非物質文化遺產的意識，能夠主動辨別旅遊開發中關於社會民俗和世界非物質文化遺產當中的虛假和不真實的部分，對旅遊開發者持寬容的態度，但對世界非物質文化遺產的認識卻應該持謹慎的態度。只有這樣，我們才能從根本上做到既有效地保護和傳承世界非物質文化遺產，又使世界非物質文化遺產當中可以被旅遊規劃和開發利用的部分充分展現其旅遊的價值和光彩。

## 思考和練習題

1. 說說中國保護非物質文化遺產的方針、原則。
2. 對於中國急需搶救的世界非物質文化遺產，你有哪些保護方面的建議？
3. 世界非物質文化遺產傳承的方式有哪些？

## 案例和實訓

### 中國急需保護的非物質文化遺產[①]

**（一）羌年**

羌族是中華民族大家庭中具有悠久歷史的民族之一。現主要聚居在四川阿壩州境內的茂縣、汶川、理縣以及鬆潘的部分地區。羌族於每年農曆十月初一舉行羌年的慶典，一般為3~5天，有的村寨要過到十月初十。按民間習俗，過羌年時要還願敬神，要敬祭天神、山神和地盤業主（寨神）。全寨人要吃團圓飯、喝咂酒、跳莎朗，直到盡歡而散。整個活動儀式由「許」主持，咂酒則由寨中德高望重的長者開壇。節日期間親朋好友可互道祝賀，相互迎請。羌年是羌族的傳統節日。節日裡，家人團聚，各戶都用面粉做成各種形狀的雞、羊、牛等祭品，用以祭祖，然後把羊肉分給各家各戶；再邀請親友鄰里到家，飲自釀的「砸酒」，邊飲邊歌。此外，還跳「鍋莊舞」「蘭壽舞」「皮鼓舞」和舉行「推杆」比賽。

**（二）黎族傳統紡染織繡技藝**

主要包括了紡、染、織、繡四大工序。紡紗，即把棉花脫子、抽紗，把紗繞成錠。染色，黎族傳統的染料有植物染料、動物染料和礦物染料三種。織布，用踞織腰機進行織布；腰機簡單輕巧，容易操作。刺繡，黎族的傳統刺繡有單面刺繡和雙面刺繡兩種。刺繡的技術可根據針法、繡法和面料分為三個層次，把繡法、色彩、圖案三者結合為一體。黎族的刺繡工藝精湛，圖案樸實自然，富有獨特的民族藝術風格。黎族傳統紡染織繡技藝處於瀕危的狀況主要表現在：

1. 後繼乏人

20世紀50年代以後，黎族地區社會發生了重大變革，經濟建設和各項社會事業快速發展，山區交通落後、信息閉塞的情況發生了根本轉變，男耕女織的自給自足的自然經濟被破壞。衣飾等必需品不再像從前那樣必須由自己完成，青年人渴望重新安排自己的生活。喜歡傳統紡染織繡技藝的人越來越少。據研究，目前黎族山區僅極少數年輕人懂一些織錦工藝及刺繡，而紡、染技藝幾乎沒有年輕人承習了。

2. 原料匱乏

原料匱乏是傳統紡染織繡技藝無法完整地傳承的重要原因。由於黎族地區已經很久不種植棉花了，目前多年生的棉花在黎族地區只是零星的分佈，外來棉紗已代替土紗。黎錦製作需要的其他纖維材料如樹皮纖維、麻纖維、藤纖維等，也

---

[①] 資料主要來源於百度百科。

因近幾十年山區開發建設而變得越來越稀少。黎族婦女能用多種原料染紗染布，但染色植物也越來越少，為了尋找一株染料植物，往往是「踏破鐵鞋無覓處」。加上現在多購買現成色線，人們對染料的認識也越來越淡薄。

(三) 中國木拱橋傳統營造技藝

木拱橋是中國傳統木構橋樑中技術含量很高的品類，也是世界橋樑史上罕見的品類，主要分佈在中國的浙江、福建省兩地。福建、浙江地處中國東南丘陵地帶，境內山高林密、谷深澗險、溪流縱橫，為木拱橋的建造提供了獨特的自然地理環境和原料，使造橋技藝得到了長遠的流傳與發展。中國現存木拱橋不足100座，在浙江省泰順縣境內有15座國家文保單位的木拱橋，福建省寧德市境內有54座。木拱橋由橋臺、橋身（包括拱架、橋面）、橋屋組成，有單拱、雙拱和多拱之分，橋身如同彩虹，故又稱「虹橋」。

社會的劇烈變革、經濟與技術的高速發展所帶來的衝擊，致使木拱橋傳統營造技藝逐漸失傳。這首先表現在木結構的木拱橋不能通行載重車輛，無法適應現代的交通需求。其次建造木拱橋的大型木料缺乏，使造橋變得更難，而建造鋼筋水泥橋快捷、實惠，勝過木拱橋。最後是城市經濟的發展吸引許多農村人口外出打工或遷往城鎮，懷有造橋技藝的木匠為了生存也到城鎮從事其他行業，淡忘了造橋技藝。從1970年至2000年的30年間，沒重造過一座木拱橋，僅對少數的橋樑進行過維修，木拱橋老工匠招收的徒弟所掙工錢難以維持生計，因此願意學習木拱橋傳統營造技藝者奇缺。這就使得木拱橋傳統營造技藝的傳承受到嚴重威脅。一方面村民改變交通功能要拆橋，修公路建電站要拆橋，人為不慎可能會燒毀橋，致使橋的數量越來越少；另一方面木拱橋傳統營造技藝通常在家族內部口傳心授，掌握造橋技藝的木匠數量稀少。如今有部分木匠轉行從事其他行業生疏了其技能，有工匠生老病死帶走了其技能，授傳的徒弟無法以此為生放棄了其技能，這就導致木拱橋傳統營造技藝處於失傳的境地。

(四) 新疆維吾爾族麥西熱甫

麥西熱甫（英語：Meshrep）又稱麥西來甫，是維吾爾族的一種舞蹈。麥西熱甫源自阿拉伯語，意為「聚會、場所」。麥西熱甫廣泛流傳於新疆，由於地域不同，表現出來的形式豐富而又多樣，是實踐維吾爾人傳統習俗和展示維吾爾木卡姆、民歌、舞蹈、曲藝、戲劇、雜技、遊戲、口頭文學等的主要文化空間，是民眾傳承和弘揚倫理道德、民俗禮儀、文化藝術等的主要場合，是維吾爾傳統節慶、民俗活動的重要部分。2010年11月15日，經正在內羅畢舉行的聯合國教科文組織保護非物質文化遺產政府間委員會第五次會議審議通過，麥西熱甫被列入2010年《急需保護的非物質文化遺產名錄》，意即麥西熱甫的存續狀況受到威脅，需制訂專門計劃進行保護。

（五）中國木活字印刷技術

據《夢溪筆談》載，畢昇曾試驗以木為原料製作活字，因木字的木紋疏密不一，遇水後易膨脹變形，與粘藥固結後不易去下，效果不佳，而未成功，畢昇才改木為泥，用泥製作活字。1041—1048 年，畢昇終於成功地發明了泥活字印刷。但是，他的發明並未受到當時統治者和社會的重視，活字印刷術仍然沒有得到推廣。但是他發明的活字印刷技術，卻流傳下去了。發現「活態」的木活字，意義不僅在於原來大家認為銷聲匿跡被淘汰的技術依然存在，還在於仍然有人在使用這些木活字，在使用這門技藝。目前，木活字印刷技術面臨沒有繼承人的問題，急需啓動保護機制。

（六）中國水密隔艙福船製造技藝

中國水密隔艙福船製造技藝是福建沿海木船製造的一項重要的傳統手工技藝。該技藝以樟木、鬆木、杉木為主要材料，採用榫接、艙縫等核心技藝，使船體結構牢固，艙與艙之間互相獨立，形成密封不透水的結構形式。在「師傅頭」（閩南地區對主持造船工匠的尊稱）的指揮下，由眾多工匠密切配合完成。水密隔艙造船技術是中國在造船方面的一大發明，大約發明於唐代，宋以後被普遍採用。該技藝是人類造船史上的一項偉大發明，對提高航海安全性起到了革命性作用。

用「水密隔艙」技藝製作的福船，具有三大特點：一是被分隔成若干艙的船舶在航行中萬一破損一兩處，由於船舶已被分隔成若干個艙，一兩個進水的船艙不至於導致全船進水而沉沒。二是只要對破損進水的艙進行修復與堵漏就可使船只繼續航行。三是由於船舶被隔板層層隔斷，厚實的隔艙板與船殼板緊密釘合，隔艙板實際上起著肋骨的作用，簡化了造船工藝，並使船體結構更加堅固，船的整體抗沉能力也因此得到提高。此外，漳灣福船把艙設計在船尾的正中位置，並且固定在支撐點上，便於操縱。這既可以根據水的深淺或升或降，又可以根據航向靈活轉動，不至於偏離航線，從而保證了適航性。

（七）赫哲族伊瑪堪

赫哲族人在長期的漁獵生活中，創造了具有鮮明民族特色的光輝燦爛的文學藝術。其中，以說唱藝術——伊瑪堪流傳最廣、最受歡迎。伊瑪堪是赫哲族的曲藝說書形式，流行於黑龍江省的赫哲族聚居區。據現有資料，它至遲在清末民初就已經形成。伊瑪堪或依瑪坎，最早的含義為魚，即大馬哈魚；現在的含義，有的認為是故事之意，有的認為是表示赫哲族這個捕魚民族的歌。其形式有說有唱，類似漢族的「大鼓」「蘇灘」、蒙古族的「說書」，是一種古老的民間說唱文學藝術。現有 50 多部典籍，被譽為北部亞洲原始語言藝術的活化石。

伊瑪堪歌手，是深受赫哲族人民喜愛的人，赫哲族人尊之為「伊瑪卡乞發」。近百年來赫哲族人中著名的伊瑪堪歌手有：莫特額、比根爾都、三福瑪發、尤貴連、古托力、吳高麗、周令額等。從已經採錄到的伊瑪堪中，可以看出它的兩大

特點：首先它是對赫哲族歷史的忠實記錄。無論是歷史學家、語言學家，還是民俗學家、宗教學家，均可從中擷取寶貴的原始資料。有人稱伊瑪堪為赫哲族的口頭百科全書，應該說當之無愧。第二是它集中體現了赫哲族的審美觀。伊瑪堪用浪漫主義的手法，描述了赫哲族的英雄們除暴安良、降妖伏魔的英雄主義氣概；描述了赫哲人對忠誠和信義的高度讚美、對自由和愛情的執著追求，以及對美好未來的無限憧憬。顯而易見，伊瑪堪不是對那個時代的生活的簡單記錄，而是在那個時代的廣闊背景下，按照美的規律藝術地再現了生活美，堪稱一部完美再現赫哲族英雄人物、歷史變遷與民俗風情的大型古典交響詩。

讀完材料後，請思考：

結合中國急需保護的非物質文化遺產項目，談談你如何看待世界非物質文化遺產保護與旅遊發展的關係，有什麼好的建議。

# 第五篇
# 世界遺產保護與
# 遺產旅遊可持續發展

# 第十章　世界遺產保護

### 學習目標

瞭解世界遺產保護的緣由；
理解世界遺產保護的原則和方式；
正確認識中國在遺產保護中存在的問題；
瞭解國外在遺產保護方面的經驗，並理解對中國遺產保護工作的啟示；
正確理解遺產與遺產旅遊，理解遺產旅遊的正負面影響。

### 重點難題

瞭解遺產保護的原則；
瞭解遺產旅遊與遺產保護的關係。

### 本章內容

## 第一節　世界遺產的保護緣由

早在18世紀初期，西方社會就開始關注保護自然與歷史。這在浪漫主義文學

的一些代表作家如拜倫和盧梭等人的作品中就有反應，當時有關簡樸生活和保護荒野的價值觀引致國家公園等自然遺產衍生物的建立。隨後出現的就是自然保護以及「為最大多數人謀求最大利益」的倡議，即明智地使用資源。在過去的大半個世紀，遺產及其保護成為西方社會最為關注的問題之一，不僅包括對自然遺產的保護，也包括對文化遺產的保護，緣由如下：

## 一、工業化、現代化進程

快速的工業化進程以及高科技的發展，是目前世界消費社會的突出特點。由於現代化的進程，人們和社會開始對現狀以及未來感到忐忑不安，因為人們所熟悉和瞭解的僅僅是過去。與過去相比，現今的社會前景黯淡、殘酷無情、醜陋可惡，令人感到恐懼並且難以產生成就感（戴維斯，1979）。因此在這樣的世界裡，保護歷史——特別是保護有形品，可以使人產生舒適感、熟悉感以及一種有據可依的歸屬感。為此，正在發生迅速變化的西方社會開始「尋求保護古建築、城鎮風貌以及有助於保持與過去聯繫的東西，以便在其生活中建立某種連續性」（霍爾等，1993）。這引發了北美在20世紀大規模保護小城鎮的原貌；也導致了在高度城市化和西方化的日本，強調以「地理距離替代時空距離」的方式來看待鄉村生活。

## 二、民族主義與集體懷舊感

懷舊感可以成為個人遊覽遺產景點的原因。同樣，從廣義上講，懷舊感也可以成為團體和社會重視與保護遺產的原因。集體懷舊感與個人懷舊感一樣，可以喚起整個社會甘苦交織的懷念情結，即在諸如年齡、文化和民族等方面具有相同背景的人們所共有的情感。

遺產有助於確立個人、社會和國家認同感，從而使人們能夠確認自己的身分。就國家而言，遺產地和歷史人物是不同傳統和歷史成就的產物和證據，因此是構成國家公民個性中不可或缺的部分。正如金字塔之於埃及，長城之於中國，遺產已上升至一個民族勤勞、智慧、勇敢的象徵。

## 三、科學意義和教育意義

許多遺產景點被認為具有科學意義和保護價值，因為他們體現出某些自然與文化環境，可以向眾多研究領域提供重要價值信息。如土耳其特洛伊考古區的發現，不僅證實了荷馬史詩中所記載的希臘人和特洛伊人戰爭的故事，也部分再現了公元前3000年至公元4世紀小亞細亞青銅時代和早期鐵器時代的文明。

與科學價值相關的是教育意義，在遺產研究領域，越來越多的專家和學者關

注到遺產教育，遺產景點和博物館、展覽館可以使公眾瞭解到重要的歷史人物、地點和事件，其遺產教育作用是毋庸置疑的。

### 四、經濟效益

在遺產景點占據旅遊主導地位的地區，遺產旅遊可能會產生非常深刻的經濟影響。隨著遺產旅遊的發展，各地越來越深刻地意識到，遺產旅遊在擴大就業機會、增加稅收、提高地區收入以及刺激本地企業活動等方面對於本地經濟和國家經濟有著巨大的價值。不管是在中歐、東歐還是在北美、亞太地區，一些歷史名城都傾向將發展城市遺產旅遊作為一種促進經濟發展的手段。

### 五、藝術價值和審美價值

世界各地許多受到保護的遺產都是具有很高藝術價值的典範，如印度泰姬陵是清真寺建築的典範，羅馬聖彼得大教堂是早期基督教建築的經典。人們珍視古建築的原因主要是因為現代和後現代建築風格平淡乏味，缺乏當今社會上大多數人渴望欣賞的風格魅力和藝術價值。正如蒂斯代爾等學者所說：「歷史建築和歷史地區具有如詩如畫一般的景色並且可以使人聯想過去那種精益求精的工藝水準和個性化風格，而這正是現代工業化建築產品和建築系統所缺少的。」

### 六、環境多樣性

廣義上的環境保護包括自然要素和人文要素。自然遺產或文化遺產均是一種不可再生資源，環境的多樣性及其可持續性是遺產保護的關鍵因素。自然生態系統一旦遭受破壞，往往很難再恢復，如美國的大沼澤地國家公園就數次被列入世界瀕危遺產名錄；而具有歷史價值的遺址一旦不復存在，將無法再次引進或復原，即便是製作出頗為相似的遺產複製品，這些複製品也難以在科學、審美和教育等方面取代真品。

## ●第二節　世界遺產保護的原則與方式

### 一、遺產保護的原則

學界普遍認同「真實性和完整性」（Authenticity and Integrity）是關於世界遺產的非常重要的兩個原則，作為所有世界遺產地保護的核心精神，也是衡量遺產價值的標尺，在世界遺產地的保護全程中扮演重要的角色。

**(一) 真實性原則和完整性原則**

1. 真實性原則

「真實性」（Authenticity）這詞最初用於描述博物館的藝術展，是鑑別工藝品是否與它所獲得的讚譽相匹配的一個評語，之後出現在《威尼斯憲章》（Venice Charter, 1964）中，並在歐洲社會逐漸得到廣泛認可。當時主要適用於歐洲文物古跡的保護與修復，因而主要用於文化遺產。世界遺產領域內關於「真實性」比較詳細的解釋見於《奈良文件》（Nara Document, 1994）和《行動指南》中。《奈良文件》第 13 款指出，「想要多方位地評價文化遺產的真實性，其先決條件是認識和理解遺產產生之初及其隨後形成的特徵，以及這些特徵的意義和信息來源。真實性包括：遺產的形式與設計。材料與實質，利用與作用，傳統與技術，位置與環境，精神與感受。有關『真實性』詳實信息的獲得和利用，需要充分地瞭解某項具體文化遺產獨特的藝術、歷史、社會和科學層面的價值」「文化遺產真實性的保持還在於，不同的文化和社會都包含著特定的形式和手段，它們以有形或無形的方式構成了某項遺產」。世界遺產委員會在《行動指南》（第 10 版，1997）第 24 段指出，「列入《世界遺產名錄》的文化遺產應符合《世界遺產公約》所說的具有突出的普遍價值的至少一項標準和真實性標準」，每項被認定的項目都應「滿足對其設計、材料、工藝或背景環境，以及個性和構成要素等方面的真實性的檢驗」。

2. 完整性原則

「完整性」（Integrity）一詞來源於拉丁語，表示尚未被人擾動過的原始狀態（Intact and Original Condition），「完整性」在遺產領域的運用起源於《保護世界文化與自然遺產公約》。它主要用於評價自然遺產，如原始森林或野生生物區等。完整性原則既保證了世界遺產的價值，同時也為遺產的保護劃定了原則性範圍。《行動指南》對自然遺產的完整性有如下的界定：

（1）對於表現地球歷史主要階段的重要實證的景點，被描述的區域應該包括在其自然環境中的全部或大多數相關要素。例如，一個「冰期」地區，應包括雪地、冰河以及切割圖案、沉積物和外來物（例如冰槽、冰磧物、先鋒植物等）；一個火山地區，應包括完整的岩漿系列、全部或大多數種類的火山岩和噴發物。

（2）對於陸地、淡水、海岸和海洋生態系統，以及動植物群落進化和演變中重大的持續生態和生物過程的重要實證的景點，被描述的區域應該有足夠大小的範圍，並且包括必要的元素，以展示對於生態系統和生物多樣性的長期保護發揮關鍵作用的過程。例如一個熱帶雨林地區應包括一定數量的海平面以上的植被、地形和土壤類型的變化、斑塊系統和自然再生的斑塊。

（3）對於有絕佳的自然現象或是具有特別的自然美和美學重要性的區域，應具有突出的美學價值，並且包括那些對於保持區域美學價值起著關鍵作用的相關

地區。例如，一個景觀價值體現在瀑布的景點，應包括相鄰集水區和下游地區，它們是保持景點美學質量不可分割的部分。

（4）對於最重要和最有意義的自然棲息地，景點應包括對動植物種類的生存不可缺少的環境因素。景點的邊界應該包括足夠的空間距離，以使景點免受人類活動和資源亂用的直接影響。已有的或建議的被保護區域還可以包括一些管理地帶，即使該地帶不能達到《行動指南》第44段a提出的標準，但它們對於保證被提名景點的完整性起著基礎作用。例如，在生物儲備景點中，只有核心地區能夠達到完整性的標準，但是其他地區（如緩衝地帶和轉換地帶）可能對保證生物儲備的全面性具有重要意義。本著完整性的考慮，也應將之納入景點範圍之內。

上述對自然遺產完整性的解釋，是以涵蓋與自然遺產密切相關的周邊空間範圍為要旨的。張成渝、謝凝高等學者認為，自然遺產完整性的保持，還應該具有景點和周邊一定空間範圍內的環境內容不被隨意增添或刪減的涵義。

## （二）真實性和完整性原則的應用與完善

不難發現，早期的世界遺產保護，業內對真實性原則的理解多與文化遺產相對應、完整性則與自然遺產對應。究其原因，這與兩原則產生的背景有著最直接的關係。《行動指南》作為對《世界遺產公約》進行解釋、操作、實施的藍本，最初將國際文物保護與修復研究中心、國際古跡遺址理事會和國際自然資源保護聯盟分別作為世界文化遺產和世界自然遺產評定的主要依託機構。立足於機構自身的特性，兩類遺產的評定標準便表現出很強的各自學科（文物與博物館學和生態學）領域的特點。事實上，世界遺產事業發展到今天，無論是文化遺產還是自然遺產，對它們的評定、評價與保護常常要涉及真實性和完整性兩個方面。

首先，關於自然遺產的真實性問題。例如，以生態系統保護為核心內容之一的自然遺產地，近年來被強調要謹慎對待外來物種的引進問題。中國雲南滇池水葫蘆的蔓延及其對水體造成的污染便是一個突出的例子。與此相對應的是，本地物種的缺失與恢復也已成為一個新的關注熱點。美國黃石國家公園，現已完成初期試驗性地恢復灰狼在公園內的存在，借以恢復過去為保護農畜、消滅灰狼之前的自然生態系統。這些事例均體現出對自然遺產生態系統真實性（不人為增加，也不人為減少）的關注與維護。

其次，文化遺產也存在完整性的問題。一是範圍上的完整（有形的）。建築、城鎮工程或者考古遺址等應當盡可能保持自身組分和結構的完整，及其與所在環境的和諧、完整性。二是文化概念上的完整性（無形的）。如中國的明十三陵，作為中國陵墓文化的一組典型代表，它們具有文化概念上的完整性，以及地理位置上的相互關聯性。最簡單地說，十三陵申報世界文化遺產，作為一個組團，十三處缺一不可。再如泰山，其文化價值體現在佛教、道教、封禪文化以及世代歌咏、吟誦文化的融為一體。登山線路格局的變換，泰山的封禪祭祀過程中醞釀、登天

和抵達仙境三個階段的遞升，突出了文化遺產伴隨實物而來的概念上的完整性。

## 二、遺產保護的方式

根據不同的目標，可將遺產保護的主要方式分為保存、復原和改造。

### (一) 保存

在這裡要注意區分「保護」（Conservation）與「保存」（Preservation）。簡單說，「保護」的意思是明智地使用資源，而「保存」的意思是完全不使用資源。遺產保護研究專家皮爾斯（1977年）將保護定義為有目的的保存。根據新西蘭在1987年通過的《保護法》，「保護」一詞的意思是「保存和保護自然資源和歷史資源以便保留其內在價值，為公眾提供觀賞和享樂的機會以及保障子孫後代的選擇權」。

遺產的保存就是選擇保持遺產的現有狀態。但這並不是一種不干預政策，而是需要做大量的工作以保持遺產現有的狀況以及防止其狀況惡化。北美的鬼鎮算是國外在遺產保存方面的很好的範例。北美的大多數鬼鎮都保留了其衰敗破落的狀態，因為這正是他們之所以成為鬼鎮的原因，鬼鎮的魅力就在於他們那種衰敗破落、被人遺棄的氛圍。事實上，任何將這些鬼鎮修復到其輝煌的歷史時期的行為，都會大大降低他們的遺產價值和旅遊價值。如皮爾斯和沙利文所說，如果較高程度地干預導致遺產文化意義的降低，如果遺產現有的狀態本身具有重要的意義，如果缺乏足夠的信息或資源來修復或重建遺產，或者如果已經存在足夠多的修復完好的遺產，那麼保持遺產的現有狀態就是恰當的做法。

### (二) 復原

復原（Restoration）有時也被稱為重建（Reconstruction），是指把某一建築或者遺址恢復到原先狀態的做法。有專家認為，復原涉及兩種活動：把一個古建築或遺址用於展示的零散部分組合起來，以及除去後來增加和改變的部分。比如印度尼西亞的世界文化遺產巴蘭班南，被譽為爪哇最美麗的印度教寺廟古跡，亦是印度尼西亞最大最美的印度教寺廟，是記錄印度尼西亞人祖先燦爛文化的載體。因其在2006年的爪哇地震中受到了嚴重的損毀，大塊石料破碎，一些石雕都被震落在地上，目前正做遺產的復原工作。從純理論角度看，復原意味著在修復過程中甚至連新材料（如各種釘子等）都不能使用，因此，純粹意義的復原是不可能的，因為任何東西都無法絲毫不差地恢復到其最初狀況。

遺產的復原，需要考慮三個問題，一是時機，只有在充分掌握了其原始狀況的條件下的復原才是切實可行的；二是費用，復原不僅耗時，其調研和復原過程還需要高昂的費用做保障；三是對復原遺產的恰當展示。遺址的復原在國際社會上有爭議，在中國也很難得到允許，但日本在一些考古遺址上做了比較多的復原

工作，且得到國際社會的認同。如世界文化遺產奈良平城宮遺址逐步復原了「朱雀門」「東院庭院」以及「大極殿」等，同時在其資料館中也展示了發掘現場以及復原模型等，提醒觀眾不要把復原當成歷史的原貌。因為有比較深入的研究和比較清晰的對參觀者的說明，所以參觀者也知道復原只是展示研究成果，是新建築，不是原物。這為一般公眾理解遺址起到了很好的作用。

## (三) 改造

改造（Renovation）有時也被稱為改建（Adaptation），是指改變遺址但仍然保留一些具有歷史特色的部分。比如出於行政目的或是為了給解說員安排住處而在歷史建築的一側加蓋建築，同時保持建築的其他部分的歷史特色。改造最常見的做法之一就是保留建築的原有外觀而對其內部加以改造。但需要指出的是，世界遺產的改造有非常嚴格的要求，不能對核心遺產景觀進行改造或改建，而附屬建築的改建必須僅限於確保與原有建築的和諧一致。

# 拓展閱讀

### 世界遺產保護：與短視行為的持久較量

由於擁有阿爾卡薩城堡、歷史悠久的大教堂和西印度群島檔案館建築群，西班牙歷史文化名城塞維利亞在1987年被列入《世界遺產名錄》。近日，有關專家警告說，因為執意建造將近180米高的摩天大樓，塞維利亞有可能被聯合國教科文組織從《世界遺產名錄》上除去。

多次警告未能改變當地的決心

正在建設中的這座摩天大樓距離塞維利亞瓜達爾基維爾河的對岸不到1.6千米。聯合國教科文組織認為，大樓將對古城的傳統風貌和整體景觀造成嚴重破壞。事實上，在2009年大樓開始動工時，聯合國教科文組織就發出警告，要求停止該工程項目。但西班牙文化部專家委員會經過審核後宣布，摩天大樓的建設將不會影響已經被列為世界文化遺產的3處景致，工程隨後繼續進行。

這座高達180米的摩天大樓由來自阿根廷的建築師西薩·佩里設計，整個工程耗資約3.53億歐元，預計將在2011年年底竣工。據稱，該工程的建設將直接創造超過4,000個就業機會，大樓建成後，薩雷斯銀行總部將遷進此地。或許是出於這個原因，這個飽受爭議的建設項目很順利地得到了當地政府的批准。

近日，作為聯合國教科文組織在西班牙的顧問機構，國際古跡遺址理事會西班牙分會的幾位專家參觀了摩天大樓的施工現場。「情況不太樂觀，工程仍然在繼續，什麼都沒有改變。」一位專家警告說，本月世界遺產大會將在巴西舉行，塞維利亞有可能在大會上被列入《瀕危世界遺產名錄》，如果關於這幢大樓的建議得不

到採納，塞維利亞甚至會被《世界遺產名錄》除名。

諸多世界遺產面臨「出局」危險

塞維利亞面臨的情景並不新鮮。事實上，去年德國德累斯頓因為在易北河谷上建橋樑而被世界遺產委員會除名的事情讓很多人瞭解到：原來《世界遺產名錄》不是永久的，如果不能得到有效保護，就有「出局」的危險。

德累斯頓易北河於 2004 年 7 月獲得的「世界遺產」名號只保留了 5 年時間。為改善城內交通擁堵狀況，德累斯頓於 2007 年 11 月開始在易北河的拐彎處建設一座 4 車道的「森林宮殿大橋」。聯合國教科文組織世界遺產委員會認為這損害了保護得很好的河道景觀，要求德市停止建橋，並考慮以地下隧道取而代之。由於德累斯頓不予合作，聯合國教科文組織最終將其從《世界遺產名錄》除名。

與此類似，擁有 900 多年歷史的英國倫敦塔於 1988 年被列為世界遺產。但由於倫敦市大規模興建摩天大樓，倫敦塔附近的整體景觀受到嚴重影響。聯合國教科文組織警告說要把倫敦塔列入《瀕危世界遺產名錄》，希望英國政府能夠保護這座古跡。俄羅斯聖彼得堡市曾批准俄天然氣工業石油公司在奧赫塔河邊建造一幢 403 米高的摩天大樓，但聯合國教科文組織認為，摩天大樓與周邊歷史建築風格不符且對它們構成「壓迫」，因此，警告聖彼得堡市停止這一計劃，否則要將其從《世界遺產名錄》中除名。

而土耳其的伊利蘇大壩計劃，也是因為將導致包括歷史名城哈桑凱夫在內的一大批歷史遺跡被淹沒而遭到抗議，這個計劃一度被擱置，每次提出計劃「上馬」都會在國內外引發廣泛爭議。

文明精神與短期利益的博弈

聯合國教科文組織於 1972 年 11 月 16 日正式通過了《保護世界文化和自然遺產公約》。1976 年，世界遺產委員會成立並建立《世界遺產名錄》。委員會除了每年都會向「名錄」增添新遺址，還要審查關於已列入《世界遺產名錄》遺址的保護狀況的報告，並要求締約國在必要之時採取適當的保護和保存措施。除此之外，委員會還將審查已列入《瀕危世界遺產名錄》的世界遺產的保護狀況，並可能做出把需要予以特別保護的新遺產列入其中的決定。

世界遺產是人類文明的結晶，它給人類社會帶來的益處顯而易見，而對世界遺產的開發和利用一定要建立在保護的基礎之上，不協調的人工建設、過度的旅遊開發會對世界遺產造成嚴重破壞，這種道理可以說是眾所周知。然而，一直以來，世界遺產的保護工作總是面臨與現代化建設之間的矛盾，正在導致越來越多不盡人意的事件發生。塞維利亞、聖彼得堡興建摩天大樓的背後有著巨大的經濟利益驅動，伊利蘇大壩也被土耳其政府認為會帶來上千個工作崗位，可以為庫爾德人聚居的東南部地區帶來財富，緩解土耳其的能源危機……但是，屬於全人類的珍貴遺產一旦遭到破壞，又豈是這些短期的經濟利益可以挽回的？

在人類文明精神與短期利益的博弈中，雙方其實各有成敗：德累斯頓因固執最終「出局」，英國政府則在 2007 年公布《文化遺產白皮書》，禁止開發商在倫敦塔等文化遺址附近建造摩天大樓，並規定任何遺產地附近的房地產開發計劃都必須徵求公眾意見。俄羅斯總統梅德韋杰夫在今年早些時候表示支持聯合國教科文組織的建議，希望聖彼得堡市停建摩天大樓。人們期待塞維利亞當地政府最終能夠做出正確的決策，讓「世界遺產」稱號繼續為其吸引人們的目光，贏得歷史的尊敬。

資料來源：陳璐. 世界遺產保護：與短視行為的持久較量［N］. 中國文化報, 2010-07-08 (4).

## ● 第三節　中國在遺產保護中存在的問題

2015 年 7 月 4 日，在德國波恩召開的聯合國教科文組織第 39 屆世界遺產委員會會議上，審議通過了中國土司遺產列入《世界遺產名錄》。中國土司遺產由湖南永順老司城遺址、湖北唐崖土司城遺址和貴州海龍屯遺址聯合申報。至此，中國共有世界遺產 48 處（自然遺產 10 處，文化遺產 30 處，雙重遺產 4 處，文化景觀 4 處），總數位居世界第二，僅次於擁有 51 項世界遺產的義大利。

中國世界遺產總數的進一步增加，反應了國內對保護人類遺產的共識和決心，也說明中國對保護世界遺產的努力取得了顯著成效。然而遺產數量上的增加只顯示出國際社會對中國遺產資源的認可，並不說明中國對遺產的綜合管理達到世界先進水平，中國世界遺產整體管理水平仍處在一個初級階段。在保護世界遺產方面，中國依然任重道遠。

### 一、認識錯位

#### （一）重申報，輕維護

毫無疑問，世界遺產是一國歷史文化和壯麗山河的傑出代表，堪稱精品中的精品。世界遺產的申報成功往往能夠極大地提升遺產所在地的知名度和市場地位，促進當地旅遊業的迅速發展，帶來非常可觀的社會與經濟收益。如 1997 年「申遺」成功的平遙古城，第二年旅遊門票收入就從 18 萬元增加到了 500 多萬元，翻了近 30 倍，旅遊綜合收入從 1997 年的 1,250 萬元增加到 2008 年的 6.7 億元，增長 52 倍。同是 1997 年成功「申遺」的雲南麗江古城，3 年後旅遊綜合收入就達 13.44 億元，占麗江生產總值的 50%。2007 年「申遺」成功的貴州荔波，第二年實現年接待遊客量 168 萬人次、旅遊直接收入 1,998 萬元、旅遊綜合收入 3.26 億

元，同比分別增長71.7%、84.32%和83.52%。這種立竿見影的經濟效應，使得近幾年中國出現了空前的世界遺產申報熱潮，截至2013年年底，國內有84個項目宣布要申報世界遺產。

申報世界遺產的最終目的是實現對全人類共同財富的有效保護，把大自然的饋贈和祖先遺留下的遺產更好傳給我們的下一代。世界遺產最主要的功能在科研和教育，申報世界遺產應該是保護性、公益事業。然而，中國諸多遺產地被聯合國教科文組織亮「黃牌」的事實讓我們不得不思考，是「申遺」還是「生意」？國內「巨資申遺」的例子屢見不鮮，遺產地過多關注世界遺產的頭銜、專注於經濟效益，而對遺產本身大量日常性的基礎維護工作重視不夠，投入不足。廣東開平碉樓「申遺」花費1.36億元；河南安陽殷墟「申遺」投入2.3億元；山地五臺山風景區為「申遺」開展整治搬遷花費8億；河南登封「天地之中」因「申遺」9年花費8億；然而，與「巨資申遺」對應的是「申遺」後保護和維護費用的嚴重短缺已成普遍現象。北京五大「世遺」曾出現高達32億元的修繕資金缺口；山西平遙古城在城牆維護、新城開發和古城搬遷等方面還至少缺乏20億；兵馬俑博物館年均僅幾百萬元維護費用；雲南石林風景名勝每年門票收入數億，而用於景區日常維護的經費占門票收入不到10%。

**（二）重開發，輕保護**

隨著申報世界遺產的成功，遺產旅遊不斷升溫，旅遊業往往會成為遺產所在地經濟發展的重要支柱產業。但遺產旅遊的市場化炒作、商業化經營、超容量開發，甚至建設性破壞，導致瀕危物種生存環境惡化、生物多樣性減少、歷史文化景觀變質，違背了遺產資源保護和持續利用的原則，損害了世界遺產的原真性和完整性，進而會失去世界遺產本身的價值。在2007年新西蘭基督城召開的世界遺產大會上，中國故宮、天壇、頤和園、麗江古城、布達拉宮和雲南三江並流6處世界遺產被「黃牌警告」。類似這樣的例子不勝枚舉，如張家界天梯事件、武當山遇真宮主殿被燒毀、泰山炸山建索道、「曲阜三孔水洗」事件等（見表10.1）。

表10.1　　　　中國部分世界遺產地發生的開發與保護衝突事件

| 時間 | 事件 | 事件簡介 |
| --- | --- | --- |
| 1998.9 | 武陵源被聯合國教科文組織警告 | 1998年，聯合國教科文組織在對張家界武陵源進行例行監測的報告中指出「武陵源現在是一個旅遊設施泛濫的世界遺產景區」。在多方壓力下，武陵源景區在1999年和2001年開展了兩次拆遷 |
| 1999.10 | 張家界「天下第一梯」事件 | 1999年10月，在武陵源景區拆遷工作啓動不久，號稱擁有世界「天下第一梯」的武陵源百龍觀光電梯開始建設，社會各界高度關注，電梯幾經周折，仍然正常運營 |

表10.1(續)

| 時間 | 事件 | 事件簡介 |
|---|---|---|
| 2000.8 | 泰山增建索道事件 | 泰山先後於1983年、1993年和2000年不顧專家反對建設三條索道。2000年8月，國內14名院士聯名上書國務院反對泰山擴建索道，並要求拆除中天門至岱頂索道，但泰山方面不顧反對，仍將索道建成運營 |
| 2000.5—2001.5 | 曲阜「水洗三孔」事件 | 2000年12月6日—13日，曲阜「三孔」管理部門為迎接中國孔子國際旅遊股份有限公司的正式成立慶典，對文物進行全面清洗或以其他工具直接擦拭，致使「三孔」古建築群22處文物不同程度受損。國家各部委高度關注，事件以當事人受到嚴肅處理而告終 |
| 2002.2.24 | 黃山修建水庫事件 | 2002年2月中央電視臺《經濟半小時》對黃山景區正在施工的水庫、賓館等大型項目進行批評性報導，社會各界反響強烈 |
| 2003.1—2003.9 | 武當山失火事件 | 2003年1月19日，因私立武校工作人員私拉亂接電線引致武當山遇真宮失火，又因消防設施不全、救火條件差等原因無法搶救導致遇真宮化為灰燼，在國家文物局等部門的介入下，當事人服法 |
| 2003.4—2003.8 | 都江堰楊柳湖工程事件 | 2003年4月，四川省相關部門擬在距都江堰水利工程魚嘴分水堤1,310米的地方修建楊柳湖水庫大壩，引起社會各界關注。8月由建設部、國家文物局和中國聯合國教科文組織全國委員會三部委組成的聯合調查小組認定楊柳湖工程將危害世界遺產都江堰，建議停工。8月7日，都江堰管理局決定暫停楊柳湖工程 |
| 2005.3—2005.7 | 圓明園防滲工程事件 | 2005年3月，關於圓明園內湖泊防滲工程的消息被媒體披露並引起社會各界廣泛爭論，認為此工程影響遺產原真性。最後在專家學者、社會大眾和公眾媒體的推動下，2005年7月7日，環保局宣布「全面整改」防滲工程 |

資料來源：張朝枝. 旅遊與遺產保護——基於案例的理論研究［M］. 天津：南開大學出版社，2008：200-201.

### (三) 重旅遊設施建設，輕科學文化研究

北京大學世界遺產研究中心謝凝高教授認為，世界遺產具有五大功能，即：「科學功能、教育功能、旅遊功能、啟智功能和創作山水文化體驗活動的功能。」但目前國內對世界遺產旅遊功能開發的重視程度遠勝於科學教育和文化保護功能。世界遺產地普遍熱衷於景區交通運輸設施、食宿接待設施、遊覽娛樂設施和旅遊購物等各種服務性設施和商業性工程項目的建設，過於重視景區物質硬環境的建設，造成自然文化遺產地人工化、商業化和城市化現象日益嚴重。與此同時，卻對世界遺產本身所應具備的科學、美學和歷史文化價值的挖掘不夠，對世界遺產地民族文化的獨特性和多樣性缺乏有效的保護和繼承，甚至將古樸的民俗文化、

民族風情、肅穆的宗教儀式包裝成為粗俗的商業化表演，不但使世界遺產喪失了其科普教育功能，而且使珍貴的民族特色文化受到嚴重衝擊，一些珍貴的文化旅遊資源面臨退化和消失的危險。例如，雲南的麗江古城區 2010 年 1—9 月份旅遊接待總人數高達 460.53 萬人次，旅遊綜合收入預測為 51.69 億元。然而，旅遊發展在給麗江古城帶來經濟效益的同時，也給古城帶來了很大的社會文化衝擊，表現為古城商業氛圍越來越濃，在 3.8 平方千米的狹小區域內，門市林立，人聲嘈雜，居民平靜的傳統生活方式受到影響，居民外遷嚴重，古城納西文化受到了嚴重衝擊。

另外，對國內世界遺產資源的科學研究重視不足。世界遺產地建立的一個重要目的就是將其作為學術研究的基地加以保護。但是，由於片面追求經濟效益，加之人才、資金等各方面的局限，學術研究相比國外嚴重滯後，對於地質結構、地貌特點、生物多樣性保護，以及文化遺產點的歷史、地理、生態、民俗和相關聯的非物質文化遺產的研究不夠深入。

**(四) 重景區發展，輕社區參與**

2002 年的《世界遺產布達佩斯宣言》明確指出，應當「努力在保護、可持續性和發展之間尋求適當而合理的平衡，通過適當的工作，使世界遺產資源得到保護，為促進社會經濟發展和提高社區生活質量做出貢獻」。這就需要正確理解遺產保護和地方經濟發展之間的關係。目前，國內世界遺產地一般都比較重視景區內部門經濟的發展，尤其是與旅遊業緊密相關的商貿、飲食、住宿服務業以及交通業發展較快。在遺產保護方面，往往只是側重於景區內單體文物的鑒定和保護，而對遺產保護背後的形形色色的「人」的因素卻視而不見，將遺產與其所處的自然人文環境及其包含的人文現象分割開來，對遺產所在地及周邊的社區如何實現和諧發展缺乏系統全面的研究，即所謂重「物」輕「人」問題嚴重。由於中國多數世界遺產地的城市化問題比較突出，不少核心景區人口居住較為集中。一方面，遺產地居民外遷缺乏資金和土地安置保障，但在發展上又因必須服從於遺產保護的要求而受到種種限制；另一方面，由於利益分配機制不公，遺產所在地通過發展旅遊獲得的高收益，大部分進入投資商的口袋，當地社區居民一般難以得到相應的利益分成，而由於旅遊活動帶來的各種不良影響，如環境污染、生態破壞、文化衝擊等卻留給了當地居民，這必然會引起居民的不滿，也會挫傷居民對遺產保護的積極性，出現與遺產保護區爭奪土地使用權、資源使用權、平等經營權的現象。

## 二、規劃失位

規劃失位的問題主要表現在 3 個方面：一是世界遺產專項規劃的制定水平有

待提高，可操作性不強。目前各世界遺產地基本都有一些風景名勝區或世界文化遺產保護的專項規劃，但從實踐來看，各地規劃的製作水平參差不齊，有些規劃將世界遺產等同於一般的旅遊資源，只注重旅遊經濟增長的指標，忽視遺產保護和生態環境的制約指標，有些規劃指導性和原則性的內容較多，而具體化、可操作性的內容較少，有些則對世界遺產的文物保護、建築功能、居民比例、旅遊規模等缺乏科學論證，對世界遺產資源的保護利用機制缺乏有效分析，對世界遺產如何實現與周邊社區的協調發展缺乏針對性對策。二是世界遺產專項規劃與遺產所在地城鄉總體規劃、控製性建設規劃、土地利用規劃、經濟社會發展規劃的銜接不夠，各類規劃之間甚至出現內容矛盾、不相協調的現象。三是世界遺產專項規劃的執行有待加強。目前多數規劃都不同程度地存在著重視規劃過程、輕視規劃實施的問題，不少規劃編制花費了大量的人力、物力和財力，而一旦被評審驗收，多數便被束之高閣，難以真正按規劃內容實施；而規劃編製單位一般也較少提供持續跟蹤和後續服務，使規劃只是停留在紙面上。

## 三、管理亂位

中國境內的世界遺產實行的是多元化、多層次的管理體制，縱向的專業管理部門和橫向的地方政府部門相結合是中國遺產管理的基本模式，但這種模式的實際管理效率卻相對較低。一方面，世界遺產名義上屬於國家所有，但實際上主要採取屬地化管理體制，只在必要的情況下成立相應的行政管理機構，如風景名勝區管理委員會、國家森林公園管理委員會、自然保護區管理委員會、文物管理委員會等，代表國家資源所有者實施管理權。這樣一來，地方各級政府成了遺產的實際管理者，因而其管理體制也是以適應地方經濟發展的狀況而設，一些政府部門甚至營利性的企業都可以將國家公共資源作為謀取利益的工具，將遺產資源承包開發，分片經營，既容易改變世界遺產的性質和功能，也無法實現有效的管理。如作為世界遺產地的廬山，竟然出現了海拔800米以下歸星子縣管理，海拔800米以上歸廬山管理局管理的尷尬局面。另一方面，中國世界遺產的管理實行多頭管理，缺少專門的管理機構。雖然有眾多的遺產管理機構，卻沒有一個能對世界遺產負主要責任。從國家層面來說，文化遺產由國家文物局系統管轄，自然遺產由建設部系統管理，代表中國政府與聯合國教科文組織相對應的中國世界遺產委員會卻又設在對世界遺產沒有任何管理權的教育部下面。從地方層面來說，長期以來，中國的世界遺產依據其資源的狀況，分別歸建設、林業、環保、文化、文物、宗教、地質、旅遊等部門行使管理權。各部門在行使管理時所依據的基本思想、法律支撐、社會環境、目標指向又各不相同，如建設部門主要依據《風景名

勝區管理暫行條例》主管風景名勝區；環保行政部門主要依據《中華人民共和國自然保護區條例》主管自然保護區；林業部門主要依據《森林公園管理辦法》主管國家森林公園；文物行政部門主要依據《中華人民共和國文物保護法》主管文物保護單位。這容易導致世界遺產在管理時出現法律法規不明、管理工作效率較低，甚至經常出現政策衝突、互相扯皮的現象。如世界遺產武陵源，同時是建設部的國家級風景名勝區、林業部的國家森林公園、國土資源部的國家地質公園、國家旅遊局的4A級景點，諸多頭銜在表示其重要性的同時，也給管理帶來很大的不便。

## 四、制度缺位

### （一）要素保障制度有待加強

要素保障是實現世界遺產持續發展和有效保護的重要支撐，主要涉及資金和人才等方面。首先，世界遺產保護的經費投入嚴重不足。一方面，國家的財政撥款有限，不僅保護管理經費總額較少，而且除了面向世界遺產，還要面向眾多的風景名勝區、文物保護區、森林濕地等，使得世界遺產缺少穩定而充足的經費來源。例如，20世紀80年代以來，建設部每年用於國家風景名勝區的管理經費是1,000萬元，平均每個景區8.4萬元。一些比較大的風景區，如黃山、廬山等，僅職工工資一項每年就需要支付1,000萬元以上。另一方面，雖然遺產旅遊給遺產所在地帶來了可觀的收入，但這些收入主要作為當地財政收入的主要來源和景區自身的日常運轉，直接用於遺產保護的經費非常少。如重慶大足石刻年收入2,000多萬元，其中有900多萬元需上交地方財政；武當山年門票收入1,000多萬元，全部用於景區1,800多名職工的工資支出和扶貧工作。也就是說，雖然國家的財政撥款非常有限，卻仍然是世界遺產保護的主要資金來源，這種國家保護、地方受益的體制不利於遺產的保護。

其次，世界遺產保護的專業人才缺乏。由於世界自然與文化遺產的保護和利用，涉及廣泛的科學知識和專業學科，而中國世界自然與文化遺產地的管理人員的專業知識水平普遍缺乏，能在第一線保護修復的專業保護隊伍數量十分有限，保護技術相對落後，即便是眾多高等院校也缺乏遺產研究與開發人才的培養。

### （二）監督評估制度有待健全

中國世界遺產的監督評估制度尚不健全，主要表現在：

（1）世界遺產保護的行政監管制度有待加強。世界遺產地的相關行政主管部門，對世界遺產的日常經營管理的監督還需強化，對在世界遺產內開發項目的破壞性預防不夠，對遺產地違章建設活動的整治力度需要進一步加強。

（2）世界遺產監控的專業技術監督體制有待進一步完善。住房和城鄉建設部已經引入了先進的科技手段對遺產地實施監測，大部分風景名勝區均建立了以景區衛星遙感監測、景區容量監測等尖端科技監管系統為代表的科技監管體系。但專業的技術指導和監督機構較少，各類世界遺產資源的數字化管理、景區與社區經濟社會發展的信息化管理還有待加強。

（3）世界遺產保護的績效評估機制尚未建立。目前中國還缺少與世界遺產保護監測相對接的自然、文化遺產資源保護的績效評估體系，缺少具有可操作性的遺產保護管理衡量標準。

（4）世界遺產保護的專家諮詢制度有待完善。雖然國家文物局已建立了中國世界文化遺產專家庫和專家委員會，但只限於對國家層面開展世界文化遺產申報、保護和管理等工作提供專業諮詢，而各個世界遺產所在地的政府機構在遺產開發決策時，卻較少採用專家諮詢制度，導致遺產資源的商業化開發大行其道，給遺產保護帶來負面影響。

（5）遺產管理的公眾監督機制不完善。目前中國的世界遺產管理的公眾參與度較低，尤其是世界遺產地居民參與管理、監督的範圍較小，社會公眾輿論監督力度不強。

### （三）法律法規制度有待完善

目前中國已有不少不同層次的涉及世界遺產保護管理的法律法規，如《風景名勝區管理暫行條例》《文物保護法》《文物保護法實施細則》《森林和野生動物類型自然保護區管理辦法》等。還頒布了一系列相關文件，如《關於採取切實措施加強世界文化遺產地保護管理工作的通知》《關於加強中國世界文化遺產保護管理工作的意見》《世界文化遺產保護管理辦法》等。有些世界遺產地也結合本地遺產情況出抬了一系列地方性保護法規及文件，如《四川省世界遺產保護條例》《福建省武夷山世界文化遺產與自然遺產保護條例》《北京市長城保護管理辦法》《甘肅敦煌莫高窟保護條例》等。但總體來說，仍然存在以下問題：

一是缺少專門針對世界遺產的國家立法。雖然有關風景名勝和文物保護的法律體系相對完善，但不能涵蓋世界遺產的全部內容，如《文物保護法》不能涵蓋對自然原生態的保存，《自然保護區條例》不會觸及歷史、考古、建築，《風景名勝區管理暫行條例》及其《實施辦法》由於出發點不同，其「風景名勝」的概念界定與世界遺產不完全一致。

二是目前有關世界遺產保護的法規文件多以國務院及其部委或地方政府及其所屬部門頒布、制定的「意見」「規定」「通知」等文件形式出現，大部分文件由於缺乏正式的立法程序，嚴格意義上都不能算作國家或地方的行政法規，對世界

遺產的實際保護力度有限。

三是這些法規文件涉及內容的廣度與深度不足，可操作性不強。現行的法規文件內容往往以明確保護的對象、保護的內容與方法為主，而對世界遺產保護運行過程中具體管理操作所涉及的法律問題不夠明確，如保護、管理、監督的機構設置、保護資金的來源和利用方式，以及違章處罰措施等均無具體內容，容易造成執行不力，甚至錯誤執行的後果。

## 第四節　國外遺產保護經驗及其對中國的啟示

回顧世界遺產誕生及相關國際機構、組織的發展歷史，不難發現，歐洲最先認識到遺產保護的重要性，可以說，歐洲是世界遺產保護的中心。早在 1790 年，法國國民議會就設立了遺產保護機構，列出遺產清單以加強對國內文物古跡的保護；為更好地在人們心中樹立遺產意識，1984 年法國人又創建了首個文化遺產日（每年 9 月的第三個周末）。義大利則每年都舉辦「春天」「夏日」「秋實」或「冬眠」等各種遺產保護主題活動。相比之下，中國於 1985 年底加入《保護世界文化和自然遺產公約》，1987 年才成功申報了中國的第一批 6 項世界遺產。儘管在過去的 20 多年裡，中國在世界遺產的申報上取得了令世人矚目的成績，但在遺產保護上與國外還有相當大的差距。從世界遺產的學術研究和保護實踐來看，美國、義大利、法國和日本對世界遺產保護的經驗值得我們學習。

### 一、世界各國對遺產保護的經驗

#### (一) 重視法律法規體系建設

世界遺產的公共性、易損性等決定了對其保護必須依託於國家強有力的法律法規政策體系。在世界各國對遺產的保護實踐中，無論國家體制如何，均重視對本國的遺產保護進行立法。

1. 義大利的遺產立法

悠久的歷史和豐富的資源奠定了義大利遺產大國的地位，但令人稱道的是該國對世界遺產的重視和健全的遺產法律法規體系。義大利的面積僅 32 萬平方千米，但整個國家卻有約 3,500 家公立和私人博物館、10 萬座教堂、5 萬座歷史建築和花園城堡、2,000 處考古遺址。義大利在保護遺產工作上不遺餘力，首先就體現在遺產立法上。總結其遺產立法，有兩個特點：第一，立法歷史悠久。早在 15 世紀，羅馬教廷就頒布了第一部旨在防止藝術品破壞和流失的國家法令；17 世紀，

教皇們頒布的相關法令進一步規範了文物、藝術品交易及出境行為；1820 年，在教皇的主持下，樞機團以政府名義頒布了第一部《歷史文物及藝術品保護法》；隨後，經過不斷努力，到 1902 年，義大利頒布了《藝術及歷史文化遺產保護法》，這是義大利歷史上第一部歷史、藝術遺產保護令，也是最權威的文化遺產保護法。第二，遺產法律體系內容完善。根據保護對象不同，義大利分別制定了針對文化遺產和自然遺產的保護法。《藝術及歷史文化遺產保護法》是針對文化遺產的保護大法，該法令的保護對象內容豐富，保護範圍涉及古生物及史前時代的物品，古錢幣、抄本、書簡、重要文書、珍本書以及其他有價值的書籍、報刊；古宅、公園、庭園等在藝術、歷史、考古學以及民俗學上具有重要價值的動產和不動產；在藝術、歷史方面具有重要價值或在政治、軍事、文學藝術上具有特殊價值的文化遺產。針對義大利文化遺產具有分散化和高度私有的特點，該法在尊重財產私有的前提下，以法律形式強調了國家對民族文化遺產所具有的絕對特權，如國家對重要文化遺產的監護權、對考古遺址發掘的專控權、對流通文物的優先購買權等。為加強對自然遺產景觀的保護，義大利在 1939 年 6 月 29 日頒布了《自然景觀保護法》，保護對象涉及：具有明顯的自然美特點或地質學特色的靜止物；在《藝術及歷史文化遺產保護法》中未列舉，但因與眾不同的美色而著稱的別墅、花園和公園；共同形成美學價值和傳統價值的靜止物複合體；被視為自然圖畫的美景以及供公眾觀賞美景的眺望點或眺望臺等。該法的條文緊密聯繫實際，具有很強的可操作性，同時也盡可能與國際公約保持一致，是一步具有奠基性質的自然景觀保護法。在 1999 年，義大利融合、完善了包括《藝術及歷史文化遺產保護法》和《自然景觀保護法》在內的眾多相關法律法規，頒布了《聯合法》，作為保護世界遺產的唯一大法。目前，義大利遺產保護工作所依憑的正是這部《聯合法》。

2. 法國的遺產立法

法國為保護國內珍貴的遺產，自近代以來就建立了較為系統的遺產保護法令，並不斷加以完善。其經驗對許多國家，特別是對西方國家產生過積極的影響。從法案性質上看，主要包括自然遺產保護法和文化遺產保護法兩類。

法國最早的一部文化遺產立法是針對歷史建築的保護法案。19 世紀 30 年代，世界著名文豪雨果多次遊說法國國王大修面臨倒塌的巴黎聖母院，這催生了法國在 1840 年頒布的第一部文化遺產保護法——《歷史性建築法案》。在 1887—1913 年，法國又先後頒布了《紀念物保護法》及《歷史古跡法》，明確對不動產（如建築物、遺址）的保護範圍，1962 年進一步修訂了《歷史古跡法》，進一步明確了對建築物、遺址的保護責任和保護經費來源。大致看來，20 世紀 40 年代以來，

法國主要致力於完善文化遺產保護法。1941年，法國以《歷史古跡法》為藍本，通過了《考古發掘法》，強調對地下文物的保護，明確規定地下文物的發掘、試掘都必須先徵得國家有關部門的許可，都須在文化部的監督下進行。該法是法國唯一一部有關地下文物發掘工作的法律指南。1962年，法國通過了《歷史街區保護法》。根據該法，法國2,000多座著名建築群落中至少有400座受到了保護。1973年，為有效保護瀕危街區，法國通過了《城市規劃法》，強調在城市改造過程中應對歷史街區實行整體保護。該法與1962年通過的《歷史街區保護法》共同構成了法國歷史建築與歷史街區保護工作中最為重要的法律防線。

與19世紀專注文化遺產保護相對應，進入20世紀30年代以後，法國開始關注對自然景觀的保護。因現代化進程加快和人口快速膨脹導致自然景觀面臨人為破壞，法國在1930年頒布了歷史上第一部有關自然遺產的保護法——《景觀保護法》，該法的主要內容是保護天然紀念物或在美術、歷史、學術、傳說、繪畫上具有普遍意義的自然景觀及人文景觀，該法還規定在文化部下設全國歷史遺產景觀保護委員會，用以協調景觀保護工作。1960年，法國針對設立規模更大的國家公園及地域公園制定了專門性的法規，即《國家公園法》，明確在指定區域內生活的動物、植物、土壤、大氣、地下水以及獨特的自然景觀等，都將受到法律的保護。1967年法國第一座國家公園建立。同年，法國對1930年頒布的《景觀保護法》進行修訂，強化了原有的保護內容，並對保護景觀所在地的人類行為活動做了明確規定，如規定景觀所在地的公民除日常農耕或房屋修繕外，在進行其他大型施工作業時，必須提前4個月向有關部門提請申報。該法規定，進入遺產名錄或被指定的自然遺產的景觀可以是樹木、村落，也可以是歷史街區。在20世紀60年代，法國指定的自然景觀總量已達6,500處，這些天然紀念物及遺跡的周邊都設有專門保護區，以保護景觀的完整性。

3. 美國的遺產立法

美國的遺產保護法從性質上主要可分為：文化遺產保護法、自然遺產保護法和無形文化遺產保護法。在文化遺產法方面，美國制定的五部法規對遺產保護都有重要指導意義。1906年美國頒布《聯邦文物法》，該法規定：凡屬聯邦所有或歸聯邦管轄土地上的所有歷史性紀念地（包括考古遺址），均屬國家紀念物，嚴禁任何人對國有史前遺址進行非法挖掘、轉移和破壞；各種遺址、文物以及歷史建築的指定權均歸總統所有。該法是美國第一部有關史前文化遺產保護的法規，雖然其法律條文僅限國有財產，但對後來的文化遺產保護法的制定有著深遠的影響。1979年，美國頒布《考古資源保護法》，作為《聯邦文物法》的補充。該法在控製文物走私、遏制文化遺產流失方面有一定作用。1935年，針對考古遺址這項珍

貴文化遺產，羅斯福總統簽署了《歷史遺址與建築法》，該法提出應重視全國文物古跡調查、修復與產業化經營，明確對重要古跡的管理權。伴隨美國經濟的高速發展，快速的城市建設致使許多重要的歷史建築、歷史街區和歷史遺跡遭受不同程度破壞。美國國會先是頒布了有利於歷史遺址與古跡保護的《交通部法》，隨即於 1966 年 10 月通過《國家史跡保護法》，指出文化遺產根據其重要程度可分為地方級、州級和國家級；規定聯邦政府成立史跡國家註冊處，專門負責各種文化遺產的註冊、保護與開發；在各州設立史跡保護辦公室，負責制定本州文化產業發展綱要等。為保護美國原住民利益，美國還於 1990 年頒布了《美國原住民墓葬與賠償法》，授予現存印第安族群以相應權利。

在自然遺產保護方面，美國在世界各國中是當之無愧的先行者。早在 1832 年，美國邊疆風情畫家喬治·卡特林就提出建立「國家公園」的理念。隨後在環保主義者和旅遊業者的支持下，美國在 1872 年將黃石 8,990 平方千米的地區劃為國家公園。這是世界上第一個國家公園。同年 3 月，美國國會通過《黃石法案》，該法案稱，建立黃石公園是「為了人民的利益」，也是為了「使它所有的樹木、礦石的沉積物、自然奇觀和風景以及其他景觀都保持現有的自然狀態而免於破壞」。1978 年聯合國教科文組織將黃石公園作為世界自然遺產列入《世界遺產名錄》。以後美國逐漸建立國家公園體系，國家公園體系包括美國內政部國家公園管理局管理的國家公園、紀念地、歷史地段、風景路、休閒地等陸地水域共 33.74 萬平方千米，占國土面積的 3.64%，每年國家財政預算為 20 億美元，年接待遊客達 3 億人次。美國有國家公園 54 個，面積約 20 萬平方千米。同時，為更好保護國家公園的生態系統，美國於 1916 年頒布了《國家公園系統組織法》，該法使文化遺產周邊景觀得到整體關照，將山水、田園等自然景觀也納入到遺產保護範圍，為國家公園、自然景觀、國家保留區的保護奠定了基礎，且直接推動了美國國家公園司的設立。除此，美國還頒布了《國家公園服務法》，規定國家公園的任務是保護在其地區以內的所有自然遺產（各類物品和動植物等），並使當代的國民及其子孫後代享受這些自然遺產。這一法令確定了保護自然與文化遺產的辦法，並將美國許多以前被視為「沒有價值」的地區變成了旅遊區。

在非物質文化保護法方面，美國比較早地制定了《民俗文化保護法》。1976 年 1 月 2 日，美國國會通過了《民俗保護法案》，闡述了保護美國民俗的重要性、必要性及意義，並界定了美國民俗的範圍，即凡是在「美國境內各群體所持有的家族的、種族的、職業的、宗教的和地域的文化表現形式」，如風俗、信仰、技巧、語言、文學、藝術、建築、音樂、遊戲、舞蹈、喜劇、宗教儀式、慶典、手工藝等。該法案的出抬對美國非物質文化遺產的保護產生了積極作用，推動了美

國民俗中心的建立，為保存、展示和研究美國民俗產生了積極影響。

4. 日本的遺產立法

從世界整體情況來看，在對遺產保護的時間性和力度方面，亞洲國家與歐美國家相比普遍存在一定的差距。但日本作為一個亞洲國家，遺產保護法實施時間之早、數量之多、涉及面之廣、影響之大，堪與世界任何一個歐美國家媲美，在無形文化遺產的保護方面甚至超過了歐美。日本的遺產立法內容涉及地下文物、藝術品、歷史建築、名勝古跡、天然紀念物以及無形文化遺產等諸多方面，按性質同樣可分為自然遺產保護法和文化遺產保護法兩大類。

日本對文化遺產的保護是從小型文物開始的。1868年明治維新後，全國崇洋思想盛行，為避免毀佛釋之風對寺廟建築、文物等的破壞，1871年5月，日本太政官接受大學（現文部省的前身）的建議，頒布了旨在保護工藝美術品的法令——《古器舊物保存法》。該法宣布對寺廟建築及文物實施全方位保護，是日本政府第一次以政府令的形式頒布的文化遺產保護法。在1899年、1929年和1933年，日本連續頒布《遺失物法》《國寶保存法》和《重要美術品保存法》等涉及小型文物保護的法律法規。《遺失物法》是有關出土文物方面的法律條文，內容涉及出土文物的歸屬、保存以及對發現者應給予的報酬；《國寶保存法》是關於寶物的保護法，內容涉及「國寶」範圍的重新界定、國寶輸出和轉讓、維修、展示等方面；《重要美術品保存法》內容涉及臨時性美術品的保護，該法規定歷史上或美術史上具有特別價值的文物如需出口或轉讓，必須經文部大臣許可並辦理相關手續。除此，日本早在1897年就頒布了《古社寺保存法》，以加強對具有重要歷史價值和美術典範意義的古社寺建築物及寶物的保護；為保護古跡名勝與天然紀念物不受破壞，日本於1919年頒布《古跡名勝天然紀念物保護法》，以明確保護對象，劃分保護區域，對遺址、景觀進行整體保護。

值得一提的是，在日本，文化遺產資源被稱為「文化財」。二戰後，日本國內經濟亟待復甦，社會混亂。這給遺產保護帶來諸多壓力和困難，加之1949年1月發生在法隆寺金堂的一場大火將世界最古老的描繪在木結構建築上的壁畫燒毀。諸多因素催生了1950年日本《文化財保護法》的問世。該法是一部綜合性法規，內容涉及有形文化遺產、無形文化遺產、民俗文化、紀念物、傳統建築物群落等五大部分。在該法制定後的半個多世紀，日本還對其做了數次大的修訂，每次修訂在理念、原則以及具體操作細則上都有較大突破。

在對自然遺產的保護方面，日本也走在世界前列。1874年，受美國建立國家公園的影響，日本設立了自然公園制度。1932年，日本頒布《國立公園法》，這標誌日本自然遺產保護工作法制化建設的開始。步入20世紀60年代以後，為避

免戰後經濟高速發展給自然環境造成的破壞，日本還相繼頒布了《自然保護法》和《自然公園法》，這些法令有助於日本國內自然公園的建設。日本共頒布了16部法律，形成國家公園的完整保護管理法律體系。截至20世紀末，日本共設立國家公園28座，總面積達2.05萬平方千米，占國土面積的5.4%。國家公園與準國家公園、都道府縣自然公園共同構成日本國家公園體系。

## (二) 健全保護機構和運行機制

世界上大多數國家都成立了負責遺產登記和保護的機構，其中既包括政府機構，也包括類似於非營利組織或協會的準政府機構。建立高效的遺產保護機構，設立合理的保護運行機制，是實現對遺產有效保護的關鍵。

為管理好遺產，義大利創建了文化與自然遺產委員會。該委員會成員主要由數十名相關專業人士構成，委員會主席由國家文化及自然遺產部部長擔任。其人員構成相當廣泛，包括：18名從事考古學、藝術史、建築學專業、歷史專業、文化學和圖書館學專業的大學教授；18名在保護和利用文化及自然遺產方面具有特殊資格或取得過特別稱號及發揮過特殊作用的科技人員代表；以及6名行政機關代表、10名市鎮代表、3名省代表、4名國家級專家和2名宗教藝術專家。在保護運行機制方面，義大利推行市場運作，即政府鼓勵私人企業參與文化遺產的保護，在義大利有相當數量的私人企業從事文化遺產的保護、展示、修復和經營活動，為杜絕文化遺產在市場運作過程中被破壞，義大利有嚴格的法律體系約束和科學的工作規範。這些工作規範包括：施工項目實施嚴格的招投標制，實施嚴格的項目預算和審批制，實施嚴格的項目負責任制，施工前實施嚴格的先期試驗與觀察制；同時進行可行性分析，制定出嚴格的保護規劃。

在法國，設置了一套從中央到地方分工明確、效率較高的遺產保護機構。在中央，法國設文化部為文化遺產保護的最高決策機構。該部下設文化遺產司，專門負責文化遺產保護工作；文化司下設四處三科，專門負責不同類型的文化遺產的保護。此外，文化部在1914年下設歷史紀念物基金會，負責籌措保護基金，並負責基金的有效使用，比如用於遺產展示、遺產教育、遺產修復等方面。在地方，法國一方面在每個大行政區的政府內部都設置文化事務部，專門負責各行政區域內文化遺產的保護和管理工作，具體任務包括制定轄區內遺產的保護計劃、負責遺產的調查、修復、保護、展示等；另一方面，在大行政區下，法國還設置了兩個級別更低的基層單位：建築處和文物管理處，分別負責地方古跡建築管理和地方文物及藝術品管理。此外，法國還很重視諮詢機構對遺產保護的作用。在法國有多個負責文化遺產保護、開發、運營與諮詢業務的機構，如文化遺產保護最高委員會、文化遺產保護等級管理國家委員會、古跡研究國家顧問團等，這些諮詢

機構的成員主要是專家學者、相關行政部門公職人員、相關團體負責人,相關的民意代表也有不同程度介入。

在美國,遺產保護機構主要由政府部門遺產保護機構和遺產保護社團組織構成。美國設置了兩個國家級遺產保護機構,均由內政部管轄。一個是文化遺產保護的最高國家權力機構——史跡保護聯邦理事會,主要負責文化遺產保護方案的制訂與決策;該理事會現有成員19名,包括聯邦機構負責人6名,外加州長、市長、全國州古跡保護官會議主席、全國古跡信託組織主席、首都建築師各1名,保護專家、社會知名人士各4名。另一個是國家公園司,首要任務是負責國家公園內的文化及自然遺產的保護,職能包括實施遺產保護、制訂遺產經營與利用方案、提供遺產保護所需經費和技術等。此外,美國政府部門的遺產保護機構還包括1965年成立的美國藝術人文科學財團和各州的史跡保護辦公室及各縣市的歷史街區委員會。前者是美國振興本土藝術、保護民族文化遺產的專設機構,該財團直屬總統,資金主要來自政府預算和民間資助;後者是為更好落實國家級遺產保護機構的職能,對應設立的直屬機構。史跡保護辦公室負責人由州長任命,主要職能是制定本州遺產保護預算和古跡的保護方案;縣市的歷史街區委員會則負責本地區的文化遺產保護。另外,遺產保護社團組織在美國比較發達,在遺產保護中發揮著重要作用。二戰前,由市民構成的美國歷史建築調查組織,由老百姓組成的平民保護組織等民間社團就活躍在遺產保護領域。二戰後,羅斯福總統公開反對國家對文物保護工作的投入,這客觀上促進了美國遺產保護社團組織的快速發育。1947年4月成立的「全國史跡理事會」(1949年更名為全國史跡信託組織)與「古跡保護行動組織」是最為著名的兩個社團組織,他們在美國各州、市都設有相應的分支機構,構成了對遺產從全國到地方各州、市、縣的立體保護體系。

在日本,遺產保護機構不僅有中央和地方兩級政府機構,也有諮詢機構和民間社團組織。中央的遺產保護機構是隸屬文化科學省的文化財部,文化財部下設傳統文化科(由文化財保護企劃室組成)、美術字科(由美術館、歷史博物館室構成)和紀念物科、建造物科,分別負責有形文化遺產、無形文化遺產、民俗文化遺產和紀念物歷史建築群落的保護規劃、設計與實施職能。地方的遺產保護機構是各級地方政府中設立的教育委員會,從都道府縣到各村,日本都設有教育委員會,負責轄區的文化遺產保護、管理和活用。在諮詢機構方面,1968年6月,日本成立的文化財保護審議會是重要的負責文化遺產保護的諮詢機構,其主要職能是專門為文部大臣及文化廳長官提供遺產保護與活用等業務諮詢,並提出自己的建議和意見。此外,各級地方政府也設有相應的文化遺產諮詢機構。在保護社

團組織方面，日本鼓勵民眾參與遺產保護，支持民眾組建文化遺產社團組織。日本的文化遺產保護組織主要有兩大類：一是由負責文化遺產調查與研究的專家學者所構成的組織；二是由負責文化遺產修繕、展示與傳承的傳承人所構成的組織。

(三) 開拓保護資金來源渠道

毋庸置疑，世界遺產的保護、修復和展示，需要大量的資金作保障。儘管一些嚴重缺乏遺產保護資金的國家，可通過向世界遺產委員會申請而從每年400萬歐元的世界遺產基金中獲得一定的財力援助；但對遺產國來說，更重要的是發揮政府和民間的合力，開闢多渠道以獲得遺產保護資金。在這方面，義大利的做法很有啓發意義，其經驗主要有以下幾點：

1. 中央、地方雙管齊下

義大利文物古跡主要由國家負責保護和管理，文化遺產保護所需的大量資金，也主要由政府負擔。中央政府每年的撥款約占整個國家財政預算的1%～2%。在此基礎上，各大區及省、市政府也有地方撥款，而有些企業和個人也設立了文物保護基金。此外，公營和私營部門也可通過聯合國教科文組織和歐盟框架依法獲得援助。因此，義大利每年都有大批資金進入文化遺產保護領域。

2. 合理制定遺產景區門票價格

與絕大多數國家一樣，義大利也收取世界文化遺產的景點以及國家博物館的門票，門票價格由文化部下屬的文化遺產部統一制定。門票收入占國民人均收入近1%，所有門票收入上交國庫。

3. 鼓勵社會參與投資

在義大利8,000多個市鎮中，「法定歷史中心區」就有900個，要保護這麼多文化項目，單憑政府行政力量顯然不夠，需要全社會貢獻力量。羅馬大學建築學院教授比昂齊說，自1996年以來，義大利國家通過法律形式規定，將社會上發行的各類彩票收入的0.8%作為國家文物保護專項資金。僅通過這一項，每年就可增加15億歐元經費。如在1998—2000年，義大利通過彩票資金啓動了約200個文物保護新項目，完成了一些停頓多年的老項目。同時，政府鼓勵企業尤其是私人企業家投資保護文化遺產，對投資文物保護和修復的企業或個人給予優惠稅收政策，比如允許企業對各類社會文化活動的贊助直接抵稅，以利於一些文物保護項目通過企業贊助完成。因此，許多著名公司爭相贊助大型文物古跡的修復工作，如羅馬古鬥獸場、水城威尼斯的標誌性建築古跡等。

4. 「領養人」制度

在接受社會投資方面，文化遺產部會事先推出項目計劃，允許個人和企業投資，最後由文物部門具體操作。隨著文化遺產保護事業的發展，義大利政府從

1994年起將部分博物館、古跡、遺址等逐步租讓給私人資本管理，國家則掌握所有權、開發權和監督保護權，管理者的重要人事任免、門票價格、開放時間也由文化遺產部決定。這種「領養人」政策最長期限一般不超過99年，「領養人」可以是個人、非營利性組織或營利性機構。「領養人」對文化遺產有使用權和一定的內部改造權，但須對「領養的」遺產進行日常維護。「領養人」制度使文化遺產有了固定維護人，有比較穩定的資金支持，得以更好地保存下去。

5. 與公眾對話，構建遺產保護平臺

義大利政府於2002年又設立了文化遺產保護平臺——「文化遺產和可持續旅遊交易所」，將上述所有保護機制集中於這個平臺進行管理和協調。由於文物保護受到國家和社會高度重視，常有國內外企業慷慨解囊，積極贊助，彌補了政府經費不足。比如，米蘭聖瑪麗亞教堂裡的達‧芬奇名畫《最後的晚餐》，最後一次大規模修復就是由義大利奧利維蒂計算機公司贊助的。

儘管義大利在遺產保護資金籌措方面有許多值得他國借鑑之處，但最為關鍵的是，這種文化遺產管理模式不但調動了公眾參與積極性，而且將公眾利益、公眾服務放在了文化遺產經營管理工作的重要地位，強化了公眾自發保護意識，愛惜文物、保護遺產成為全民風氣。因此，雖然政權更迭頻繁，但無論哪個黨派執政，都對文化遺產的保護給予高度重視，企業舍得投入，個人慷慨解囊，政府也吸收到了大量專項資金。

## （四）發展遺產保護教育培訓體系

組建遺產研究機構、構建遺產教育培訓體系，以培養遺產保護專業人才，營造國內對遺產保護的良好社會風氣，是實現遺產保護工作可持續發展的關鍵。在這方面，遺產保護事業相對發達的義大利、法國和日本都有可借鑑之處。

義大利對遺產保護的高度重視使得與之相關的教育培訓體系得到不斷完善。義大利有十幾所國立大學和部分私立大學開設歷史藝術、考古、建築、修復等與文化遺產保護相關的學科和專業，如維泰爾堡大學的文化遺產保護系就非常就有知名度。此外，義大利還設有專門的文物修復學院，如羅馬修復中心、佛羅倫薩文物保護研究所等。要想進入這些國家級教育培訓基地院校，需要通過嚴格的考試，內容包括美術、實踐經驗，以及古希臘、古羅馬和義大利的藝術史。錄取後，一般學期為3年，學院按專業分別由專家帶領上課、實習；學習內容包括古代、中世紀和近現代藝術史、修復技術、化學、物理、自然科學、繪畫及雕刻技術，並有專門的文物修復課。學員畢業時，成績優異者可獲得「修復師」證書，成績較差者獲得「修復工」證書。如想進國家文物機關，還需經過更嚴格的考試。

法國建立了較為完善的遺產保護科研體系，不僅有數以百計的文化遺產研究

機構，如古跡保護研究中心、法國文化遺產保護研究實驗室等，還有地質水利研究中心、道路與橋樑學院中央研究室、國立瓷器研發中心、材質檢驗研究室、畫冊保護研究中心、羅馬時期壁畫研究中心以及圖書、影像、文化遺址、自然遺址、人類學資料等專門研究機構。在遺產教育培訓體系方面，法國成立了文化遺產保護學院，以作為專門的文化遺產教學機構，該學院以培養文化遺產保護與管理工作的專門人才為宗旨。為解決普通技術人員不足的問題，法國還專門增設有以培養技術員為主的法國文物保護修復學院，以保證對文化遺產保護人才的供給。

日本的主要措施，一方面在高校設置遺產保護、修復相關專業以培養專業人才，另一方面是通過遺產的科學、合理展示以培養國民對遺產的保護意識。在日本，文化遺產的保護理念是「文化遺產是民眾的遺產」。日本非常重視文化遺產的活用，強調對遺產的保護為「全民所知、全民所用」。「全民所知」就需要將文化遺產宣傳給民眾，創造各種渠道讓民眾去接觸、去參與，而不是束之高閣。「全民所用」就是指，文化遺產必須向全體國民和社會公眾公開展示，以最大限度地發揮其影響和價值（這也是日本相關法律的規定）。比如就日本酒文化遺產而言，宣傳的主體是釀酒主體，而非國家或地方政府、文化精英等。國家在這一過程中所起到的作用只是在必要時給予一定補助，幫助地方對文化遺產進行調查、修理或購買設施及用具、培養傳承人、在當地公開展示、舉辦研討會、製作影像資料等。這樣做，民眾才能在自願自覺的狀態下接受該文化遺產，減少抵觸感，增加互動感和參與感。同時，為實現「全民所用」，日本的各個釀酒區域，將酒文化的每一個細節都充分利用起來，在不對其原生狀態構成破壞的前提下使酒文化很自然地融入基層人們的日常生活中。如日本黃櫻酒紀念館內有兩個水源（釀酒專用水）供當地居民取水煮茶，每天來這裡排隊取水的人們絡繹不絕。

## 二、國外經驗對中國遺產保護的啟示

### (一) 進一步完善世界遺產保護管理的法律法規

盡快制定《中華人民共和國國家遺產法》，將世界遺產（包括尚未進入《世界遺產名錄》但進入國家世界遺產清單的遺產資源）納入法制化的軌道。集中利用立法資源，將《中華人民共和國文物保護法》《中華人民共和國自然保護區條例》《風景名勝區管理條例》等國家法律法規的相關內容統一協調，盡快制定並發布統一的世界遺產法作為遺產保護與利用的基本法律依據。該法要明確遺產的管理體制、責權歸屬、利用方式、財政支持、收益分配、監督方式和處罰措施等具體內容。

### (二) 建立世界遺產保護的分級分類管理機制

由於中國遺產資源的門類豐富，且資源質量差別很大，因此應盡快按價值等

級建立和實行遺產的分類和分級管理制度，以確保不同類型、不同等級的遺產能夠得到有針對性的不同管理，包括各自相應的管理制度、管理標準、行銷系統、監測系統等。對於世界級遺產和國家級遺產，應像發達國家那樣，組建「國家遺產管理局」或「國家遺產委員會」，走單一部門主管之路；對於低級別遺產（尤其是具有遺產要素的土地資源），考慮到遺產地範圍內居民的管理和服務，以及行政區劃和地方利益的問題，可考慮在堅持遺產資源保護的法規和準則的前提下，完善以地方管理為主的遺產管理體制。

**(三) 科學編制世界遺產地的保護規劃**

首先，在戰略思路上，要樹立「保護第一」的思想，明確保護管理的原則、目標和對象。同時，在編制規劃時必須注意與聯合國教科文組織世界遺產中心和國際古跡遺址理事會對世界遺產監測的標準相對接，避免中國的世界遺產被列入《瀕危世界遺產清單》。

其次，在詳細規劃中必須與一般的旅遊發展規劃有所區別。應充分吸收當今世界遺產保護規劃的先進理念，突出世界遺產的真實性和完整性，突出地域特色和文化內涵，科學確定旅遊環境容量和可接受變化的極限，根據遺產資源的價值、類型、空間分佈及其保護利用性質實施功能分區進行分級分類保護；要編制遺產地保護性開發建設和旅遊項目設計的相關技術規範，提出遺產地景區與社區協調發展的合理對策。

最後，世界遺產的規劃編制，要注重加強與遺產所在地的國民經濟和社會發展規劃、城鎮規劃、土地利用規劃以及生態環境保護規劃的銜接。

**(四) 進一步提高世界遺產保護監管能力**

一是要建立世界遺產的保護能力評估機制和預警機制。要以國際監測標準為依據，建立科學合理的評價指標體系，對全國世界遺產類資源的保護狀態進行全面評估，摸清遺產資源保護的本底狀況，並按其受破壞程度進行分級分類警示。這樣既可協助開展世界遺產的反應性監測，又有利於強化遺產地的長期保護和科學保護。

二是建立全國重大自然文化遺產的信息管理系統，對遺產資源的保護狀況和規劃實施情況進行遙感動態監測，積極推進遺產地數字化管理基礎工程建設，完善技術服務支撐體系，全面加強遺產保護的科學研究。

三是建立健全世界遺產保護利用的專家諮詢制度。建議設立國家世界遺產管理的決策諮詢機構，由有關專家組成委員會，對世界遺產保護進行第三方獨立監督、評估、論證、審查遺產保護規劃和建設、維修工程等可能影響世界遺產價值的重大事項，為科學決策提供有力支持，並防止政府權力的濫用。

四是鼓勵社會公眾參與世界遺產的保護監督。鼓勵社區民眾、新聞媒體及民間保護組織主動參與世界遺產的保護監督，建立公開透明的輿論監管渠道和信息溝通機制，加強世界遺產資源保護的民間監督。

(五) 加大對遺產保護的資金投入

一是通過政府財政預算，建立世界遺產專項保護資金，用於自然資源、文化資源的保護以及必要基礎設施的投入。

二是通過社會團體和民間組織，建立世界遺產保護基金會，積極爭取國際遺產保護的經濟援助，向全社會包括海外的相關組織和個人募集資金，用於世界遺產的調查、評估、研究、教育、宣傳等項目。

三是建立世界遺產有償使用制度。通過立法形式規定，從門票收入中提取一定比例用於遺產的保護；借鑑國外國家公園特許經營方法，從世界遺產地受益的企業經營收入之中提取一定比例的特許經營費，用於遺產地的保護。

(六) 加大遺產保護的宣傳、教育、培訓和研究力度

一是加強遺產保護的輿論宣傳。積極通過網路、電視、報紙、展覽、講座等各種形式，開展世界遺產資源可持續發展的宣傳與教育，普及遺產保護的法律、法規及公約等方面的知識，提高公眾的保護意識，努力形成全社會關心、愛護世界遺產並自覺參與世界遺產保護的氛圍。

二是加強世界遺產保護的公眾教育。在全國中小學開設世界遺產保護的科普教育，增強青少年對世界遺產保護的認知；在大學可增加世界遺產專業或相關的選修課程，激發與培養公眾對世界遺產的尊重，加大對世界遺產保護手段和法律法規的教育。

三是加強世界遺產保護的專業管理人才培訓。通過舉辦專業培訓班、專家講座、遠程視頻教育等方式，對各世界遺產管理機構的管理人員進行培訓，提高專業管理水平。

四是加強世界遺產保護的科學研究。要加強自然遺產和文化遺產兩種遺產類型的融合研究，尤其是地質演變、生物多樣性與文化多樣性的綜合研究。加強區域性、複合性世界遺產的多學科綜合研究。加強世界遺產方面的國際學術交流，尤其是要加強與聯合國教科文組織世界遺產中心、世界自然保護聯盟等國際組織機構的交流，就當前中國遺產資源保護的突出問題開展各種類型的學術研討。

## 三、中國在借鑑國外經驗過程中的注意事項

當然，中國也無法照搬國外的保護體制，因為國內外在法律、文化、經濟水平、歷史經驗等環境因素方面差別很大。所以，中國對國外遺產保護的借鑑需要

在一個跨文化背景的比較分析下進行。從跨文化角度來看，以下兩點值得注意：

一是保護體制差異。如在中國現有國情下，在國家大體制的背景下，單純的模仿美國「國家公園管理局」為世界遺產設立專門的管理機構，是不現實的。這種機構在處理與國家風景名勝區、國家森林公園、國家自然保護區的關係，以及協調不斷出現的遺產地與原有管理機構的關係時，會使現有的管理機制更加複雜化。因此，現階段應該做的，是從保護管理理念上與國外接軌，以現有的法律規程和保護條例為基礎，制定一部世界遺產的保護管理法規或條例。

二是保護管理的對象差別。以美國的國家公園為例，其主要以自然景觀為主，文化資源較少，遊客較少而且較單一。而中國的文化遺產地遊客壓力大、宗教的聚眾功能強，加之長久以來各級單位度假區的滲透，管理的對象更複雜、難度更大。因此，在保護管理方法上要注重多元化、個性化。比如，遊客數量過載是目前中國世界遺產地面臨的主要問題。就這一問題，不同類型的遺產地可能就要採用不同的管理辦法：莫高窟可以嚴格控製遊客進入量，甚至關閉重要洞窟；但布達拉宮，面對眾多虔誠的信眾就只能採取有效的疏導措施，而不能將其拒之門外。

在對西方遺產保護的分析中，除了需要考慮不同文化環境，還需要注意到西方遺產保護管理體制的建立是一個歷史發展過程。我們不能僅僅看到西方遺產保護體系完善，也要看到歷史上西方出現的各種錯誤。因此借鑑和分析比較是在一個跨文化同時也是一個跨時代的過程。有些保護理念不單單靠簡單的培訓和學習就能獲得的，這需要一個逐漸理解和不斷摸索的過程。

## 第五節　遺產旅遊與遺產保護

### 一、遺產與遺產旅遊

#### (一) 遺產與旅遊的本質

1. 遺產的內涵、價值

「遺產」通常是指祖先遺留下來的東西。較早時期的「遺產」，僅指直接「繼承」下來的東西，所以「遺產」往往指物質的、可供懷舊的紀念物、人類遺址、歷史遺跡等。理解「遺產」的本質時要特別注意區分「遺產」與「資源」。「資源」一詞是指該資產被認為是有經濟價值的，是可以被開發的；而「遺產」一詞則承認該資產的非經濟價值，並且更進一步承認它是祖先遺贈的財產，這其中包含了某種義務和責任。

遺產並非千篇一律，它存在不同層次或等級，遺產可分為世界遺產、國家遺

產、本地遺產和個人遺產。世界遺產的等級最高，它是各國在精心挑選出來的國家遺產的基礎上經過世界遺產委員會相關機構評選出來的。遺產具有經濟意義、社會意義、政治意義和科學意義。經濟意義體現在遊客的遊覽觀光給遺產地帶來的經濟收入，由於遺產業日益面臨著自負盈虧的局面，因此很多遺產地都要求遊客付費遊覽參觀，這體現出遺產的經濟意義；社會意義體現在，人們和社會擁有遺產時可以產生個人和集體的認同感。遺產有助於形成某種地域感，人們通過遺產形成對某一地點的依戀情結並且終生保持不變；政治意義體現在遺產的意義和象徵可以用於政治目的；科學意義主要體現在遺產本身的科學研究和遺產的教育功能。

2. 旅遊的本質

首先，旅遊本質上是一種商業活動，各種企業加入旅遊行業，是希望通過給旅遊者提供商品和服務從而獲得利潤；旅遊目的地發展旅遊，是因為旅遊能為他們提供經濟效益，同時也可從旅遊所創造的財富中自然產生社會效益、生態效益。雖然我們可能為了滿足內在的需要而旅行，如逃避、休息、娛樂或學習，但旅遊目的地是為了它所創造的經濟收入而發展旅遊的。其次，旅遊是包含體驗的消費。旅遊者為尋求愉快體驗而旅行，目的地則希望從旅遊者那裡獲得經濟利益。故同時滿足旅遊業、旅遊目的地和旅遊資源保護本身的需要，需要均衡多方利益。再次，旅遊是一種娛樂。旅遊體驗尤其是許多文化遺產旅遊體驗，都有娛樂的基礎，為了獲得成功以及由此而產生的商業可行性，旅遊產品必須經過巧妙處理和包裝，以便公眾能輕鬆消費。最後，旅遊是一種由需求驅動的、難以控制的活動。旅遊是一種由需求所驅動的活動，它更多受到市場力量（旅遊者以及力圖滿足旅遊者需求的旅遊業）的影響，而不是受到試圖對它加以控制或管理的政府的影響。「通過控制旅遊供給就能控制旅遊的負面影響」，不過是公共旅遊機構以及非政府組織所宣傳的一個神話。

## （二）遺產旅遊

遺產旅遊可以認為是一種以文物、古跡等人類精神文明和物質文明遺存作為主體旅遊吸引物的旅遊形式。世界遺產旅遊，從本質上講隸屬於遺產旅遊，是指以已被列入《世界遺產名錄》的文化遺產、自然遺產、雙重遺產、文化景觀遺產以及非物質文化遺產作為旅遊吸引物的旅遊形式。

很久以前，人類就學會了將古代和近代的遺留物作為城市和鄉村的娛樂資源。遺產旅遊並非一種新穎的旅遊形式，它甚至在古代就已經存在，並且是最為古老的旅遊形式。比如在西方古籍上就記載講述了古代商人、水手、冒險家前往古埃及觀賞大金字塔和尼羅河的故事，古代的探險家們就是早期的遺產旅遊者。近年

來，遺產旅遊發展迅速。這種迅速發展是由眾多因素促成的，包括人們受教育程度的提高、收入的增加、對使世界融為一體的全球化進程越來越深刻的認識以及技術、各種媒體的影響（如電影、互聯網）、新型遺產景區景點的不斷開發等。

自然遺產是人類的生存依託，文化遺產是人類的精神家園。世界遺產因其在歷史、人種學、人類學和美學等方面具有突出的普遍價值，是國際社會對一個國家民族文化、歷史遺跡或自然資源景觀給予的一種極高榮譽。世界遺產涵蓋了標誌人類和環境共同進化發展的文化和自然的方方面面，具有其他旅遊資源所無法比擬的社會價值、科學價值、經濟價值和旅遊價值，是最高品位的旅遊吸引物。

世界遺產旅遊資源是旅遊業可持續發展的戰略基礎。在旅遊業蓬勃發展的當今世界，世界遺產旅遊被廣泛認可和接受，並逐漸成為旅遊新熱點。

中國的世界遺產與旅遊的關係比任何一個國家都要密切。中國是世界第一人口大國，據資料統計，風景名勝區的遊客占全國遊客量的四分之一，而世界遺產地的遊客又占風景名勝區遊客量的四分之一。可以預見，伴隨全球旅遊業的持續發展，世界遺產旅遊目的地能得到更有成效的開發與保護，未來世界遺產旅遊還會持續繁榮下去。

## 二、遺產旅遊與遺產保護的關係

遺產旅遊日益受到大眾旅遊者的歡迎。這是事實，也是遺產保護者或政府單方面無法阻擋的時代趨勢。我們強調對世界遺產的保護，並不是將遺產封閉起來，採取靜態的、機械、單一的保護手段；而是在遺產旅遊開發中，通過遺產的有序開發、科學合理的展示、積極有效的遺產教育等來達到遺產保護的目的。也就是說，遺產保護是與遺產旅遊同行的，在遺產旅遊中實施對遺產的保護。

**（一）兩個基本認識**

1. 旅遊需要並非遺產管理的唯一考慮

上文已提到，「遺產」一詞承認資產的非經濟價值，強調對「所繼承的東西」傳承的義務和責任。旅遊者只是許多可能的遺產使用者群體之一，因此，在決定如何管理和展示遺產資產（尤其是文化遺產）時，必須要考慮旅遊者需求和其他使用群體需求的差異性。這些群體的差異性體現在：不同的文化背景、對遺產資產的不同知識水平、對資產的不同興趣以及對遺產展示的不同期望值。這些差異性可能意味著面向當地使用者的遺產展示並不適用於旅遊者。這意味著遺產展示與真實性、完整性的遺產保護原則間的協調問題。

2. 旅遊是遺產資產的一種用途，但不是唯一的用途

儘管旅遊可被認為是遺產的一種重要用途，但將旅遊作為其唯一用途來考慮

卻是極為罕見的。在這一點上，我們同樣必須就旅遊與其他用途的兼容程度，以及為不同的使用者群體提供遺產展示的最有效途徑做出決定。

## （二）遺產旅遊的正面和負面影響

### 1. 正面影響

（1）資產的恰當展示有助於旅遊者在更普遍的意義上理解保護和保存重要遺產的必要性。

（2）可能帶來發展當地經濟的機會，使其變得更加企業化並能夠自主創新。

（3）來自旅遊的收入可以用於保護野生動植物和改善當地的基礎設施。

（4）生態環境得以恢復、生物多樣性得以保持，傳統文化可能獲得振興。

（5）與旅遊者的文化交流可以在多元文化社會內培養對文化差異的更大寬容。

（6）來自旅遊的收入可以再投資於文化遺產的文獻記錄以及規劃與管理（要使那些吸引了高訪問量的遺產實現其可持續性，這點非常重要）。

### 2. 負面影響

旅遊能給遺產的保護及長期管理帶來深遠影響，這對發達國家的大多數人來說是不言自明的。但在那些正經歷快速發展而又未形成遺產保護社會風氣的國家或地區，人們對遺產旅遊的負面效果並未太注意。他們的態度似乎是，經濟發展的利益要大於這種發展所可能造成的任何負面代價。以下是旅遊對遺產保護和遺產地可能造成的衝擊：

（1）被旅遊者過度使用。對自然遺產地的旅遊開發可能會造成生態環境惡化，生物多樣性被破壞；對文化遺產地的旅遊開發會迫使當地居民讓位，造成過度擁擠、停車困難、環境污染、能源使用過度等問題。

（2）旅遊依賴。當地社會的多個地區以犧牲其他行業為代價而產生對旅遊的依賴，導致地區自主創新能力和傳統風格活動的喪失。

（3）旅遊者行為的負面影響。在遺產旅遊景區，如果旅遊者對自然遺產地缺乏生態倫理意識；對文化遺產地訪問禮儀不瞭解或有意忽視、對當地風俗缺乏尊敬（如穿著或裝飾不合時宜），以及在公共場合飲酒、吸毒等，那麼他們的行為就會對當地能造成負面影響。

（4）未經規劃的旅遊基礎設施建設。這可能改變當地自然和人文環境的舒適性，改變旅遊者所感受到的視覺魅力與遊覽體驗。

（5）有限受益者。旅遊收入只流入當地社會的有限幾個部門，收入流失程度高，在社區內引起分裂和不滿。

（6）對文化財產失去控製。對沒有著作權或特殊的保護性法規保護的文化財產，社會和傳統繼承者可能失去對他們的控制權（如他們在工藝品和藝術品種中

所使用的圖案、音樂等)。

(7) 遺產資產的實質性惡化。這一情況發生於以下情形：未經商品化處理 (如遺址加固)，或缺乏資源來從事這種處理；無法檢測旅遊衝擊以瞭解資產是否有遭受永久性毀壞或損失的風險 (如為旅遊者改變當地的節慶活動，從而使其承受對當地人失去意義和重要性的風險)；沒有辦法阻止如遺產周圍水土流失之類的自然退化過程的加速勢頭；對旅遊基礎設施的建設不加控製；沒有辦法抵禦西方消費文化對當地人的行為產生的影響，尤其是年輕人，他們拋棄傳統風俗習慣而接受西方的消費文化 (這一點不只是來自於旅遊，因為普遍的現代化和全球化也要對此負責，如衛星電視、互聯網、電子遊戲等)。

遺產旅遊的發展是基於有效利用旅遊對遺產的積極效益和規避消極影響，但遺產旅遊開展的要求可能與遺產保護的需要發生衝突。過去存在某種意識的權衡措施，保護的價值讓步於旅遊的需要，或者旅遊的價值讓步於保護的需要。這種策略的內在缺陷如今已為人所知，當務之急是力圖在遺產旅遊與遺產保護之間找到平衡點。

**(三) 尋找旅遊與遺產保護的平衡點**

1. 遺產保護是全球性挑戰

截至 2015 年 7 月，全球共有 1,031 處遺產地被列入世界遺產名錄，其中包括 802 項世界文化遺產 (含文化景觀遺產)，197 項自然遺產，32 項自然與文化雙遺產。這些遺產分佈在 161 個國家，遺產保護與旅遊利用已是全球各國面臨的共同挑戰。國際上，陸地生態系統服務每年損失 500 億歐元，加勒比地區因珊瑚礁破壞導致旅遊收入下降 20%，數百種處方藥合成成分的藥用植物種類瀕臨滅絕；還有不少國家的遺產地因過度旅遊開發、遺產管理不善被世界遺產委員會黃牌警告甚至除名。在中國，超過半數的遺產地存在過度旅遊開發，遺產資產破壞現象突出；不少遺產地面臨的問題一方面是景區門票價格飛漲導致怨聲載道，另一方面是遺產保護經費告急；遺產景區天天遊客爆滿、當地居民受益卻有限的現象也很普遍。因此，尋找遺產旅遊與遺產保護關係的平衡點是中國實現世界旅遊強國的必要前提。

2. 對自然遺產的保護

為平衡自然遺產資源的利用與有效保護，國際自然保護聯盟 (IUCN) 積極倡導根據自然資源未提供解決方案。近年來，國際社會先後建立了政府間生物多樣性與生態系統服務科學——政策平臺 (IPBES)、里約 20 國會議、聯合國氣候與多樣性會議、IUCN 世界保護大會等平臺。在保護生物多樣性方面，具有代表性的項目有「拯救我們的物種 (SOS)」，全球競爭性保護與恢復生物多樣性項目，以

及救助小海豚、海牛、西伯利亞虎、長臂猿等計劃。此外，IUCN 還開發了一種先進的「屬性法（Traits-Based Approach）」，用於測定不同種群對氣候變化的脆弱性與韌性，即根據種群的生命歷史特徵來衡量種群對未來氣候突變的反應。在改善氣候變化方面，IUCN 提出到 2020 年恢復 1.5 億公頃退化沙化土地的目標，通過「波恩挑戰」計劃、基於社區的風險掃描分析工具（CRISTAL）等一系列措施，鼓勵支持恢復紅樹林、濕地、珊瑚、森林、草場，減少碳排放，降低溫室效應，探究應對氣候變化的措施；在開闢自然能源方面，提出基於自然的現代能源計劃——「全面可持續能源倡議」，通過開發太陽、潮汐、水力、生物等可再生能源，提高能源使用效率；在發展生態旅遊方面，鼓勵社區參與，發展基於生態的旅遊項目，教育旅遊者參與生態保護，實現經濟發展與遺產保護的協調。

3. 對文化遺產的利用與保護

在文化遺產保護與利用上，關鍵是根據文化屬性提供解決方案。傳統的遺產保護與利用側重於遺產物質與結構，現代方法更重視遺產的突出普遍價值與文化符號，更多關注遺產地的地格（Placeality）。不僅要重視遺產本身，還要關注遺產所在地的歷史文化背景。在遺產管理方法上，採用價值引導的規劃管理，保護的前提是認識其價值、屬性、真實性、完整性，還要認識其地方價值與屬性；通過創立世界遺產城市項目、世界遺產土建項目、現代遺產項目、宗教遺產計劃等，對不同類別的遺產實施專項保護與利用；創立「世界遺產與可持續旅遊項目（WHASTP）」，提出通過對話及與利益相關者合作，實現旅遊發展與遺產管理在目的地層面的整合，使文化遺產價值得到尊重與保護，旅遊得到適度開發；鼓勵基於文化的創意旅遊活動，通過對非物質文化遺產的活化，形成創意旅遊，構建文化保護與利用的協同機制。

4. 約束、引導遺產旅遊者行為

約束旅遊者、控製旅遊體驗是對文化遺產保護的一個有效方法。為減少旅遊對文化遺產的負面衝擊，將旅遊體驗標準化、商品化是重要手段，這是對某一文化遺產的客流進行控製的使用方法。同時，它能確保旅遊者從體驗中獲得更高滿意度，大多數旅遊者都希望他們的體驗是有控製的，並且能夠接受將文化遺產以一種方便消費的形式呈現給公眾。其原因是大多數國內旅遊者以及幾乎所有的國際旅遊者一生中都可能只有一次訪問某處文化遺產的機會，所以他們希望能夠從體驗中獲得更多東西。對文化遺產旅遊產品的展示進行標準化是為了盡可能保證體驗的質量保持在某種高水平，保證盡可能多的訪問者能獲得高品質的體驗。只是，這過程中負責遺產展示的控製人員非常關鍵，應該是遺產管理者或者訓練有素的專業遺產解說員。此外，引導旅遊者行為也可以很好地保護遺產。據調查顯

示，34%的旅遊者願意多付錢住環境友好的酒店，以及選擇可持續的居住方式（Trip Advisor，2012；WEF，2012）；50%的國際旅遊者願意多付費以資助社區發展以及自然文化保護（CESD & TIES，2012）；52%的旅遊者願意從那些有書面承諾願意保護環境支持社區發展的企業定購旅遊產品（SNV，2012）。儘管到遺產地旅遊的人群千差萬別，但仍可以引導其行為。目前聯合國教科文組織正在制定善行旅遊準則，鼓勵負責任旅遊。

按照聯合國教科文組織的要求，世界自然遺產和文化遺產只能加以保護，不應該當作旅遊產品開發利用。可在商品經濟高度發展的當今社會，純粹地把世界遺產當作養在宮中人未識的「大家閨秀」，顯然不現實。旅遊開發與遺產保護之間的平衡點，就是世界遺產旅遊可持續發展。世界遺產委員會前任主席阿都·維前扎冷認為，可持續旅遊包括對遺產的利用、保存和維護，以及在世界遺產景點內劃定相應區域進行分區管理。具體講一是設專供管理、維護需要的管理區，不對遊人開放；二是設立供遊覽的旅遊區；三是對遺產區域內的遊客量進行科學評估，限制人數，確保遺產的合理負載。

## 拓展閱讀

### 中國大運河世界遺產保護座談會召開

2014年8月8日，由中國文物學會主辦的中國大運河世界遺產保護座談會在京召開，中國文聯主席孫家正和故宮博物院院長、中國文物學會會長單霽翔出席座談會。與會專家發出倡議，要鞏固大運河申遺成果，以全球視野和標準做好大運河遺產保護和管理工作，提升保護管理級別，接受國際社會監督。

座談會上，與會專家們總結了大運河保護和申遺工作的經驗，分析了大運河列入《世界遺產名錄》以後面臨的新形勢、新任務，為傳承大運河世界遺產建言獻策。會議向全社會發出《加強中國大運河世界遺產保護的倡議》，呼籲積極推進大運河遺產保護的科學立法工作，制定國家法律法規層面的《大運河世界遺產保護管理條例》，充分考慮大運河文化遺產點多、線長、面廣、活態的特點，讓妥善處理文化遺產保護與水利、航運、南水北調、城鄉建設等工程建設的關係，成為大運河世界遺產保護管理的準則。

專家們呼籲，切實落實國家《大運河遺產保護總體規劃》，繼續做好大運河文化遺產保護、修繕和環境整治工作，堅持世界遺產真實性與完整性的原則，嚴禁在規劃劃定區域內進行房地產開發和旅遊場館等項目建設，防止建設性、開發性破壞。完善大運河世界遺產監測平臺體系和監測巡視制度，實行《大運河遺產保

護警示名單》管理辦法，對因保護和管理不善致使受到損害的大運河遺產，列入警示名單並限期整改，追究相關責任人的責任。

中國大運河作為世界上開鑿時間最早、航程最長、至今仍在發揮著巨大作用的人工水道，在2014年6月召開的第38屆世界遺產大會上成功入選《世界遺產名錄》。

資料來源：呂巍. 中國大運河世界遺產保護座談會在京召開［EB/OL］.（2014-8-11）［2017-03-15］. http://www.rmzxb.com.cn/zxxs/hy/2014/08/11/361417.shtml.

## 思考和練習題

1. 以「世界遺產」「真實性」「完整性」「旅遊」等為關鍵詞，在中國知網（CNKI）中搜索一篇核心期刊論文，分析論文的研究背景、研究主題、研究方法和研究結論。

2. 結合你熟悉的世界遺產地，談談在遺產保護中存在的問題並嘗試解釋產生這些問題的原因。

3. 你認為遺產旅遊與遺產保護應是怎樣的關係？結合目前國內世界遺產旅遊情況談談如何協調二者的關係。

# 第十一章　世界遺產旅遊可持續發展

### 學習目標

理解世界遺產旅遊可持續發展的內涵；
理解世界遺產旅遊可持續發展的關鍵問題；
瞭解遺產旅遊可持續發展中常出現的問題，並理解其產生的原因；
理解遊客管理、社區參與管理在世界遺產旅遊可持續發展中的重要作用。

### 重點難題

影響世界遺產旅遊可持續發展的關鍵問題；
實現世界遺產旅遊可持續發展的途徑與方法；
正確處理遺產旅遊可持續發展中的三對關係。

### 本章內容

## ●第一節　世界遺產旅遊可持續發展的內涵

### 一、兩個相關理論

**(一) 可持續發展理論**

1. 可持續發展理論的興起與發展

可持續發展理論的形成經歷了相當長的歷史過程。可持續發展理論作為一種現代理論在全世界範圍內興起是最近半個世紀的事，但作為一種思想早在古文明時代就初露端倪。在西方，人類關注自身對環境產生的影響之歷史，最早可追溯到古希臘時代，在當時的文學作品中，地球被看作是一個有生命的女神。16世紀，文藝復興運動對人類自身價值的重新審視，逐步讓歐洲人認識到人類可以徵服環境並且可利用這些資源實現人類進步。18世紀末，在西方逐漸誕生了一種樸素的生態主義觀點，該觀點認為自然界和動植物之間相互作用，主張以自然環境為中心，認為環境質量比人類進步更重要。19世紀，隨著社會、經濟的飛速發展，人們產生了對資源管理和保護的需求，最具代表性的是北美保護協會的成立以及歐美國家公園建設的開展。20世紀早期，已有許多團體致力於動植物棲息地、生物物種和建築遺址的保護。二戰後，消費主義開始流行，工業化進程加快，環境污染嚴重，但戰後經濟恢復的高漲熱情淹沒了對環境保護的重視。直到20世紀60年代，環境問題在社會和政治方面的價值才逐步得到重視，「地球之友」等諸多環境保護團體紛紛成立，標誌著當代環境運動的開端。

1962年，美國女生物學家萊切爾·卡遜發表了一部引起很大轟動的環境科普著作《寂靜的春天》。作者描繪了一幅由於農藥污染所事業的可怕景象，驚呼人們將會失去「春光明媚的春天」，在世界範圍內引發了人類關於發展觀念上的爭論。10年後，兩位著名美國學者巴巴拉·沃德和雷內·杜博斯的享譽世界的《只有一個地球》問世，把對人類生存與環境的認識推向一個新境界，即可持續發展的境界。同年，首屆聯合國人類環境會議在瑞典首都斯德哥爾摩召開，來自119個國家的政府和非政府組織代表在會議上就環境問題進行了探討。與會代表一致認為：發展和環境可以互利並共存。1987年，以挪威首相布倫特蘭為主席的聯合國世界與環境發展委員會發表了一份報告《我們共同的未來》，將可持續發展定義為：「既能滿足當代人的需要，又不對後代人滿足其需要的能力構成危害的發展」，並以此為主題對人類共同關心的環境與發展問題進行了全面論述，受到世界各國政府組織和輿論的極大重視。在1992年聯合國環境與發展大會上，可持續發展要領得到與會者的共識與承認。

2. 可持續發展理論的內涵

可持續發展涉及經濟可持續、生態可持續和社會可持續三方面的協調統一，要求人類在發展中講究經濟效率、關注生態和諧和追求社會公平，最終達到人的全面發展。

（1）經濟的可持續發展：可持續發展鼓勵經濟增長而不是以環境保護為名取消經濟增長。但可持續發展不僅重視經濟增長的數量，更追求經濟發展的質量。可持續發展要求改變傳統的以「高投入、高消耗、高污染」為特徵的生產模式和消費模式，實施清潔生產和文明消費，以提高經濟活動的效益，並節約資源和減少廢物。從某種角度上，可以說集約型的經濟增長方式就是可持續發展在經濟方面的體現。

（2）生態可持續發展：可持續發展要求經濟建設和社會發展要與自然承載能力相協調。發展的同時必須保護和改善地球生態環境，保證以可持續的方式使用自然資源和環境成本，使人類的發展控製在地球承載能力之內。生態可持續發展同樣強調環境保護，但不同於以往將環境保護與社會發展對立的做法，它要求通過轉變發展模式，從人類發展的源頭、從根本上解決環境問題。

（3）社會可持續發展：可持續發展強調社會公平是環境保護得以實現的機制和目標。可持續發展理論指出世界各國的發展階段可以不同，發展的具體目標也各不相同，但發展的本質應包括改善人類生活質量，提高人類健康水平，創造一個保障人們平等、自由、受教育權和免受暴力威脅的社會環境。這就是說，在人類可持續發展系統中，經濟可持續是基礎，生態可持續是條件，社會可持續才是目的。

（二）生態經濟平衡理論

生態經濟平衡是指構成生態經濟系統的各要素之間達到協調穩定的關係，特別是經濟系統與生態系統達到協調統一的狀態。這是在生態經濟學探索過程中出現的概念，反應了對經濟問題和生態問題進行綜合研究的發展趨勢。

狹義的生態經濟平衡就是「人工生態平衡」。一般說來，人工生態系統的平衡基本上是生態平衡與經濟平衡的統一。廣義地說，生態經濟平衡包括生態平衡、經濟平衡以及經濟系統與生態系統之間的平衡。生態平衡是經濟平衡的前提和基礎之一，經濟平衡應該能夠維護和促進生態平衡。在當代條件下的社會發展，首先要爭取世界經濟增長的規模、結構、建設、速度與地球生物圈的承載能力保持平衡，即世界範圍的生態經濟平衡。其途徑在於以經濟增長的物質條件和技術條件促進地理環境的生態結構乃至地球生物圈定向發展，以增強社會經濟系統的自然基礎來達到經濟平衡。

## 二、旅遊可持續發展與世界遺產旅遊可持續發展

### (一) 旅遊可持續發展

儘管旅遊的可持續發展（也可稱為「可持續發展型旅遊」）是業界出現的熱詞，它也往往被環境保護學家、政府、社會和開發商分別按照各自要求賦予不同含義。但在學術界，有關它的具體含義並未形成統一認識，它仍是一個較為模糊的概念。

在西方學者中，1999年索布魯克指出，可持續發展型旅遊是：「具有經濟可行性但又不破壞旅遊未來所依賴的資源，尤其是不破壞當地社區的物質環境和當地社會結構的旅遊。」克拉克則立足於可持續發展型旅遊與大眾旅遊的關係，建議從四個角度來看待可持續發展型旅遊：它和大眾旅遊是同一層面對立的兩級；作為一個連續統一體，可持續發展型旅遊和大眾旅遊存在某些連續的趨勢和變動過程；作為一項運動，積極的行動能夠使大眾旅遊更具可持續發展性；作為共同特徵，所有旅遊都力圖實現可持續發展。麥克切爾認為，關於「可持續發展型旅遊」的含義，爭論主要分別強調兩方面：以發展為中心和以生態為中心。前者認為可持續發展型旅遊是旅遊業持續發展的一條途徑，後者宣稱人類發展的環境保護和生物多樣性目標優於經濟利益目標。

在中國，人們比較讚同學者陶偉在《中國「世界遺產」的可持續發展旅遊研究》一書中對可持續發展型旅遊含義的界定。她認為其含義包括四方面：一是旅遊的可持續發展要求旅遊與自然、文化和人類生存環境成為一個整體，以不破壞其賴以生存的自然資源、文化資源及其他資源為前提，並能對自然、人文生態環境保護給予資金、政策等全方位的支持，從而促進旅遊資源的持續利用；二是旅遊可持續發展應當在滿足當代人日益增加的多樣化需要的同時，保證後代人能公平享有利用旅遊資源的權利，滿足後代人旅遊和發展旅遊的需求；三是旅遊可持續發展必須與當地經濟有機結合，以提供各種機遇作為發展的基礎，滿足當地居民長期發展經濟、提高生活水平的需要；四是旅遊可持續發展要求摒棄狹隘的區域觀念，加強國際交流和合作，充分利用人類所創造的一切文明成果，實現全球旅遊業的繁榮和發展。

### (二) 世界遺產旅遊的可持續發展

#### 1. 內涵

世界遺產旅遊的可持續發展是建立在遺產資源可持續、社會公正和人們積極參與自身發展決策的基礎上。追求既要使公眾旅遊需求得到滿足、個人得到充分發展，又要使遺產資源和生態環境不對後代人的生存和發展構成威脅的最終目標。

世界遺產旅遊的可持續發展的內涵主要體現在以下五個方面：第一，從認識

角度來看，既要充分認識遺產旅遊資源的稀缺性及其非同尋常的價值和意義，又要明確每一代人對遺產的責任和義務。第二，從保護與開發的角度來看，要正確處理好遺產保護與開發的關係，始終堅持「保護第一、開發第二」的原則。第三，從開發的角度來看，世界遺產地的旅遊開發，要合理、有效利用資源，充分發揮旅遊在保護自然、文化遺產方面的積極效用，滿足社會、經濟、生態和旅遊發展的共同需求。第四，從發展的角度來看，世界遺產地的旅遊發展必須綜合考慮旅遊環境容量（旅遊心理容量、旅遊資源容量、旅遊生態容量和旅遊經濟發展容量等），確保遺產旅遊資源利用的可持續性。第五，從旅遊主體的角度來看，積極倡導負責任的遺產旅遊，以生態倫理和文化生態的理念引導旅遊開發者、旅遊經營者和旅遊者的行為，並逐步在全社會形成遺產旅遊可持續發展的共識。

2. 理解：兩組詞的區別

（1）遺產保護與世界遺產旅遊可持續發展

遺產保護是相對於遺產利用所帶來的破壞而言的，是世界遺產可持續發展的必然選擇。遺產保護的對象是遺產本身，根據不同類型遺產自身的特點，遺產保護方式有很多，如：隔離絕對保護（如對秦始皇陵地宮和對大熊貓棲息地核心區域的保護）；博物館、展覽館部分展出（故宮博物院、殷墟博物苑）；全面開發利用（發展旅遊是主要方式之一，如泰山、西湖、中國南方喀斯特等）；等等。「世界遺產旅遊可持續發展」則是特指將世界遺產用於旅遊利用後，如何保證遺產旅遊的可持續發展。因此，這兩組詞有根本區別，但二者又相互依存，缺一不可。遺產保護是實現世界遺產旅遊可持續發展的根本前提，世界遺產旅遊實現了可持續發展，也有利於遺產保護。

（2）世界遺產可持續發展與世界遺產旅遊可持續發展

「世界遺產可持續發展」關注「世界遺產」本身，是《保護世界文化遺產和自然遺產公約》的宗旨，是聯合國教科文組織和世界遺產委員會的奮鬥目標，也是公約各締約國申報世界遺產做出的承諾。「世界遺產旅遊可持續發展」則更多關注「旅遊」，是將世界遺產選擇用於旅遊利用後必須要考慮的問題。各國實踐表明，世界遺產的可持續發展大致有三種模式：通過發展遺產地旅遊、通過合理的規劃、通過遺產地居民的參與來保證世界遺產的可持續發展。其中發展遺產地旅遊在發達國家主要是在保護資源的基礎上開展旅遊活動，以達到世界遺產「保證、保護、保存和展出」的目的，由國家提供保護資金而非旅遊收入。而在發展中國家，發展遺產地旅遊的主要目的是在取得經濟效益的基礎上再談保護，從旅遊業收入中獲得保護資金，在開發旅遊的過程中難免會對遺產資源造成不同程度的破壞。

這兩組詞的區別也與國內對世界遺產可持續發展的兩種學術觀點對應。一種是以魏小安等學者為代表的開發派發展模式，認為世界遺產不是一成不變的保護，

要開發、要利用。而且從世界遺產本身形成的過程來看，就是一個不斷開發、完善的過程。世界遺產的可持續發展是在開發利用中完成的。換句話說，該觀點關注旅遊對世界遺產可持續發展的重要性，強調世界遺產旅遊可持續發展對世界遺產可持續發展的影響。另一種是以謝凝高、徐嵩齡等學者為代表的保護派發展模式，認為世界遺產應該保護第一，開發第二，「莫使遺產成遺憾」。人們對遺產資源的重視不足和大力發展旅遊業，中國的世界遺產有不少都遭到不同程度的破壞。對於世界遺產來說，可持續發展更顯必要，世界遺產設立是為了保護，所以必須走可持續發展的道路，以其原真性吸引遊客。也就是說，該觀點更多關注旅遊對世界遺產可持續發展的破壞性，強調人們應對世界遺產本身的可持續發展給予更多關注。其中，堅持世界遺產可持續發展也包括對世界遺產旅遊利用程度的有效控制。

## 第二節　影響世界遺產旅遊可持續發展的關鍵問題

### 一、對世界遺產的認識

在世界範圍內出現的種種有礙世界遺產旅遊可持續發展的問題，究其原因，主要是人們並未對世界遺產抱持該有的客觀和正確的認識。或許，我們應在以下三方面「重新」認識世界遺產。

**(一)「遺產」本身對責任和義務的強調**

在上一章中已強調，「遺產」內在的含義強調「繼承」，它不同於「資產」，更多強調一種責任和義務。這種責任和義務就是將遺產完好無損地保存、保護下來，並傳承給下一代。回顧世界遺產的誕生過程，從20世紀50年代國際上著名的阿布辛貝運動到1968年聯合國教科文組織制定「人和生物圈計劃」，再到1972年第17屆聯合國教科文組織大會通過《保護世界文化和自然遺產公約》（以下簡稱《公約》）第一次提出《世界遺產名錄》，強調締約國應盡力向世界遺產委員會遞交本國宜列入《世界遺產名錄》的文化遺產和自然遺產預備名單，委員會會按照《公約》規定的遺產定義和要求，經過一定的程序，及時制定、更新並公布《世界遺產名錄》。尤其值得一提的是在《公約》中明確規定：締約國要承認確定、保護、保存、展出本國領土內的文化遺產和自然遺產，並將它傳給後代，主要是本國的責任，要盡力而為。

**(二) 世界遺產的「世界性」和「全人類性」**

一國遺產從被世界遺產委員會納入《世界遺產名錄》那一刻起，就表明該遺產不再僅屬於本土、本族和本國，而是屬於全世界、全人類的共同遺產。因為從

世界遺產的內涵、產生、發展和管理來看，均不是從地區出發，而是立足於全球和全人類。從世界遺產的內涵看，比如有關世界文化遺產的鑒定標準，《公約》就明確提出：「……在一定時期內或世界某一文化區域內，對建築藝術、紀念物藝術、規劃或景觀設計方面的發展產生過重要影響……可作為一種建築或建築群或景觀的傑出範例，展示人類史上一個（或幾個）重要階段……」從世界遺產的產生看，它是在全部締約國參與的世界遺產大會上投票選出來的。另外，一國的世界遺產面臨保護和管理困難，可以向世界遺產委員會申請遺產基金援助，可得到國際古跡遺址理事會、國際自然及自然資源保護聯盟和國際文物保存與修復研究中心等機構的技術協助和支持。當世界遺產用於旅遊開發，自然會吸引全球遊客前往。因此，「世界遺產」本身就意味著它不是一個地區或一個國家的事。若一國在對世界遺產的旅遊利用等方面處理不當，對世界遺產造成危害或直接破壞，很可能受到聯合國教科文組織的警告，甚至導致遺產被從《世界遺產名錄》中除名。

**（三）世界遺產的「稀缺性」和「易損性」**

世界遺產具有稀缺性的重要原因在於世界遺產甄選要求的嚴格（立足於全球和全人類，從史學、人類學、人種學和美學等角度出發，必須達到一條至數條標準），世界遺產的稀缺性主要表現為世界各國遺產數量的稀少。自1978年全球第一批世界遺產誕生至今，已走過38載春秋，截至2015年6月，全球的世界遺產共1,038項，分佈於全球161個國家（耶路撒冷尚未確定歸屬）。其中，位列遺產總數首位的義大利也不過50項，文明古國之一的中國的世界遺產總數也僅為48項。從中國遺產的各省分佈情況來看，北京擁有7處世界遺產，數量最多，全部為文化遺產；河南、河北、四川、雲南4省各擁有5項世界遺產；青海、黑龍江、上海、香港、海南、臺灣6省區沒有世界遺產。

世界遺產的「易損性」是指世界遺產容易遭受破壞和毀壞。「易損性」是相對而言的，在沒有「世界遺產」這個稱謂之前，他們一直都存在，沒有刻意保護，但更沒有無意或有意的破壞。但伴隨「世界遺產」名號的誕生，在人們不斷呼籲加強對遺產保護之時，人們又簇擁著奔向世界遺產所在地。對世界遺產的各種利用，尤其是遺產旅遊開發所帶來的種種消極影響對遺產造成了前所未有的損害。當然，不容忽視的是現代社會中的世界遺產更「易損」。現代社會中的城市化建設、人口膨脹、環境污染、生態破壞以及人們對經濟利益的渴望等直接或間接導致自然災害頻發、地區衝突不斷、遺產開發與保護的矛盾驟然升溫，諸多因素給世界遺產帶來被破壞、損毀的厄運。

## 二、旅遊開發的適度和科學性

對世界遺產旅遊可持續發展產生直接影響的是旅遊開發。旅遊開發的盲目、

無序，會直接導致世界遺產被破壞，影響遺產旅遊的可持續發展。

在世界遺產旅遊開發的眾多原則中，以下兩個原則尤其重要：第一個原則是堅持開發適度，即要避免對遺產的過度旅遊開發。《公約》將自然遺產分為自然景觀、地質與低溫結構、動植物生態區、天然名勝和自然區域等，這些都是在審美、科學、保護或自然美方面具有突出的普遍價值的，或者已被明確認定為受到威脅的區域。從生態系統的觀點看來，地球上的森林、草原、荒漠、濕地、海洋、湖泊、河流等生物和非生物構成了生態系統。生態系統各種生物之間以及生物群落與其無機環境之間相互聯繫、相互制約，通過能量流動和物質循環構成一個統一整體。為了生存和繁衍，每一種生物都要從周圍的環境吸取空氣、水分、陽光、熱量和營養物質；生物在生長、繁育和活動過程中又不斷向周圍環境釋放和排泄各種物質，死亡後的殘體也復歸環境。經過長期的自然界演化，每個區域的生物和環境之間、生物與生物之間，都形成了一種不以人的意志為轉移的相對穩定結構。自然遺產在生態系統中起著雙重作用，既是維持生命活動的物質基礎，又是能量的載體。沒有物質，能量就不可能沿著食物鏈進行傳遞，生態系統物質循環就會受阻甚至中斷。如果生態系統生物鏈被破壞，自然遺產減少的危害不僅關係到自然界的生態平衡，而且危及人類的生活和生產。因此，對世界自然遺產的旅遊開發要適度，有的自然遺產地因過度開發，不僅嚴重破壞了自然遺產原有的自然風貌，也損害著自然界原有的生態平衡。1998年9月被聯合國教科文組織官員批評的張家界武陵源風景區過度建設飯店和商業設施便是例證。而黃山風景區早在1987年就在全國首創了「景點封閉輪休」制度，20多年來，黃山相繼對天都峰、蓮花峰、始信峰、丹霞峰、獅子峰等核心熱點景區執行為期2~4年不等的封閉輪休，促進了生態系統休養生息和景觀資源的持續利用。

第二個原則是科學性，要嚴格按照國內外法規、準則，科學、合理、有序地進行旅遊開發，堅決避免盲目開發、濫開發。根據國際社會對世界遺產保護的相關準則和《中華人民共和國文物保護法》，中國對世界文化遺產都要劃分出核心保護範圍和緩衝區，以確保對旅遊開發行為的約束。如世界文化遺產故宮的保護範圍為東、西、北至筒子河外沿牆，南至筒子河北沿牆及端門南牆，包括午門東、西朝房；緩衝區即北京皇城的保護規劃範圍。東至東黃（皇）城根，南至東、西長安街，西至西黃（皇）城根、靈鏡胡同、府右街，北至平安大街。保護範圍占地86公頃，緩衝區占地597公頃，共計683公頃。2005年被列入世界文化遺產名錄的「澳門歷史城區」，也依法劃分出兩個緩衝區，以對其進行特別保護。緩衝區分為兩個區域；第一緩衝區由澳門媽閣廟開始，把原來的港口與城市中心連接起來；第二緩衝區則以東望洋山為中心，東起海邊馬路，西至東望洋街，南起加思欄馬路，北至士多紐拜斯大馬路。但實際情況是，有不少世界文化遺產並沒有劃定核心保護範圍和緩衝區域，或者是劃分了區域但並沒有嚴格執行。聯合國教科

文組織專家對中國遺產景區的評價是：景點之內美極了，景點之間醜極了。這也道出中國部分世界遺產地在旅遊開發中的無序狀態。

## 三、遺產展示與遺產教育

### (一) 遺產展示

#### 1. 遺產展示的重要性

世界遺產的價值主要是通過遺產旅遊中的展示服務實現的。通過對遺產合理、有效地進行展示，對遊客和所有公眾開展積極的遺產教育，從而實現世界遺產和遺產旅遊的可持續發展。如針對世界文化遺產，其展示是文化遺產保護工作中的重要組成部分，直接關係到文化遺產的保存、保護和社會價值的實現。遺產展示對文化遺產的保護方式方法、材料及最終效果和長期影響等起決定性作用。同時，有效的文化遺產展示能充分展現文化遺產的內涵，使公眾全面瞭解文化遺產，提高文化遺產保護意識，是實現文化遺產價值共享的最直接、有效的途徑。1990 年國際古跡遺址理事會在洛桑通過的《考古遺產保護與管理憲章》也從另一角度表明了展示的重要性：「向民眾展出考古遺產是促進瞭解現代社會起源和發展的至關重要的方法。同時，它也是促進瞭解對其進行保護需要的最重要的方法。」

#### 2. 文化遺產展示的要求

2008 年國際古跡遺址理事會在加拿大魁北克通過了《文化遺產地解說與展陳憲章》（以下簡稱《憲章》）。《憲章》視「解說（Interpretation）、展示（Presentation）」為文化遺產保護和管理的重要組成部分。文化遺產地展示是指一切可能的可提高公眾意識、增強公眾對文化遺產地理解的活動，展示要堅持真實性和可達性的原則。其中，「真實性」要求遺產展示必須忠實地呈現和詮釋文化遺產中與文化價值有關的部分；「可達性」要求由經過專門培訓的導遊和專業人士向來訪者進行有關場所歷史文化信息的介紹。

#### 3. 遺產展示的主要方式

一般說來，遺產展示方式大致可概括為三類：①圖文展示，即景區的旅遊手冊、旅遊地圖、各類遺產景點標示等；②口頭解說，即導遊講解；③音像展示，即採用幻燈片、影片、數字虛擬成像等方式。遺產景區在圖文展示方面，要力圖向遊客傳遞真實、完整、豐富的遺產知識信息；在音像展示方面，要根據遺產特點，選擇採用幻燈片、影片、數字虛擬成像等技術手段。敦煌研究院就利用數字虛擬成像技術實現了對壁畫和雕塑中難以觀賞的細部的展示，是值得推薦的方式。這不僅提高了遺產展示效果，又避免遊客直接接觸遺產，更能保護遺產。而口頭解說（主要指導遊講解）是遺產地詮釋、展示的重要手段之一，因為導遊講解可以提供的信息量最大，最具針對性、可交流性和可接受性，因而它在三類展示方

式中是最為重要的。通過導遊講解，可使遊客透過遺產的物質形態，瞭解遺產所承載的真實的、豐富的科學知識和歷史文化內涵。林美珍、黃遠水等認為：「真實性是遊客渴望得到、並積極追求的一種經歷，這種經歷被認為是反應真實的、不摻假的目的地的日常生活，或者能夠讓遊客接觸這種生活。」但導遊在對文化遺產的詮釋中，對嚴肅歷史經典作大眾化、虛擬化的改變和處理，這種經典與通俗之間的等級消解，事實上淡化了以文化遺產為代表的經典文化應有的認知功能、教育功能，甚至嚴格的審美功能，削弱了對人文關懷、心靈昇華的執著，而強化了它的感官刺激功能、遊戲娛樂功能。遺產地的旅遊發展要做到開發與保護的雙贏，就需要從遺產資源的內在文化本源出發，還原遊客一個真實的遺產形象。

### (二) 遺產教育

遺產教育，實質就是通過營造和構建良好的遺產旅遊環境，通過有效的遺產展示手段，使遊客在旅遊中理解現象、獲取知識和提升自我。遺產教育不僅可使旅遊者獲取遺產相關的知識，而且能起到引導遊客在遺產地的行為的作用，通過激發遊客在旅遊過程中保護環境、保護文化遺產的自覺性，使之形成正確的態度和行為。遺產教育的最終目的是培養富有責任感的積極主動型遊客，實現遺產旅遊的可持續發展。

人類學家、國家地理研究員 Elizabeth Lindsey 說：世界遺產是地球的 DNA、人類發展的歷程，我們不能失去它。整個世界有無數飽含知識的文化、自然以及非物質文化遺產，它們是地球和人類過去與未來之間的聯繫。它們都非常強大，同時又很脆弱。有些遺產正在消失，這是那些非常燦爛的技術、科學和智慧快速消亡的證據。一位長者的逝世，一處遺產的衰亡，如同一座圖書館被焚毀。目前，世界遺產受到的破壞，就仿佛全世界的圖書館都著火了！

中國迅速崛起的大眾旅遊日益泛化，遺產旅遊並未發揮其應有的環境保護和環境教育功能，反而被屢亮黃牌，究其原因，環境教育的嚴重缺失是重要因素。環境教育的缺失又緣於環境教育的政策制定、經費保障、人力資源支撐、教育模式選擇、效果評估等深層次原因，而最直接的原因則是人們對世界遺產的認知缺失。中國世界遺產資源豐富，總量位居世界前列，但卻如塵封的故紙堆一般被束之高閣，大部分遊客只知其名，不識其內涵。中國關於世界遺產的研究成果顯著，但與旅遊活動和遊客需求關聯甚微。研究與市場的脫節，大大削弱了世界遺產的教育功能。在目前的遺產旅遊中，世界遺產的名號提高了遺產地知名度、資源級別和可達性，改善了旅遊環境和基礎設施，但在遊客體驗中並未獲得太多好評；再加之遺產地的開發、保護和管理對旅遊形式的限制，使遺產地最終淪為高級別的觀光旅遊地。

## 拓展閱讀

### 穿在身上的遺產　融入心靈的熱愛
——北京市將文化遺產教育引入通用技術課程改革紀實

6月1日，北京歷代帝王廟。一場別開生面的服裝表演正在這裡舉行。所有的模特都是高中生，所有的服裝都以紙為原料，所有服飾上都展現出文化遺產的元素和魅力。

近日，由聯合國教科文組織全國委員會、北京市基礎教育研究中心以及世界遺產青少年教育中心主辦，以「文化遺產綻放」為主題的2013年北京市中學生通用技術課程紙藝服裝設計作品展示活動舉行，北京市12個區縣的80多所中學參與，600多名師生設計出300多套紙藝服裝，全面展現文化遺產與青春時尚融合的魅力。

紙藝服裝緣何跟文化遺產結合在一起，為何會有這麼多高中生熱衷於這項活動？這一切都源於北京市將文化遺產教育和紙藝服裝設計融合起來，以此為載體推進通用技術課程改革。

通用技術課煥發文化生機

通用技術課程無關高考，學生不愛學，教師處於邊緣狀態，教得沒自信，怎麼辦？

世界文化遺產教育進校園，學校領導不重視，學生實踐又缺乏有效載體，又該怎麼辦？

這兩個看似並不相關的問題，卻在同時作為北京師範大學附屬實驗中學名譽校長、世界遺產青少年教育中心主任袁愛俊那裡聯繫在了一起。正是在袁愛俊的大力倡導和推動下，世界遺產教育和通用技術課、紙藝服裝設計融為一體，成為如今風靡北京市80多所中學的高中生愛學、教師樂教的課程。

「將文化遺產教育融入通用技術課程，讓學生在設計紙藝服裝的過程中感悟文化、關注文化遺產，既解決了通用技術課程改革的難題，讓教師、課程都去邊緣化；同時也讓學生有了社會實踐的空間，找到文化自信和文化自覺，體現出立德樹人的教育功能。」在袁愛俊看來，這是一件一舉多得的好事。

2006年，北師大附屬實驗中學率先啟動世界遺產教育，在課程和活動中滲透世界遺產教育。正是在那個時候，該校開始將世界遺產教育納入通用技術課程的改革探索。

這項改革探索的教師——如今已成為北京通用技術課改革先鋒的岳雲霞告訴記者，通用技術課應當突破狹隘的勞技概念，讓技術課程兼具藝術的美感、文化

的底蘊，這樣才能實現通用技術課程綱領要求的對學生實踐能力和綜合素質的提升。

為此，岳雲霞和學校的其他教師改變以往勞技課單純進行服裝剪裁的教學方法和內容，引入設計和文化理念，進行以文化遺產為主題的紙藝服裝設計，產生了意想不到的效果。

通用技術課的內涵更豐富了，量體裁衣、穿針引線成為最後的展示。課程最開始是對世界遺產的探索和學習，教師和學生一起去找資料、實地考察文化遺產，領悟文化遺產的魅力；然後是在文化傳承基礎上的再創作，學生的創意火花在課堂討論、手稿修改過程中不斷碰撞、激發，在這個過程中，學生的思維、創造能力得到顯著提升。

學生愛上通用技術課了。「以前是老師在課堂上等學生，學生遲遲不來。現在是一到放學時間，學生就到通用技術課教室討論、研究，很多學生都對通用技術課產生了濃厚的興趣。」岳雲霞說，她從課程改革中，收穫了作為一名教師的幸福感和成就感。

帶動一批教師和學校改革探索

將紙藝服裝與世界遺產相結合的通用技術課程改革探索，很快引起了北京市教育主管部門和其他中學的關注。

北京市基礎教育研究中心黨委書記趙保軍評價說，這種創新實踐，突破了技術課程的局限，整合了社會實踐，結合語文、地理、美術等學科知識，是在通用技術課中推行素質教育的典範。

很快，北京市基礎教育研究中心將紙藝服裝與世界遺產教育結合的改革探索作為試點，給予政策支持和資源幫扶，以通用技術課改革課題的形式在全市60多所中小學推廣，順勢推出全市的紙藝服裝展演活動，帶動了一批教師和學校開展通用技術課的改革探索。北京市很多學校都刮起一股「紙藝服裝設計」的時尚風。

「將世界遺產概念引入通用技術課，促使教師不斷從知識儲備、文化素養等方面完善自我，從技藝傳授者變成文化傳遞者，從手工指導到精神引領，不少教師自身的才華被激發，生命活力被調動，不僅取得自我認同，也得到學生的喜愛和尊重。」袁愛俊說。

目前，北京市已有一批學校開設紙藝服裝設計的課程或活動，將其作為實踐素質教育的特色辦學項目，受到了教師和學生的普遍歡迎。

在袁愛俊看來，這是一個可喜的變化。「只有文化真正進入學校，才能形成比分數和知識更強大的力量，去衝擊只以知識灌輸為主的教育。」袁愛俊說，「將文化遺產教育滲透到學校中，在教育中體現文化品位和文化自覺，才能讓學生得到文化的『母乳』，成為中華文明的傳承和創新者。」

培養一群有文化自覺的學生

世界遺產教育同樣為學生打開了一扇窗。今年的北京市中學生紙藝服裝設計大賽上，北京市第十八中學的設計作品《古‧今》作為壓軸出場，驚豔全場。

「主題靈感主要來源於中國篆刻中的陰陽刻，不僅結合了中國傳統的五神獸，同時還融入了未來的設計理念。尚古這一系列主要突出的是古典美，承今這個系列極具未來科幻色彩，大面積使用堆疊、褶皺、折紙等手法力圖表現出篆刻的陽刻效果。」設計師之一的北京市第十八中學高二學生朱美瑄說。朱美瑄去年就參加了紙藝服裝大賽，她說自己的夢想是做「頂級服裝設計師」，在服裝中融入中國傳統文化，讓中國的服裝更時尚。

在以世界遺產為主題的紙藝服裝設計課程中，學生完全走進了世界遺產，去欣賞、去揣摩，並提煉精華轉化到服裝設計中。他們攀登長城，走進故宮，學習剪紙，研究青銅與瓷器，在潛移默化中體會世界遺產的價值。而當他們把世界遺產的元素和內容融入紙藝服裝設計時，世界遺產也不再是與他們無關的文物，而成為融入心靈的文明記憶。

「這個過程中，青年學生不再是被動的旁觀者，而變成了主動的參與者和積極的傳承者，這在很大程度上有利於文化遺產的保護和傳承、創新。完全可以這麼認為，年輕的生命便在古老的文明中變得飽滿，飛揚的青春也因為無限的創造而精彩紛呈。」袁愛俊說，「依託世界遺產教育，深化通用技術課程改革，用文化涵養生命，做有功德的教育，成就的不只是教師和學生，還有文化的未來。」

資料來源：李凌. 穿在身上的遺產 融入心靈的熱愛［M］. 中國教育報，2013-06-27（3）.

## 第三節　中國的世界遺產旅遊可持續發展

### 一、遺產旅遊可持續發展中存在的問題

自20世紀80年代以來，中國的世界遺產就因其在歷史、科學、藝術、美學、建築、生態、民族等諸多方面所蘊藏的突出的普遍價值而成為倍受海內外人士青睞的旅遊熱點。但在中國遺產旅遊持續火爆的背後，還存在著遺產旅遊開發、遺產管理等諸多方面的問題。

#### （一）不合理的遺產旅遊開發

##### 1. 超載開發

中國世界遺產地的數量雖然名列世界第二，僅次於義大利，但依然是世界級旅遊資源非常有限的國家。以2014年中國和義大利的遺產總數為計算基礎，中國世界遺產每百萬人人均佔有量僅為0.036處，而義大利則為0.83處，如此微弱的

人均配額，遺產地旅遊接待壓力之大是可想而知的。世界遺產地脆弱的自然、人文生態環境與旅遊需求的快速擴張形成強烈的反差，為了追逐可觀的旅遊經濟收益，部分遺產地不顧過多遊客湧入可能給遺產帶來的破壞而超載開發遺產旅遊。超載開發主要是指超越了歷史建築環境承載力的開發，包括建設性超載和使用性超載兩種類型，即謝凝高教授提出的屋滿為患和人滿為患。從遺產旅遊的角度講，超載開發主要指使用性超載（人滿為患）造成的旅遊地的過度利用和擁擠常態，表明旅遊消費的激增與膨脹對於歷史建築及其環境的破壞程度。旅遊業發展具有明顯的季節性特點，季節性飽和的原因在於旅遊需求在時間上的分佈不平衡。在旅遊旺季，大量旅遊者湧入旅遊景區，帶來經濟利益的同時也導致景區環境短期內超負荷運轉，給遺產旅遊的遠期發展埋下了隱患。而非季節性飽和則是因為旅遊供給的長期不足而引起的，也可以說是由於旅遊需求的長期過量而造成的。

按照國家旅遊局 2000 年 8 月對景區景點的測算，北京故宮的日最佳接待量為 3 萬人次。但在節假日裡，故宮的實際接待遊客量為 4 萬～10 萬人次/日。超載開發對於遺產旅遊的影響最直接的體現就是加重遺產旅遊原生環境的承載負擔，如故宮地面磚石的磨損速度加快、御花園土地日趨板結、空氣污濁、古樹名木壽命折損等。只顧吸引遊人贏得短期經濟利益，卻不顧遺產地環境的旅遊容量，這種急功近利、涸澤而漁的做法一方面不利於旅遊業的長期發展，另一方面也危及歷史建築的保護。

2. 無序開發

聯合國教科文組織世界遺產保護中心主任巴達蘭對中國的世界遺產曾做過這樣的評價：中國的世界遺產面臨的最主要的問題是旅遊業過度而無序的開發，以至於危及遺產本身。中國世界遺產資源的旅遊開發或缺乏總體規劃與分工，或沒有嚴格按照旅遊規劃執行，致使部分世界遺產景區內部「城市化」現象嚴重，如黃山增設的索道、修建的賓館、局部景區的人工化，使得黃山的獨特魅力大打折扣；皖南西遞村和宏村，林立的店鋪讓人仿佛置身商業城，使其田園古村落原貌大大退化；在麗江，1,500 家商鋪分佈在古城核心區，濃烈的商業氣息與古城原有的文化氛圍格格不入；山西大同市用 5 億元在雲岡石窟周圍打造購物街和大型水面工程。此外，遺產景區也常常違反景區外圍應修建保護地帶的要求，盲目追求現代化，從而造成世界遺產景觀「孤島化」，如承德避暑山莊（與外八廟），由於城市用地的急遽膨脹，工業、牧業的不合理發展導致遺產景區外圍的森林景觀衰敗，山莊內泉水枯竭，母親河──武烈河更是水量銳減、垃圾成堆、污水橫流，幾乎成了垃圾場、臭水溝。昔日「自有山川開北極，天然風景勝西湖」的避暑山莊，如今儼然也淪為現代城市所包圍的「孤島」，旅遊的「泛開發、濫開發」和開發建設的無序狀態破壞了遺產資源的原真性和完整性，造成了旅遊市場的混亂，嚴重影響到旅遊的可持續發展。

### 3. 錯位開發

據中國社科院環境與發展研究中心的一份報告顯示，中國的世界遺產在進行旅遊開發時，都不同程度地存在著人工化、城市化、商業化的傾向。人們無視世界遺產的功能、性質而進行的非理性開發，致使遺產景區的自然美學價值大為降低，世界遺產旅遊可持續發展受到嚴峻挑戰。就當前而言，世界遺產的錯位開發主要表現在四個方面：一是功能錯位，即把世界遺產的精神文化功能改變為經濟功能，在旅遊開發時只注重遺產的經濟功能，忽視其精神文化功能；二是性質錯位，將世界遺產等同於一般的旅遊資源，開發時沒有充分發揮世界遺產資源的獨特價值；三是空間錯位，即在遺產保護區內大搞經濟開發，不少遺產地的核心景區被大量的賓館、商店、索道、飯店、人造景點所占據，極大地破壞了世界遺產的原真性和完整性；四是政府角色錯位，有的地方政府在旅遊開發過程中扮演了錯誤的角色，置國家有關規定於不顧，盲目遷就開發商利益，致使不少珍稀的世界遺產由「傳家寶」異化為「吸金石」。

### 4. 破壞性開發

旅遊開發實質上就是在自然山水和人文建築等資源的基礎上添加些人工建築，使之適應旅遊活動開展的需要。當這種添加與原有景觀的美學特徵相悖時，就會對旅遊資源本身產生破壞作用。就世界遺產而言，旅遊開發所導致的破壞主要包括三個方面：一是直接拆毀或不當占用遺產資源。如泰山在修建中天門索道時，大面積炸山，炸掉了月觀峰峰面的1/3，裸露的白色山體使巍峨壯觀的泰山南天門變得滿目瘡痍。二是對遺產景觀周遭環境的破壞。如中國四大名園之一的蘇州拙政園，周圍蓋了6個工廠、煙囪、水塔、高樓等建築擋住了人們的視線，破壞了景觀的整體效果，站在園內已無法看見雄偉挺拔的北寺塔。三是對世界遺產原有意境的破壞。在泰山中軸線上下往復的索道，破壞了從岱廟、中天門到南天門的三重空間一條軸線、逐步升天的意境，這不僅是一般意義的對泰山機體的破壞，更影響了遊人對泰山意境的解讀。不僅如此，泰山的景點和摩崖石刻，2/3以上分佈在南天門以下，岱頂不到1/3。如今乘汽車到中天門，坐纜車到岱頂，完全體驗不到泰山的價值，「索道上，索道下，索然無味」。

除此以外，中國世界遺產的旅遊開發多停留在傳統的觀賞性階段，忽視參與性項目的設置和開發，導致一次性遊客較多，而回頭客很少。遺產景區半年接待半年閒，忙時人滿為患，超負荷接待；而閒時則設施空置，門可羅雀，經濟效益和綜合效益均不高。

### (二) 經營管理較混亂和滯後

中國的世界遺產旅遊發展日新月異，但就遺產旅遊資源管理而言，由於受中國社會經濟轉型期的影響，仍存在著管理力度不夠、行業管理的體制尚未理順、對行業管理的方式和手段認識不清以致管理水平不高等問題。其具體表現為如下3

個問題:

1. 管理體制存在弊端

第一,從宏觀上看,缺少一個強有力的、能夠總攬全局的遺產管理機構,缺乏清晰、明確、統一的管理目標,管理部門間各自為政,缺乏溝通和合作。第二,從微觀上看,表現為職能重疊,即風景名勝區、自然保護區、森林公園、重點文物保護單位等的管理邊界交叉重疊,經常出現政策衝突、互相扯皮的情況。這種「界權分離」不僅造成管理效率低下,而且容易滋生各種矛盾和問題。如張家界的「天下第一梯」是由建設部單方面批准建設的;廬山景區分屬幾個部門管理,造成遊覽整個景區需多次購買門票。第三,管理和經營之間的矛盾日益尖銳。不可否認,當前對地方政績以經濟為主的考核標準,造成了部分地方政府領導更關注任期內地方的經濟效益。這使得地方政府參與遺產旅遊開發與經營時,管理者與經營者角色不明晰;而一旦政府監督職責缺位,必給遺產的可持續發展帶來諸多困難。

2. 管理水平有待提高

美國的國家公園體系建立了完整的管理標準體系,涉及國家公園管理的方方面面,使得國家公園的管理者遇到任何事情都有據可依,避免了管理的隨意性和盲目性。反觀中國的情況,旅遊環境質量管理體系沒有明確的測量指標,相應的遺產旅遊地管理法規不健全,在遺產旅遊管理的電子化、信息化、網路化運用程度方面,技術還有待提高。此外,從業人員素質偏低,缺乏創新意識,市場行銷觀念淡漠,加上執法力度不強、市場管理不力,欺客、宰客、不守信用的現象時有發生,極大影響了世界遺產地的形象,弱化了旅遊者的逗留意願,不利於遺產旅遊的可持續發展。

遺產旅遊管理,既不同於一般遺產保護,更不同於一般旅遊管理。為全面發揮和實現遺產旅遊的文化、政治、社會和經濟效能,一定要在原真性和完整性的基礎上實施對遺產地的規劃、建設和管理。這裡最重要的問題是遺產管理者和旅遊經營者的相關知識與能力,這一點也是中國遺產旅遊業最為欠缺的地方。中國遺產保護界的工作,大多止於遺產保護,無意也無力進入遺產旅遊領域。中國旅遊界,基本包攬了遺產旅遊的規劃建設和管理,然而他們並不真正懂得遺產。這一狀況同樣反應於相關政府部門的行為中。文物部門迄今不重視包括遺產旅遊在內的遺產產業;而旅遊部門則繞開國內遺產法規和國際遺產公約,對作為旅遊景區的遺產地保護,自設標準,如《旅遊景區質量等級的劃分與評定》國家標準(GB/T17775-2003)。由此可見,中國的遺產保護與遺產旅遊、遺產界與旅遊界、遺產部門與旅遊部門是脫節的。中國遺產旅遊發生的幾乎所有問題,比如,遺產地旅遊規劃,遺產地的修復和重建,遺產地景區的改建、擴建和新建,對遺產地景區的「環景」(Setting)處理,遺產地展示方案設計,遺產地命名,遺產地與原

住民社區的關係，等等，無不緣於此。這說明中國遺產界和旅遊界均缺乏單獨從事遺產旅遊的知識與能力。武當山火災發生後，教科文組織駐北京代表處的官員曾建議中國暫緩申報新項目。此外，這位官員還指出，出現以上問題和中國世界遺產專家沒能參與高層管理有關。

3. 管理資金缺口較大

世界遺產不同於一般的旅遊資源，其管理和保護是一項技術要求很高的工作，需要強有力的資金做後盾。然而與國外相比，中國的遺產旅遊資源管理長期處於資金嚴重不足的狀態，旅遊日常管理工作已捉襟見肘，其可持續發展更是無從談起。中央投入遺產旅遊資源管理的資金較少。這是中國世界遺產旅遊資源管理資金不到位的首要原因。2003—2009 年，美國每年投入在國家公園體系上的財政資金，平均折合為 209.4 億元；而中國在中國風景名勝區的財政投入為 0.2 億元，其中世界遺產僅為 0.085 億元，占美國的 0.04%。為保護文化遺產，義大利政府近年來平均每年的遺產保護經費約為 40 億~45 億歐元（約合人民幣 400 億元）；法國文化部屬下有兩個有關文化遺產的管理局：博物館事業管理局和建築與文化遺產管理局，2003 年僅建築與文化遺產管理局的預算就達到 51.14 億歐元（約合人民幣 480 億元），其中地方政府支出的保護經費比中央政府要多出近 20%。在中國，中央平均每年的文物保護資金預算在 25 億元人民幣左右（包括國家文物局、國家發展與改革委員會和財政部），從地方來看，上海每年約 1 億元，大部分省市平均每年還不到 1 億元，少的只有一兩千萬元，全國平均每年文物保護經費總共也只有 40 億~45 億元（陳凌雲，2003），遠遠低於西方發達國家。

如此微薄的資金投入難以確保遺產資源管理工作的順利進行，因而不可避免地出現一些掠奪性經營的短視行為，門票不斷提價，旅遊者越來越多卻不採取措施，在保護和管理上漏洞百出，旅遊收入很少用於世界遺產資源保護。中國國家級重點風景名勝區尤其是世界遺產景區的門票收入是十分可觀的。但遺憾的是，這些經費很少用於遺產旅遊資源的修葺和維護，而設立世界遺產資源專項保護基金的景區更是少之又少。這種「竭澤而漁」的做法，無疑在扼殺世界遺產旅遊可持續發展的可能性。

**（三）旅遊文化品位不高，可持續發展的軟環境亟待改善**

在外來文化和現代文明的巨大衝擊下，一些世界遺產地民族文化的獨特性和多樣性受到衝擊。一些地方在旅遊發展過程中常常摒棄珍貴的民族文化和特色，忽視資源特有的文化價值，對傳統文化缺乏有效的保護和繼承，使一些珍貴的文化資源面臨退化和消失的危機；粗製濫造的旅遊商品比比皆是，反應世界遺產地地方特色的旅遊商品則極度匱乏，深厚的東方文化底蘊亟待發掘整理。此外，有些世界遺產地還將古樸的民俗文化、民族風情、肅穆的宗教儀式包裝成粗俗的商業性表演，原有的文化價值被商業價值所取代，適合旅遊者需要的、參與性強的、

健康向上的、富有民族特色的晚間娛樂活動嚴重不足，不能滿足多層次旅遊市場的需要。旅遊者面對這樣的旅遊產品感受不到有益的教育和熏陶，這便無法充分發揮世界遺產旅遊的文化教育功能。

## 二、遺產旅遊可持續發展存在問題的原因

中國世界遺產旅遊發展中存在的諸多問題，其產生的原因是多方面的，既有客觀經濟條件和制度規範方面的原因，也有意識形態方面的原因，概括起來主要包括以下幾方面：

### （一）觀念上存在誤區

中國世界遺產的旅遊可持續發展之所以舉步維艱，關鍵就在於觀念上存在誤區。首先，人們對世界遺產仍缺乏客觀正確的認識。通過對《公約》的解讀，我們可清晰地認識到，授予具有突出和普遍價值的文物古跡、自然景觀以世界遺產的頭銜，目的是保證這類財產得到保護、保存、展出或恢復。世界遺產是全人類共同的財富，對全世界人民都很重要，整個國際社會都有責任合作起來予以保護。因此，對世界遺產的保護不應是一國或一地區之責任，對世界遺產的旅遊開發也不應該是遺產國或遺產所在地的獨自「處置」權利。我們需再次強調，申報世界遺產，目的並不是為了獲得經濟利益，而是要讓它世代傳承、永續利用。其次，人們並未充分認識到世界遺產作為旅遊資源的特殊性。世界遺產地既不是原始的禁區，更不是熱鬧的娛樂場所，而是能夠彰顯一個國家輝煌歷史和生態文明的最佳代表，是科學教育和愛國主義教育的基地，是祖宗傳承給子孫萬代的寶貴財富。這是世界遺產地與一般的保護區、普通的旅遊區的根本區別。然而，在實際的旅遊活動中，許多遊客的遺產保護意識不足，幾乎不具備長遠觀點、整體觀點，只享欣賞之權，不顧保護之責；一些單位、小團體和個人「商品」意識較濃，只想從世界遺產中得到好處而不管資源破壞與否，更不管環境效益和社會效益如何，致使世界遺產資源面臨高壓力、高損耗和高破壞性的威脅，難以實現可持續發展。最後，國民尚未樹立遺產旅遊可持續發展的思想。中國在文明和個人素質方面的教育相對薄弱，再加上可持續發展觀念尚未深入人心，使得在旅遊過程中，淡薄的環境意識與不文明行為並存。就大多數旅遊者而言，其自覺的環境保護意識尚顯缺乏，高密度的旅遊人流和大量的不文明旅遊行為對環境造成的破壞比較普遍，如攀登、亂丟垃圾、亂刻亂畫等；同時，不少旅遊經營者也未秉持可持續發展觀念，衛生、安全、保護意識較差，服務水平低，不能合理地規範和引導旅遊者的不良行為。這些因素都使得中國世界遺產旅遊的發展面臨著十分嚴峻的形勢。

### （二）經濟利益的驅動

中國世界遺產的屬地化管理原則，決定了地方政府及相關部門在世界遺產旅

遊發展中的主導作用。從 20 世紀 90 年代開始，中國大多數省、市、自治區把旅遊作為支柱產業、龍頭產業給予政策和資金扶持，世界遺產成了招攬遊人的「金字招牌」。不可否認，借助世界遺產對旅遊市場的強大吸引力，地方經濟在旅遊業的帶動下實現快速發展。據統計，1990 年黃山成功入選世界雙遺產名錄，遊客量由原來每年數萬人次增至 100 多萬人次，旅遊收入每年達數億元；平遙古城 1997 年被列入《世界遺產名錄》，1998 年門票收入由申報前的 18 萬元一躍至 500 多萬元，是列入名錄前的 30 倍；麗江古城 1997 年「申遺」成功，3 年後旅遊綜合收入達到 13.44 億元，以旅遊為核心的第三產業收入占到麗江轄區內生產總值的 50%。但是，部分地方政府存在的狹隘的、短期的、局部的經濟利益觀，為了追求政績而亂批、亂上項目，重發展、輕保護，重短期利益、輕長遠利益，重局部利益、輕全局利益，置國家有關規定於不顧，盲目崇拜市場作用，遷就開發商利益，將保護單位邊界內部的世界遺產當作「搖錢樹」「印鈔機」，而不是「牽引機」，以此換取地方經濟一時的發展和繁榮。結果不僅使得世界遺產受損嚴重，而且也會使當地社會經濟最終蒙受損失。而一些依託世界遺產資源發展的企業，在這種以經濟利益為首位的政策導向指引下，也將世界遺產資源看作「吸金石」「聚寶盆」，只看重遺產的經濟價值，單純為了利用而開發，不注重世界遺產的妥善保護，導致世界遺產地城市化、商業化、人工化傾向嚴重，原真性與完整性受損。這極大地影響了世界遺產的旅遊可持續發展。

### （三）相關的法律法規體系尚未完善

經過多年的努力，中國雖然已經建立起保護遺產旅遊資源的法律體系，但現有的法規體系並不完善，主要表現在：第一，國家遺產旅遊立法明顯滯後於遺產旅遊的發展。嚴格意義上講，中國並無針對遺產旅遊的專項法律，有關世界遺產的法律法規主要有《中華人民共和國文物保護法》《中華人民共和國非物質文化遺產法》和《中華人民共和國自然保護區條例》等，2013 年通過的《中華人民共和國旅遊法》也未對世界遺產地的旅遊開發做出規定。第二，現行法律規定內容不完善。相關的法律法規很少考慮遺產旅遊資源的各種產權性質問題，如公有、混合產權、私有、習慣產權等，而不同性質的產權對遺產旅遊管理方式及制度有著顯著的影響；現行法律法規較少考慮現代遺產旅遊服務及其經營等遺產旅遊產業問題，而這是現代遺產旅遊事業中一個新興的極為重要的組成部分。第三，重法律而輕規章和標準，對於分屬於不同類型的世界遺產資源的管理，其章程和標準體系還有待完善。第四，法律法規的可操作性和執法力度方面都有待加強。正是由於相關法律法規的缺陷，給唯利是圖的開發商留下了可乘之機。他們把世界遺產資源完全等同於一般的經濟資源，採取竭澤而漁的做法，使得世界遺產資源遭到不同程度破壞的現象時有發生，嚴重制約了世界遺產旅遊的可持續發展。

## ●第四節　實現中國的世界遺產旅遊可持續發展的途徑與方法

### 一、調整世界遺產旅遊的管理對象

由於遺產旅遊在中國發展歷程較短，加之遺產相關立法和遺產旅遊市場的功利化傾向明顯，導致中國在世界遺產旅遊管理上存在諸多問題。其中，在世界遺產旅遊管理對象上，中國長期以來的做法是圍繞「遺產」本身管理，一定程度上忽視了對遺產遊客的管理。

#### （一）遺產旅遊者的特徵

遺產旅遊者不同於其他旅遊者，他們有自己的特徵。對遺產遊客的管理，首先要瞭解他們的特徵。

1. 人口統計特徵

旅遊經營者和旅遊行銷人員通常根據旅遊者的人口統計特徵、地理分佈特徵和消費心理特徵等來為其產品和服務劃分市場。人口統計特徵有助於瞭解參加遺產旅遊的旅遊者類型。受教育程度、性別、年齡、收入水準以及工作類型等是遺產旅遊管理者需要瞭解的最重要的旅遊者因素。學者們普遍認為，這些信息有助於遺產旅遊的經營者和行銷人員根據總結出來的規律來確定和更好地滿足消費者的意願與需求，提高遺產旅遊者的體驗水平；同時，也有利於保護遺產。在受教育程度上，遺產旅遊者似乎要高於一般公眾。一項涉及 6,400 名受訪者的調研結果顯示（理查茲，1996），80%以上的歐洲文化與遺產旅遊者擁有大專院校學歷（大學、學院以及職業學校等），且其中將近 1/4 的人擁有研究生學歷。教育可以被認為是一種可以提高人們對時間、地點、人物和事件的興趣和瞭解程度的機制，而這種興趣與瞭解程度的提高被證實是促使人們前往遺產地旅遊的重要因素。在社會經濟地位和職業上，由於遺產旅遊者受教育程度較高，所以他們在經濟狀況方面要高於普通民眾，並從事收入較高的工作。在 20 世紀 80 年代和 90 年代在北美和西歐進行的調查證實了這一結論。在性別上，有證據顯示，參觀遊覽遺產旅遊景點的女性要多於男性。美國國家文物保護信託基金會所開展的研究證實了這一點，在參觀該基金會下屬各景點的遊客中，有將近 70% 的遊客為女性。但需指出的是，在科技博物館參觀者的性別比例上，該結論並未得到證實。在年齡方面，遺產旅遊者偏年輕。在歐洲旅遊與休閒教育協會開展的調研的受訪者中，35%以上的遺產旅遊者年齡低於 30 歲，而僅有 20%的受訪者年齡超過 50 歲。但不同類型的遺產旅遊景點可能會存在差異。如山岳型的遺產更受年輕遊客歡迎；帶有宗

教朝聖性質的遺產地頗受中老年人青睞。

2. 地理分佈特徵

一般可根據客源地或居住地來劃分遺產旅遊者。第一類旅遊者是本地居民，他們就居住在遺產旅遊景點附近並且其遊覽通常屬於一日遊。第二類是國內旅遊者，他們參觀遺產旅遊景點並以某種住宿方式（其中包括住在親戚朋友家）在遺產旅遊地過夜。第三類是國際旅遊者，他們通常是在旅行途中在某一遺產地停留並參觀該地的遺產旅遊景點，或是認為某一遺產旅遊景點值得他們花時間參觀並在該地的飯店或熟人家裡住宿一晚。歐洲57%的遺產景點消費者是國際旅遊者（理查茲，1996），國內旅遊者占28%。在中國，目前遺產地的旅遊者主要是國內，來自國外的遊客所占比重小，但增長勢頭明顯。

3. 消費心理特徵

旅遊目的地之間的發展差異是由其所吸引的旅遊者類型所導致的（普羅格，1991）。根據消費心理範疇，旅遊者可分為兩種極端的類型，一種是保守穩妥型旅遊者，另一種是冒險探索型旅遊者。在遺產旅遊中同樣存在兩種類型的旅遊者，一類是遊覽大眾旅行線路上的各城市以及其他典型的遺產旅遊地，一類則遊覽歐洲教堂、非洲和南美洲熱帶雨林、瑪雅文明和阿茲特克文明遺址。文化與遺產正在成為人們外出旅遊的主要動機，存在具有不同消費心理且有待於得到滿足的遺產旅遊需求。

另外，遺產旅遊者參觀遺產景點的次數多於其他類型的旅遊者，他們在旅遊的次數方面，尤其是短期度假旅遊方面通常會多於普通的民眾；遺產旅遊者的需求彈性會低於普通旅遊者，受旅遊費用的影響程度相對較小。遺產旅遊者比傳統的大眾旅遊者更能夠設身處地地理解當地的習俗和環境；其度假時間更長、花費更多；他們傾向於入住飯店，而不是其他的住宿設施或住在親戚朋友家；並且更喜歡購物，但在購物產品類型上，他們更多選擇土特產。

## (二) 對遺產和遊客的綜合管理

要實現世界遺產旅遊的可持續發展，關鍵是實施對遺產旅遊的科學合理管理。

一方面，在對遺產本身的管理上，需樹立正確的管理理念、制定科學管理標準。由於中國在向市場經濟轉軌過程中對許多問題的認識不一致，一直沒有形成明確的遺產管理理念，表現在：最早只是重視遺產的科研與保護，片面強調為遺產界專家服務，導致文物經濟功能發揮不足，在人財物投入不足的情況下還影響了公益功能的發揮。其後，隨著經濟體制改革，又開始片面強調發揮遺產的經濟功能，忽視或弱化文化遺產的公益功能，造成遺產保護為經濟建設、旅遊開發讓路。中國應借鑑西方成功經驗，樹立遺產管理「公益性」的理念，即遺產管理者大多以「管家」而非「所有者」定位，作為國家公共財產的管家或服務員，管理者只對遺產有照顧、維護的責任，而沒有隨意支配的權利。並在這種理念指導下，

逐漸建立相應的管理機制、保障機制、經營機制、監督機制等，以保證遺產管理目標、能力與遺產管理理念相匹配。另外，中國遺產標準化管理尚未形成體系，國家相關部門需盡快做好調查和分析，以制定一個統一的全國性的遺產管理標準。標準化的管理思想即是科學管理的前身，在標準的限制下，才可以保證遺產保護行動和決策的客觀性，體現科學、公正的原則，避免諸多主觀性的錯誤。

另一方面，加強對遺產遊客的管理。總體說來，遺產型景區遊客管理的兩大重要任務就是提高遊客體驗質量和引導遊客履行責任。在引導遊客履行責任方面，主要是通過遺產教育引導和直接約束遊客行為來實現，培養遊客的責任感和主人翁意識。遺產旅遊者的行為包括決策行為和景區內的遊覽行為。在決策行為的管理方面，主要是通過真實有效的遺產景區信息，讓遊客認識到遺產的價值和遺產保護的重要性。在遊客遊覽行為管理方面，主要的措施主要有以下三點：第一，直接管理策略。採用直接改變旅遊者的意志和行為的管理方法，如限制利用量、限制某些類型的活動等。常用的方法是借助一定手段來限制遊客觸摸遺產資源以減少可能產生的損壞。如用繩子或柵欄把敏感保護區圍起來；用繩索和鎖鏈防止遊客接觸那些容易因遊客過多而受到損壞的文物；在敏感遺產遊覽區設置監控；安排工作人員巡視；等等。需要指出的是，直接管理措施是破壞行為已經發生後的管理措施，往往具有滯後性，而且部分措施還會影響到遊客的旅遊體驗，容易引來遊客的抵觸情緒，得不到理想的效果。第二，構建科學的解說系統。通過遺產景區的人工（常見的是導遊講解）和非人工型解說系統（展示與展品、宣傳手冊、地圖、標誌和電子語音講解等），介紹遺產景點的價值，提高遊客的參與程度，增加遺產遊客的旅遊體驗；同時，解說系統還引導遊客瞭解遺產景區的管理規範，阻止遊客的不合適行為，減少遊客對遺產資源的負面影響。需要注意的是解說系統設置的科學性，如宣傳手冊和遊覽指南的設計應該突出遺產型景區的其他特色，並且淡化對於那些最容易受到損壞的文物的宣傳；充分解釋諸如禁止觸摸文物表面等不當行為的原因；提醒遊客不當行為會被罰款的標誌應採用禮貌、得體的措辭；等等。第三，培養思考型遊客。莫斯卡多在1996年提出「思考型遊客」這一概念。人們思考時就更加關注自己周圍的世界，這是一種願意接受外部信息並以不同的視角瞭解和認識世界的狀態。這種狀態有利於優化決策，增強健康和提高自尊程度。思考型遊客在遊覽過程中處於思考狀態，他們對周圍的環境會變得更加敏感，更積極地去吸收歷史信息，能夠更好地親自處理各種情況，從而能更好地瞭解和珍惜遺產資源。他們明白自身行為的後果，因此會最大限度身體力行地減少給遺產型景區帶來的負面影響。為培養思考型遊客，遺產型景區應做到以下幾點：設計完善的遊覽線路，建立完善的標誌系統，並考慮它們之間的協調互補性；設置多層次感官體驗活動，豐富解說系統，提高遊客的參與性；瞭解並尊重遊客。

柬埔寨吳哥窟的遺產旅遊管理就是例證。國際社會對柬埔寨吳哥古跡文化和旅遊價值的認識越來越深入，導致了參觀者數量空前增長，由此導致的過度旅遊開發使吳哥古跡一度被聯合國教科文組織列為瀕危世界遺產名錄。為解除威脅，當地政府和相關專家提出了吳哥古跡的旅遊和遺產管理方案，在方案中談到了遺產管理涉及的諸多問題，例如：如何管理數量不斷增長的遊客？如何維護遺址的生態水文？如何同時考慮旅遊發展和社區的需要等？方案提出了增加積極的遊客體驗、減少遊客與遺產保護的矛盾、改善旅遊業、讓本地人受益、政府管理、利益相關者管理等內容。增加積極的遊客體驗包括增加宗廟和傳統文化體驗、增加每位遊客的消費、為遊客提供更全面的信息、關注遊客的滿意度等；減少遊客與遺產保護的矛盾包括對高棉遺址和廟宇遊客承載量的評估、多樣化的遊客體驗、整合廟宇管理、管理遊客行為和流動等。

## 二、正確處理三對關係

### （一）遺產保護與旅遊開發的關係

關於遺產保護與遺產旅遊的關係，保護無疑是前提，遺產是旅遊賴以實施的平臺。一方面，遺產資源的唯一性和稀缺性是必不可少的旅遊吸引物和旅遊發展基礎；另一方面，遺產的保護對旅遊發展的規模和方式有嚴格的要求，過度的旅遊開發對遺產保護會造成巨大的威脅。沒有遺產保護，則旅遊無資源；沒有保護的約束，則旅遊管理無正確指南，經營無正確標準。同樣，遺產保護不能排斥而應充分利用旅遊，因為通過旅遊，才能有效展示和傳播遺產的文化價值，才能實現遺產保護理應承擔的文化、社會、政治和經濟使命，也才能更有助於遺產保護。

正確處理遺產保護與遺產旅遊的關係，關鍵是樹立「保護為主，開發為輔」的觀念。遺產旅遊出現的兩個主要原因是：一是現代社會的生產生活方式使遺產具有了獨特的使用價值，二是歷史文化和自然資源的稀缺性。由於旅遊景區對於不同的利益相關者的使用價值不同，導致不同的使用方式帶來的受益主體和受損主體在時間和空間上的不重合。當前，中國遺產旅遊資源也並非處於完全原生的環境狀態，遺產旅遊的發展依然處在一個上升的階段。資源開發要求合理有效，首要一點就是開發觀念的更新，正確區分資源與產品，把遺產資源的保護放在首位。

### （二）遺產旅遊開發與社區居民參與的關係

要處理好遺產旅遊開發與社區居民參與的關係，基礎是正確理解世界遺產的內涵。根據《保護世界文化遺產和自然遺產公約》，世界遺產是指被聯合國教科文組織和世界遺產委員會確認的人類罕見的、目前無法替代的財富，是全人類公認的具有突出意義和普遍價值的文物古跡及自然景觀。換句話說，一國的世界遺產

不是屬於當地政府、甚至旅遊者或旅遊開發商的，而是屬於該國所有人民、屬於全世界人民的。因此，從根本上講，遺產旅遊開發離不開社區居民的參與。

社區居民是遺產的主人，對遺產地資源和文化有著豐富的知識和經驗，也是在遺產旅遊發展過程中受影響最大的群體。儘管如此，社區的利益卻常常在遺產旅遊發展中被忽視。長期以來，中國遺產地的保護十分注重政府直接領導下的管理作用，是一種封閉式管理。遺產地在保護與開發過程中幾乎排斥了外界的「干擾」，因此遺產地內的居民被強制性遷出。遺產資源一旦被「圈地」保護，任何人都不得進入。這導致了遺產地周邊社區居民的強烈不滿，遺產管理方與社區居民的衝突頻繁發生。實際上，任何遺產地的資源都是與地方特有的環境、文化緊密相連的，排斥社區居民的關注，忽視社區居民的利益，都不利於遺產資源的有效保護和發展。

1. 正確認識社區居民對遺產旅遊發展的作用

重視社區參與在遺產地旅遊發展中的作用，是遺產地可持續發展、協調發展的重要因素。首先，社區居民創造的社區文化是遺產地活的資源，為遺產地旅遊產品的設計創新注入了生機與活力。許多遺產地的旅遊資源都是由當地居民創造而成的，如閩南的客家土樓、桂林龍勝的龍脊梯田以及麗江、平遙的民居，都是當地居民經過長期的勞動並結合實地條件而產生的智慧結晶。社區居民特有的類似摩梭人「走婚」、藏族「轉山」、苗族「飛歌」、侗族「大歌」、傣族「潑水節」以及彝族「火把節」的生活習俗等，是一種體現當地人文特色的旅遊資源。此外，社區居民特有的生產生活方式，如他們的農耕文化、漁業文明、牧業生產等，以及人們生活的建築、服飾、語言、習俗、禮儀等，都是社區特有文化的表現形式。這些文化形式和社區人民的好客風尚是吸引遊客進入旅遊地的重要因素，為遺產地資源起到良好的維護和傳播作用。其次，讓社區居民參與旅遊發展，可以監督旅遊開發商和其他地區的保護行為，共同維護遺產地景區的自然度、美感度、靈感度，形成對景區人工化、商業化、城市化行動的抵制力量。最後，社區居民的參與對資源的保護和開發可起到良好的示範作用。遺產地的社區居民一旦認同管理部門和旅遊開發者的角色，就會珍愛自己所生活的環境，珍惜遺產資源及旅遊為他們帶來的機會，尊重每一位來這裡的遊客。同時，他們會以無比的熱情參與到旅遊發展的大潮流中來，積極配合，主動表現出對資源的保護，並為遊客和其他地區的人們做出良好的示範作用。

2. 強化社區參與在遺產旅遊開發中的作用的建議

（1）建立社區協調發展機制，有效協調各方利益

其一，以遺產保護為核心，以社區發展為宗旨，制定嚴格的世界遺產保護規劃，並將其納入當地的土地利用總體規劃、城市和村鎮建設規劃等。其二，合理規劃遺產地的保護和開發利用範圍，建立不同的分區目標體系；在有效保護和科

學開發的前提下，推動社區社會、經濟、生態的全面協調發展。其三，平衡各利益體的關係。平衡外來經營者、景區開發商和社區經營者（居民）三類主要經營群體的利益，發揮社區居民在數量上的主體職能，在設計「硬」環境的同時注重營造「軟」環境。其四，主動關注社區公益事業，與當地居民形成良好的鄰里關係。遺產管理部門和旅遊開發商應持有正確的角色定位，尊重社區居民的意願，積極投入社區建設，在公共設施建設、地方產業調整等方面服務於社區居民。

（2）強化第三方力量，完善社區參與機制

中國的遺產旅遊開發和管理的一般做法是，國家宏觀遺產管理機構做出行政決策，由當地政府監督旅遊開發商或投資商執行。但由於不少地方政府有著監督者和市場運作利益相關者的雙重身分，致使遺產旅遊開發監督不到位，導致遺產保護不力和社區居民利益受損等諸多問題。為避免這種情況，可引入第三方力量。第三方力量主要是指各種社會團體、公眾組織和仲介機構。隨著國內政府在很多方面退出市場，第三方部門的作用正在不斷加強。例如，國家宏觀遺產管理機構對各個遺產地的管理不一定沿用垂直行政體制，而是可以通過遺產專家委員會等仲介機構進行監督，在遺產評估中也可以充分利用仲介組織的能力。國家遺產管理機構再根據專家的評估、建議進行規劃決策、資金投入、獎懲等。

另外，通過建立旅遊區管理機制可實現社區居民有效參與遺產旅遊的經營管理。可通過社區會議、管理小組等方式來實現這種機制。社區會議由全體居民參加，共同對社區事務進行決策；管理小組由全體居民推選人員，代表居民參與旅遊區、社區的管理經營活動，執行全體居民的共同決議，維護社區的共同利益。明確政府部門的監管職能，為旅遊區的發展提供保障。政府部門應作為中立方，積極調解不同居民群體之間的利益衝突。

（3）加強社區管理，重視社區培訓

世界遺產地面臨的共同課題：既要吸引遊客，又能疏導遊客，必須加以引導和管理，對遊客人數和行為進行必要限制。在遺產地的景區管理過程中，不可能有那麼多專業導遊和監管人員，可以通過培訓和管理當地居民，以居民意識帶動遊客意識，讓他們可以在具體的解說和行為上為遊客做好示範、監督和規範作用。

（三）遺產申報與遺產管理的關係

近些年來，「世界遺產申報」運動在中國的持續狂熱狀態，跟世界遺產用於旅遊開發所帶來的巨大收益密切相關。但不能迴避的事實是，中國的一些地區一方面在舉全力、花巨資申報世界遺產，另一方面是大家在為遺產申報成功歡呼雀躍時，對諸多不合理的遺產管理現象的忽視。如果說遺產的申報是遺產保護工作的強心劑，那麼，科學合理的遺產管理是遺產保護的自身免疫系統。

1. 「申遺熱」背後的遺產管理問題

面對持續增長的旅遊需求，「世界遺產」的桂冠成為中國遺產旅遊發展最有力

的推手，「申遺」成功所帶來的種種效應使得國內各遺產地掀起了以地方政府為主導的「申遺」熱潮。中國雖有豐富的遺產資源，遺產管理中卻存在著諸多的問題。首先，管理體制問題。政府主導是中國遺產管理的最大特點，在中國旅遊業起步晚、旅遊業發展迅猛的背景下，遺產管理制度不完善的問題日益凸顯，如很多自然遺產被冠以多個名頭，分屬於不同的部門，多頭管理造成的權責不明問題在開發保護中常常出現破壞多於保護的現實。其次，管理決策問題。中國遺產旅遊資源開發中人為毀壞事件時有發生，尤其是管理層的決策失誤所帶來的損失難以估量。遺產地的開發決策是一項系統工程，遺產價值的評估、市場需求分析、專家論證、民眾意向調研等工作缺一不可。最後，缺乏系統的保護法規和嚴格的執行標準。遺產的屬性決定了遺產及遺產地在旅遊開發中必須以保護為前提，保護法規的制定和執行必須以保護遺產的核心價值為主，保護法規為保護開發提供決策依據和實踐標準，任何的主觀行為不應凌駕其上。

2.「申遺」後的細化管理

世界遺產地旅遊業發展迅速，遺產及遺產地知名度不斷提高，遺產地的周邊環境得到改善，但在旅遊經濟的拉動下，旅遊業井噴式的發展之後，遺產地商業化、城市化傾向明顯，遺產開發的人工痕跡重，導致遺產品質下降。遺產地在「申遺」後遭受著比「申遺」前更為嚴峻的考驗。中山大學高小康教授說，從「申遺」時期到「後申遺時期」，是一個重要的轉折。站在「後申遺時期」的立場重新審視申遺以來的傳承、教育和傳播活動，就會注意到轟轟烈烈之後暴露出來的問題。國內有學者提出了「後申遺」的保護理論，如何在巨大的經濟利益面前把遺產的保護工作放到首位、如何把保持遺產的本真和完整作為「後申遺」階段的重點，對世界遺產地「申遺」後的管理提出了更高的要求。「後申遺」的細化管理較為具體，或針對問題或防患於未然。國內遺產地目前採取根據景點容量制定日/時最高進入人數（如布達拉宮）、生態脆弱地區輪歇式開放（如九寨溝）或封閉輪休制度（如黃山）、提高景點門票價格、擴大景區容量的方法都是針對問題的緊急措施。總體看來，國內遺產旅遊界的事前管理意識薄弱，具體的「後申遺」管理手段和技巧有待加強。

## 拓展閱讀

### 黃山景區遊客管理研究

隨著品牌的逐漸提升，很多景區迎來了旅遊客流的高峰，而提升遊客管理水平也就成為景區管理建設上的重要課題。本文以黃山景區為例，探討遊客管理的相關問題。

遊客容量管理

目前，黃山在遊客容量管理方面，主要採取分區管理（管理監測和實時監控）、網上門票預售的方式，對遊客人數的總量進行控制，並對遊客的分流進行管理。同時，公園還採取了核心景點（蓮花峰、天都峰）輪休制度，以便進行生態環境的保育。然而在近兩年的十一高峰期，景區每天的遊人數已經突破3.5萬人次／天，如何進行遊客容量的控制是亟待解決的重要問題。

實際上黃山景區的遊客容量限制在於其核心景點的線路較為單一，步遊道空間容量較小，索道運載量有限。解決這一問題的關鍵便是擴大景區的遊覽空間，提供運載和能力更大的交通工具。目前黃山以西海大峽谷和低山景區的旅遊開發來增大景區遊客空間容量，分流遊客，並通過地軌纜車的建設和索道的改擴建來增大景區的交通運輸量。此外，景區還可以採取預約制和多渠道的提前告知方式以控制每天的進出人數，形成遊客遊覽時間的合理分佈，降低景區遊客容量的壓力。

預約制即景區在官方網站平臺上設立預約窗口，要求旅行社團隊和散客至少提前一天登錄網站平臺進行預約，然後憑發送到手機上的預約登記號到售票窗口進行購票。預約窗口必須實現信息告知，達到預約人數上限以後通知預約遊客不再發行預約登記號。

遊客行為管理

目前景區對遊客行為的管理多是基於在戶外設置對遊客環境行為和安全行為的告知標示。這其中分為溫馨提示類和警示類，包括愛護花草、不亂扔垃圾、禁止吐痰吸菸、防火、不安全行為提示等內容。但是在遊覽過程中，也有不少遊客對這類告知標示視而不見。當某些地點缺少告知標示或者人流稀少時，破壞環境和不安全的行為就容易發生。

對遊客行為的管理可以採用「意識」引導的方式，即在遊覽前進行環境教育和安全教育來實現對遊客意識的明確引導。具體的措施包括隨門票附贈遊客行為指南小冊子；在遊客中心、博物館組織遊客觀看景區環境教育影片；要求導遊人員提前講解遊客行為規範，並在遊覽過程中隨時提醒遊客；在進山前為遊客免費發放可降解材質的環保垃圾袋，鼓勵遊客自帶垃圾下山，以減少山上垃圾的轉運量和隨意丟棄垃圾等。目前黃山景區在索道排隊區域的電視屏中主要是播放景區的風光宣傳片，也可在片中加上約5分鐘的環保宣傳影片或者志願者的環保講解，讓遊客在等待的過程中接受環境教育。通過這些方式，可以讓遊客提前樹立環保意識和安全意識，讓遊客明確意識到黃山在保護生態環境和遊客安全上所採取的措施和努力，從而自覺地約束自身的行為。

排隊管理

在黃山這類擁有索道或者交通車輛運輸的山岳型景區中，假期人流高峰時的

排隊管理是一個十分棘手的問題。等候時間、天氣狀況等因素都容易讓遊客的滿意度大大降低。儘管景區已經採取耐心勸說、播放舒緩音樂、放映景區風光片的方式緩解遊客等待的焦躁情緒，但仍然需要設置更多的人性化設施和措施。例如增加遮陽棚、座椅，夏天溫度較高時進行噴霧降溫、設立老年人綠色通道等。同時，可以借鑒銀行叫號管理模式，在遊客購買的索道票面上打印排隊號碼，並顯示遊客需等待的時間。在等待期間遊客可以自行安排遊覽休息活動，從而減少排隊時間。

遊程時間管理

目前黃山景區採取了二次進山的門票方式，遊客可以憑藉一張門票二次進山，但是需要到指定的地點辦理相關手續，並且要重複購買索道票和交通票。二次進山的管理方式可以在時間上讓遊客有更多的行程安排選擇，但實際上實施的效果欠佳，手續的繁雜、登山的疲勞以及交通費用的重複都很難讓遊客選擇二次進山。

分時門票政策為分時間段銷售團隊和散客門票，從而限定團隊、散客的進入時間。比如限定 6：30—8：30 為團隊遊客進入時間，限定 8：30 以後為散客進入時間，形成錯行分流進入，從而緩解排隊壓力，達到控製旅遊團隊和散客行程時間的效果。

景區還可以通過對團隊遊客和散客採取餐飲點和下山索道的定時定點安排，來調控遊客的遊程時間，從而使景區的週轉率達到一個合理的水平。在哪一個餐飲點吃飯、吃飯的時間段，在哪個時間從哪條索道下山等，可以在購買門票時提前告知團隊或散客。「智慧黃山」數字化系統的建設也為景區進行遊程時間管理提供了基礎。黃山的數字化系統已經可以實現 GPS 定位、視頻監控、車輛指揮調度、門禁實時數字監控、雷電預警等。景區下一步應加強智慧決策能力的建設，可以採用計算機仿真模型提前預測景區的遊客空間分佈狀況，從而選擇預案實施各個團隊和散客餐飲索道的定時定點決策，安排好整個景區的遊客在線性的遊覽空間內合理分佈。

景區遊客管理的重點是對景區容量、排隊、遊客行為和遊程時間的管理。中國的很多景區在硬件建設上都已達到國際領先水平，但在管理水平和軟件建設上還需進一步提升。錯時出行、人性化服務、門票預約、潛意識教育等應成為景區遊客管理的重要發展趨勢。特別是針對中國景區遊客量大、遊客高峰集中的特點，更應因地制宜地提出相應的管理措施，為遊客提供安全、舒適的遊覽空間和滿意的遊覽體驗。

資料來源：劉思翔. 黃山景區遊客管理研究［N］.中國旅遊報，2013-01-28（6）.

## 思考和練習題

1. 在影響世界遺產旅遊可持續發展的因素中，除教材中談及的，你認為還有哪些因素？處理方式又是什麼？

2. 結合個人觀察，談談在遺產旅遊可持續發展過程中為何要加強對遊客的管理，遊客管理的措施有哪些。

3. 世界遺產與當地社區是什麼關係？結合實際，就世界遺產旅遊發展中應如何處理與當地社區的關係，談談你自己的看法。

國家圖書館出版品預行編目(CIP)資料

世界遺產旅遊概論 / 郭凌、周榮華、陶長江 主編. -- 第一版.
-- 臺北市：崧博出版，2018.09

　面　；　公分

ISBN 978-957-735-434-1(平裝)

1. 文化遺產 2. 世界地理

719　107014897

書　名：世界遺產旅遊概論
作　者：郭凌、周榮華、陶長江 主編
發行人：黃振庭
出版者：崧博出版事業有限公司
發行者：崧燁文化事業有限公司
E-mail：sonbookservice@gmail.com
粉絲頁　　　　　　　網　址
地　址：台北市中正區重慶南路一段六十一號八樓 815 室
8F.-815, No.61, Sec. 1, Chongqing S. Rd., Zhongzheng
Dist., Taipei City 100, Taiwan (R.O.C.)
電　話：(02)2370-3310　傳　真：(02) 2370-3210
總經銷：紅螞蟻圖書有限公司
地　址：台北市內湖區舊宗路二段 121 巷 19 號
電　話：02-2795-3656　傳真：02-2795-4100　網址：
印　刷：京峯彩色印刷有限公司（京峰數位）

　　本書版權為西南財經大學出版社所有授權崧博出版事業有限公司獨家發行
　　電子書繁體字版。若有其他相關權利及授權需求請與本公司聯繫。

定價：500 元

發行日期：2018 年 9 月第一版

◎ 本書以POD印製發行